全球建筑企业十强研究
（第二版）

THE TOP TEN GLOBAL CONTRACTORS RESEARCH
(2nd Edition)

中天控股集团课题组

卓勇良　明文彪　龚旭峰　等著

中国建筑工业出版社

图书在版编目（CIP）数据

全球建筑企业十强研究 = THE TOP TEN GLOBAL CONTRACTORS RESEARCH(2nd Edition) / 卓勇良等著. — 2版. -- 北京：中国建筑工业出版社，2024.9.
ISBN 978-7-112-30385-4

Ⅰ. F416.9

中国国家版本馆 CIP 数据核字第 2024S9B487 号

责任编辑：张幼平
责任校对：赵 力

全球建筑企业十强研究（第二版）
THE TOP TEN GLOBAL CONTRACTORS RESEARCH (2nd Edition)
中天控股集团课题组
卓勇良 明文彪 龚旭峰 等著

*

中国建筑工业出版社出版、发行（北京海淀三里河路 9 号）
各地新华书店、建筑书店经销
北京光大印艺文化发展有限公司制版
建工社（河北）印刷有限公司印刷

*

开本：787 毫米×1092 毫米 1/16 印张：24 字数：453 千字
2024 年 10 月第二版 2024 年 10 月第一次印刷
定价：**198.00 元**
ISBN 978-7-112-30385-4
（43649）

版权所有 翻印必究
如有内容及印装质量问题，请与本社读者服务中心联系
电话：（010）58337283 QQ：2885381756
（地址：北京海淀三里河路 9 号中国建筑工业出版社 604 室 邮政编码：100037）

中天控股集团课题组

卓勇良　研究员，浙江清华长三角研究院新经济发展研究中心主任
　　　　　浙江省发展和改革研究所前所长

明文彪　高级经济师，浙江清华长三角研究院新经济发展研究中心执行主任

龚旭峰　高级工程师，中天建设集团技术与深化设计部副总经理

吴可人　研究员，浙江省发展和改革研究所副所长

宋学印　副教授，博士生导师，浙江大学长三角一体化发展研究中心副主任
　　　　　浙江大学未来区域发展实验室常务副主任

孙　娜　高级经济师，浙江省发展和改革研究所经济研究室主任

费　潇　高级经济师，浙江宏观经济咨询有限公司董事长

吕　淼　高级经济师，浙江清华长三角研究院新经济发展研究中心副主任

郭　创　助理研究员，浙江清华长三角研究院新经济发展研究中心

胡巧玲　总经理助理，中天控股集团行政综合部

前　言

建筑业是一个古老的行业。提供"住",承载"行",为"衣""食"提供场所和基地,某种意义上说,建筑业的发展史,也折射着整个人类的发展史。

改革开放四十余年,在轰轰烈烈的城镇化进程中,中国建筑业遇上了最好的时代,建筑业产值从1978年的100余亿元增长到2023年的30余万亿元,建筑业从业人员从1978年的超53万人增长到2023年的超5200万人,建筑业的商业模式、建造方式、机械装备、技术手段等,也都发生了巨变。然而,随着"后城镇化时代"的到来,城镇化增速明显放缓,固定资产投资效率和投资回报率持续下降,房屋建筑市场需求走弱,以及全球经济放慢、民粹主义和逆全球化浪潮等诸多因素叠加,导致宏观经济下行等,这些均给国内建筑业发展造成一定冲击,行业前景不甚明朗。

带着身处这个行业的问题和困惑,2019年1月,中天控股集团编写出版了《全球建筑企业十强研究》,选定全球十大顶级建筑承包商开展专项研究,深入研究十家顶级建筑承包商的发展转型历程,归纳总结这些企业的发展经验、教训以及未来发展态势,为国内建筑企业转型升级提供重要借鉴。四年过去,在结合新冠疫情全球大流行、俄乌战争、新一轮巴以冲突等诸多变量,十强发展和排名出现明显变化的情况下,中天控股集团再次组建课题组,开展《全球建筑企业十强研究(第二版)》的工作,继续由浙江省发展和改革研究所前所长卓勇良担任课题组长,并由清华长三角研究院新经济中心执行主任明文彪担任课题组执行组长,以"大变局下国际工程承包商的应对之道"为主题,重点研究全球建筑企业在逆境中的转型策略。

本书第二版选定的十家国际建筑工程承包商,包含第一版十家单位中的八家,新增印度拉尔森和图布罗(L&T)、中国交建两家公司,替换法国布依格和美国艾奕康。研究过程以这些企业的年度报告、财务报表、媒体报道、学术研究文献等材料为分析对象,对各企业作单独的研究报告,并在此基础上归纳提炼形成总报告。

本书第一篇由龚旭峰撰写,聚焦疫情背景下的企业经营、一体化专业集群打造、技术创新、社会责任承担等,着重分析法国万喜共享协同战略。第二、第三篇由卓勇良撰写，分别从多层面分布式的商业模式、基础设施全产业链及其资本战略、企业社会责任的若干特点等方面，讲述西班牙ACS聚焦基础设施全产业链的资本战略；从企业基因、开发有用及令人愉悦的产品和服务、母公司为主体的企业结构、共同创造与共同生存的融合发展等维度，展现大和房建开放式人居全产业链发展。第四篇由吴可人撰写，从实施"共同加速至2022"战略计划、以欧洲市场为主优化全球化布局、以基础设施为重点纵深拓展业务板块、以科技创新驱动可持续发展、塑造"顶级雇主"企业形象等方面，阐述奥地利斯特拉巴格的创新引领产业链价值链扩展战略。第五篇、第九篇由明文彪撰写，分别从崛起和争斗、业务和市场、业绩和挑战、经验与总结四个维度，呈现韩国现代建设业绩瓶颈时期的战略转型，从家族经营之道、历史上最严峻的挑战、近年来的反思等角度，阐述私营建工巨子柏克德的辉煌与挑战。第六篇由宋学印撰写，从发展路径、业务线中的引领地位、疫情冲击与变危为机、印度梦的萃取集成等角度，分析印度L&T的发展之道。第七篇由孙娜撰写，从疫后走出低谷、初尝多域创业战略、坚守下的困惑、走向未来等角度，解读日本大林组多域创新增效战略。第八篇由费潇撰写，从百余年可持续之路、坚持利润优先策略、逆境中的应对之道、建设更美好的社会等层面，呈现瑞典斯堪斯卡从规模向效益的跃升之路。第十篇由吕淼撰写，从下行周期中逆势前行、千方百计寻找下个盈利点、特大型建筑央企的若干发展经验等方面，体现中国交建在建造世界一流企业中付出的努力。

在全书正文开篇，课题组总结提炼呈现一份总报告，从先立后破的商业模式创新、走在前列的技术创新、自然简约的企业架构及财务韧性、善以资本杠杆推进扩张、应对地缘政治的全球化发展、铺设可持续发展的大道等方面予以概述，力求以丰富的维度、广阔的视角、庞大的信息量，对建筑企业如何形成超越创新的核心竞争力作出点题。

本书撰写工作于2023年4月正式启动，由中天控股集团课题组在广泛翻译、阅读、消化、分析、提炼各类资料的基础上，三次线下讨论、四易其稿而成，凝聚了课题组的巨大心血，也期待能以其扎实的数据、信息，雄辩的讲述、解析，成为每一个建筑同行、每一位建筑从业者的案头工具书。

新时代，新蓝图，新篇章；再奋发，再创业，再启程。在时代和行业给予我们的新命题面前，我们需要全新的视野和格局，也需要全新的思考和作为。希望本书能助我们一臂之力。

目 录

总报告

建筑企业创新超越的顶尖故事——创新·可持续发展·

核心竞争力 / 卓勇良 明文彪 / 1

综述：行稳致远的新超越 /1
一、先立后破的商业模式创新 /8
二、走在前列的技术创新 /16
三、自然简约的企业架构及财务韧性 /23
四、善以资本杠杆推进扩张 /28
五、应对地缘政治的全球化发展 /33
六、铺设可持续发展的大道 /44
结语：建筑企业超越创新的核心竞争力 /53

第一篇

万喜一体化专业集群共享协同战略研究 / 龚旭峰 / 60

一、抗击疫情的经营努力 /61
二、一体化专业集群共享协同战略 /67
三、技术创新重塑发展杠杆 /81
四、社会责任尽显大企担当 /86
五、大事记 /89

第二篇

ACS 聚焦基础设施全产业链的资本战略 / 卓勇良 / 93

一、疫后较快恢复 /93
二、多层面分布式的商业模式 /97
三、基础设施全产业链及其资本战略 /104
四、企业社会责任的若干特点 /111
五、大事记 /120

第三篇

大和房建开放式人居全产业链发展 / 卓勇良 / 124

　　一、大和房建的基因 /125

　　二、开发有用及令人愉悦的产品和服务 /132

　　三、母公司为主体的企业结构 /139

　　四、共同创造与共同生存的融合发展 /145

　　五、大事记 /151

第四篇

斯特拉巴格创新引领产业链价值链扩展战略 / 吴可人 / 155

　　一、实施"共同加速至2022"战略计划 /156

　　二、以欧洲市场为主优化全球化布局 /163

　　三、以基础设施为重点纵深拓展业务板块 /167

　　四、以科技创新驱动可持续发展 /176

　　五、塑造"顶级雇主"企业形象 /183

　　六、大事记 /185

第五篇

现代建设业绩瓶颈时期的战略转型 / 明文彪 / 190

　　一、崛起和争斗：韩国第一工程承包商 /190

　　二、业务和市场：非均衡的商业模式 /194

　　三、业绩和挑战：增收不增利的苦恼 /202

　　四、经验与总结：现代企业经营之道 /209

　　五、大事记 /217

第六篇

建筑版"印度梦"之L&T研究 / 宋学印 / 220

　　一、印度建筑巨头的发展路径 /221

　　二、业务线中的引领地位 /224

　　三、疫情冲击与变危为机 /232

　　四、解码成功之道：印度梦的萃取集成 /237

　　五、大事记 /242

第七篇

大林组多域创新增效战略 / 孙　娜 / 247

　　一、疫后走出低谷 / 248
　　二、初尝多域创新战略 / 256
　　三、坚守下的困惑 / 263
　　四、走向未来 / 271
　　五、大事记 / 278

第八篇

斯堪斯卡从规模向效益的跃升之路 / 费　潇 / 284

　　一、百余年可持续之路 / 284
　　二、坚持利润优先策略 / 288
　　三、逆境中的应对之道 / 296
　　四、建设更美好的社会 / 301
　　五、大事记 / 306

第九篇

私营建工巨子柏克德的辉煌与挑战 / 明文彪 / 310

　　一、神秘的私人企业 / 310
　　二、柏克德的家族经营之道 / 318
　　三、历史上最严峻的挑战 / 324
　　四、近年来的反思 / 330
　　五、大事记 / 334

第十篇

建设世界一流企业的中国交建 / 吕　淼 / 338

　　一、有着百年发展历史的年轻建筑企业 / 338
　　二、在下行周期中逆势前行 / 344
　　三、千方百计寻找下一个盈利点 / 351
　　四、特大型建筑央企的若干发展经验 / 359
　　五、追赶全球顶尖承包商尚需积极努力 / 366
　　六、大事记 / 370

总报告　建筑企业创新超越的顶尖故事

——创新·可持续发展·核心竞争力

卓勇良　明文彪

综述：行稳致远的新超越

全球建筑十强企业创业发展平均已105年，最早的瑞典斯堪斯卡公司（简称斯堪斯卡）137年，最晚的西班牙ACS集团（简称ACS）也已41年。攀峰登顶，基业长青，奉献社会，是企业家的华丽梦想，十强企业做到了，并正在继续努力。实现这一切的是持续不断的创新，是超越同行、超越业界、超越自我、执着坚韧的核心竞争力。

本书第二版又发掘了不少新的情况和细节，形成了新的观点。因此，尽管第二版以2016年以来新情况、新问题为主，但在避免重复的同时，进一步围绕全球建筑业头部企业的创新超越，展开新的分析。因受材料获得性、语言障碍、文化差异等影响[①]，研究难度较大，研究视野与深度有所局限，难免若干缺失，敬请读者诸君谅解。

1. 新面孔

登峰后的高黏着性是十强企业一大特点。第二版换上两家新面孔。本书第一版2019年初出版后，全球形势发生巨大变化。不过名列美国《工程新闻纪录》（ENR）前几位的全球境外头部建筑企业，除了印度拉尔森和图布罗（L&T）是闯入十强的一匹黑马外，变化不大。

本书第一版选择了不包括中国企业的8个国家的10家建筑企业作为研究对象。

---

① 涉及7种文字、5种货币等

依据 ENR 2017 全球工程承包商和 2017 年全球财富 500 强名单，兼顾国家分布、企业类型，涵盖营收 100 亿美元以上的国外建筑业头部企业。课题启动时选择的巴西奥德布雷希特集团列 ENR 2016 全球第 13 位，不包括中国企业的全球第 6 位。但这家企业因受行贿丑闻影响，2017 年排名骤跌至第 60 位。本书第一版鉴于其深刻教训，将巴西奥德布雷希特集团研究列为附录供参考。

第二版继续遵循上述原则的同时，换上了一家中国企业和一家印度企业，数量 10 家不变。本次研究的全球建筑企业十强，2022 年营收最低是美国柏克德工程公司（简称柏克德）119.9 亿美元，最高是中国交通建设集团有限公司（简称中国交建）1307.7 亿美元。换下的两家企业，一家是法国布依格[①]，不过总报告仍关注布依格；另一家是美国艾奕康，全球位次严重下滑[②]。

十强企业名单　　　　　　　　　　　　表 1

ENR 排名	企业	英文名称	国家	总部所在城市
4	中国交建	China Communications Construction Company	中国	北京
7	万喜集团	VINCI SA	法国	楠泰尔
12	ACS 集团	The ACS Group	西班牙	马德里
18	斯特拉巴格	Strabag SE	奥地利	维拉赫
19	柏克德	Bechtel	美国	华盛顿
22	印度 L&T	Larsen & Toubro	印度	孟买
23	现代建设	Hyundai Engineering & Construction	韩国	首尔
27	斯堪斯卡	Skanska AB	瑞典	斯德哥尔摩
29	大林组	Obayashi Corporation	日本	东京
418[③]	大和房建	Daiwa House Group	日本	大阪

数据来源：ENR 2023 和全球 500 强 2023

换上的一家是中国交建，理由是其海外营收系中国国内建筑企业最高，2023 年以 235.3 亿美元居 ENR 国际营收的全球第 4 位。中国交建在亚洲、非洲、大洋洲、南美洲市场，均为当地建筑业前 TOP 10，具有较强代表性。中国交建 2014 年登上 ENR 第 4 位，比 2013 年上升 2 位，此后，中国交建一直居于 ENR 全球排位第 4 位，居中国交建之前的系 3 家中国建筑企业[④]。

[①] 布依格居 ENR 2023 全球境外工程承包企业第 2 位。
[②] 艾奕康列 ENR 2016 全球工程承包商第 49 位，全球设计企业首位；列 ENR 2023 全球工程承包商第 71 位，全球设计企业第 5 位，不含中国企业的第 3 位。
[③] 系 2023 年全球 500 强第 418 名，高于西班牙 ACS 的第 428 名。
[④] 2023 年分别为中建集团、中国铁路和中国铁建。

换上的另一家是印度拉尔森和图布罗（L&T），几乎是这些年中国建筑企业快速发展的印度版本。本书第一版研究启动时的 2016 年，L&T 营收 121.4 亿美元，居 ENR 2016 全球排位第 25 位，不包括中国企业的全球第 15 位。2023 年，L&T 营收 168.3 亿美元，居 ENR 2023 全球排位第 22 位，如不含中国企业则居全球第 6 位，比 2016 年上升 9 个位次。

ENR 全球工程承包商头部企业排名稳定性高于全球财富 500 强，体现了这些企业的执着和稳健，也反映了建筑业的规模经济特点。建筑业规模经济要求相对较低，中小微企业占比更高。登顶建筑企业因自身努力，加之下部企业上移难度较大，峰顶黏着度较高。ENR 2017 境外前 20 家企业，至 2023 年有 4 家跌出；全球财富 500 强在同样不包含中国企业情况下，2017 年境外前 20 家企业，2023 年有 7 家跌出。

2. 新高度

行稳致远是这十强企业又一特点。由于经济增长放慢和疫情影响等，并受中国建筑企业的冲击，这些年全球境外建筑业增长放慢。2016~2022 年，ENR 全球 TOP 250 建筑企业中不包括中国的 189 家企业，营收合计年均增长 2.1%。

十强企业有关数据分析   表 2

	2016 年	2022 年	2016~2022 年营收年均增长 / %
不含中国企业数 / 家	189	189	—
不含中国的营收合计 / 亿美元	7599.9	8611.4	2.1
含布依格的九强营收合计 / 亿美元	2069.1	2306.8	2.0
占不含中国企业营收的比重 / %	27.2	27.1	—
不含布依格的八强营收合计 / 亿美元	1805.6	1945.7	1.5
占不含中国企业营收的比重 / %	23.8	22.6	—
不含柏克德的八强营收合计 / 亿美元	1826.6	2187.0	3.3
占不含中国企业营收的比重 / %	24.0	25.7	—

注：九强或八强的 2022 年营收，均加上了西班牙 ACS 占股 50% 减 1 股的阿伯蒂斯 26.8 亿美元的营收

十强企业作为一个群体，总体而言受到更大影响，但如不含柏克德则情况较好。这里仅分析包含法国布依格的九强的有关数据，因中国交建比较特殊，如一并分析将使结论失真；大和房建未包括，因其系全球 500 强企业，缺少可比数据。2016~2022 年，包含布依格的九强，营收年均增长 2.0%，比不含中国企业的年均增长率低 0.1 个百分点，占比也从 27.2% 降至 27.1%。出现这一状况主要是因为美国柏

克德营收下降较大，因此进一步按不含柏克德的八强分析，得到积极结论。2016～2022 年，不含柏克德的全球境外建筑企业八强，营收年均增长 3.3%，比不含中企的营收年均增长率高 1.2 个百分点；营收占比从 24.0% 上升至 25.7%，上升 1.7 个百分点。

图 1　TOP 10 近年营收情况

2023 年十强头部企业营收创新高，比上年增长 10% 以上或接近 10%[①]。法国万喜集团（简称万喜）接近 700 亿美元，布依格超过 600 亿美元，ACS 接近 400 亿美元，大和房建因日元贬值距 400 亿美元应该尚有差距，中国交建仍雄居 1000 亿美元之上。

长期分析进一步表明十强头部企业稳健增长。2023 年居全球境外建筑企业前三名的万喜、布依格和 ACS，2006 年均已居 ENR 榜单同样位次。2006 年，这 3

---

① 2023 年营收，万喜 688.4 亿欧元，增长 11.6%；布依格 560.2 亿欧元，增长 26.4%；ACS 357.4 亿欧元，增长 10.3%；中国交建 7587 亿元人民币，增长 5.1%；大和房建前三个季度 37565 亿日元，同比增长 9.8%。

家企业合计营收959.8亿美元，此后一直居于不包括中国企业的全球建筑企业前列。2022年营收，这3家企业合计1373.5亿美元，如包含ACS参股50%减1股的阿伯蒂斯26.8亿美元营收[①]，则为1400.3亿美元，年均增长2.4%，其中万喜年均增长4.4%。

3. 新趋势

新趋势是新高度的促进和支撑。建筑业这一古老产业的现代发展有一个大体规律：在经济发展进入高收入门槛前，建筑业增长快于GDP增长；当经济发展进入高收入门槛后，建筑业增长逐渐放慢，占GDP比重逐渐有所下降。因此，建筑业头部企业如要实现基业长青，创新跨越系其内在的必然需求，必须在业内深化、业间融合、业外拓展三个方面作出积极努力。2016年以来，十强企业进一步形成和增强了若干转型发展的新趋势。

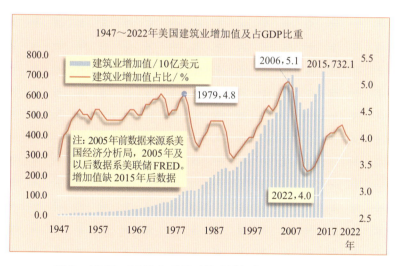

图2 1947~2022年美国建筑业增加值及占GDP比重

（1）主业深化融合的新趋势

建筑施工是十强企业梦想的出发地，也是十强企业产业拓展融合的支撑。十强企业的主业深化融合发展归纳而言主要有四个层面：一是建筑施工深化发展，二是建筑工业化优化提升，三是建材业转型扩张，四是多重形式的建筑业全产业链优化提升。这里简述前三个层面。

西班牙ACS是深化主业的典型。他们深耕美国市场，取代柏克德而跃升成为

---

① 西班牙ACS因未能控股在15个国家拥有8000公里高速公路的阿伯蒂斯，未能并表其营收。

美国建筑市场"一哥";法国万喜2023年建筑施工营收占比从上年的47.4%降至45.7%,但营收利润率(Ebit/Revenu)由2022年的3.8%上升至2023年的4.0%。日本大和房建是建筑工业化优化提升的典型,他们不断优化提升其装配式住宅,在抗震、低碳等方面持续居业界前列,2023年春在柏林郊区开始运营一家投资30亿日元的房屋零部件生产工厂;大和房建2023财年(2023.4.1~2024.3.31)前3季营收同比增长9.8%,比上年加快1.1个百分点,营业利润同比增长28.0%。奥地利斯特拉巴格欧洲集团(简称斯特拉巴格)是十强企业当中建材转型扩张的典型,建材营收占比系十强企业中最高,并逐年有所提高;万喜持续创新沥青等道路材料。

(2)从承包商向开发商为主转变的新趋势

无论何种承包商都处于不同程度的"等项目"过程中,这就导致其发展的被动性。开发商相对而言较具自主性,他们越过"等项目"过程,直接面对最终需求群体。虽然头部建筑企业的开发项目长期存在,但近年有更多企业加强开发业务,一些企业的开发业务营收占比已高于50%。

即使顽强坚守施工业务的日本株式会社大林组(简称大林组),这几年也开始重视房地产开发。其2017年营收占比仅2.3%的房地产开发事业,得到当年4000亿日元投资额的1/4,2022年计划未来4年投资6000亿日元,其中1/2投于房地产开发。2019~2022年,大林组开发业务利润合计723.6亿日元,是2015~2018年的1.9倍;占其利润总额的17.6%,比2015~2018年上升10.7个百分点[①]。瑞典斯堪斯卡按其营收及利润指标而言,已成为承包商与开发商的结合体。他们2022年推出投资性房地产业务,当年营业利润1.4亿瑞典法郎。同年,斯堪斯卡的住宅开发、商业地产开发和投资性房地产的利润合计占比41%,最高的2018年的占比曾为82%。日本大和房建2000年实施重大调整,其以建筑施工为主的母公司大和房建工业,与以房地产开发为主的大和团地合并,此后,大和房建虽一如既往坚守施工业务,积极承包工程项目,但就业务结构言已演进为一家以开发商为主的企业。

(3)从工程承包向服务承包为主转变的新趋势

建筑公司发展服务承包具有天然的便利条件,因为工程承包与服务承包本质上均系劳务服务。设计、规划,以及物业等服务,就建筑企业而言,本质上都是以施工为基本环节的劳务承包,营收占比通常较低,但利润占比或许稍高。

劳务承包崛起的特点是领域扩张,占比加快提升。21世纪以来,特许经营品类增加,有更多企业发展特许经营,同时在一些企业的占比不断提高。法国万喜除

---

① 因主要指标年度间起伏较大,按大林组4年为一轮计划的方式,进行4年加总数据比较。

高速公路特许经营权外，1995年在柬埔寨获第一个机场特许经营业务，2010年12个机场，2016年35个，目前已拥有71个机场的特许经营权。2023年，万喜特许经营业务线[①]营收占比15.9%，比2022年上升1.0个百分点；归属母公司的利润占比，虽比2022年下降4.5个百分点，但仍达59.1%，就利润而言，万喜已由工程承包为主的企业转型为以服务承包为主的企业。西班牙ACS是多层面服务承包的大玩家，但他们直到2021年才通过出售工业服务的业务线，确立特许经营业务线，且因不具有这一业务线主要企业阿伯蒂斯控股权而营收不能并表。2023年前三个季度，ACS特许经营业务线利润（Ebit）同比增长60.2%，占ACS利润的25.0%，同比上升6.9个百分点。

（4）跨界发展的新趋势

印度L&T出现在本书第二版，象征着十强企业跨界发展的新趋势。就L&T而言，跨界已经从一种业务扩张的战术行为，上升为企业整体转型的战略行为。

L&T创始人以贸易起家，1946年创立L&T后游走于建筑业、制造业及进出口业之间。这家企业2022年业务线多达20条，2022~2023财年建筑施工营收占比47.3%，已是一家以建筑施工为核心的多元化经营企业。

购并实现跨界，是头部建筑企业的主要做法。这几年，西欧建筑企业相继发生两起重大购并案，均系头部企业跨界发展的重大举措。一起完成于2021年，万喜以49亿欧元购并西班牙ACS独资能源公司Cobra IS。并购内容包括ACS工业服务的大部分承包业务，9个正在开发的PPP项目，拉丁美洲的输电网络等。另一起跨界并购案完成于2022年，法国布依格以61亿欧元收购法国能源和服务企业Equans，这家企业2022年营收176亿欧元，占布依格合并报表营收的39.9%。这些业务处于施工状态时，可解释为建筑施工产业链的延伸，但被整体购并，与建筑施工已缺少关联，系这两家企业的跨界发展。关于跨界发展的总体状况，后面进一步分析叙述。

4. 新教训

巴西奥德布雷希特在本书第一版研究中急剧跌出十强企业，第二版研究的美国柏克德营收大幅下滑。建筑企业做大做强至200亿美元后仍难免崩落，可谓建筑企业经营风险的新教训。

---

① 业务线（Business Line）是境外建筑企业分析业务结构时的常用概念，相当于国内常用的产业结构、板块等概念。

美国柏克德参与施工的胡佛水坝被誉为"沙漠之钻",但如今打造钻石的柏克德的风采正在弱化。2022 年,柏克德收入 168 亿美元,比 2016 年下降 48.9%;其 ENR 不含中国企业的全球排位,2017 年为第 4 位,2023 年跌至第 12 位。

关于柏克德失色,课题组分析认为系典型的缺少必要压力致其内在动力弱化所致,具体可归纳为三个原因。一是不上市,缺少必要的公开性。柏克德为家族企业,第五代掌权仍无上市愿望,有人把柏克德形容为世界上最神秘的公司,由此导致管理层任性和缺少监督,弱化了约束激励。二是沙特折戟。柏克德的辉煌,相当因素源于沙特业务,但也是沙特把柏克德拖下水。沙特当局受疫情影响扣留数百亿美元工程款,其中就包括柏克德的 10 亿美元,引发旷日持久的争端,柏克德收缩在沙特乃至整个中东的业务布局,亦致其国际业务全面收缩。三是本土业务受挤。2020 年柏克德在美国建筑市场的"一哥"地位首次被取代,位于纽约的 ACS 子公司特纳建筑公司(Turner Construction Co.)当年营收比柏克德高 43 亿美元,同时美国其他建筑公司与柏克德的差距也不断缩小。这家有着 126 年历史的家族企业,其第五代掌门人正处于新的历史拐点上。

日本大林组也正在遭遇缺少产业创新而导致的增长放慢。大林组 2020 年营收自 2013 年以来首次被日本鹿岛建设超越,2022 财年鹿岛建设营收比大林组高 20.6%。主要原因,就是与鹿岛相比,大林组长期以来对国内建筑施工具有路径依赖,缺少新形势下的新调整。

上述教训整体而言是企业发展较难避免的小概率事件。既有战略失误、团队老化、经营不当等主观因素,也有偶发天灾、市场剧变、竞争对手迅猛崛起等客观因素。对此,只能一如既往地如履薄冰、如临深渊地兢兢业业工作;更重要的是,始终以创新应对变化中的世界,以创新促进基业长青。创新有风险,守旧风险更大。

一、先立后破的商业模式创新

建筑企业本质特征是劳务承包,典型者如起家时的泥瓦匠包清工。建筑企业立足施工业务做大做强,以及突破施工业务局限,均伴随着商业模式创新,这也正是建筑业与制造业的较大区别。

1. 深耕主业及其增长屏障

深耕主业是十强企业商业模式创新的基点。因为绝大多数商业模式创新都需要扎根主业,依托主业,才能稳步前行。十强企业的主业即建筑施工业务均居业内前列，西班牙 ACS 集团 2023 年 ENR 排序已降至全球境外建筑企业的第 3 位，但建筑施工营收仍高居全球境外建筑企业首位，关键就在于主业的商业模式创新。

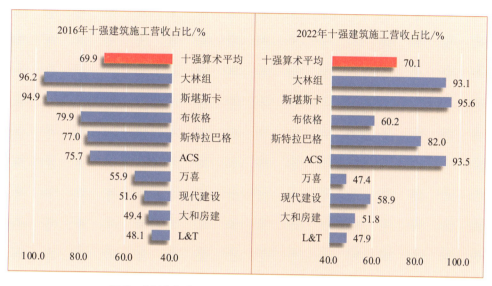

图 3 2016 年和 2022 年十强企业建筑施工营收占比

注：增速系按企业所在国本币计算

主业深耕的商业模式创新具有多种方式与途径。一是多层面创新，包括技术、组织和制度的创新等，这是主业深耕商业创新的基本面。二是多层面并购。ACS 并购豪赫蒂夫，豪赫蒂夫并购特纳，这才有了 ACS 在美国市场深耕的"一哥"地位。三是持续注资。万喜 1966～2000 年相继被法国三家大企业控股，尤其是圣戈班（Saint-Gobain）和法国通用水务控股万喜时，给万喜并入了施工及公共工程子公司、道路业务核心子公司等，大大增强了万喜的建筑施工能力。四是剥离非核心业务。ACS 购并豪赫蒂夫后，大刀阔斧剥离其机场、通信、房地产等业务；瑞典斯堪斯卡 1997～2000 年，几乎剥离了所有非核心业务和资产，涉及金额高达 315 亿瑞典克朗。这里要指出的是，公司业务过分庞杂，确需剥离，但也需要战略考量，因为弱小业务或有可能长成参天大树而救公司的命。巴西奥德布雷希特母公司 2019 年破产，但 1979 年布局的石化行业帮其续了命。2022 年，奥德布雷希特重整改名为诺沃诺（Novonor），因其石化业务支撑，营收 1050 亿雷亚尔（约合 210 亿美元），仍是一家令人生畏的企业。

主业深耕的成效十分明显。十强企业的建筑施工业务，在受到有效监管的欧美高度竞争性市场上，持续增长。表 3 分析 9 家企业的建筑施工业务营收，2022 年，最高的 ACS 为 314.3 亿欧元（约 338 亿美元），其次万喜 292.2 亿欧元（约 314 亿美元）。2016~2022年，十强中有6家企业的建筑施工营收年均增长4.0%以上，快于发达经济体GDP增速。与此同时，按算术平均计算，被分析的8家企业合计的建筑施工营收占比，2016年为69.9%，2022年为70.1%，坚守住了砥砺奋进的主阵地。

2016~2022年部分十强企业建筑营收年增长率（共9家）　　　表3

	货币及单位	2022年建筑施工营收额	2016~2022年均增长率/%	
			建筑施工营收	总营收
西班牙ACS	亿欧元	314.3	4.4	0.8
法国万喜	亿欧元	292.2	5.4	8.4
法国布依格	亿欧元	266.9	0.9	5.7
日本大和房建	10亿日元	2543.9	6.6	5.7
瑞典斯堪斯卡	10亿瑞典克朗	156.0	2.1	1.9
日本大林组	10亿日元	1847.7	0.4	1.0
奥地利斯特拉巴格	亿欧元	139.6	6.5	5.4
印度L&T	10亿卢比	878.2	8.8	8.9
韩国现代建设	万亿韩元	12.5	4.3	2.0

注：美国柏克德缺少数据，中国交建数据缺少可比性而未列入。ACS占有50%减1股的阿伯蒂斯因未能控股而不能计入营收额，致其营收增速低估。万喜2021年以49亿欧元购入能源资产包，放大了营收增速。日本大和房建仅计算住宅业务线。布依格营收增长较快系2022年购并的能源企业并表所致

美元对有关货币兑换率　　　表4

2022年末1美元兑换以下货币					
印度卢比	82.74	日元	131.12	韩元	1261.91
欧元	0.93	瑞典克朗	10.43		

数据来源：网上搜集，以权威部门公布为准

建筑业具有增长屏障。这就是当国民经济发展到较高水平后，建筑业发展将呈现边际递减效应。与此同时，低碳主义盛行，长寿建筑大量出现，建筑业发展空间进一步被压缩。因此，建筑业增加值占GDP比重，通常是先高后低，然后形成占GDP比重较低的一条低水平均衡的曲线。

日本建设业增加值及占GDP比重　　　表5

年份	建设业增加值/10亿日元	建设业增加值占GDP比重/%	年份	建设业增加值/10亿日元	建设业增加值占GDP比重/%
2000	37130	7.4	2019	29903	5.5
2018	30123	5.4	2020	30021	5.9

数据来源：2000年数据系来自日本统计局《第六十回日本统计年鉴》，2018~2020年数据系来自《第七十二回日本统计年鉴》。因GDP系核算数据，不同年鉴的数据口径有所不同，因此仅以2000年与2018~2020年数据比较

1947~2022年，美国建筑业增加值占GDP比重缓慢降低。其占GDP的比重2006年达最高的5.1%，然后在泡沫破灭的金融危机中，建筑业增加值急剧减少，

经过一个振荡周期后逐渐回归均衡。2022 年，美国建筑业增加值占 GDP 的 4.0%，大大低于 20 世纪 50~70 年代的水平。日本情况大抵如此，不再赘述。

图 4　2008 年以来日本新开工住宅数

因此，头部建筑企业的建筑施工业务增长大幅放慢亦难以避免。本书第一版总报告曾统计十强企业 2003~2013 营收年均增速 7.6%，是同期全球 GDP 年均增速的 2.6 倍。本次统计的十强企业 2012~2021 营收年均增长仅 2.6%，大为放缓，且已略低于全球 GDP 年均增速 2.8% 的水平。对十强企业来说，正是先立后破的商业模式创新，促使他们继续前行。中国建筑业的高增长期正在终结，将淘汰若干中小微建筑企业，但头部建筑企业仍需发展，这就亟需商业模式创新。

图 5　万喜营收及建筑施工占比

2. 突破传统业务局限

立足建筑企业劳务承包特性，突破单一的建筑施工业务的局限，顺势向建筑施工的上下两端转型扩张，是头部建筑企业商业模式创新的主路径。这是因为，基于建筑业的增长屏障，头部建筑企业的转型战略具有不得不实施性；基于劳务服务的低门槛特质，头部建筑企业的转型战略具有易实施性；基于不同业务的不同商业特性，头部建筑企业的商业模式创新具有高伴随性。从图6可以看到，2022年，万喜等四家全球境外最大建筑企业，以建筑施工为主体，均形成了多元化的业务结构。

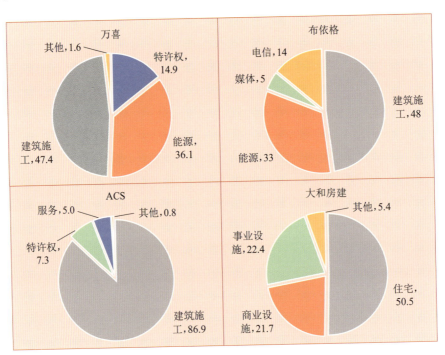

图6　2022年万喜等业务结构（营收，%）

注：数据均来自企业年报，其中ACS营收作了调整，加入了阿伯蒂斯的营收

（1）配套业务升格

万喜能源（Vinci Energies）前身的业务大致类似于建筑企业的安装业务。万喜1992年报具有"工业和技术安装"业务内容（industrial and technical installations），其中"installations"可译为装置，亦可译为安装。这块业务1989年营收42.5亿法郎①，占万喜当年营收的12%。到2022年，万喜能源业务营收167.5亿欧元，占万

---

① 按当时汇率约合6.7亿美元。

喜 2022 年营收的 36.1%，已非昔日可比，俨然大产业①。

所谓的能源业务已是当前法国三大建筑企业的标配。法国第二大建筑企业布依格 2022 年以 61 亿欧元收购 Equans，这是法国一家能源和服务企业，2022 年营收 176 亿欧元，占布依格合并报表营收的 39.9%。法国第三大建筑企业埃法其（Eiffage），2022 年营收 203.2 亿欧元，能源业务线营收占 26.2%。

（2）旧业务新主题

大和房建 1957 年承建大阪一家酿酒厂的仓库，由此形成了大和房建物流事业发展的始端。大和房建把普通民用仓库的产品概念，发展成了多租户物流设施、冷链配送节点、配送中心等，建设形成遍布日本各地的物流中心。截至 2023 年 3 月底，大和房建的物流设施开发用地面积 1429.2 万平方米，建筑面积 1279.6 万平方米，其中部分系大和房建运营。2023 年，大和房建物流设施业务线的营收约 5000 亿日元，占当年营收 10% 以上。

大和房建还有一个商业事业的业务线，2023 年营收 10921.7 亿日元，占其营收的 22.3%。这一业务线有购物中心、路边店铺、度假酒店、公共设施等。这一业务题材，正是日本传统建筑企业和日本一些房地产企业所不具有的，是大和房建的优势，由此加上物流设施等，导致大和房建在日本建筑企业中遥遥领先。

（3）服务承包新内涵

特许经营权是万喜的重要业务。特许经营权简单而言，就是对于公用事业的劳务承包，大致可理解为是工程承包业务完成后，对于甲方业务的进一步承包。具体而言，就是高速公路、机场、铁路设施、公共体育场、路灯、公共充电桩等的服务和管理。万喜承包法国约一半的高速公路收费等服务，承包全球 70 多个机场的服务，称得上是法国公用事业服务的"重器"。2022 年，万喜特许经营权营收 91.6 亿欧元，占营收的 14.9%；税前利润 62.0 亿欧元，占 60.7%。同年，万喜特许权无形资产 282.2 亿欧元，占其固定资产的 40.2%。

特许权业务是万喜蓝海战略的巨大成功。早在 1970 年，万喜经政府牵头，与其他企业共同创建 Cofiroute——法国一家高速公路特许权公司，到 20 世纪 80 年代末期，万喜拥有其 30.66% 股份，近 27 亿法郎（约 4 亿多美元）。1990 年万喜财报的无形资产栏，有特许权、专利和许可证，合计 481.4 万法郎②。1997 年，万喜年报首次出现特许权营收数据，为 5500 万欧元，占当时万喜营收的 0.7%。万喜以

---

① 将配套业务做成大产业系当下产业发展潮流，如做代工的台积电、鸿海等，都已是行业头部企业。
② 约合当时 76 万美元。

其战略眼光，以与政府关系紧密的有利条件，不嫌弃早期的弱小业务，积极参与公用事业服务外包，形成具有不完全竞争特点的特许经营权业务的发展优势。

3. 着力发展多层面全产业链

十强企业商业模式创新的主格局是建构多种类型的全产业链。其发展机理是，张扬建筑施工核心资产的竞争优势，不茫然去陌生领域扩张，不在竞争激烈的施工行业内卷，不采取封闭的业务模式，积极建链、拓链、补链和强链，努力成为属于自己那座奥林匹斯山的宙斯[①]。

（1）人居全产业链

十强企业大都有一些房地产业务，营收占比多半不高，产业链不明显。日本大和房建是其中的特例。大和房建将房地产业务打造成了人居全产业链，形成了住宅、商业和事业设施三大业务线，其中住宅业务线是核心。2022财年，住宅营收25437.8亿日元，占大和房建营收50.5%。商业和事业设施则以住宅产业为核心而展开，由此形成人居全产业链。瑞典斯堪斯卡2010年优化形成建筑施工、住宅开发、商业地产开发和基础设施开发四大业务线，形成人居全产业链的发展效应。

不论是大和房建还是斯堪斯卡，人居全产业链大致有三个层面。第一个层面是"建"住宅，第二个层面是"建"设施，第三个层面是参与或为主"重建"街区。斯堪斯卡虽未强调"重建"街区的层面，但其基础设施业务可以说是人居产业链的积极延伸。

（2）基础设施全产业链

中国交建系全球最大的道路与桥梁设计及建设的全产业链企业。其业务范围涵盖规划、可研、投融资、勘察设计、施工、运营维护及资产处置。西班牙ACS集团10余年来自诩"全球基础设施建设与服务的领导者"，建构了建筑施工、特许权和服务三大板块组合的基础设施全产业链。

ACS将其基础设施业务分为三个方面。一是桥梁、公路、铁路、水电基础设施等施工建造；二是社会公用设施的施工建造，包括能源、运输、通信和技术、自然资源和水处理设施等；三是上述工程设施的维护和服务。其商业模式是，ACS集团的特许权公司参与政府部门等的招投标，中标后由ACS建筑施工板块施工，竣工后由特许权公司运营管理。法国万喜结合其全球最大特许权经营企业，以及全球境外最大建筑企业的双重优势，形成了道路、机场、体育场等公用事业全产业链

[①] 奥林匹斯山是古希腊神话里的众神之神宙斯的居住地。

的竞争优势，成为基础设施全产业链一个具有特色的细分产业。

（3）建材与土建产业链

十强企业中唯一一家从建材业——水泥生产起家的，是瑞典斯堪斯卡，但并未见其在建材业有大的建树。十强企业具有建材业务优势的是奥地利斯特拉巴格，2022年建材营收约12亿欧元，占其170.3亿欧元营收的7%。万喜旗下有水泥、道路骨料生产等企业，形成建材与土建的产业联系。一般来说，建筑施工企业大都具有涉足建材业的企图，头部建筑企业或多或少会有一些建材生产业务，十强企业中在这方面做得最好的是奥地利斯特拉巴格。

斯特拉巴格建构了土建与建材的产业链。他们拥有沥青、混凝土、水泥和石料生产网络，建材自给率较高，其中沥青152%，混凝土76%，石料58%，水泥39%。这既是斯特拉巴格整体竞争力的重要支撑，同时因供应链内部化而降低成本，对别的企业形成市场障碍，形成了具有战略意义的竞争优势。万喜2022年道路骨料产量8900万吨，是欧洲这一细分产业的头部企业。

4. 产业跨界

即使全产业链也难以容纳头部建筑企业的扩张野心。建筑业有增长障碍，但头部建筑企业的发展并不会戛然而止。因此，产业跨界成为头部建筑企业发展的必然。

这里所谓的产业跨界，是指发展与建筑不相关业务，这显然是更为典型的商业模式创新。主要有三个跨界途径：一是购并跨界，二是创业跨界，三是产业链跨界。购并跨界已在新趋势部分分析，创业跨界包含在对L&T的分析中，这里主要分析产业链跨界。

图7　2022年部分十强企业跨界产业营收占比

总体而言，十强企业跨界产业的占比较低。目前仅直接查阅到 6 家企业的产业跨界数据，不过这并不表明那些未查阅到数据的企业没有跨界行为。这也表明，全球顶尖建筑企业尚未进入大规模跨界发展的阶段。跨界占比最高的是印度 L&T，其 2022~2023 财年 18334 亿卢比[①]营收中，非建筑产业营收占 52.7%。这是一家始于销售丹麦乳制品和相关设备的企业，具有非建筑基因。L&T 非建筑产业主要是新设立的能源项目、IT 及技术服务、高科技制造业等。法国布依格是 1952 年创立的一家建筑企业，也是跨界比较成功的建筑企业。布依格 1987 年收购法国 TFI 电视频道股份并成为其最大股东，1993 年成为法国第三大电信运营商，2022 年跨界营收占比 22.7%。日本大和房建及日本大林组均有若干光伏产业，不过份额很低，难以预料其日后发展。

产业链跨界是十强企业产业跨界的一个重要途径。关于产业链跨界的定义，应以跨界产业的营收或利润是否占主要部分为标志。所谓产业链跨界是指，头部建筑企业以建筑施工为核心，向上游的金融业务等发展，向下游的经营建筑等业务发展，即把建筑物作为经营对象而展开业务，如经营管理物流和商业中心，以及高速公路、机场等，又如向建筑施工后道工序的设备安装维修和管理业务发展等。如果跨界产业的营收或利润占比不高，可以认为是建筑业全产业链中的一个环节，行业归属仍为建筑业；但如这部分营收或利润逐渐占据主要部分，则企业正在离建筑业而去，行业归属发生变化。万喜、布依格、大和等大致处于上述状态中，行业归属正在发生变化。

二、走在前列的技术创新

建筑业是一个注重技术创新的行业。典型的如古罗马的混凝土应用，公元 120 年大跨度穹顶的罗马万神殿，中国隋朝[②]的世界首创"敞肩拱"结构形式的赵州桥等。十强企业积极推进技术创新，持续保持全球领先的地位。

1. 研发投入长期稳定

十强企业的研发投入长期保持稳定。表 6 给出了 9 家企业 2022 年研发（R&D）经费金额及占营收的比重，柏克德系私人企业而公开信息有限，未予包括。2022

---

① 按 2023 年 9 月 20 日汇率为 222.7 亿美元。
② 公元 581~618 年。

年,中国交建研发投入高达234.0亿元人民币,占营收的2.56%,系十强企业最高。不过这或许有统计口径差异的问题,不具有可比性。剔除中国交建,其他8家企业的R&D经费占营收比重平均为0.28%。这一比重较低与建筑业营收分母较大,以及利润率低有关。法国万喜2016年R&D经费预算约5000万美元,参与约50个研究项目和12个竞争力集群的工作,2022年R&D经费仍保持在5000万美元的水平上,参与55个研究项目,当年共拥有2500项全球有效的专利。西班牙ACS的R&D经费长期为3000万欧元以上,占归属于母公司利润的比重,除2021年外,稳定保持在3%以上。

部分十强企业2022年研发费用及占营收比重 表6

序号	企业	研发费用/万美元	研发费用占营业收入比重/%	序号	企业	研发费用/万美元	研发费用占营业收入比重/%
1	中国交建	334700	2.56	6	西班牙ACS	2900	0.08
2	韩国现代建设	14100	0.84	7	印度L&T	2000	0.12
3	日本大林组	11500	0.82	8	奥地利斯特巴拉格	1700	0.09
4	法国布依格	6500	0.14	9	瑞典斯堪斯卡	600	0.04
5	法国万喜	5300	0.08				

注:根据公司年报披露数据计算;柏克德和大和房建缺失。中国交建据其2022年报,研发费用为234.0亿元人民币,合33.47亿美元,考虑到统计口径差异,与欧洲及日本企业不一定可比

西班牙ACS历年R&D投资额 表7

年份	R&D投资/万欧元	项目数/个	占归属于母公司利润的比重/%	年份	R&D投资/万欧元	项目数/个	占归属于母公司利润的比重/%
2016年	3900	161	5.2	2020年	5300	253	9.2
2017年	3000	128	3.7	2021年	3900	81	1.3
2018年	3000	107	3.3	2022年	2700	137	4.0
2019年	3800	141	3.9	平均每年	3657	144	3.3

注:2021年因出让工业服务资产,归属于母公司的利润是2020年的5倍多,导致当年R&D占比大幅下降

数据来源:ACS年报

美国柏克德2016年设立了创新与未来基金,2018年到期后延续。这是一项总额6000万美元、为期三年的投资,致力于在公司内部孵化和资助创新项目。这一基金成立以来,已有6000多名柏克德员工提交3000多个创意,超过250个解决方案在全球项目中进行测试和部署,包括无人机使用、增强与虚拟现实的应用、新的移动应用程序以及新的物理管道组件的开发等。

十强企业在高价值专利方面多有建树。PCT 是 Patent Cooperation Treaty（国际专利合作协定）的简写，其授权量是衡量企业创新活动的重要指标。以 PCT 专利授权量为例，2017～2022 年十强企业的 PCT 高价值专利申请量共 41 项，虽然少于 2011～2016 年间的 94 项，但也处于历史第二位，特别是柏克德、大和房建和万喜三家企业，高价值专利申请量分别达到 13 项、11 项和 10 项，合计占十强企业的 83%。这也反映出十强企业的技术创新存在不平衡性，以及建筑企业因其行业特点，营收与研发之间的相关性较弱。

十强企业高价值 PCT 专利申请数量　　表 8

序号	申请人	2011～2016 年	2017～2022 年	序号	申请人	2011～2016 年	2017～2022 年
1	柏克德	16	13	7	现代建设	12	1
2	大和房建	26	11	8	印度 L&T	11	0
3	万喜	3	10	9	斯特拉巴格	5	0
4	中国交建	0	3	10	大林组	4	0
5	ACS	5	2	合计	—	94	41
6	斯堪斯卡	12	1				

注：数据来源 Incopat，以合享价值度在 8 分以上作为高价值专利

十强企业比较注重用专利来保护自己的创新成果，试图以此建立市场壁垒。表 9 给出了近年部分企业合享价值度在 9 分以上的高价值专利清单。可以看出，十强企业除了在施工技术上加强专利保护外，也在建筑材料和自动化等方面构建技术壁垒，这也是他们持续走在全球前列的一个奥秘。比如法国万喜在光伏幕墙元件上申请了 PCT 专利，试图在光伏能源发电这一新赛道抢占先机。美国柏克德在低能喷射器淡化系统、喷射器制冷循环、炼油厂废气回收等方向申请了多项专利，以此巩固在化石能源领域的传统竞争优势，这一领域占到柏克德营收的 40% 以上。西班牙 ACS 的高价值专利集中在建筑工业化方面。

十强企业部分 PCT 高价值专利　　表 9

序号	专利名称	公告年份	申请人
1	一种利用亭式支架处理隧道塌方的方法	2021 年	中国交建
2	用于运输货物的自动化系统	2020 年	万喜
3	用于建筑物或船舶的空气处理系统	2019 年	万喜
4	电缆或类似的运输设备以及适用于这种设备的车辆	2019 年	万喜
5	用于在城市中分配货物的系统和容器	2019 年	万喜
6	在城市区域货物分布的地理系统	2018 年	万喜
7	光伏幕墙元件	2018 年	万喜

续表

序号	专利名称	公告年份	申请人
8	测量土壤冻结质量的方法和装置	2018 年	万喜
9	一种用于辅助在施工作业中的元件安装的方法和系统	2017 年	万喜
10	砌筑卡瓦的预制框架	2021 年	ACS
11	具有接合结构的空腔托盘系统	2021 年	ACS
12	低能喷射器淡化系统	2021 年	柏克德
13	用于实现具有级联蒸发极的喷射器制冷循环的系统和方法	2021 年	柏克德
14	在延迟焦化过程中对焦化炉进行除焦的系统和方法	2021 年	柏克德
15	驾驶员视野受阻时辅助拖船的主导航系统	2019 年	柏克德
16	多级制冷系统和方法	2018 年	柏克德
17	可堆叠式储物架	2018 年	柏克德
18	用于炼油厂废气回收的系统和方法	2017 年	柏克德
19	延迟焦化塔中急冷、降低大气排放的系统和方法	2017 年	柏克德
20	可调支架	2017 年	柏克德

数据来源：Incopat，仅统计合享价值度在 9 分以上的 PCT 专利

2. 建构增强数字化转型机制

十强企业近年来积极以数字化转型为主线，推进各项技术创新工作。数字化研发与数字化应用持续走在全球业界前列。

（1）建构数字化推进与工作机制

斯特拉巴格在集团管理委员会设立首席数字官，推进一批具有重大影响的旗舰项目，首任首席数字官 2023 年初被任命为 CEO 后，继续负责这项工作。法国布依格副首席执行官兼 CFO 负责集团的数字化推进、创新等业务。大林组设立数字化本部，由一名常务执行官[①]任本部长，主导大林组的数字化推进工作。大和房建配备两名数字化推进责任人（担当），与大林组一样，提出并反复强调"数字变革"，要求推进基于数字化的真实创新、基于数字化的技术基础强化等。大林组在其中期经营计划 2022~2026 年度中，规划安排 700 亿日元的数字化关联投资，占其 5 年投资总额的 11.7%。西班牙 ACS 集团努力开发数字创新系统，通过在美国和亚洲创建物流平台来改变其供应链管理。

（2）建构数字化转型服务平台

万喜施工于 2016 年建立的工程数字化服务公司 Sixense，可进行工程监测、

---

① 常务执行役员，日本企业一个高管类别。

三维扫描、倾斜摄影、结构数值分析和数字平台开发，为客户提供工程全生命周期的综合数字化管理解决方案。斯特拉巴格在中央部新设创新与数字化部门，创建 Zentrale 技术公司、技术质量与创新管理公司（TPA）、EFKON 公司等，负责收集和对接有利于集团数字化创新的思路和举措，系统性地推出，监测和评估数字化转型项目。2014 年，斯堪斯卡瑞典公司创建名为"Go Mobile"的项目组，项目组成员为来自公司各个部门的技术专家，都能在团队内部或施工现场宣讲新技术。ACS 子公司豪赫蒂夫与 ACS 集团的运营公司合作，2018 年创建 Nexplore 公司，积极促进其主要活动的数字化，是一家利用 ACS 集团内部现有数字创新能力的数字转型孵化器和加速器。柏克德 2017 年创建大数据与分析卓越中心（BDAC），正式实施"数字企业计划"（digital enterprise）。

（3）建构数字化转型的合作关系

十强企业清楚知道数字化是自身弱项，努力寻找合作方加强这方面的工作。L&T 与全球知名软件产品和技术公司有广泛的合作伙伴关系，积极为不同业务领域的客户提供一系列数字化增值服务。斯堪斯卡的瑞典公司与欧特克（Autodesk）、Bluebeam、微软（Microsoft）、三星（Samsung）等技术供应商强化长期合作，以寻求最佳的数字化解决方案。万喜与一家初创公司 Destypo 合作开发机场人工智能助手 Chatbot，即时回答来自机场网站以及脸书的所有问题以减少人工操作。斯特拉巴格与外部创新资源建立网络和合作伙伴关系，共同开发行业前沿的数字技术。

（4）建构数字化转型的培训及技术推广体系

2017 年初，斯堪斯卡的瑞典公司设立"数字教练"岗位，以作为项目团队、软件供应商和 IT 部门的"实践接口"，主要负责帮助斯堪斯卡员工在工作中使用更高效的数字技术。L&T 将员工的发展分为三个级别。第一级包括为所有年轻员工提供技术培训，使他们具备足够的能力开启工作，包括使用有效的 PPT、视频、模拟和游戏化技术，虚拟行业参观，使用虚拟实验室进行 PLC 等科目的实践。第二级培训有助于培养员工在工作场所掌握知识和技能，开展约 350 个虚拟教师主导的培训项目（VILT），覆盖 7000 多名在职人员。第三级旨在提供"未来之窗"，定期举办关于新兴技术的有关培训课程。

3. 技术创新的全方位进展

十强企业技术创新以数字化为主线，围绕主业展开，形成较大的全方位进展。

（1）工程建造技术创新

从十强企业 PCT 专利看，超过 40% 的专利与施工相关，如 ACS 的"砌筑卡瓦的预制框架"专利，万喜的"测量土壤冻结质量的方法和装置"专利，现代建设的"一种中和酸洗疏浚土的方法"专利，中国交建的"空孔烧割三次爆破方法"专利等。

万喜因其历史上的三大王牌技术——预应力技术、斜拉索技术、吊装搬运技术，被誉为"全球超级结构建造者"。近年来，万喜施工通过使用数字化设计工具、机器人技术和自动化设备，提高施工精度、生产速度和减少人力成本。另外还利用虚拟和增强现实技术来改善设计、模拟和培训过程。通过虚拟现实技术，设计师和工程师在虚拟环境中进行设计和模拟，更好地理解和评估设计方案。

大和房建是日本钢结构装配式建筑的重要推动者。早在 1980 年，大和房建就建立了中央研究实验室，对建筑材料和部件进行抗拉、抗压、抗剪等试验，对房屋的整体结构进行抗震、抗风和耐久性试验，研制并建造出高性能的建筑，持续迭代其主力钢结构品牌。随着老龄化时代的来临，大和房建的住宅及装修开始为老人和病残者考虑，从建筑设计到内部装修都追求简便、舒适、实用，并加入了节能、环保、适龄、防盗、保护年轻女性等功能，家庭设备从自动化、电子化发展到智能化，不断满足时代要求。

（2）智能建造下的数字工地

数字工地是建筑施工技术创新的一个重要方面，这里单独叙述分析。机器人擅长处理重复性和劳动密集型任务，如物料配送、砌砖、混凝土浇筑等，已慢慢进入建筑施工的中心舞台。建筑机器人的精度和速度已经超过了人类劳动力，可显著加快项目进度，降低成本和风险，如外墙喷涂机器人效率可达人工的 3~5 倍。

斯特拉巴格于 2021 年 4 月将数字化创新（digitalisation initiatives）纳入发展战略，推动自动化、远程作业、无人机现场作业、智能建筑机械、互联施工等新方式新方法应用，利用传感器将智能设备和建筑部件联网，有效支持所有项目参与者的数字化和无缝交互。目前，斯特拉巴格已有超过 1/3 的关键设备配备了远程信息处理系统。韩国现代建设 2022 年成立智能建造实验室，和波士顿动力合作开发四足行走机器人（Spot）和无人地面车辆（UGV），这些设备可以通过安装激光雷达、激光扫描仪、360° 摄像头等设备，实现无人勘测、现场安全巡逻、远程现场监控等多种用途。

十强企业如今在其遍布全球的建筑工地上，数以万计的嵌入式物联网设备将项目现场和公司后台相连，不断收集实时数据。这些传感器监测和传输温度、湿度和结构完整性等重要参数，然后交给由人工智能驱动的软件进行分析，让项目经理全面了解现场条件。此外，为建筑定制的无人机捕捉高分辨率图像，在建筑工地上进行目视调查、进度跟踪等。物联网和人工智能驱动的机器人正在重塑建筑格局，迎来一个更智能、更安全、更高效的建筑实践时代。中国交建在港珠澳大桥施工中，采用深海高精度碎石整平、深基槽高精度清淤、深海隧道沉管定位安装等技术与装备，完成了 6.7 千米长的海底隧道建设，进一步增强了特大桥施工的全球领先地位。

（3）新型建材的开发应用

几乎所有新型建材都具有轻质、高强度、保温、节能、节土等优良特性，正在逐步替代传统的建筑材料。近年来，十强企业的建筑材料的技术创新主要体现在如下几个方向：

——可回收沥青。沥青是建筑施工的主要材料。2017 年万喜开发并测试使用了第二代可回收循环沥青。这种混合材料具有良好的黏结性和稳定性，并有利于减少温室气体的排放，降低对环境的影响。此外，它的使用还能延长道路的使用寿命，减少维护成本，并缩短施工周期。2018 年，万喜路桥在研发可回收沥青材料的基础上又推出一项重大创新："100% 回收道路"。这是世界上第一个含 100% 回收骨料的道路生产技术，有助于改善高速公路建设的环境平衡。

——低碳混凝土。万喜 2019 年又研发推出了低碳混凝土系列（Exegy），这个系列根据配料不同共有三种：低碳、超低碳与极低碳。与传统混凝土相比，Exegy 可减少高达 70% 的二氧化碳排放。这种低碳混凝土采用了替代传统水泥的材料，如粉煤灰、高炉矿渣、矿石等，还采用了可再生或可回收材料。低碳混凝土同时具有优异的结构强度和耐久性，可以满足建筑物的要求。

——3D 打印材料。3D 打印技术可以大大提高建筑结构的精度和复杂性，同时也可减少建筑材料和人工的浪费。2017 年，日本大林组开发了一种 3D 打印机，通过从机器人手臂注入水泥等材料，可以自动制造各种形状的建筑物和土木工程结构零件，无需使用特殊水泥材料的模板。如此一来，不再需要制造、组装和拆除钢制模板，砌块的制造时间可以从 10 个月左右缩短到 2 个月左右，且节省了多达三分之一的人力。

——纤维增强塑料（FRP）。FRP 的基础材料是树脂，再加入纤维增强材料，如玻璃纤维、碳纤维等，经过复合制造而成，具有轻质、高强度、耐腐蚀、防火等特性，能够有效减轻建筑负荷。FRP 材料最开始是在 20 世纪 60 年代由美国首先开始进行研发。日本编制了世界上第一个基于 FRP 的施工规范，将 FRP 逐步应用于高性能领域。德国也在20世纪建成了世界上第一座以FRP为主要材料的悬索桥。近年来，印度L&T等公司在项目中引入了FRP等先进材料，用于建筑结构和基础设施的加固。

（4）创新理念先行的建筑设计

建筑设计被普遍认为是智力密集型行业，标准化程度较低，高度依赖专业设计人才的创意智慧，返工频繁、成本高昂。BIM的出现使得建筑行业迈向了基于三维模型的全新设计模式。但创建BIM模型涉及协调多学科要求，确保这些不同的计划无缝衔接而不发生任何冲突，对BIM专业人员是一个较大难题。

随着ChatGPT、Sora等的快速迭代，人工智能驱动的生成式设计可以利用机器学习来应对这一挑战。生成式设计工具通过将GPT等预设大模型向建筑设计领域微调，几乎可以立即生成数十种设计选项，实现创意环节人工替代，同时能够识别和减少不同团队创建的不同计划或模型之间的冲突，有效避免代价高昂的返工。

十强企业已开始运用生成式设计理念来优化建筑设计。万喜利用虚拟现实技术（VR）让设计师和工程师在虚拟环境中进行设计和模拟，更好地理解和评估设计方案。印度L&T已初步将GPT等技术运用至前端方案设计，设计师只要将工位数量、会议室数量和电话间的数量作相应的调整，在新的BIM模型构架内，90秒就可以得到变更后的最优设计，包括设计模型和细节丰富的图纸。

十强企业比较注重技术创新的多域多跨联动。如大和房建努力推进数字化技术的多层面集成应用，将BIM－大数据－AI连接的链条，全过程应用于公司的施工、物流和设施管理三大业务中。这包括施工现场的物联网终端、机器人、数字孪生（digital twin）等，建筑工业化的智慧工厂等，物流领域的智能物流、智慧配送等，设施管理的数字化远程可视智能管理等，这些信息与设施全面联网，形成数字化转型的系统。

三、自然简约的企业架构及财务韧性

自然简约是十强企业崇尚的一个企业组织架构准则。保持自然简约的公司结构有利于提高效率、降低成本、简化及标准化风控系统等。简约韧性就是生产力。

1. 简约的公司制结构

十强企业的组织架构，总体可称为公司制结构，亦即垂直之间互以公司相对，形成一种道法自然[①]、效率为先的企业架构。十强企业除印度 L&T 外，业务线大致为三四条，以主要企业领衔展开各项业务，未再架床叠屋，设备种管理机构为中间层。这些主要企业通常具有数十亿甚至 100 多亿美元营收规模，具有较高自主权。

——主体公司结构。大和房建工业是大和房建集团创业时的母体，2022 财年营收 20060 亿日元，占集团的 40.8%；营业利润 2316 亿日元，占集团的 49.8%。截至 2023 年 3 月底，大和房建集团有 487 家子公司，形成以大和房建工业为主体的众星拱月式的运营结构。大林组亦采用这一结构，其母公司营收占集团的比重为 69.9%。此外，韩国现代建设的一主一副结构，亦可归入这一类型。

——镜像式公司结构。ACS 最大的子公司豪赫蒂夫，2022 年营收 262.2 亿欧元，占 ACS 的 78.0%，其业务状况大致可视为 ACS 缩小版。豪赫蒂夫最大的子公司斯米克集团，2021 年营收占豪赫蒂夫的 56.0%，亦可大致视为豪赫蒂夫缩小版，斯米克集团的子公司亦大致可视为斯米克的缩小版。这就像将一个正在进行实况转播的摄像机，对准一台正在播放这一实况转播的电视机一样，屏幕上就会出现无限伸展、逐渐缩小的镜像，故称为镜像式企业结构。十强企业只有 ACS 系这一结构，形成子公司自主运营的特点，系 ACS 尊重被购并企业的原有文化和运营模式所致，亦是 ACS 的活力源泉。

——区域公司结构。奥地利斯特拉巴格 2012 年 7 月 1 日起，集团组织架构由原来按业务领域分，调整为按区域市场分。集团在管理委员会下分四大部门，包括三个经营部门即区域业务部，以及一个服务部门即中央部和中央员工部，形成区域业务部独立运营、中央部集中提供服务的管理模式，实施至今。

——业务线结构。这是大型企业集团多元化发展常见的一种企业结构，中国交建、万喜、布依格、L&T 等均系这一结构。中国交建的 13 家主要子公司，承担其港湾、路桥、航务等建设施工的主要业务。法国万喜的建筑施工、特许权和能源三大业务线，由 7 家一级子公司承担，其中特许权经营有高速公路、机场等 5 家专业公司；万喜建筑施工原本有施工与路桥两家子公司，2021 年整合为一家公司。

企业组织架构事关企业活力、运营效率等重大问题，绝不能等闲视之。一家企业运营日久，难免体制老化，这就需要组织变革，但这并不意味着架床叠屋复杂化。道法自然，简约明了；凝聚向心，分散自主，是组织变革的基本宗旨。

　　[①] 大自然拥有智能的特征，一些知识内嵌于大自然当中，如康德所说："如果我们把自然这个词理解为本应以正当的、合理的方式发生的事，那也就没有比这更自然的了。"（康德《纯粹理性批判》，人民出版社，2014 年，第 6 页）。

2. 压缩母公司及去中心化

十强企业的母公司大都较小,这不仅仅是压缩成本,更是为了增强活力。西班牙 ACS 集团有一个很小的母公司,固定资产仅 516 万欧元,其中土地和建筑物 39.5 万欧元,厂房及设备等 476.5 万欧元。母公司员工费用 3920.3 万欧元,占合并报告的 0.5%,这也可以理解为是母公司的运行成本占比。ACS 母公司总资产主要是对子公司等的投入,对集团公司和联营公司的非流动投资 79.2 亿欧元,占 78.7%;现金及其等价物 14.1 亿欧元,占 14.0%;流动金融资产 4.6 亿欧元,占 4.6%。

2022 年西班牙 ACS 母公司主要数据占比　　　表 10

	母公司/100 万欧元	集团合并报表/100 万欧元	母公司占比/%
总资产	10067.3	37580.3	26.8
固定资产	5.2	1572.2	0.3
所有者权益	7199.9	6375.9	112.9
营收	363.2	33615.2	1.1
员工费用	−39.2	−7249.9	0.5
税前利润	1008.7	492.7	204.7

ACS 母公司没有自己的重大商业活动,2022 年营收 3.6 亿欧元,主要是向子公司提供服务,以及股息、融资等收入,其中向子公司提供服务收入 1560 万欧元,股息收入 34716 万欧元。万喜母公司 2022 年营收 1900 万欧元,主要是向子公司提供开具发票服务的收入。一个没有自己特定利益的母公司,才能真正成为集团的较好统领。

精简的管理层。十强企业有一个很有意思的现象:副总经理人数与企业营收规模成反比,亦即十强企业经营规模最大企业有着最少的副总经理,经营规模较小企业则有较多副总经理。表 11 按营收排序,列前位的 6 家企业,副总经理平均每家 1.5 人,列后 3 位的平均每家 4.7 位副总经理。这也许纯属偶然,但全球境外最大的 6 家建筑公司的管理层最为精简,是不争的事实。

2022 年部分十强企业董事会及 CEO　　　表 11

	董事长（有/无）	董事/人	副董事长/人	CEO 是否董事长兼（是/否）	副总经理/人
法国万喜	有	14	0	是	2
法国布依格	有	14	0	否	2
西班牙 ACS	有	15	1	否	0
日本大和房建	无	13	0	否	2
韩国现代建设	有	7	0	是	2

续表

	董事长（有/无）	董事/人	副董事长/人	CEO是否董事长兼（是/否）	副总经理/人
奥地利斯特拉巴格	有	5	0	否	1
印度L&T	有	19	0	否	5
瑞典斯堪斯卡	有	11	0	否	5
日本大林组	有	11	0	否	4
平均		12.1			2.6

注：奥地利斯特拉巴格没有董事会，设有5人的管委会（后增至6人），有一位CFO权作副总经理，另有一个9人的监事会。L&T副总经理中有一人系CFO。瑞典斯堪斯卡网页说是设副总经理5人，但网上的副总经理名单有7人，取前者。日本大林组董事长按其公司章程系礼仪性，现任董事长为创始人直系后裔，持有2.36%股份，系第5大股东

去中心化的管理体系。这几乎是十强企业的共同做法，如同ACS等反复强调的，"拥有一个灵活、分散的组织"[①]。万喜在这方面显然比较典型。他们将决策权下放到各个业务单元和项目层面。每个业务单元拥有一定的自主权，能够根据当地市场和客户需求作出灵活决策，有利于快速响应市场变化和提高项目效率。斯特拉巴格实施区域结构的目的，就是放权去中心化。

一体化治理是去中心化的一种实现方式。其特点是高管一竿子插到底，中心下移，一线直接决策，等效于去中心化。ACS集团CEO兼任其主要子公司豪赫蒂夫的董事长兼CEO，同时再兼任豪赫蒂夫主要子公司斯米克的董事长兼CEO，一人独任一、二、三级三个公司的CEO。大和房建2021年实行事业本部制，似乎增加了中间层，但采取一体化方式，仍不失效率，大和房建一位副社长[②]兼任技术综合本部长，同时兼任这一本部的生产部门担当，以及技术部门担当，其他高管亦往往身兼垂直分布的多个职务，即既是部长，又是课长，甚至兼任相应"担当"[③]。

扁平化是去中心化的必然，印度L&T几乎做到极致。L&T有20条业务线，由12位高管在CEO之下负责，其中10人负责14条业务线，只有2条线有中间层；另有两位副总经理各负责3条业务线，设有中间层。一些必要的管理机构主要是为了信息搜集、相互协调等，并不导致层级的增加。这些机构或也采取公司形式，但规模很小。ACS有一个"ACS服务与特许权有限责任公司"，置网页上各家子公司之首，实际系管理性质，没有网站、高管名单和详细介绍，同时也未出现

---

① 原文："We have an agile, decentralised organization, promoting the excellence needed to offer our clients the best products and services.（我们拥有灵活、分散的组织，致力于推动卓越，为客户提供最好的产品和服务）"（ACS年报2012）

② 大和房建共两位副社长，此系第一副社长。

③ "担当"的日文意思是负责，××担当即××负责的意思。

在年报介绍的公司结构中。

全资化子公司是十强企业简化公司结构的一个重要举措,放在购并一章分析。

3. 财务积极与审慎

十强企业采取积极与审慎结合的财务策略,努力提高盈利能力、降低财务风险。这里的一个基本准则是,目标不在于宏大,贵在迭代。他们中的一些企业在各方面情况较好时,一定程度地加杠杆,促进战略目标实现;同时也头脑清醒,努力保持财务审慎,注重长期的财务坚实,经济形势不佳时不至于财务恶化。

2022 年十强企业主要财务指标分析　　　　　　　表 12

	资产负债率/%	流动比率(流动资产合计/流动负债合计)×100	速动比率(现金及其等价物/流动负债)×100	现金及其等价物占总资产比重/%	净资产利润率/%	营收利润率/%
韩国现代建设	56.3	177.2	45.4	20.4	5.4	2.5
印度 L&T	58.5	136.2	4.2	2.2	10.3	6.7
日本大林组	60.3	122.8	21.6	10.2	7.5	3.9
日本大和房建	61.1	213.0	22.1	5.5	12.9	6.3
瑞典斯堪斯卡	63.6	151.1	12.1	6.6	14.9	5.1
奥地利斯特拉巴格	68.3	114.3	41.8	21.3	11.7	2.8
中国交建	71.8	93.2	15.6	6.8	4.7	2.8
法国万喜	73.4	85.7	26.2	11.2	14.5	6.9
西班牙 ACS	83.0	127.6	47.8	25.1	10.5	2.0
算术平均	66.3	135.7	26.3	12.1	10.3	4.3

数据来源:企业年报,缺柏克德。速动比率采取简易计算,即仅计算现金及现金等价物占流动负债比重。现金及其等价物口径,日本企业、欧洲和印度企业有所不同,不完全可比。利润数据系归属母公司的利润口径

十强企业财务状况长期较好。上表分析了十强企业中的 9 家企业的 6 个财务指标,分别是资产负债率、流动比率、速动比率、现金及其等价物占总资产比重、净资产利润率和营收利润率。这 6 个指标加总后的算术平均,都落在较好区间。其中资产负债率算术平均 66.3%,最高的 ACS 为 83.0%,最低的韩国现代建设 56.3%。ACS 在 2022 年末持有现金及其等价物 94.2 亿欧元,实际的资产负债率显然没这么高。上述 9 家企业有 5 家现金比较充足,现金及其等价物占总资产比重高于 10%,其中最高的 ACS 达 25.1%。下面进一步分析若干企业的一些财务策略。

——持续去杠杆化。2011 年以来,ACS 集团启动了持续的去杠杆化。这一年 ACS 净债务 93.3 亿欧元,是其营业利润的 4.0 倍,2018 年实现净现金余额 300 万欧元。2022 年,ACS 实现 2.2 亿欧元净现金。净现金是指,账面现金或现金等价

物的合计，减去各种有息债务后的金额，是衡量企业财务的一个重要指标。

——无债经营。这是指有息债务为零或保持在较低水平上。2001年，大和房建新任社长樋口武男针对当时1340亿日元的有息债务，提出无债经营要求。多年来，大和房建发展一直建立在财务稳健但又不失适当积极的基础上。

——坚持利润优先。2016~2020年，斯堪斯卡开始实施有目标的盈利计划，要求净资产收益率保持行业领先，实现建筑施工和项目开发价值创造的平衡。2022年，斯堪斯卡的财务比较积极，现金及其等价物占总资产比重处于较低水平，居上述9家企业倒数第3位，略高于算术平均的1/2，说明企业资金处于积极利用中；净资产利润率14.9%，为上述9家企业最高。

——强健的金融资本。印度L&T强健的金融资本为其在市场中打下了坚实的基础，稳健的资产负债表是其减少外部依赖、增强内生活力的保障。2022年，L&T流动资产栏下的金融资产为6164.3亿卢比，合74.1亿美元，占资产总额的35.8%。

——持续稳定地回报股东。这是企业基本价值和职责，除非特殊年份，这些企业每年固定派发两次股息，有时三次。股息视企业经营状况每年有所增长，这也有利于稳定股价及促进股价上升，同时保持较强的融资能力。ACS公开宣称实行税后利润65%的股息政策；奥地利斯特拉巴格在扣除少数股东权益之后，将净收入的30%~50%派发股息。万喜2022年每股派息4欧元，按年末收盘价计，其股票的当年收益率为4.3%。

2005年以来ACS集团历年每股红利　　　　表13

年份	金额/欧元	年份	金额/欧元	年份	金额/欧元	年份	金额/欧元
2005年	0.60	2010年	2.05	2015年	1.15	2020年	1.88
2006年	1.25	2011年	1.97	2016年	1.20	2021年	1.95
2007年	1.75	2012年	1.11	2017年	1.39	2022年	0.53
2008年	2.05	2013年	1.15	2018年	1.20		
2009年	2.05	2014年	1.15	2019年	1.83		

注：截至制表日期，2022年余下股息尚未派发。

四、善以资本杠杆推进扩张

十强企业是资本市场高手，善于利用资本杠杆促进自己快速发展。十强企业的实践也表明，企业发展及商业模式创新需要在全球范围内整合利用资源。

1. 购并新趋势

购并交易跟全球经济周期息息相关。在疫情、加息、供应链中断和监管趋严等不利因素影响下，大部分企业对资本购并望而却步，但也出现了一些逆势抄底的经典案例，反映了企业对风险的认知差异。

（1）并购节奏放缓

从时间维度看，过去这些年国际顶尖建筑承包商的购并数量整体呈减少态势。据 Capital IQ 的统计，2017~2022 年间十强企业总共发生了 33 宗并购事件，平均每年 5.5 宗，这个数据比 2013~2016 年间平均每年 7.3 宗的并购数量减少了 1/4。

这里面，瑞典斯堪斯卡的资本化收缩或许可以反映这一事实。这家企业 2017~2022 年作为买方总共参与 5 起购并交易，平均每年不到 1 起，但在 2016 年一年就发生了 4 起。结果是，斯堪斯卡的商誉（goodwill）占总资产的比重从 4.9% 降至 2.7%。按相应的会计准则，购并资产的溢价部分被记作商誉，因此可从无形固定资产项下的商誉金额变化，观察企业购并变化。

从表 14 中可以看到，头部建筑企业的商誉占比的变化并未表现出集体下降的一致性，主要是布依格和万喜两家企业的大规模逆势购并。若不包括这两家企业，头部企业的商誉占总资产比重从 2016 年的平均 3.8% 下降至 2022 年的平均 3.2%，表明购并有轻微下降。

部分建筑企业商誉占总资产比重 /% 表 14

企业名称	国家	2016 年	2022 年	变化
布依格	法国	15.4	20.8	+5.4
万喜	法国	11.9	15.5	+3.6
ACS	西班牙	9.3	7.2	−2.1
斯堪斯卡	瑞典	4.9	2.7	−2.2
斯特拉巴格	奥地利	4.3	3.5	−0.8
现代建设	韩国	3.1	3.0	−0.1
L&T	印度	0.7	2.4	+1.7
中国交建	中国	0.7	0.3	−0.4
平均 1	—	6.3	6.9	+0.6
平均 2	—	3.8	3.2	−0.6

注：平均 1 是表中 8 家企业的算术平均；平均 2 是扣除布依格和万喜后的 6 家企业的算术平均

（2）大宗交易增多

经济低迷期的购并交易往往最终大获成功。对于手握现金并着眼未来的企业而言，不确定性和动荡的市场环境正是产生诱人交易机会的好时机。虽然购并活动数量在缩减，但单项金额增大成为一大亮点。2013～2016年，十强企业平均每宗购并交易金额为0.7亿美元，但2017～2022年的单体购并规模跃升至13.8亿美元，几乎增长20倍。

这很大程度归因于大宗交易的产生。本书第一版仅讨论了ACS并购豪赫蒂夫这一"孤例"，但近几年发现，超过50亿美元的并购案例2017年以来达到3宗，分别是ACS收购西班牙公路管理公司Abertis（2017年，368亿美元），万喜收购ACS工业服务板块（2020年，65亿美元[①]），以及布依格收购法国能源管理公司Equans（2021年，75亿美元）。

这3宗案例反映了大型企业合理利用估值洼地、扩展竞争优势的勇毅和决心。这3宗大宗交易都发生在营收300亿美元以上企业，反映出建筑巨头"强者恒强"的新态势。

部分企业规模1亿美元以上的主要并购事件　　单位：亿美元　　表15

序号	买方	标的物	标的国家	标的行业	标的额	宣布时间
1	西班牙ACS	Abertis	西班牙	公路管理服务	367.8	2017/10
2	法国布依格	EQUANS SAS	法国	能源和服务企业	75.1	2021/10
3	法国万喜	ACS工业服务业务	西班牙	工程和特许经营	64.7	2020/10
4	西班牙ACS	HOCHTIEF	德国	建筑和交通基础设施建设服务	5.6	2022/9
5	印度L&T	Mindtree Limited	印度	技术咨询和IT服务	4.8	2019/3
6	中国交建	TESC – Terminal Santa Catarina	巴西	港口码头	3.6	2017/9
7	西班牙ACS	Blueridge Transportation Group	美国	设计、建造、维护和运营收费车道	2.5	2022/10
8	中国交建	Mota-Engil	葡萄牙	建筑和基础设施管理服务	2.0	2020/11
9	日本大林组	Obayashi Road Corporation	日本	建筑项目	2.0	2017/5

数据来源：Capital IQ

（3）轻资产购并加快

建筑企业的商业进化和转型扩张在资本市场也得到彰显。2017～2022年，观察十强企业这33宗购并案的标的物，除了传统的建筑施工板块外，超过50%的购并分布于以下三类行业：一是电力和新能源服务；二是技术咨询和IT服务；三是物业、道路收费、特许经营等轻资产服务。可以看出，"由重转轻"是建筑企业发展的新趋势。

[①] 因数据引用来源的不同，一些数据存在差异，为保持引用数据原状而未予调整。

最典型的是印度L&T的新探索。2019年L&T以4.8亿美元获得IT服务商Mindtree的60%控股权。Mindtree是印度十大智能企业之一，主要业务包括软件开发、IT咨询、IT基础设施管理等。这项收购进一步扩大了L&T在印度IT服务外包领域的实力和市场份额。2020年，Mindtree为L&T的IT和技术服务收入贡献了约27%。

（4）全资化子公司

全资化能将子公司控制权牢牢掌握在母公司手上，简化公司决策机制，在不犯错前提下大大提高运营效率。子公司全资化大致是三个路径：一是对于将购并的重要企业，尽可能购入全部股份，至少是控股；二是对因历史原因未能全资购入的重要上市公司，择机购入剩余股票而退市；三是对自己创办的企业因扩张需要而上市，若干年实力增强后私有化而退市。

ACS的5家一级子公司均系购并而来，其中3家逐渐成为ACS全资子公司。特别是漫长的豪赫蒂夫购并案，始于2007年，2011年才达到了具有控股权的持股份额。2022年，ACS进一步回收豪赫蒂夫股份，实际持股又上升至70.3%。大和房建在日本国内有14家主要的子公司，其中至少有3家主要子公司系大和房建创办并上市，若干年后回购股票退市。瑞典斯堪斯卡主要收入来自16家子公司，拥有这些公司100%的表决权。

2. 溢价出让

除了兼并收购外，十强企业还采取资产重组的方式，对原有业务线进行结构调整。根据标的价值和经营情况，大致可分为溢价和止损两类。本节介绍溢价出让，下一节分析止损出让。

部分企业溢价出让事件　　单位：亿美元　　表16

序号	宣布时间	卖方	标的物	买方	标的行业	标的规模	净资产	溢价
1	2018/2	西班牙ACS等	西班牙ACS旗下光热电站运营公司Saeta Yield全部股份	加拿大TerraForm	风电、太阳能发电	32.2	10.3	21.9
2	2020/11	瑞典斯堪斯卡	伊丽莎白河渡口特许经营权	Abertis等	特许经营	23.1	11.8	11.3
3	2018/5	印度L&T	L&T的电力和自动化业务	印度施耐德电气	电气和自动化	21.0	7.5	13.5
4	2022/12	大和房建	大和度假村公司	惠比寿度假村	旅游业	4.1	0.4	3.7

数据来源：Capital IQ

（1）改善损益表和现金流量表

2020年疫情后仅仅三个月时间，斯堪斯卡平均股价就从231.7瑞典克朗跌至169.3瑞典克朗，跌幅26.9%。为稳固市场信心，斯堪斯卡出售了价值138亿瑞典克朗的商业地产开发项目，直接带来48亿瑞典克朗的资本收益，使其当年利润突破百亿瑞典克朗，同比增速达到70.1%。2022年，大和房建出售大和度假村公司，账面净资产48.5亿日元，转让价556.2亿日元，溢价11倍多。无论是为了解决企业的债务困境，还是出于改善财务报表的目的，出售这些资产都能为企业带来一笔高额收益，改善资产负债表并极大提升投资者信心。

（2）强化核心业务优势

企业通过出售部分资产，可以优化资源配置，充实增强核心业务，从而提升企业的整体竞争力。2022年，中国交建发布重组预案，转让旗下设计院，析出资产作价高达人民币104.3亿元，不仅有助于回避设计领域毛利下降和同业竞争问题，也使得中国交建能专注于基建核心主业的发展。大量出售办公楼、公寓、住宅等房地产的瑞典斯堪斯卡和大和房建，将流动资金用于经营活动，可以让企业集中精力在优势领域。

（3）为战略性转型新兴业务筹措资金

十强中也有企业根据市场和自身发展需求调整商业战略，为筹集现金而出让资产的案例。2021年，ACS以49亿欧元、总交易价格55.6亿欧元，向万喜出售工业服务资产，资本盈利高达20多亿欧元，然后重组基础设施板块为建筑施工板块，再收购专注收费高速公路的企业形成特许经营板块，促进业务转型。

3. 果断止损

投资最难的不是坚持，而是如何及时止损。企业制定战略的时候也是如此，宁可降低收益，也要坚决避免被逼入绝境的决策。

部分企业果断止损案例 表17

出售年份	卖方	标的物	标的行业	亏损情况
2012~2016年	西班牙ACS	伊贝德罗拉	能源	2012年归母公司净利润亏损19.3亿欧元，实际损失30亿欧元
2021年	西班牙ACS	斯米克	建筑	2019年亏损16.2亿美元，2020年亏损12.7亿美元，两年合计亏损28.9亿美元
2022年	大和房建	大和度假村公司	旅游	三年合计亏损174.4亿日元，净资产从269.0亿日元降至48.5亿日元

(1) 去风险降杠杆

在经济前景黯淡时，活下去比活得好更重要。如果放任经营不佳的业务持续亏损，企业则将面临更大的市场风险。因此，为了保护资本和控制风险，必须当下作出抉择，果断止损。如日本大林组，通过出售开发的办公室和物流设施来获得资本收益，以形成与风险相应的回报，降低杠杆。大和房建的大和度假村公司，虽是溢价出让，但系疫情期间大幅亏损，为了减少损失、降低风险而出让，也可归类于止损。

(2) 简化公司结构

西班牙 ACS 自 2013 年起就以资本手段完善业务布局、简化公司结构、建构更有效率和活力的组织体系。

一是剥离非战略资产。2016 年，ACS 实施 20.7 亿欧元的撤资，包括以 11.4 亿欧元的价格出售 Urbaser，以 5.5 亿欧元出售伊贝德罗拉的股份等。

二是简化非核心资产的管理，即使占股较高，也不参与其日常管理。ACS 旗下斯米克剥离资产组建文蒂亚集团，初始仅占有 50% 股份，2023 年又出售文蒂亚集团 14% 股份，简化了对于文蒂亚集团的管理。

(3) 保全企业声誉

如今的止损已经不仅仅指关注财务损失，同时也指注重降低企业形象受到的负面影响，包括构建良好的生态圈，维护好长期的商业价值和彼此信任的合作伙伴等。2014 年，斯堪斯卡因被卷入腐败丑闻而决定退出南美市场，随后两年，公司分别出售了在阿根廷、秘鲁的公司。2021 年，更加严重的亏损和丑闻使 ACS 二级子公司斯米克不得不以低于 1 欧元价格出让中东合资企业的股份，并于第二年收购公开市场股份而退市。十强企业都在奔赴与自己价值观相近的市场，努力维护企业意识形态，以提升核心竞争力。

五、应对地缘政治的全球化发展

全球化是欧洲"小国大企业"的生存之道。欧美建筑企业因特定的历史文化渊源，在欧美范围内跨国承包通常并无障碍。然而欧美建筑企业在广阔的亚非拉地区，以及亚洲除日本外的各国建筑企业在欧美地区，因发展差距及文化差异等，存在着建筑业全球化的价值隔离现象。

1. 全球化水平上升

十强企业具有较强的全球化基因。2016~2022年，这组企业的全球化水平进一步提升。

2016~2022年部分企业国际化水平变化　　单位：百万美元　　表18

	2016年			2022年		
	国际营收	总营收	国际化/%	国际营收	总营收	国际化/%
合计	120425	239334	50.3	142377	266946	53.3
西班牙ACS	32598	37334	87.3	34138	35626	95.8
法国万喜	17367	42668	40.7	35658	65606	54.4
美国柏克德	16406	24251	67.7	4962	11986	41.4
法国布依格	12257	26354	46.5	20806	36118	57.6
瑞典斯堪斯卡	12110	15414	78.6	11766	14749	79.8
奥地利斯特拉巴格	12009	14221	84.4	15786	18917	83.5
韩国现代建设	8664	17695	49.0	6830	16752	40.8
日本大林组	4009	16270	24.6	3354	14098	23.8
印度L&T	3975	12708	31.3	4099	16832	24.3
日本大和房建	1030	32421	3.2	4979	36261	13.7
中国交建	21201	70780	30.0	23527	130765	18.0

注：为避免结论失真，合计不包括中国交建。大和房建数据系来自全球500强及其年报，其余系来自ENR

（1）全球化突破50%

2016~2022年，不包括中国交建，10家企业全球化率从50.3%上升至53.3%。且其中有若干低估因素，即如进一步按实调整，这组企业的全球化水平或更高一些。还需指出的是，上述被统计的10家企业全球化水平突破50%后的上升，进一步意味着全球化正在日益成为头部建筑企业的基本生存发展方式。

不过被分析的10家企业，有5家企业全球化水平有所降低，分别是美国柏克德、奥地利斯特拉巴格、韩国现代建设、日本大林组和印度L&T。这也一定程度反映了建筑业全球化的价值隔离。

部分企业国际收入增长　　单位：亿美元　　表19

	2016年	2022年	增减/%		2016年	2022年	增减/%
法国万喜	174	357	105.2	韩国现代建设	87	68	-21.8
西班牙ACS	326	341	4.6	日本大和房建	5	51	953.8
中国交建	212	235	10.8	美国柏克德	164	50	-69.5
法国布依格	123	208	69.7	印度L&T	40	41	2.5
瑞典斯堪斯卡	120	158	31.5	日本大林组	40	34	-15.0
奥地利斯特拉巴格	121	118	-2.8				

数据来源：ENR；其中大和房建数据来自企业年报，根据当年平均汇率计算（下同）

（2）欧亚建筑企业的全球化优劣势

欧洲企业具有全球化优势。如果用国际收入占企业总收入的比重继续提升（条件1），且2022年国际收入较2016年不下降（条件2），来定义一个企业的国际扩张程度，欧洲企业的优势非常突出。符合条件1的有万喜、大和房建、ACS和斯堪斯卡4家企业，符合条件2的是大和房建、万喜、斯堪斯卡、中国交建、ACS和印度L&T 6家企业，同时符合两个条件的只有万喜、大和房建、ACS和斯堪斯卡。这4家企业，除了海外收入较少的大和房建外，另外3家均是欧洲企业，若加上布依格，国际扩张的优势企业几乎全在欧洲。

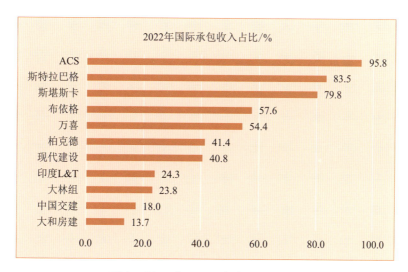

图8 2022年国际承包收入占比/%

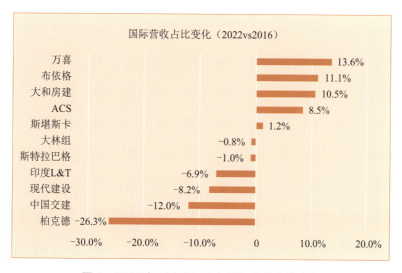

图9 2022年对比2016年国际营收占比变化

亚洲企业似乎处于全球化劣势地位。无独有偶,十强企业中国际营收占比居前5的也均是欧美企业,后5位都是亚洲企业。在亚洲企业中,排名最高的是现代建设,但国际化程度也未过半。

(3)中国企业的全球化崛起

这些年,中国建筑企业成为国际建筑承包市场的最大赢家。2022年ENR国际承包建筑商TOP 250榜单,中国企业有81家,2016年只有65家,欧洲和美国上榜企业数量分别减少5家和4家,其他国家也有不同程度减少。中企国际承包总收入2022年实现创纪录的1179亿美元,在TOP 250中的比重达到27.5%,比2016年提升6.4个百分点。

实际上,2016~2022年间,除美国市场外,中企在几乎所有市场的份额都出现了上升。其中亚洲份额(中东地区外)上升最多,达22.4个百分点,其次是中东市场,从16.0%到35.6%,上升19.6个百分点。

除了发展中经济体外,中资企业在欧洲市场扩张也明显加快,2022年市场份额达到9.5%,比2016年的2.8%提升6.7个百分点,超过土耳其成为欧洲本土企业之外的最大竞争对手。

中国企业国际承包收入在不同区域的市场占比 /% 表20

	2016年	2022年	增减		2016年	2022年	增减
欧洲	2.8	9.5	6.7	非洲	56.2	63.0	6.8
拉丁美洲	22.8	24.8	2.0	亚洲(中东地区外)	31.8	54.2	22.4
美国	3.7	1.3	-2.4				
中东	16.0	35.6	19.6	平均	21.1	27.5	6.4

数据来源:ENR

2. 积极布点

全球化主要是企业的主动积极行为。全球化有风险,但不推进全球化的风险更大。万喜、布依格、ACS和斯堪斯卡4家欧洲企业的全球化表现尤佳。

(1)增强优势而积极布点

万喜是全球建筑业国际营收额最高企业,过去十多年从未被超越。2022年,其本土外的营收357亿美元,远超2016年的174亿美元。如此强大的根源,是万喜特有的商业模式,及其为深耕主业而要求的国际扩张所致。

近年来,万喜通过眼花缭乱的购并,不断拓宽自己的机场特许经营网络。2017年,万喜服务的机场主要在欧洲大陆;2018年并购10个机场,开始进入英国和美国市场；2022年大举进军南美市场，并购墨西哥13个机场、巴西7个机场。至此，通过海外市场积极布点，万喜运营的机场已达65个，成为全球排名第一的机场私营服务商。2022年，万喜国际业务收入首次超过法国国内业务，占比54%。

（2）着力扩张而积极布点

西班牙ACS是全球建筑业国际化水平最高企业，这与其总部位于西班牙有关。2022年国际营收占比95.8%，远高于其他企业。2008年金融危机以来，西班牙一直没有摆脱公共债务高企、失业率居高不下的困局，国内建筑市场萎缩。为拓展增量空间，ACS通过并购豪赫蒂夫实现了进军澳洲市场和北美市场的目标。而豪赫蒂夫则是通过在美国的兼并，实现进军美国的目标。在2016~2022年，ACS集团的北美和澳洲市场营收占比从47.2%上升到83.9%，西班牙本土作为其第三大市场，占其营收的比例从13.5%下降到9.7%。ACS国际化采取当地化策略，即并购当地企业，扩张当地营收，高管及其他员工等均以当地为主。

（3）推进转型而积极布点

交通基建、房屋建造、石油工业和能源电力总共贡献了国际承包市场80%的业务收入。ENR数据显示，2017年以来，除了能源电力市场仍在扩张外，其他三大板块的国际承包收入均有不同程度收缩。特别是随着全球能源转型以及俄乌冲突的加剧，能源电力逐渐成为全球建筑商特别是欧洲建筑商竞争的新蓝海。

ENR TOP 250 国际承包收入分板块变化　　单位：亿美元　　表21

板块	2016年	2022年	增减/%	板块	2016年	2022年	增减/%
交通基建	1426	1444	-1.2	能源电力	451	446	1.2
房屋建造	918	1014	-9.5	合计	3364	3949	-14.8
石油工业	569	1045	-45.5				

数据来源：ENR

法国布依格和万喜是全球化能源转型的最大受益者。2022年之前，布依格的国际业务主要集中在交通基建和房屋建设，规模虽然较大，但主营业务过于集中。2022年，布依格以61亿欧元从法国能源巨头ENGIE手中收购Equans的100%所有权。Equans在全球17个国家和地区都有办公室，海外业务占比超过70%，是全球能源技术服务的领导者。这项收购也让布依格于2022年首次站上了ENR全球能源板块的前10强名单。万喜2021年以49亿欧元收购了ACS旗下的Cobra IS。Cobra IS在2022年为万喜能源板块贡献了25%的营收，更重要的是填补了万喜在西班牙和拉丁美洲能源业务上的空白。

（4）基于生存而积极布点

全球化是"小国大企业"的生存发展之道。十强企业如包括法国的两家企业，有 5 家系"小国大企业"，它们显然不可能仅仅依靠国内发展。

瑞典斯堪斯卡 2017 年达到 400 亿瑞典克朗营收后，本土收入无法使其再上台阶，此时它在美国和挪威市场发力，2017～2022 年，这两个市场营收合计增长 45%，抵消了国内市场下滑的业绩冲击。斯堪斯卡在欧洲市场和美洲市场持续稳固居前 10 的位次，连续五年入选《福布斯》美国"最佳雇主"名单。

3. 撤离与进军

十强企业全球化近些年出现重大变化，主要有三个特点：撤离发展中区域、进军美国市场，以及回归本土市场。

（1）撤离发展中区域

四家欧元区企业这一特征尤为明显。万喜、ACS、布依格及斯特拉巴格合计，2016 年在亚非拉发展中区域的营收为 118.95 亿欧元，2022 年为 120.89 亿欧元，考虑到通胀因素，实际营收有一定减少。这些企业在发展中区域的营收占比，2016 年为 10.8%，2022 年为 7.7%，减少 3.1 个百分点。这四家企业在发展中区域的营收占其自身营收比重均有不同程度降低，降低最大的是国际化水平最高的 ACS，2022 年比 2016 年减少 8.3 个百分点。另外，瑞典斯堪斯卡撤离拉丁美洲、柏克德撤离中东，固然与当地基建规模缩小有关，但也有营商环境变化等因素。斯堪斯卡市场分布在欧洲及美国，至少在其年报上，看不到在发展中区域的存在。

四家欧元区企业 2016～2022 年的市场变化　　　　表 22

	合计	法国 万喜	西班牙 ACS	法国 布依格	奥地利 斯特拉巴格
2016 年营收分布 / 百万欧元					
国内	52138	22418	1280	20071	8369
欧洲其他区域	20494	9671	1812	4713	4298
北美	19032	1471	14197	3016	348
澳大利亚	6993	—	6993	—	—
发展中区域	11895	4512	2939	3968	476
合计	110552	38072	27221	31768	13491
2022 年营收分布 / 百万欧元					
国内	66568	27948	3170	24168	11282
欧洲其他区域	38435	20157	2308	10510	5460

续表

	合计	法国万喜	西班牙ACS	法国布依格	奥地利斯特拉巴格
北美	31569	4942	20756	5313.09	558
澳大利亚	8685	2150	6535	—	—
发展中区域	12089	6477	846	4330.91	435
合计	157346	61674	33615	44322	17735
2016年营收分布/%					
国内	47.2	58.9	4.7	63.2	62.0
欧洲其他区域	18.5	25.4	6.7	14.8	31.9
北美	17.2	3.9	52.2	9.5	2.6
澳大利亚	6.3	—	25.7	—	—
发展中区域	10.8	11.9	10.8	12.5	3.5
2022年营收分布/%					
国内	42.3	45.3	9.4	54.5	63.6
欧洲其他区域	24.4	32.7	6.9	23.7	30.8
北美	20.1	8.0	61.7	12.0	3.1
澳大利亚	5.5	3.5	19.4	—	—
发展中区域	7.7	10.5	2.5	9.8	2.5

注：国内指企业所在国。斯特拉巴格的国内数据按其习惯为奥地利和德国；斯特拉巴格为产值。发展中区域是指亚洲、非洲及南美洲

日本大和房建在中国市场形成了一种相对撤离。他们在中国市场的营收曾高于美国，目前则是美国市场的营收远高于中国市场。2016~2022年，日本大和房建的中国市场营收，从361亿日元增长到1112亿日元，约增长3.1倍，按理不算少，但同期大和房建的海外营收增长6.0倍，两倍于中国市场增长。与此同时，中国市场营收占大和房建海外营收比重从32.3%降至16.5%。

与发达国家建筑企业撤离发展中区域相互补的是，中国建筑企业正在积极进入。2016~2022年，中国建筑企业的国际承包收入在境外不同区域的市场占比，总体上升6.4个百分点，市场份额上升高于这一水平的，有非洲市场上升6.8个百分点，中东市场上升19.6个百分点，亚洲市场上升22.4个百分点。

但中国交建似乎正在减少发展中区域的业务。2016~2022年，在中国交建的境外新签合同中，非洲的合同金额及占比均大幅下降，而东南亚、大洋洲、欧洲及中国港澳台地区等的合同金额及占比均较大上升。不过，并未见到中国交建的西欧及美国市场的合同金额数据。

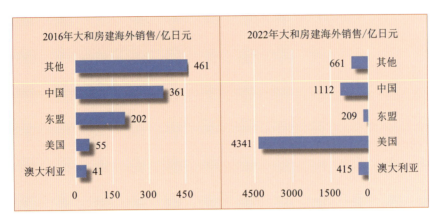

图 10　2016 年和 2022 年大和房建海外销售对比

中国交建 2016～2022 年境外新签合同分地区情况　　　　表 23

	金额/亿元（人民币）		占比/%	
	2016 年	2022 年	2016 年	2022 年
合计	2058.6	2086.4	100.0	100.0
非洲	1001.4	590.1	48.6	28.3
东南亚	368.2	434.4	17.9	20.8
大洋洲	221.6	319.5	10.8	15.3
中东欧	41.4	182.1	2.0	8.7
中国港澳台地区及其他	426.0	560.3	20.7	26.9

（2）进军美国

十强中的多数企业，在美国市场的营收均有较大增长。万喜等四家欧元区企业合计，2016～2022 年，在北美市场（其中绝大部分是美国市场），2016 年为 190.3 亿欧元，2022 年为 315.7 欧元，增长 65.9%；美国市场占这些企业营收合计的比重，2016 年为 17.2%，2022 年为 20.1%，上升 2.9 个百分点。这四家欧元区企业在美国市场的营收比重均有提高，增长率万喜最高，增长 2.3 倍；增长额 ACS 最大，增长 65.6 亿欧元。

大和房建 1976 年进入美国市场，但进展一直较慢，近几年明显加快。2016 年，大和房建在美国市场的营收为 55 亿日元，2022 年为 4341 亿日元，约增长 78.9 倍，20 多倍于在中国市场的增长，他们主要是在美国开发房地产。瑞典斯堪斯卡 2016 年美国市场营收占 36%，2022 年占 45%，上升 9 个百分点。

中国建筑企业似乎较难进入美国市场。ENR 数据显示，2016 年，中国建筑企业国际承包收入占美国市场仅 3.7%，2022 年降为 1.3%。

（3）向本土市场回归

撤离发展中区域的另一个典型是美国柏克德。柏克德自20世纪40年代末沙特阿拉伯刚发现油田时就开始进入中东市场，此后国际业务长足进步，一直到2013年海外营收达到峰值236亿美元，在当年的ENR国际工程承包商榜单中仅次于ACS。但自此之后，业绩持续下滑，近年仍未止跌，国际营收从2016年的164亿美元降至2022年的50亿美元，同期国际收入占比从67.7%降至41.4%。根据ENR排名，柏克德目前除了在拉美市场和澳洲市场依然位居前十外，在其他市场都滑出十强以外。

图11　2011～2022年柏克德国际收入占比

数据来源：ENR

另一个向本土回归的案例是韩国现代建设。现代建设多年来在中东牢牢守住十强企业位置。但因国际原油价格在2016～2020年间处于低位，产油国财政不容乐观，现代建设的海外项目收入连续5年下滑。2016～2022年间，现代建设来自中东和非洲地区的收入下滑41%，来自亚洲（除中东外）其他地区的收入减少2%，而来自韩国本土的收入大增38%。结果就是，现代建设的收入结构重新转为国内为主，本土市场贡献了六成营收。

韩国现代建设2016～2022年营收市场分布　　　　　　　　　　　表24

	营收/10亿韩元		占比/%	
	2016年	2022年	2016年	2022年
国内	7598	12960	39.5	61.0
亚洲（除中东外）其他	4132	3892	21.5	18.3
中东和非洲其他	5390	3045	28.0	14.3

续表

	营收/10亿韩元		占比/%	
	2016年	2022年	2016年	2022年
其他	2387	1746	12.4	8.2
调整	−273	−404	−1.4	−1.9
合计	19233	21239	100.0	100.0

（4）海外市场置换

地缘政治很大程度改变了全球建筑商的业务版图。俄罗斯曾是斯特拉巴格的第五大市场。2014年克里米亚事件后，斯特拉巴格敏锐觉察到地缘政治或对其在中东欧市场开拓有不利影响，遂逐步削减在俄投资。2022年俄乌冲突爆发后，俄罗斯寡头商人奥列格，也是斯特拉巴格的第三大股东被西方多国制裁。为避免受到关联影响，斯特拉巴格出售了在俄的最后资产。2022年3月，集团决定结束在俄所有商业活动。

在俄罗斯业务逐步出清过程中，斯特拉巴格积极拓展波兰、捷克、匈牙利、保加利亚、斯洛文尼亚等其他中东欧市场。2019~2022年，虽有战争和疫情的巨大冲击，但这一区域市场仍保持年均3%的营收增速，2022年达到41.7亿欧元，贡献集团全部营收的23.5%，成为仅次于本土市场的新引擎。

4. 价值隔离

十强企业市场分布变动背后有一个重要因素，这就是区域间发展落差及文化差异所导致的建筑业全球化的价值隔离。

2016~2022年，根据ENR数据，全球国际承包市场整体下降8.4%，但不同市场差异较大。其中，中东市场降幅最大，达到40.7%。与之相反，欧洲市场和美国市场则增长相对较快。

ENR TOP 250 国际承包收入分区域变化　　单位：亿美元　　表25

地区	2016年	2022年	变化/%
亚洲（中东外）/澳洲	1203	1092	−9.2
欧洲	960	1128	17.5
中东	841	499	−40.7
非洲	615	481	−21.9
美国	536	559	4.3
南美	338	273	−19.2
其他	186	254	36.2
合计	4679	4285	−8.4

然而需指出的是，全球建筑业不同区域增长起伏而导致顶尖建筑企业国际分布变动，并不影响关于建筑业全球化"价值隔离"的判断。当一些国家和地区的基建大潮回落乃至落幕时，一些建筑企业在这一区域的国际营收难免回落，这固然并非全系价值隔离所致，但价值隔离的影响显然是存在的。

关于价值隔离的一个事实是，前些年中国建筑业产值快速增长时，少见全球顶尖建筑企业进入中国市场；而当欧洲和日本建筑企业蜂拥进入美国市场时，中国建筑企业在美国市场的份额不仅微乎其微，且进一步下降，亦少见中国建筑企业进入西欧市场。中国交建2010年全资收购美国海工巨头F&G股权试图打入美国市场，后却被美国商务部列入制裁名单而受阻。当今世界的贸易和投资流动的主要驱动力，已不完全是资本追逐利润，价值认同和地缘政治影响正越来越重要。

价值隔离就是由此而生的一个概念。即在发达国家与发展中国家的建筑企业及建筑市场之间，存在着相互难以兼容的诸多影响。其中一个主要方面是，基于建筑业的特殊性，发达国家建筑企业在广阔的发展中区域展开业务，较之其他行业具有更大的法律与道德风险。这不仅有较大的直接成本，且因其法律道德"洁癖"，一旦"有事"将严重影响其在发达国家市场的业务，形成较大机会成本。与此同时，发展中国家建筑企业，即使具有劳动成本优势，也因发达国家对于工艺技术和管理，以及环保、人力资本、法律道德等方面的较高要求，较难在发达国家展开业务。此外，还有员工政策、质量管理、环境理念、美学观念等方面的巨大差异，导致相互间较难兼容。

实证数据进一步证实上述分析。ENR分区域榜单表明，欧洲建筑市场十强中除了中化工程集团外，其他9家均为欧洲本土建筑企业；美国市场除了埃及Orascom外，其余也均为发达经济体建筑商，包括两家日本企业。在发展中经济体市场，除了拉美市场发达与发展中国家企业各半外，亚洲、中东、非洲基本都是中国企业和韩国企业的身影。

这几年，发达国家建筑企业在发展中区域主动或被动地具有若干撤离行为，形成价值隔离的一些不同形式的表现。

——柏克德折戟中东被迫收缩。2020年由于疫情和油价暴跌，沙特政府扣留了数百亿美元工程款项，以帮助控制不断膨胀的预算赤字，其中就包括柏克德的10亿美元账单。这一行为削弱了严重依赖政府合同的建筑承包商的信心。此后至今，柏克德收缩了在沙特乃至整个中东的业务布局。

——斯堪斯卡逐渐剥离发展中区域的全部业务。21世纪以来，斯堪斯卡逐渐剥离其在非洲、东亚、印度等地的业务。2007年，斯堪斯卡宣布将永远撤出俄罗斯。2013年，斯堪斯卡宣布将于次年年底离开爱沙尼亚市场。2014年，斯堪斯卡因被卷入巴西国家石油公司腐败丑闻而决定退出南美市场。随后，斯堪斯卡分别出售了在阿根廷、秘鲁的公司。目前，斯堪斯卡业务集中在北欧、欧洲其他区域和美国。

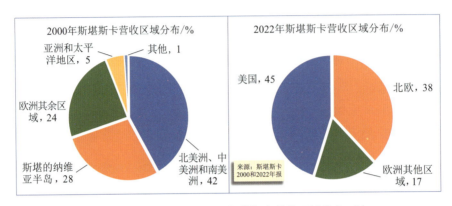

图12　2000年和2022年斯堪斯卡营收区域分布对比

——ACS洗手中东。2016年，ACS雄心勃勃地想在发展中国家发展建筑业务，但结果并未如愿。ACS二级子公司斯米克参与中东迪拜项目，一部分款项难以收回，发生欠薪并引起诉讼，引发较大的社会舆情。新任斯米克一把手不得不以低于1欧元的当地货币价格，出让中东合资公司45%的股权。2022年，ACS不包括欧美及大洋洲的营收，即在亚洲绝大多数地区，以及非洲及拉丁美洲的广阔区域，合计仅1.1亿欧元，占其营收比重仅0.3%，这一比重在2016年曾高达22.2%。

——日本大和房建的大连合资公司遭遇丑闻。2019年，大和房建在大连的合资公司，发生了存款比账面数少14.15亿元人民币的资金骗取案件，其中部分资金无法追回。这一事件在日本国内引起轩然大波，大和房建CEO及一位副总经理在记者会上鞠躬致歉。国内有律师对此评论认为，大和房建"以日本惯常的经营方式和思维模式套用在中外合资企业上，显然会有意想不到的水土不服"。

建筑业全球化的价值隔离，主要是企业的市场行为。这反映了不同发展水平及不同文化区域的深刻的价值差异和冲突，或许也是当前建筑业全球化不可避免的一种苦涩。

六、铺设可持续发展的大道

ESG即环境（environmental）、社会（social）和治理（governance）的缩写，

是评估企业的承诺、业绩、商业模式和结构如何与可持续发展目标相一致的关键指标。近年来，随着各行业的企业努力应对气候变化、重要社会运动和持续存在的股权问题带来的日益严重的后果，ESG比以往任何时候都更加重要。创新也有可能是一头猛兽，既需要积极推进，也需要有所约束。

十强企业与其他行业龙头一样，都很长寿。截至2024年，十强企业平均存续发展已105年。其中创建最早的瑞典斯堪斯卡已137年，最晚的西班牙ACS也已41年。

十强企业之所以长寿，是因为自始至终都在事实上奉行基于ESG准则的可持续发展之道，在追逐自身经济利益之时，会积极主动承担社会责任；在享有员工为企业创造的价值之时，会把投资员工作为优先甚至最优先考虑的事项；在改造环境以迎合自身和社会发展之时，会着力让科技进步对环境示以友好。十强企业在自身成长壮大过程中，或可说比较注重自我变革、与时俱进，努力适应社会发展。

1. 从盈利导向到价值导向

企业历来并非纯粹的经济组织。早在1923年，英国学者欧利文·谢尔顿（Oliver Sheldon）就首次提出"企业社会责任"的概念，主张企业应在代表股东利益之时还应兼顾其他利益相关者。整整100年来，企业社会责任理念早已深入人心，成为大企业践行公共利益、维持良善社会关系和企业形象的必由之选。

十强企业对社会责任的主动承担既有在抗击疫情过程中的集中体现，也有散落在日常经营过程中的星星点点。

面对新冠疫情的全球大流行，法国万喜顶在了全球供应链恢复的最前头。特许经营板块，万喜确保欧洲境内4443千米高速公路和全球65座机场运营的连续性，为货物与医疗物资的运输提供保障，并参与飞往非洲的人道主义物资援助；工程承包板块，万喜在欧洲建成了3家紧急医院，在巴黎第一次全城封闭期间，开展地下管道加工工作以确保首都北部饮用水供应。此外，万喜成立基金会并分配了1000万欧元的特别预算，用于改善护理人员的日常生活，并向无家可归者等弱势群体提供粮食援助和紧急住房，并赞助了700多个联合项目。如此种种，只是十强企业主动承担疫情抗击责任的一个缩影。

抗击疫情是临时之举，但对社会责任的承担绝非临时起意。十强企业多数都把相应理念融入自身的经营愿景中，并在组织架构、长期战略、日常活动等各个方面予以体现。比如，ACS早自2004年主动发布企业社会责任报告，又在2010年起引入毕马威（KPMG）对其提供的社会责任绩效指标按照GRI（Global Reporting

Initiative）标准进行第三方验证。针对一些社会边缘群体面临的被社会排斥的风险，ACS 启动德拉加多斯"弱势群体研讨会"项目，试图对社会产生影响，提高面临严重社会排斥的人的就业能力。2022 年，ACS 集团和 ACS 集团基金会实施的举措，涉及社会行动总投资 1430 万欧元。

斯堪斯卡明确，企业的宗旨是建设更加美好的社会，价值观是关爱生命、道德和公开透明、一同变得更好、对客户作出承诺。印度 L&T 专门建立了企业社会责任团队（CSR），并要求所有项目都在该 CSR 委员会批准的指导和框架下开展工作。韩国现代建设在 2018 年成立了社会贡献委员会，开展系统的社会贡献活动，此后每年将约 20% 的费用支出用于此项事务，2021 年总支出达到 136 亿韩元。

国际经纪公司盈透证券（Interactive Brokers）对全球各地上市企业的社会责任进行了分项打分，社会责任包括劳动力、人权、社区、产品责任四个分项，满分为 10 分，低于 6 分为不及格。结果发现，9 家建筑商社会责任综合得分，都超过了 7 分。其中，ACS 以综合 9 分排名榜首，并在人权、产品责任两个子项获得高分；布依格排名次席，在人权、社区和产品责任三项都获 9 分。不过榜单中一些企业也有明显的薄弱项，斯堪斯卡在产品责任分项仅得 1 分，万喜在产品责任分项也仅得 2 分。

与这些国际巨头相比，我国建筑工程企业的社会责任表现仍处于明显偏下水平。根据毕马威的统计，截至 2022 年底，我国 A 股建筑工程上市公司的社会责任评价只有 4 分，而全行业只有 3.4 分，有很大的提升空间。

部分企业 ESG 社会责任得分　　　　　　　　表 26

	社会责任总得分	劳动力	人权	社区	产品责任
ACS	9	8	9	8	9
布依格	8	7	9	9	9
大林组	8	9	7	7	9
印度 L&T	8	8	9	6	9
万喜	7	9	5	9	2
斯特拉巴格	7	6	8	8	5
大和房建	7	6	7	8	9
斯堪斯卡	7	6	9	9	1

数据来源：盈透证券，截至 2023 年 9 月 30 日。

2. 从公司的人到人的公司

劳动力密集、艰辛、移动和危险，是建筑施工业的特有标签。保障员工安全是建筑企业第一要务，而满足员工自我价值实现的需求，则是顶尖企业最能彰显顶尖之处。

（1）"零事故"愿景

十强之中，所有企业都把对员工人身安全的保障工作置于极为醒目的位置。2005年，斯堪斯卡引入"4个零"愿景目标，即零工作场地事故、零违反道德行为、零环境事故、零亏损项目，并将"零事故"排在首位。为实现这一目标，斯堪斯卡把改进工作流程、工作方法与专业知识和人文关怀有机结合，确保员工人身安全。2019年斯特拉巴格通过了ISO 45001职业健康和安全管理体系认证。同年，集团每千施工人员事故发生率是29例，这一数据大大低于53例的德国平均水平。法国万喜主动承诺"零事故"，专设风险预防小组建立各种机制和措施促进安全防护工作。美国柏克德为每个员工都购买终身人寿保险，每年主动公布因工伤亡人数，以此形成自我督促。

（2）投资于员工

如何平衡建筑业的低利润率和日益增长的用工成本之间的矛盾，十强企业各有各的招数。

柏克德为中层员工提供极其丰厚的奖金，最高可达工资的50%。且奖金中以利润为基础的部分，与员工所在部门的业绩无关，只与整个集团当年业绩有关。ACS集团母公司及其全部子公司，均实行员工可变薪酬制度。万喜推出了新的全民社会保障最低标准，对于所有员工，无论在哪个国家工作，都能在社会保障和全薪育儿假方面获得相同的基线保障。斯堪斯卡建立了员工持股计划——Seop，旨在提升员工参与度，增进员工对为股东创造价值这一理念的理解，参与员工已超1万名。

除了物质激励外，不少企业的人力资源政策都向员工倾斜。ACS集团年报将其原本持续多年的一个二级标题，"THE ACS GROUP'S PEOPLE（ACS集团的人们，或意译为"集团员工"）"，改为"PEOPLE IN THE ACS GROUP"（大写的人在ACS集团，或意译为"员工政策"），再考虑到ACS在重要性矩阵中将关于人的条目顺序提高至首位的状况，意味着ACS员工政策的演进。斯特拉巴格将人事部门更名为人事与文化发展部（P&C Dev），通过人力资源营销及招聘、咨询服务、继续教育、员工接受领导评估面谈四方面举措，全面加强战略人力资本开发。同时，斯特拉巴格还启动了内部创业计划，以电影"星际探索"命名，对于成熟的创业计划给予资助等支持。

（3）多元关怀和文化融合

建筑业是用工数量最多的行业之一。十强企业中员工总数动辄数万乃至数十万，万喜全球员工 27 万人，不可避免面临人力资源的多元化管理问题。

柏克德在企业内部设立多个非正式组织，包括 B-BOLD（黑人和非洲裔）、BSERV（退伍军人和预备役军人）、WOMEN@BECHTEL（女性员工）等，鼓励不同组织间的交流与协作，并消除任何形式的种族主义、歧视和偏见。近年来，公司性别薪酬差距逐渐缩小，担任高级、高薪职位的女性人数从 2017 年的 12% 提升到 2022 年的 20%。

提高员工在集团内部的流动性是斯堪斯卡一大特色做法。斯堪斯卡认为，执行大型的复杂项目，知识共享和协作至关重要。员工在不同的地方工作，既可以积累经验，也可为自己创造更多职业发展机会。这种做法有助于激发员工活力和潜能，以便为客户提供创新的解决方案，增强斯堪斯卡的竞争优势。

文化融合更显重要。ACS 购并豪赫蒂夫后，初期仅派一位董事长兼 CEO，在原有团队配合下，进行一系列战略调整，剥离机场、电信、房地产活动等非战略资产，取得较好效果。这里的关键是尊重被购并方，保留被购并方与购并方相容的文化和价值，积极发挥被购并方团队的作用。

3. 从影响环境到环境友好

建筑工程业是一个被视为高碳、高废物产出和高污染的行业。联合国环境规划署（UNEP）2021 年研究指出，建筑与营建业占全球温室气体排放的 37%，甚至高于工业和运输部门的总和，减碳已是燃眉之急。作为行业顶尖企业的十强，均主动承担起引领绿色转型责任，投身于全过程环境友好的实践之中，重点聚焦于能源转型、材料变革和气候中性三个方面。

（1）进军可再生能源

化石能源向绿色能源转型不仅是近年来全球产业和技术变革的重点，也是国际承包市场涌现的新态势。ENR 数据显示，2022 年 TOP 250 石油工业国际承包总收入为 569 亿美元，比 2016 年的 1045 亿美元大幅减少 45.5%，是所有业务中收缩最大的板块。头部建筑企业或主动，或被动，加速向风能、核电、水电、太阳能等可再生能源新赛道进发。

现代建设宣布自 2021 年 1 月 22 日起，不再参与新增煤炭业务，并扩大海上风电、水电、发电、生物能源、净化污染土壤等可再生能源和环保业务的组合。ACS 也积极向新能源靠拢，在美国肯塔基州为一家专业从事锂电池回收及其材料再利用的企业建造可持续回收的电池设施。日本大林组则侧重本国优势氢能相关的技术创新和业务拓展。柏克德交付革命性的 100% 使用可再生水力发电的 Nautilus 数据中心，因能耗减少 70% 以上而成为世界上最环保的数据中心之一。

这些企业通过投资、合作和创新，为社会提供清洁能源解决方案，致力于减少对环境的影响，成为应对全球气候变暖问题的重要参与者。

（2）绿色建筑和材料变革

建筑物由数百乃至数千种材料和组件组成，建筑材料生产过程中的碳排放更难测量和跟踪。十强企业大力支持建筑施工关键材料的研发创新，成为向环境友好型绿色建筑过渡的全球领导者。

ACS 制定了详细的材料管理政策，确保所有产品 100% 的可追溯性，获知所用材料的可回收性。法国万喜研发了低碳混凝土系列，与传统混凝土相比，可减少 70% 以上的二氧化碳排放。斯特巴拉格成功研发 3D 打印特殊轻质增材施工方法，将更环保、更节材、更稳定、更易回收的轻质混凝土，直接在施工现场打印墙壁，比采用传统墙体减排 50% 碳足迹。印度 L&T 也引入了高性能混凝土和玻璃纤维增强聚合物等先进材料，用于建筑结构和基础设施的加固和减碳。韩国现代建设成立了碳中和研究小组，并与全球绿色建筑材料的领导者 Holcim 签署了谅解备忘录，共同开发低碳建筑材料并促进技术合作。

（3）气候中性

"立即实施气候中性"倡议（Climate Neutrality Now），是联合国气候变化框架秘书处发起的倡议之一，2015 年启动。其任务是促进针对气候变化采取更多自愿行动并为其提供经认证认可的工具。为实现这一目标，十强企业也制定了长远的碳中和路径与计划。

ACS 集团设定了三条基本战略路线，以履行"向 2045 年气候中性迈进"的承诺：一是实施将气候中性的实现提前至 2045 年的气候战略；二是到 2025 年，推进碳足迹的测量，减少排放；三是通过采用国际方法，加强对涉及气候问题的风险管理。2022 年，ACS 集团共产生 1590.0 万吨危险废弃物和非危险废弃物，比上年减少 15.2%。

瑞典斯堪斯卡联合微软开发了一款碳计算器 EC3，以此计算碳足迹，便于为建筑项目确定最可持续的解决方案。斯堪斯卡的计划是在 2030 年前减少 50% 碳排放，2045 年前实现净零排放，其绿色建筑收入占比目前已超过 46%。柏克德的行政部门和员工积极奉行净零排放战略。与 2016 年相比，该公司华盛顿总部办公室 2021 年的二氧化碳排放量下降了 50.3%，用水量下降了 85.8%，成为可持续发展的楷模。

即便如此，十强企业在环境治理方面也存在明显差异。根据盈透证券的数据，环境治理分为资源利用、排放和环境创新三个子项。十强中综合得分最高的是法国万喜，三个子项均为 9 分，其次是印度 L&T 和日本大林组，分数最低的是中国交建和奥地利斯特拉巴格，均未达到及格线。斯特拉巴格"排放"子项只得 1 分，主要有两个原因：一是介入了上游沥青、混凝土、水泥和石料原材料生产网络，虽然可减少对外部市场的依赖，但也大大增加了碳排放；二是温室气体排放信息迟迟未公布，直到 2022 年才发布首部企业 ESG 报告。

部分企业 ESG 环境治理得分　　　　　表 27

	环境综合得分	资源利用	排放	环境创新
万喜	9	9	9	9
印度 L&T	9	9	9	8
大林组	8	8	9	8
ACS	8	8	8	8
大和房建	8	9	9	6
布依格	7	8	9	4
斯堪斯卡	6	9	7	2
中国交建	5	7	5	4
斯特拉巴格	5	6	1	8

数据来源：盈透证券；截至 2023 年 9 月 30 日

4. 从家族企业到现代企业

家族企业是人类商业史上最为古老且重要的组织形态。麦肯锡的研究报告显示，全球家族企业平均寿命只有 24 年，其中只有约 30% 的家族企业可以传到第二代，能够传至第三代的家族企业不足总量的 13%，只有 5% 的家族企业在三代以后还能继续为股东创造价值。

（1）家族企业的多元治理

观察十强企业，纯正的家族企业有 4 家，分别是柏克德、大林组、现代建设和布依格。大和房建似乎也有点接近于家族企业，或可称为类家族企业。大林组经历了长达 76 年的三代传承，柏克德、现代建设更是历经一个多世纪的赓续。传承之路布满荆棘，如何在不丢掉控制权的同时，还能始终保持基业长青，是所有家族企业面临的共同课题。

但从十强企业来看，家族企业治理包括各种情况，并没有找到治理权分离或是集中的共性规律。

第一类是所有权和经营权集中，如柏克德，每一代都由家族长子继承家业，董事长和CEO集于一身，家族成员掌握公司绝大部分股份，对企业具有绝对权威。

第二类是仅控制所有权，分离经营权，企业日常经营由职业经理人（CEO）负责，家族成员担任董事长（如布依格），或不再担任董事长（如现代建设），但家族仍是企业的最大股东，对公司战略具有重大影响力。

第三类是所有权和经营权均在外，如大林组，虽然家族成员仍担任公司董事长（会长），也有一定的股份，但已非大股东，也不是经营班子成员，缺少对公司经营决策的足够影响力。

部分家族企业传承情况 表28

	创建年份	传承代数	传承时间	家族成员现任角色	家族股份占比/%	是否最大股东
柏克德	1898年	5代	125年	董事长兼CEO	近100	是
大林组	1892年	4代	131年	董事长	2.4	否
现代建设	1947年	3代	76年	—	24.1	是
布依格	1952年	2代	71年	董事长	26.4	是

（2）创始人基因的弱化

企业家（entrepreneur）的英文解读是承担风险的人。赌性强、有担当、敢负责或有念想，是几乎所有成功的企业家的共同行为偏好。

选择是一道难题。对于财富新主人，当一份厚实的家业伴随着沉甸甸的责任呼啸而至时，是躺在父辈功劳簿上，"守着一亩三分田"，还是利用已有资源刻画属于自己的财富坐标，这个选择关乎"对错"，更影响"生死"，尤其是在经济转型期风险增大和经营环境不如人意的情况下。

以柏克德为例，这是十强中退步最大的建筑企业。2022年，柏克德营收较2016年下降近50%，ENR国际承包商排名从第5位跌至第19名，在美国本土也丢掉了"一哥"位置，这和第五代掌门人进取基因的弱化不无关系。柏克德继承人的"弱化"至少表现在三个方面：

一是不上市。当被问及IPO是否有可能时，第五代掌门人毫不犹豫地说"不"，更引发了合作伙伴对其"财务黑洞"的担忧。

二是不透明。柏克德的企业年报发布完全是"率性而为"，或许碍于难堪的业绩下滑，公司2022年报至2023年底尚未公开，对此公司也未给出合理解释。

三是不并购。公司自2013年收购雪佛龙公司的废水处理（WWT）工艺以后，就再无任何并购活动。面对全球绿色转型的大背景，仍然守着石化和交通基建两块传统业务，新业务的布局明显偏慢。

柏克德的谨慎保守在十强的家族企业中并非孤例，尤其对于亚洲企业更是如此。2019 年后，现代建设再没有做出任何收购或资本化投资活动。类似的还有大林组，在日本国内建筑业市场趋于饱和情况下，大林组没有较早且更大步伐地去开拓外部市场。保守的经营特征让这两家企业陷入"增收不增利"的苦恼境地，行业地位弱化。

（3）强人政治的终结

强人政治有利于简化决策流程，对创业期的企业尤为重要。十强企业的创一代基本都是强人，比如石桥信夫之于大和房建，郑周永之于现代建设，弗洛伦蒂诺之于 ACS。但随着企业的成熟和壮大，规范治理的意义凸显出来了。

是否向职业经理人分权、分多大权，是衡量现代公司治理的一个重要表征。十强企业中目前除了万喜、柏克德、印度 L&T 仍由家族成员（或创始人）同时控制着董事会和管理层外，剩下都引入了外部 CEO。

创始人主动退位让贤。2022 年，75 岁的 ACS 创始人弗洛伦蒂诺·佩雷斯将 CEO 位置交给了 44 岁的胡安·圣马里安，开启了 ACS 发展的新序幕。自 1993 年以来，弗洛伦蒂诺一直担任公司董事长兼 CEO，曾主导了公司历史上的多起重要购并案，包括对德国豪赫蒂夫的收购。新任 CEO 胡安 2002 年大学毕业即进入 ACS，2020 年任公司子公司斯米克董事会执行主席及 CEO。

家族企业引入职业经理人。2021 年，布依格第二代掌门人，71 岁的马丁·布依格辞任了在岗 32 年的 CEO 位置，交给职业经理人奥利维尔·罗斯。罗斯于 1995 年加入布依格电信，随后成为网络运营、电信和 IT 服务交付部门的负责人，并于 2013 年担任布依格电信的首席执行官。因工作出色，2018 年被提拔为布依格集团的副首席执行官，为三年后升任 CEO 积累了经验。

按协议成功实现管理层新老交替。斯堪斯卡按董事会的协议，CEO 最长不能超过 10 年。自 2008 年开始履职 CEO 的约翰·卡尔斯特伦于 2018 年宣布卸任 CEO 并辞去董事会所有职务，公司执行副总裁安德斯·丹尼尔森接替卡尔斯特伦成为新一任总裁兼首席执行官。在任内，卡尔斯特伦成功推动了财务和运营协同，持续保障了建筑施工的盈利和项目开发的茁壮成长。

设定董事年龄上限。大和房建 2022 年设定内部董事的年龄上限，其中代表董事最高 69 岁，董事最高 67 岁。若以在位超过 10 年来定义企业家的"强人程度"，截至 2023 年，十强企业现任董事长平均在职时间 13.5 年，最久的为布依格的马丁，在位 35 年，ACS、大林组、斯特拉巴格、万喜的现任董事长均已超过 10 年，可以称为"强人"控制的董事会。与此同时,十强企业的 CEO 平均在位时间仅为 5.5 年,超过 10 年的只有万喜的泽维尔·惠拉德。

随着弗洛伦蒂诺和马丁分别从经营班子退出,法国万喜成为最后一家仍由"强人"控制的十强建筑企业。无论董事会的席位如何调整,年轻化、职业化、专业化仍是现代建筑企业治理选择的必然方向。

十强企业董事长和 CEO 有关情况　　　　　　　　　　表 29

十强企业	现任董事长	年龄	起始年限	现任 CEO	年龄	起始年限
法国万喜	Huillard, Xavier M. P.	70 岁	2010 年	Huillard, Xavier M. P.	70 岁	2010 年
法国布依格	Bouygues, Martin	72 岁	1989 年	Roussat, Olivier	60 岁	2021 年
西班牙 ACS	Florentino Pérez Rodríguez	77 岁	1993 年	Cases, Juan Santamaria	46 岁	2022 年
日本大和房建			2017 年	Yoshii, Keiichi	66 岁	2019 年
韩国现代建设	Yoon, Yeong-Jun	—	2021 年	Yoon, Yeong-Jun	—	2021 年
奥地利斯特拉巴格	Gusenbauer, Alfred	64 岁	2010 年	Klemens Haselsteiner	44 岁	2023 年
印度 L&T	Subrahmanyan, Sekharipuram Narayanan	64 岁	2023 年	Subrahmanyan, Sekharipuram Narayanan	64 岁	2017 年
瑞典斯堪斯卡	Hans Biörck	73 岁	2016 年	Danielsson, Anders	58 岁	2018 年
日本大林组	Obayashi, Takeo	70 岁	2009 年	Hasuwa, Kenji	71 岁	2018 年
美国柏克德	Bechtel, Brendan P.	43 岁	2017 年	Bechtel, Brendan P.	44 岁	2016 年
平均			13.5 年			5.5 年

结语:建筑企业超越创新的核心竞争力

十强企业实现创新的主要因素是核心竞争力。十强企业走到今天,核心竞争力是基本支撑;未来发展,亦将取决于核心竞争力。

1. 核心竞争力的三产品

核心竞争力的标志是核心产品(core products)。核心产品有助于"提高一系列终端产品的竞争力。它们是核心竞争力的物理体现"[①],是企业发展的焦点。核心产品通过提高客户体验,形成独特的市场竞争力,促进企业攀峰登顶长青和社会奉献,是企业的丰碑。关于十强企业的核心产品,有如下"三独"的归纳:

---

① Prahalad C K, Hamel G. 公司的核心竞争力 [J]. 哈佛商业评论, 1990 (3): 79-91.

(1) 独立创新的建筑工业化

大和房建赖以起家的预制钢管屋，系大和房建在日本首先规模化应用于日本经济起飞早期的铁路施工现场，具有工期短、强度高、成本低、机动灵活等特点，很快就打开了市场。大和房建在此基础上，形成了建筑工业化优势并保持至今。

建筑企业独创产品很难。与大和房建的建筑工业化相类似的独创技术，如20世纪30年代的预应力钢筋混凝土，居当时建筑业新技术前沿，发明这一技术的企业后来被万喜购并。日本大林组独创多种工法，以及工程机械等，被称为拥有"黑科技"。

(2) 独家承建的地标性建筑

一些地标性建筑是唯一的，一旦获得这些产品承建权并完美竣工，这些产品即为企业核心产品。印度L&T承建的印度团结雕像（Statue of Unity）高182米，是世界最高雕塑。豪赫蒂夫承包的古埃及阿布辛贝神庙整体迁移工程，是豪赫蒂夫及其母公司ACS的骄傲。1914年开业的东京站站房，长330米的正立面，如今仍是当年原样，系大林组于工程中途承建，是其高光时刻的标志。韩国现代建设2019年承建的卡塔尔国家博物馆，被誉为"沙漠玫瑰"，相关技术已成为BIM应用的一座丰碑。中国交建承担了港珠澳大桥绝大多数工程量，亦是它的骄傲。

优秀建筑企业承建任一工程均不敢懈怠，哪怕是最简单的构筑物，亦将是其独一无二的标志。它矗立在那里，无声地向世人宣告企业的技艺、责任与美学素养。

(3) 独具优势的全产业链服务

以建筑施工为核心展开建设项目全流程服务，即为全产业链服务。如西班牙ACS是基础设施全产业链，法国万喜的公用事业全产业链，日本大和房建的人居全产业链，以及奥地利斯特拉巴格的建材与土建产业链。日本五大传统建筑企业提供工程总承包服务，也具有全产业链服务的性质。甲方把烦琐的建设项目整体交给一家企业，省事省心省钱。而就建筑企业来说，全产业链于建筑业激烈竞争中拓展了业务空间，同时也具有了创新项目的主动性。

上述"三独"背后是核心竞争力所决定的独家拥有的较高的经济技术指标，进而形成碾压式的市场优势。2022年，西班牙ACS集团在美国的营收为188.4亿欧元，占美国建筑市场国际承包营收的44.6%[①]。

---

① ENR 2023，第38页。

2. 核心竞争力的三内核

建筑企业核心竞争力缘于社会底层的坚韧与智慧。建筑业几乎处于社会各行业最低层,"大工"是日本人对工地木匠的称呼,大致是社会最低层职业,工地搬砖或是一些人的最后谋生手段。关于十强企业的核心竞争力,有三个基本内核:

——敏感,知道自己要干什么;

——坚韧,执着地朝着目标行进;

——艺术,圆润地处理和决策复杂事项[①]。

(1)社会敏感,善于生产社会需要的产品

社会敏感这一概念能较好表达企业在追求物质利益的同时,也多半会具有的社会属性和人文关怀,同时这也是企业家洞见的一个源泉。这一概念的灵感来自大和房建,他们提出"基于社会问题扩张商业机会"[②]。

不少创新产品在缘于市场需求的同时,更缘于社会敏感。20世纪30年代逐渐广泛应用的预应力钢筋混凝土技术,能以较少钢材和水泥,浇制更大跨度及更高强度的各种梁板,非常适合当时需求。后来成为万喜旗下二级子公司的弗莱西奈公司,其创始人弗莱西奈(Eugène Freyssinet)被公认为是使用和推广预应力混凝土技术的"主要先驱"。这一新技术在法国"二战"后的快速重建中得到了业界的一致推崇,短短几年,弗莱西奈公司成为桥梁和道路建设方面的公认专家。

大和房建2022年11月竣工的一个住宅重建项目,是典型的发现社会需求的项目。这一项目位于寸土寸金的东京都心的港区,原本是占地2000多平方米、建筑面积1万多平方米的5栋旧楼,全部拆除重建为一栋建筑面积3万平方米的38层塔楼。整个过程协调了业主、住户、相邻业主和住户、政府、地方共同体,以及与开发商等的多方利害关系,前期工作2010年启动,历时近10年后项目开工。这里固然有物质利益诉求,但也有社会责任驱使,大和房建的"市街打造"业务就是这样来的。

(2)执着坚韧,积极在艰辛中成就伟大

一家伟大企业一定是脚踏实地,从平凡困苦和挫折失误中走来。这种执着坚韧,也促使他们长于在危机中新生。

日本大林组发展早期曾遭受一连串打击。1913年初,大林组承建的隧道大塌方,152名施工人员被埋。当时这一承包工程以不具有流动性的支票支付,隐伏着

[①] 处理复杂事项无疑有多种手段和方式,但在建筑业,圆润无疑是最重要的一种手段和方式。

[②] "社会課題を起点とした事業機会の拡大",大和房建集团综合报告书2020,第21页。

流动性危机。1915年，与大林组有密切资金往来的一家银行陷入危机，大林组需当即清偿300多万日元债务。就在大林组债务危机初步解决之时，创始人大林芳五郎却一病不起。最后在大林芳五郎托付的若干位资深员工的积极努力下，在大阪财界等的支持下，大林组才终于度过危机。

西班牙ACS旗下的澳大利亚斯米克集团2021年遭遇丑闻。2021年初，曾任斯米克集团的首席运行官在悉尼被捕，罪名是10多年前为获得伊拉克合同而行贿。与此同时，斯米克集团在中东的合资企业拖欠工资而被告上法庭。斯米克集团股价下跌，市值缩水22亿美元。ACS快刀斩乱麻，果断以1迪拉姆①价格出售其在中东合资企业45%的股份，同时高价回收斯米克剩余股份。2022年5月，上市60年的斯米克宣布退市。这一系列举措避免了事态扩大，避免了身为世界足坛劲旅皇家马德里老板的ACS董事长佩雷斯的声誉受损。

（3）艺术思维，圆润行进于多元复杂的世界

商战与企业管理相当程度上是一门艺术。ENR推出2023榜单时指出："对于今年的250强国际承包商来说，成功似乎是一门艺术而非一门科学。"②建筑是立体的雕塑，无声的诗，与其他行业相比，建筑业更需以情感等柔软手段来处理各种事务和关系，这些手段大致具有艺术的内在特性。

战略思维及决策对于成长中的建筑企业来说，需要圆润地形成，艺术地实施。所谓圆润地形成是指，企业战略及决策应圆滑而有弹性，能随机应变；所谓艺术地实施是指，既不能一味按先入为主想法实施战略思维，同时又掌握好尺度，不逾越底线。ACS集团2012年投资巨亏26亿欧元，就是因为打算转型到能源行业的战略思维所致。大和房建计划着大举进军发展中区域，最后主要是向美国进军；2022年，大和房建在美国的营收占其营收8.8%，中国市场仅占2.3%。英文版维基百科的"核心竞争力"条目指出："在削减成本、提高质量和提高生产率的竞赛中，大多数高管不会花时间制定企业的未来愿景……"高管们的愿景在他们的头脑中，战略思维如风随影左右着他们，这是一种真正高超的艺术思维。

艺术思维的另一维度，是在遵循法律和习俗前提下，法无定式地突破障碍，艺术地推进企业发展。大和房建1955年创业时，日本建筑业满眼皆是百年企业。大和房建先是以钢管屋冲破最早的市场壁垒，继以建筑工业化形成独特的竞争优势，2000年以来又大举进军商业和事业设施领域。尽管直至目前，大和房建仍基本无

---

① 阿联酋货币，当前汇率1迪拉姆约为0.27美元。

② "Success appears to be an art and not a science for this year's Top 250 International Contractors..." ENR AUGUST 21/28，2023第36页。

缘日本重大基础设施及大型公共项目，但其营收与利润早已两倍多于日本的传统建筑五强，是日本建筑业第一家进入全球财富500强的企业。

圆润并非艺术思维的唯一特征。艺术思维还包括对称、失衡、夸张、抽象、棱角分明、善于构图借景等。2019年前后，大和房建出现一系列丑闻，虽与高层无直接关系，但任职15年的董事长还是提早宣布辞职退休。这就是一种棱角分明，但又不失圆润的处理方式。

几乎所有的建筑企业都或多或少拥有上述核心竞争力的三内核，否则难以生存。然而，这里研究的是企业如何置前述三内核于最佳的问题，因此就提出了最佳地发挥三内核的两个维度的问题。一是强度，三内核如何发挥至最佳强度；二是组合度，三内核如何以各自最佳强度形成最佳组合。毫无疑问，十强企业之所以攀峰登顶并有高黏着度，是因为在发挥三内核的这两个维度上均有上佳表现。如果十强企业哪一天在这两个维度上的表现弱化，企业就将跌下ENR神坛。

3. 核心竞争力的三要素

为什么十强企业具有上述三内核的上佳表现，而其他企业相对较少具备？这里就应分析指出核心竞争力的三个基本要素：一是企业能力，这是发展的本原；二是企业文化，这是发展的导向；三是企业组织，这是发展的架构。

（1）企业能力

企业能力是企业竞争力的本原，砥砺前行方能逐渐增强。大林组创始人从东京当学徒回到大阪4年后才接到第1个项目，创业3年接到3个项目。这3个项目，大林组无一不是工期准时，质量较好，造价合理，工资稍高，赢得了回头客，笼络了员工，形成了团队凝聚力。创业第4年接到两个项目，第5年接到8个项目，后来一发不可收拾。从大林组及其他诸多案例中，对于建筑业的企业能力可有如下归纳：

首先，"硬能力"是基础，类似于计算机硬件，即技术、装备、资金和团队。大林组创始人如果不去东京当学徒，不掌握过硬技术，没有一帮童年玩伴作为团队成员，就不可能创业。

其次，"软能力"是关键，类似于计算机软件，即管理、待人、处事、人脉等，且能弥补硬能力不足。大林组创业初期严重缺少资金技术，但大林组创始人的人脉和信誉，使得朋友借给他钱，木材商给他赊账，还以高薪聘请到大阪市政府的东京大学建筑博士。

再次，"领导力"是引领，类似于计算机的开发与使用者，这是关乎及时、周全和完善地认知和行动的能力。这一能力系王阳明所谓的知行合一，并不神秘，很日常、很朴素。如认识到接单关键是口碑，就会一如既往地注重质量、工期、工价等，做好这一切的后台支撑是无所不在的管理。又如认识到企业安身立命的关键是团队，就会高度注重公平公正及薪水，发掘人才等。再如认识到企业长远发展取决于技术，就会增加研发投入等。领导力是企业负责人及其团队，基于良知和对自己的清醒认识，听从内心呼唤的产物。

三能力同等重要，缺一不可，不同时点具有不同重要性。"硬能力"是身躯，"软能力"是大脑，"领导力"是灵魂，互为依托、互为相长。

（2）企业文化

企业文化是竞争力导向和团队的精神家园，简言之即通常所说的"三观"。三观这个词大致为民间俚话，即以三观形容主观认知。所谓三观，有人认为是世界观、人生观、价值观的合称。进而言之，企业文化就是团队特定的价值和行为准则。

企业文化并非完全是那些写在企业印刷品上的漂亮话，相当一部分体现为企业日常行动和重大决策的准则、底线和底层逻辑等。一些漂亮话是事后的总结归纳，另一些漂亮话纯属言不由衷的宣传，但确有一些漂亮话系企业经营宗旨。当然，企业文化主要还是在企业行动中显现。企业文化并非一成不变，如果向好的方面进化则会促进企业发展，如果向坏的方面漂移则将使得基业难葆。

企业文化太过复杂，这里仅分析"力争第一"是十强企业最重要的企业文化的一条主线。"力争第一"是砥砺奋进的企业文化的具体体现，是十强企业对自身的高标准严要求。印度 L&T 集团 CEO S. N. Subrahmanyan 提出："保持增长曲线的领先地位。"[①] 大和房建 CEO 芳井敬一说："如果不取得第一名，我们就无法生存。我想通过获得第一名来看到'新风景'。"[②] 斯特拉巴格 CEO 托马斯[③] 2019 年提出实施"共同加速至 2022 年"战略计划。这几家企业的经营实绩也表明他们所言不虚。

（3）企业组织

企业组织是企业能力及企业文化的载体及平台，多半由企业文化及能力所决定，但在一定程度上也是一个独立变量，并影响企业能力及企业文化。关于头部建筑企业的组织架构前面已有所分析，这里进一步作三方面强调分析。

---

① L&T CEO S.N.Subrahmanyan："Staying Ahead of the Growth Curve"，印度 L&T 2023 年报。
② 大和房建 CEO 芳井敬一："やはり1位を取っていかないと生き残れないと思っています。1位を取ることで「新しい景色」を見ていこうと考えています。"大和房建年报 2019。
③ 据斯特拉巴格 2019 年报。

简约。十强企业崇尚"简约即美"的基本价值，亦崇尚自然主义式的企业组织架构准则，即自然而然地按照创业、兼并和业务扩张过程中的企业关系，来建构企业组织体系。这两个方面，上面均已分析介绍，不再赘言。

亲和。这是内外均须亲和的双向的组织特性。建筑企业的组织架构尤其需要包容、容错和凝聚力，"亲和即生产力"。亲和是一种组织特性，系从原子结构所决定的原子特性得到启发。碳原子有6个质子，亲和力极强，是所有元素中化合物种类最多的。十强企业多半与政府保持较好关系，斯特拉巴格长期以公共部门订单为主，其公共部门客户稳定在61%～65%；万喜具有较强的政府基因，1970年在政府撮合下与另6家企业共同创建Cofiroute公司，迈上特许经营之路。柏克德是白宫座上宾，承接NASA项目，企业管理者又以犹太人身份而与阿拉伯国家有较好关系。日本大和房建因土地的缘故，与日本的地方自治体及土地所有者具有良好关系。建筑公司因有大量的体力劳动者，还尤其需要与员工建立良好关系。

风控。这是企业组织的一个至关重要的部分，事关自我纠错。十强企业均高度重视风控，都设有专门的风控委员会及办事机构，每年有专门的风控报告，这也是他们基业长青的一个奥秘。奥地利斯特拉巴格由一个5人[①]管委会替代董事会，其中一位任CEO，一位任CFO；同时设有一个9人的监事会；管委会以下的决策，全面采取由一名技术经理和一名商业经理共同负责的"双人规则"（four-eye principle，意思是四只眼睛紧紧盯住）。精简的管委会有利于快速决策，强有力的监事会有利于始终保持足够的监督和纠错压力。

---

① 近年增为6人。

第一篇　万喜一体化专业集群共享协同战略研究

龚旭峰

法国万喜集团（Le Groupe VINCI[①]，以下简称万喜集团）诞生于 1899 年，正值法国历史上的美好年代[②]（la Belle Époque）。其前身是由亚历山大·吉罗斯（Alexandre Giros）和路易斯·卢切尔（Louis Loucheur）创办的法国通用股份有限公司（Société Générale d'Entreprises，以下简称 SGE）。得益于时代的发展红利和几代企业领导者敏锐的商业嗅觉，SGE 在历经三次重大股权变更后，于 2000 年完成对马赛大型工程有限公司（Grands Travaux de Marseille，简称 GTM）的世纪购并，终以万喜[③]（VINCI）之名重新起航，成为全球特许经营、能源与建筑工程领域享有盛誉的领航企业，一度被业界誉为"全球最赚钱的建筑承包商"。

根据美国《工程新闻纪录》（ENR）统计，万喜集团曾于 2005 年至 2008 年连续 4 年列全球工程承包商第 1 名。2017 年至 2022 年在国际承包商的排名中稳中有进，由第 4 名提升至第 2 名。根据 2022 年的 ENR，万喜集团全球承包商排名为第 8 名（前 7 名均被中国企业包揽，分别是中国建筑、中国中铁、中国铁建、中国交建、中国电建、中国冶金、上海建工）。

万喜集团主要数据及其增长率[④]　　　　表 1

	2016 年	2019 年	2022 年	2016~2022 年均增长 / %
销售额 / 亿欧元	380.7	480.5	616.8	8.4
营业利润 / 亿欧元	41.7	57.3	68.2	8.5
归属母公司的净利润 / 亿欧元	25.1	32.6	42.6	9.3

[①]　此处为万喜集团的法语名称翻译。
[②]　指 1871~1913 年期间，普法战争结束，法国社会迎来文化和艺术的高峰，科学技术取得重大突破，基础设施蓬勃发展，史称美好年代。
[③]　万喜为音译，取名"VINCI"是为了致敬文艺复兴时期的艺术家达·芬奇（Leonardo da Vinci）。
[④]　数据源自万喜集团 2016~2022 年报。

续表

	2016 年	2019 年	2022 年	2016~2022 年均增长 / %
总资产 / 亿欧元	679.3	911	1119.9	8.7
股东权益 / 亿欧元	170.1	230.4	294.1	9.6
市值（年末收市价）/ 亿欧元	381	600	550	6.3
股价（年末收市价）/ 欧元	80	99	93.3	2.6
员工 / 人	183487	222397	271648	6.8

一、抗击疫情的经营努力

2016~2022 年，世界政治经济环境遭遇百年未有之大变局，全球贸易保护主义与贸易战盛行，新冠疫情、俄乌战争接踵而至。面对波诡云谲的环境，万喜集团表现出极强的韧性和财务抗风险性。

1. 疫情冲击之势

2016 年以来，万喜集团不断强化其"特许经营＋工程承包"的商业发展模式。一方面其通过在全球范围内一系列的收购并购活动来进行业务持续扩张以加强自身在不同领域的市场地位，拓展业务版图；另一方面则是加强特许经营和工程承包两大板块的专业协同，致力于数字化转型和可持续建设，保持稳健的发展势头。

2020 年，万喜集团如同其他企业一样，遭到新冠疫情的重击。企业销售额相比 2019 年下降 10%，跌至 432 亿欧元。营业利润为 29 亿欧元，仅为 2019 年（57 亿欧元）的一半。归属母公司的净利润为 12.4 亿欧元，相比 2019 年（32.6 亿欧元）下跌 62%。

特许经营业务遭遇"滑铁卢"。由于疫情导致的出行限制，2020 年，万喜高速公路所有车型的交通量下降 21.4%，其中重型车辆交通量下降 6.5%，轻型车辆交通量下降 23.8%，高速公路板块销售额相比 2019 年下降 17.5%，至 46.13 亿欧元。对比万喜高速公路，万喜机场的经营情况则更加恶化。2020 年 1 月，万喜机场运营网络的客运量仍表现稳健，但随着亚洲疫情的初现，2 月份开始客运量下降 5%。自 3 月份开始，全球疫情进一步加剧，各大洲大部分国家实施旅行限制，第二季度几乎关闭了所有商业航班。为了防止新冠疫情卷土重来，第四季度欧洲各国又实施了第二波限制措施，这严重打击了航空运输行业的经营。2020 年全年万喜机场运营网络客运量同比下降 70%，至 7700 万人次（2019 年为 2.55 亿人次）。销售额下降 62.4%，至 9.9 亿欧元，营业利润则亏损 3.69 亿欧元，归属母公司的净利润亏损 5.23 亿欧元。

无独有偶，工程承包业务形势亦不容乐观。2020 年 3 月 17 日，法国政府开始实施第一次全国范围的封锁措施，这极大遏制了万喜施工的业务开展和生产活动。另外，2020 年适逢法国 6 年一度的市政大选，直至 6 月 28 日，法国地方当局都处于激烈的选战之中。紧张的政治局势在一定程度上致使万喜对于投资决策犹豫不决。万喜施工旗下专注石油和天然气行业的子公司 Entrepose 因经营困难而进行业务重组。万喜施工 2020 年度营业利润为 1.36 亿欧元，仅为 2019 年（3.96 亿欧元）的三分之一强，而归属母公司的净利润亏损 0.9 亿欧元。

此外，项目停工又引发了一系列连锁反应。一方面严重阻碍了住宅和商业项目的开发进度，扰乱项目营销，另一方面又影响房地产销售协议的签署以及物业相关活动。这些情况致使万喜不动产业务同比下降 9.9%，至 11.89 亿欧元。

金融市场反映了疫情引发的不确定性，一直在希望和紧张之间摇摆。2020 年初，万喜的股价仍继续上涨，与前一年持平（2019 年增长 37%，至 99 欧元），并于 2 月 19 日达到历史最高水平，收盘时为 106.75 欧元（交易时为 107.35 欧元）。而后伴随着新冠疫情的暴发，大多数国家不得不开始实施多项限制性措施，使全球经济发展严重受挫，股市指数在几周内暴跌。尽管欧洲和世界各地采取了特别的财政和货币救市措施，使得指数在 3 月中旬出现短暂反弹，但之后就无力回天。2020 年末，万喜的股价下跌了 18%，至 81.36 欧元，市值为 500 亿欧元，在 CAC 40 指数中排名第 12 位。

2. 疫情期的经营之道

（1）拓展融资渠道，改善现金流动

特殊时期，现金为王。持续稳定的现金流是帮助企业度过危机的源泉。面对新冠疫情的冲击，万喜集团管理层迅速作出反应，进行了多笔债券发行和再融资交易。2020 年 4 月，万喜机场运营的伦敦盖特威克机场获得了一笔为期 12 个月的 3 亿英镑信贷额度，并且自 2019 年 11 月以来，该机场在为期一年的时间里还获得了新冠肺炎企业融资机制的基金。该基金由英国政府设立，总金额为 3 亿英镑，截至 2020 年 12 月 31 日已提取 1.75 亿英镑。5 月，万喜高速公路旗下子公司 Cofiroute[①]

---

① 1970 年，由 SGE、GTM 等 5 家集团公司联合两家法国银行共同融资创建，目的是加速法国高速公路网络建设。

发行了9.5亿欧元的11年期债券，票面利率为1.0%，超额认购近3倍，降低了万喜高速公路的债务成本。11月，万喜集团首次发行了5亿欧元的8年期零息绿色债券。总体而言，万喜集团2020年共获得23亿欧元的新融资，发行平均期限为7.4年，平均利率为7.9%，同时将部分债务从固定利率转换为浮动利率后，利率为1.03%。进行再融资操作后，万喜集团长期欧元计价债务总额的成本下降，利率低于已偿还债务的利率。

（2）降低财务杠杆，削减运营开支

万喜集团在财务层面重新审查投资计划，削减运营开支。一方面降低财务杠杆，2020年，万喜支付股息总额为7.21亿欧元，这其中包括VINCI SA①支付的6.94亿欧元股息以及非全资拥有的附属公司支付给非控股股东的股息。截至2020年12月31日，万喜的净金融债务为180亿欧元，与2019年底相比大幅下降约37亿欧元。另一方面开始裁员，据年报统计，2020年万喜员工数量为217731人，相比2019年减少了4666人。其中特许经营板块因为惨淡的业务状况，裁员3786人，工程承包板块则裁员907人。

此外，万喜还进行了资产优化。万喜机场将斯德哥尔摩的斯卡夫斯塔国际机场90.1%的股份出售给瑞典房地产集团Arlandastad Group AB，后者将利用机场484公顷的土地，开发物流区域和商业园区。斯卡夫斯塔机场在万喜机场的运营网络中是占比最小的机场，其每年服务的旅客量仅为60万人，且万喜机场国际化布局的重点在于开发美洲大陆，同时考虑到集团的能源转型，万喜机场和这家瑞典集团签署了一项协议，允许万喜特许经营的子公司SunMind②开发、融资、建造和维护一个容量为100兆瓦的太阳能农场。

（3）加强国际布局，拓宽市场渠道

企业生存的根本在于盈利能力和持续的市场需求。面对全球经济的不确定性和政治环境的变化，万喜在工程承包＋特许经营的战略模型基础上，积极拓展国际市场，加强国际化布局。市场的广度不仅保障了其持续的市场需求，同时也对冲了单一地域市场萎缩带来的财务风险。

根据万喜年报，2016～2022年，万喜国际市场销售额占比逐年提高。2022年，法国境外的业务首次超过法国境内的业务，达到54.7%，较2021年提升8%，从侧面印证了万喜国际化布局的战略。

---

① 指万喜股份有限公司。SA是法语Société Anonyme的缩写，意为股份有限公司。
② 由万喜集团的创新平台Leonard发起创建的全资特许权子公司，专业设计、建造太阳能光伏电站。

图 1　万喜集团国际市场销售额占比变化情况

在特许经营领域，万喜公路（VINCI Highway）凭借自身出色的高速公路业务能力模型，不断扩大在欧洲和美洲大陆的特许经营范围，输出商业模式。2019 年，其标志性活动是完成并投产了俄罗斯 M11 高速公路的 7 号和 8 号路段以及加拿大的里贾纳高速环路。2020 年，通过美国 Cofiroute 子公司，万喜公路获得了一份为期 7 年的加州 91 号高速公路服务合同，同年又在捷克获得了首个高速公路 PPP 项目：一条长达 32 千米为期 28 年的高速公路 D4。2022 年，万喜公路获得了在巴西 570 千米为期 30 年的高速公路特许经营权，并启动了德国 B247 公路；截至 2022 年，万喜公路在德国有 5 个正在进行的 PPP 项目（A4、A5、A9、A7-2、B247），总长 234 千米，已是德国最大的私营道路运输和基础设施运营商。

万喜机场作为基础设施投资者、经销商、制造商和运营商四位一体的集大成者，高度的专业整合为其带来行业上领先的综合竞争优势，在机场运营领域享有盛誉。近几年，万喜机场通过国际化购并，不断拓宽自己的运营网络，目前在全球运营着 65 座机场，是世界上排名第一的机场私营运营商。2017～2022 年，万喜机场最大的两次购并分别发生在 2018 年和 2022 年。2018 年收购了 10 个机场，2022 年收购了 20 个机场。纵观其目前的商业版图，万喜机场的发展战略是聚焦美洲市场。在 2018 年收购了美国的 5 个机场和哥斯达黎加的 1 个机场，2022 年收购了墨西哥的 13 个机场和巴西的 7 个机场之后，在营 34 个机场的美洲成为万喜机场运营数量最多的大洲。

墨西哥是连接北美洲和南美洲的枢纽，同时也是连接太平洋和大西洋的重要通道。作为北美自由贸易协定成员国之一，它与美国、加拿大之间的贸易非常频繁。

同时墨西哥也是拉美地区第二大经济体，仅次于巴西，拥有庞大的人口。而巴西是南美洲人口规模最大的国家，具备庞大的市场需求和消费能力，此外巴西还具备贯通大西洋和太平洋的地缘优势，是南美洲通往北美洲和欧洲的重要交通枢纽，万喜旨在通过巴西的人口优势与地缘优势逐步打开美洲市场，并连通其世界运营网络。

工程承包领域，万喜集团优先在能源领域和专业领域扩大国际网络，万喜能源持续部署国际化业务市场。2017年万喜能源完成了34项收购，其中最重要的是对美国PrimeLine公司的购并。该公司专门从事能源和电信基础设施建设，在美国东部和南部25个州拥有50个运营点，预估将实现5.3亿美元的收入。此外，万喜能源在欧洲还收购了北欧Infraek公司（销售额3.4亿欧元）、德国的Horlemann公司（销售额1亿欧元）、瑞典的Eitech公司（销售额2.2亿欧元）。这些公司在各国都有着举足轻重的地位。

2018年，万喜能源在新加坡收购了Wah Loon Engineering公司，该公司专门从事大型复合技术"交钥匙"服务工程，全年销售额1.4亿欧元。得益于持续性的国际化收购，万喜能源在2018年实现了在法国境外地区超过50%的销售额，国际市场销售额在2019年达到55%的占比。万喜能源的国际化收购战略促使万喜在美国和新加坡建立了重要的业务支点，同时加强了其在德国和北欧的行业地位。2022年，万喜能源又收购了德国的IT服务公司Kontron AG，助力万喜能源打入中欧和东欧的新市场。万喜能源目前已在57个国家拥有1900多家专业公司网络。

万喜施工经过历史的发展，在地域上不断拓展国际业务，技术上持续获取新的高附加值专业知识，目前公司集群已经建立了1350个公司的专业网络，覆盖100多个国家。每个单独的公司都通过有机增长发展自己的业务市场，同时贡献自己的专业知识来参与集团的全球项目。

（4）优化产业结构，加强集群协同

2021年，万喜在原"工程承包＋特许经营"的商业模型基础上开始优化产业结构，演化为特许经营、能源与施工三足鼎立之势。

从布局上不难看出，万喜集团将能源转型与能源战略作为未来万喜发展的重要支点。它想多样化其特许经营组合，将特许经营领域拓展到可再生能源基础设施方面，特别是太阳能和风能，加强集团由脱碳能源转型驱动的市场发展能力。这也是万喜不惜重金收购Cobra IS[①]的目标之一。

[①] 原为西班牙ACS集团能源子公司，以其在能源和环境转型方面的专业知识而闻名。

Cobra IS 对于万喜来说，在专业领域与市场地域上形成完美的互补。其在能源领域工程总承包 EPC 项目中拥有丰富的经验与专业知识，地域上深度根植在伊比利亚半岛和拉丁美洲。万喜的商业模式将受益于 Cobra IS 在可再生能源经营特许权方面的专业知识，锚定市场短期和中期的新机会，主要是太阳能光伏和陆上风能，以及潜在的海上风电项目，逐步打造成为该领域的重要参与者以及可再生能源资产的长期运营商。

同时，万喜将路桥和施工业务整合以加强集群协同作用，面对日益复杂的工程项目和市场竞争，新的万喜施工巩固了在建筑和市政工程市场上的地位，并进一步促进内部协同、强化和创新动力，持续为客户提供高效专业的解决方案。

3. 积极抗疫

2020 年，全球由于实施了抵制新冠流行的相关限制性措施，经济活动急剧放缓。万喜集团为维持全球基本服务作出了应有贡献，尽显大企风范和社会责任担当。

特许经营板块，万喜保障了高速公路公共服务的连续性，并为货物与医疗物资的运输及供应提供有利保障。在法国第一次封锁期间，万喜高速公路同 FNSEA[①]合作，在其运营服务的路网区域，为卡车司机提供了 1.5 万份餐饮以及新鲜农产品。

2020 年 5 月 8 日，万喜机场在里昂[②]圣埃克斯佩里机场（Lyon-Saint Exupéry airports）参加了由欧盟和几个非政府组织的飞往非洲的人道主义物资援助。

工程承包板块，万喜施工抢建了紧急医院，修复运输基础设施，在巴黎第一次全城封闭期间，开展地下管道加工以确保巴黎北部饮用水供应；万喜英国建筑团队执行每天 24 小时轮流工作制，建立了 3 个医院单位；万喜能源及时维保能源和通信网络，确保通信稳定；万喜路桥针对社区需求，修建了临时自行车道和行人通道，保障交通顺畅。

公益慈善方面，万喜集团成立 pour la Cité[③] 基金会并分配了 1000 万欧元的特别预算，用于改善护理人员的日常生活，并向无家可归者等弱势群体提供粮食援助和紧急住房，同时赞助了 700 多个联合项目。另外，在法国第一次封锁期间，万喜

---

① FNSEA（la Fédération Nationale des Syndicats d'Exploitants Agricoles）是法国全国农业经营者工会联合会的简称。
② 里昂（法语名 Lyon）是法国第三大城市，位于法国东南部。
③ 意译为"为了城市"，相当于英语 for the city。

向 800 名中学生提供了 500 台平板、300 台电脑和 300 个 4G 的 USB，支持远程教育发展。

二、一体化专业集群共享协同战略

企业的成功得益于商业模式，而企业持续的成功则必然源自商业模式的合理性和迭代能力。万喜的"特许经营＋工程承包"的商业模式根植于发展脉络、历史积淀以及科技品牌，为业内人士所熟知。工程总承包板块（contracting）犹如"底盘"，这一板块有着巨大的业务量和销售额，能够维持集团公司的稳定运行，虽然利润率不如特许经营板块高，但给万喜提供了一个坚实的基础运营平台和一体化的技术基石。特许经营板块（concession）犹如"发动机"，这一板块利润高，是万喜提升盈利水平的动力源泉。工程总承包与特许经营两大板块在经营周期、资本密度以及技术架构上相辅相成，形成万喜这台超级战车，两者产生的协同效益推动万喜不断向前发展。

1. 商业与组织管理模式

（1）商业模式迭代

近年来面对复杂多变的全球政治经济环境，万喜始终如一追求长期主义并不断更新发展战略。2021 年开始，万喜在其原商业模型的基础上进一步优化，将能源转型作为其战略发展的"第二曲线"。能源转型一方面是全球气候变化以及可持续发展的关键问题，蕴含巨大的潜力和市场；另一方面与万喜的发展战略契合，万喜旨在通过推动可再生能源的发展、提高能源效率，为客户提供更环保和可持续的一体化解决方案，继而成为另一大特许经营板块。

其次，万喜将施工业务和路桥业务合并成为一个整体。万喜施工和万喜路桥在建筑和基础设施领域都有强大的实力和丰富的经验。将它们整合在一起，可以实现资源的共享和更高效的协同；整合后的施工板块将能够提供更全面的建筑和基础设施服务。无论是在大型工程项目还是在城市基础设施方面，万喜都可以提供更多元化的解决方案和专业知识。

从"特许经营＋承包经营"的商业模式演化为特许经营、能源、施工三大板块，如图 2 所示：

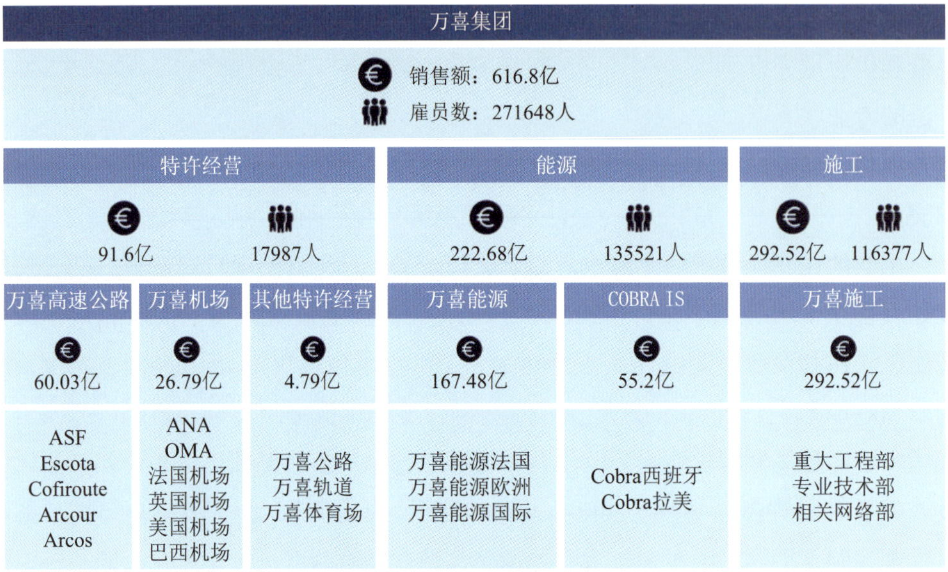

万喜集团							
销售额：616.8亿 雇员数：271648人							
特许经营			能源			施工	
91.6亿 17987人			222.68亿 135521人			292.52亿 116377人	
万喜高速公路	万喜机场	其他特许经营	万喜能源		COBRA IS	万喜施工	
60.03亿	26.79亿	4.79亿	167.48亿		55.2亿	292.52亿	
ASF Escota Cofiroute Arcour Arcos	ANA OMA 法国机场 英国机场 美国机场 巴西机场	万喜公路 万喜轨道 万喜体育场	万喜能源法国 万喜能源欧洲 万喜能源国际		Cobra西班牙 Cobra拉美	重大工程部 专业技术部 相关网络部	

图 2　万喜集团运营架构图

能源板块上承特许经营，下启施工一体化专业技术，犹如"变速箱"，调整着万喜战车的动力适配与动能输出，而整合后的万喜施工，以更高效的专业协同与更全面的专业服务构成更坚实的"底盘 2.0"。

（2）本地化专业集群协同

万喜的主要经营目标是持续追求高利润的特许经营合同。由于其已经在法国境内的各领域特许经营中占有很大份额，为了扩大规模，它需要在新的领域和新的地域寻找新的特许经营机会。

为了赢得新地域的特许经营权，万喜需要具备三项必要条件：

政治关系：与本地政府和可以授予特许经营权的国家机构保持友好关系；

财政能力：有持续足够的资金可以资助和执行大型工程项目；

专业服务：能提供从设计到运维的全产业链、全方位的综合技术专业服务。

这就是为什么尽管万喜的施工业务不像特许经营那样盈利，但它仍然至关重要。因为万喜施工为特许经营业务提供了庞大的劳动力、工业机器以及专业技术支撑，随时准备承接高、大、危、难、特的工程项目。

在新的地区，万喜可能会利用其全球声誉进入市场，但通常收效甚微，因为受到当地政治以及本地竞争关系的影响，正如俗话说的那样："强龙压不过地头蛇"。因此，万喜经常通过收购和合作的方式，快速拓展国际版图。目前，万喜在全球约120 个国家开展业务，这些国家和地区分布在欧洲、亚洲、美洲、非洲和大洋洲等各个地区。万喜集团在不同国家和地区拥有多个分支机构和子公司构成强大的专业集群和供应链，以满足当地市场需求并提供各种建筑、基础设施和工程服务。如此广泛的专业联系网络，包括与当地政府的联系，使得万喜能够以足够低的成本承接运营项目，建立持续的合作关系，并进一步扩大其声誉，使之有助于竞标利润更高的交易。

①本地化专业集群构成

万喜在全球战略发展地区建立其本土化的专业集群，以适应不同国家和地区的文化、法律和商业环境。本土化的专业集群通常由大型工程子公司、专业网络子公司以及本地专业公司构成。

大型工程（VINCI Construction Grands Projects）子公司主要服务于规模、复杂度或类型需要整合能力的工程项目。其拥有工程总承包商的专业知识以及丰富的项目管理经验，能够迅速组织专业公司和本地企业合作，是本地化专业集群的核心角色，目前在五大洲近 50 个国家开展业务。

专业网络（Specialty Networks）指的是 Soletanche Bachy、Menard、Terre Armée、Freyssinet、Sixense 和 Nuvia 这六家专业公司，是万喜集团在岩土工程、结构工程、数字技术、核能和可再生热能方面的权威。其中 Soletanche Bachy、Menard、Terre Armée 这三家公司的专业领域均是岩土工程，但各有侧重。

Soletanche Bachy 是由法国岩土工程先驱 Soletanche 和 Bachy 于 1997 年联合创立，并在 2007 年被万喜收购，专业领域包括桩基工程、基坑围护、土壤加固、隧道工程以及土壤改良，是万喜集团岩土工程实力最为综合的公司。Menard 和 Terre Armée 是万喜在 1999 年为增强 Freyssinet 的岩土工程实力而收购的公司。Menard 专注于土壤改良，而 Terre Armée 致力于研究土与结构的相互作用，专业从事加固填料。Soletanche Bachy、Menard、Terre Armée 共同构成了岩土工程完整的专业网络。

Freyssinet 创立于 1943 年，其创始人 Eugène Freyssinet 是预应力混凝土技术的发明者。该公司的前身是 Campenon Bernard[①] 为申请推广预应力混凝土专利而成立的子公司 STUP[②]（Société Technique pour l'Utilisation de la Précontrainte）。Freyssinet 的三大王牌技术——预应力技术、斜拉索技术、吊装搬运技术，令其在特种土木工程市场上游刃有余，是万喜集团的"超级结构建造者"。

---

① 西宝公司，成立于 1920 年，专注于公建建筑、道路和水利基础设施，为万喜集团内部实力强大的技术型综合建筑公司。

② 直译为："预应力应用科技公司"。

Sixense 是万喜施工于 2016 年建立的工程数字化服务公司。其专业领域为工程监测、三维扫描、倾斜摄影、结构数值分析和数字平台开发，为客户提供工程全生命周期的综合数字化管理解决方案。

Nuvia 是核能领域的专业公司，于 2008 年被万喜收购。其主要为客户提供全生命周期的工程、咨询和技术服务，包括核电厂建设、运营和退役、辐射保护、辐射监测、核废料管理等。Nuvia 在核能领域的专业能力使其成为全球核电厂相关项目中的重要合作伙伴。

本地专业公司（Proximity Networks）由战略发展地区专注于某一专业的当地公司组成。万喜通过收购或者建立战略合作伙伴关系建立本土化的专业公司网络，这些公司一方面补充万喜专业网络公司的技术组成，另一方面帮助万喜迅速获得当地的专业知识和资源以打开业务市场。

②本地化专业集群协同

英国是万喜在法国以外最大的市场，施工业务收入占集团的 14%。万喜施工在英国的规模巨大，万喜施工英国（VINCI Construction UK）并不隶属于万喜施工国际（VINCI Construction International），而是本地化的独立业务部门，通常由其在英国的子公司 Taylor Woodrow 运营，承接了诸多横贯伦敦的铁路以及地铁扩建工程；此外，万喜施工与英国本地建筑公司 Balfour Beatty 共同组建了一家合资企业，负责伦敦和伯明翰之间的新 HS2 高铁建设；原 Eurovia 的英国子公司 Ringway 专业维护道路网络建设，为万喜高速公路在英国的两项为期 25 年的 PPP 工程（Hounslow Roads 和 Isle of Wight Roads）提供技术支撑。

2015 年，万喜瞄准哥伦比亚的高增长潜力，不断扩张南美市场。哥伦比亚是南美洲重要的新兴市场之一，具有广阔的市场潜力和快速发展的经济，哥伦比亚政府积极推动基础设施建设，提供了良好的营商环境和投资机会。万喜宣布与哥伦比亚房地产开发公司 Constructora Conconcreto 建立战略合作伙伴关系，并通过增资收购该公司 20% 的股份。Constructora Conconcreto 是哥伦比亚第二大建筑和房地产开发集团，在当地房地产开发、工程承包和基础设施建设等领域以其出色的工程质量和可靠性享有盛誉。万喜同 Constructora Conconcreto 的合作，被哥伦比亚国家基础设施署 ANI 指定为 Bogotá-Girardot 高速公路未来的特许经营权人。

2016 年 5 月，万喜大型工程联合专业网络公司 Soletanche Bachy 同丹麦本地企业 Per Aarsleff Holding 组成合资企业，负责设计和建造世界上最长的浸没式公路和铁路两用复合隧道，该工程涉及沉管隧道的建设以及制造隧道预制构件的预制工程，总造价约 34 亿欧元。

2017年10月23日，万喜施工收购了澳大利亚的Seymour Whyte公司。该公司是澳大利亚知名的土木工程、市政工程公司，主要由Seymour Whyte Constructions和Rob Carr Pty Ltd.两大实体组成。该公司专注于基础设施建设领域，包括道路、桥梁、机场、港口、矿山和水利等项目，业务遍及澳大利亚昆士兰州、新南威尔士、维多利亚州等重要地区，此次收购扩大了万喜施工在大洋洲区域的市场份额，同时也强化了万喜在当地的技术实力。

大型工程分支丰富的项目管理经验整合专业网络分支坚实的技术能力，联结本地网络企业的市场商誉和专业补充，构成了万喜一体化的专业集群。万喜集团正是通过这一个个专业集群，充分发挥各地区的专业优势，快速渗透全球市场，高效输出技术与设备供应，为全球客户提供更加综合、更近距离的优质服务。

（3）管理模式与管理文化

万喜集团如此庞大的商业版图，要做到一体化的高效协同，不仅在于其商业模式的结构合理性、各地区的专业集群配置，同时也取决于其管理模式与企业文化。

万喜采用去中心化的管理模式，将决策权下放到各个业务单元和项目层面。每个业务单元拥有一定的自主权，能够根据当地市场和客户需求作出灵活的决策。这种去中心化的管理模式有利于快速响应市场变化和提高项目执行效率。

管理文化上，万喜集团注重培养和发展员工的领导力。致力于为员工提供培训和发展机会，帮助他们提升管理和领导技能，鼓励员工参与决策过程，倡导团队合作和创新精神，以激发员工的潜力和动力。他们鼓励不同专业领域和学科的员工之间的协作和交流，组建由不同背景、技能和专业知识组成的团队，并鼓励团队成员共享经验和最佳实践，这有助于推动创新和解决复杂问题。注重高效沟通和团队协作，建立了良好的内部沟通机制，包括定期开展会议和报告，以确保信息流通畅。万喜集团将可持续发展和社会责任视为核心价值观之一，致力于推动绿色和低碳发展，开展环境保护和社区参与活动，并遵守国际标准和行业规范。这种管理文化增强了员工对社会和环境的责任感，反映了企业道德和可持续经营的承诺。

2. 利润中枢：特许经营

万喜集团历经百年经营沉浮，仍可纵横捭阖于世界建筑强企前列，很大程度源自其特许经营稳定而强大的盈利能力。以2022年经营数据为例，万喜特许经营板块仅以14.9%的营业额占比却贡献了企业63.6%的净利润，堪称万喜的利润中枢。

事实上，万喜之所以能够得到特许经营权，一方面得益于时代发展的红利，另一方面则是源自其创始人强大的社会网络关系和政商背景。

首先，创始人亚历山大·吉罗斯（Alexandre Giros）出身优渥，父亲是矿业公司高管，哥哥埃米（Emile Giros）是香槟省锻造公司创始人，为亚历山大之后创业提供多次资金支持。另外，其家族也有一定的政治背景，亚历山大的外祖父和舅舅均在议会担任参议员，其岳父是巴黎商业法庭的法官。

1890 年，时年 20 岁的亚历山大以优异的成绩考入巴黎综合理工学院（École Polytechnique）。有必要指出的是，法国高等教育崇尚精英式教学，该校始创于法国大革命时期，隶属法国国防部，为法国最负盛名的精英大学校（Grande École①），可谓"法兰西清华大学"。万喜以及法国国家建设工业类著名企业（比如空客、雷诺、阿尔斯通等）的首席执行官几乎均是该校毕业生。当然该校也不乏培养过诸多政治家，其中就包括与亚历山大同期入校的阿尔贝·勒布伦（Albert Lebrun②）。优质且庞大的校友网络为亚历山大之后在公共工程领域的市场开拓奠定了良好的基础。

大学期间，亚历山大遇到了其人生中的"贵人"：未来万喜的另一位创始人路易斯·卢切尔（Louis Loucheur）。路易斯与亚历山大在性格上完全相反，其个性冲动，极富野心，对 Girolou③ 公司的市场扩张和特许经营权获取起到了决定性作用。

1902 年，路易斯成功当选众议院北方代表，开始大刀阔斧地开拓北方市场。1905 年，在路易斯的推动下，Girolou 拿到了鲁贝市④的天然气管道基建工程特许经营合同，这是该公司的第一个特许经营合同。与此同时，亚历山大和路易斯开始获取一家名为 E.L.R.T⑤ 有轨电车公司的股权，继而大肆收购有轨电车产业链公司的控股权；不仅如此，他们还同北部电力局（Central électricité du Nord，简称 CEN）合作成立法国北部电力能源公司（l'Energie électrique du nord de la France，简称 EENF）以及鲁贝电气照明公司（Société roubaisienne d'éclairage par le gaz et l'électricité）用于供应北部地区建设所需的电力和照明，从此几乎垄断了法国北部电车线路的特许经营权。

在北方电车及电力基建市场站稳脚跟后，亚历山大和路易斯并没有停止脚步，1905 年，两人在福格罗尔兄弟⑥的邀请下进入中央区电力能源公司⑦（Energie

---

① 法语直译为大学校，但此处的"Grande"非指面积之大，而是指级别，也有卓越之意。
② 法兰西第三共和国的最后一任总统。
③ 万喜前身最初的命名，整合 Giros 和 Loucher 之名而来。
④ Roubaix，音译为鲁贝，法国北部城市，路易斯·卢切尔的出生地。
⑤ 旨在建设连接法国北部里尔、鲁贝以及图尔昆三市的有轨电车线路。
⑥ 指 Philipe Fougerolle 和 Jean Fougerolle，泥瓦匠出身，家族企业创始人。
⑦ 中央区指的是法国巴黎以南，卢瓦尔河谷大区，全称为 Centre-Val de Loires。

électrique du Centre，简称 EEC）董事会，并于 1907 年都成为常务董事，同时持有大量该公司股权。同年，正值企业增资，菲利浦·福格罗尔（Philipe Fougerolle）又让他们加入卢瓦尔电力公司（Compagnie Electrique de la Loire，简称 CEL）的董事会，路易斯担任常务董事。他们还同其他公司合资成立伊泽尔①机车动力公司（Forces motrices de Basse-Isère）以及西南电力能源公司（l'Energie électrique du Sud-Ouest，简称 EESO）。随着在各个公司中股份的增加，亚历山大和路易斯逐渐占据了法国中央以及西南地区的电力基建市场。1908 年，Girolou 因经营需求重组为法国通用股份有限公司（SGE）。又经过几年的迅猛发展，至 1910 年，SGE 已然成为法国第二大公共工程公司，仅次于马赛大型工程有限公司（GTM）。

权力与资本交织，错综复杂的社会关系、股权关系和政商关系逐渐整合为万喜特有的特许经营业务，为万喜的发展输入源源不断的动力，成为万喜屹立于世界建筑强企的王牌优势。

（1）万喜高速公路（VINCI Autoroutes）：利润中枢内核

万喜高速公路自 2006 年收购法国南方高速公路公司 ASF 以来，其一直运营着法国 4443 公里里程的收费高速公路。目前万喜高速公路业务下的主要公司包括 ASF、Cofiroute、Escota、Arcour 和 Aros。

如果说特许经营板块是万喜的利润中心，那么万喜高速公路板块无疑是板块内核。

图 3　万喜高速公路净利润占比集团净利润情况

---

① Isère，法国西南部最重要的河流名。

万喜高速公路板块净利润约占公司总净利润的 50% 左右。以 2022 年为例，该业务以 60.03 亿欧元的销售额为万喜集团创造了 22.08 亿欧元的净利润，净利润率 36.8%，占万喜特许经营净利润的 79.7%，万喜净利润总额的 51.84%。高速公路业务为万喜集团提供了强大稳定的资金流和财务抗风险性。

2020 年，万喜各大板块均遭到新冠疫情和经济下行不同程度的影响，高速公路板块仍以 46.13 亿欧元的销售额为万喜集团贡献了 12.42 亿欧元的净利润，占到特许经营净利润的 167.8%，正好等于当年万喜集团的净利润总额。事实上，由于各国的封闭政策与交通管制，万喜机场在 2020 年亏损 5.23 亿欧元，正好等于万喜能源与万喜路桥板块的利润之和。

当然，万喜机场在这一年的失利只能说是多重负面因素叠加的结果，长期来看还是高利润业务。正因如此，万喜在特许经营板块中的发展战略一直是优先投资建设机场和道路基础设施并延长其特许经营权期限。

2020 年之后，现实情况使万喜集团意识到机场运营的抗风险性低于高速公路，投资建设道路基础设施成为特许经营业务的优先战略。这一点从万喜高速公路 2016 年至 2022 年的销售额变化可以看出，2020 年该板块的销售额为 46.13 亿欧元，相比 2019 年下降 17.52%；2021 年，该板块迅速反弹恢复，销售额达到 55.5 亿欧元，2022 年增长至 60.03 亿欧元。毕竟，交通运输在国民经济中扮演着举足轻重的角色，万喜集团也不遗余力地投资建设该业务。

图 4　万喜高速公路销售额变化情况

（2）万喜机场（VINCI Airports）：经营利润双刃剑

万喜机场是特许经营中业务体量第二大的经营板块。其运营的机场数量从2017年的35个激增到2022年的65个，一跃成为全球排名第一的私营机场运营商。

万喜机场对比万喜高速公路，其业务体量约为高速公路的30%左右，占比最高的两个年份分别是2019年与2022年，达到47.04%和44.63%。万喜机场六年来的迅速扩张源自万喜长期经营的理念与全球化的战略视野。

图5　万喜机场业务相较于高速公路占比情况

2018年对于万喜机场来说是意义非凡的一年。其一举购并了10个新机场，包括塞尔维亚的贝尔格莱德机场（Belgrade Airport）、北爱尔兰的贝尔法斯特国际机场（Belfast International Airport）、瑞典的斯卡夫斯塔机场（Skavsta Airport）、哥斯达黎加的丹尼尔·奥杜伯·基罗斯国际机场（Daniel Oduber Quiros International Airport）、美国的奥兰多－桑福德国际机场（Orlando-Sanford International Airport）、好莱坞伯班克机场（Hollywood Burbank Airport）、安大略国际机场（Ontario International Airport）、梅肯市区机场（Macon Downtown Airport）、乔治亚中部地区机场（Middle Georgia Regional Airport）以及英国的盖特威克机场（Gatwick Airport）。

随着重大收购的尘埃落定，万喜机场的国际化网络扩大到45个，战略上不仅增强了其在英国和美国等新市场的国际影响力，也提升了其在中美洲的行业地位。

值得一提的是，在以上机场的购并中，最具战略意义的是对英国盖特威克机场的收购。该机场是英国第二大机场，也是世界上运营最高效的机场之一，位于伦敦南部的战略要地，飞行网络覆盖74个国家228个目的地，每年服务旅客超过4600万人次，在2017年创下了一天飞行950架次的世界纪录。盖特威克机场为万喜机场业务带来了众多国际领先航空公司的合作关系，其卓越的运营能力使万喜机场实现了强劲稳定的增长。

2022年是万喜机场跃迁式增长的另一个重要年份。这一年万喜完成了20个机场的购并，其中包括墨西哥13个机场和巴西7个机场。万喜以11.7亿美元的价格收购了墨西哥中北部机场集团（OMA）29.9%的股份，从而成为该公司的大股东，并接管了该公司在墨西哥运营的13个具有高增长潜力的机场。其中最重要的是蒙特雷国际机场（Monterrey International Airport），该机场是北美最为现代化的机场之一，每年大约服务800万人次。机场客运主要来自墨西哥城、瓜达拉哈拉、奇瓦瓦、蒂华纳，以及20%来自美国达拉斯和休斯敦的国际客运量（继墨西哥城国际机场、坎昆国际机场和瓜达拉哈拉国际机场之后，蒙特雷国际机场是墨西哥第四大最重要的机场）。万喜通过墨西哥这个美洲大陆人口第三多的国家，连接开放蒙特雷同美国洛杉矶、休斯敦、底特律和奥斯丁之间的直达航班，以满足墨西哥国内和国际不断增长的旅行需求。OMA的股权收购，使得万喜机场在美洲的业务份额得以加强，持续保持机场运营领域全球最大私营运营商的地位。

通过2018年与2022年两次国际化大收购，万喜机场的业务体量相较于万喜高速公路的差距明显缩小，从原来的1/4上升到目前的1/2。

图6 万喜机场销售额变化情况

不过，不同的特许经营领域有不同的经营特点。机场特许经营相比高速公路特许经营，资金杠杆率高且受国际政治经济影响更大，其运营的风险性要高于高速公路板块。在新冠风暴中，万喜机场的经营遭遇"滑铁卢"，出现严重亏损状态，2020年的净利润为-5.23亿欧元，2021年虽稍有起色，但仍处于亏损状态，净利润为-4.85亿欧元。2022年，随着疫情消散，国际国内客流量逐渐回复，机场运营才开始扭亏为盈。

图7 万喜机场净利润变化情况

排除其因疫情亏损的年份，万喜机场业务的平均净利润率达到23.57%，无疑是属于高利润的优良业务。

图8 万喜机场相比万喜能源的销售额占比情况

另一方面，我们可以对比万喜机场与万喜能源的销售额及净利润情况，万喜机场的净利润水平同万喜能源不相上下，但平均业务体量仅占万喜能源的12.69%，属于"小投入，高回报"。尽管经历了疫情的沉重打击，从长期经营的角度，万喜仍然愿意花"血本"在2022年购并了20个机场，从中可以看出万喜的雄心壮志和长期战略理念。

3. 转型新军：万喜能源（VINCI Energie[①]）

作为法国和欧洲能源工程及信息化的领导者，万喜能源得益于充满活力的市场态势，目前已是万喜工程承包（Contacting）板块增长最快、营收最稳定的部门。万喜能源负责万喜集团的总体数字化转型，开发新型软件以提高旗下各板块、各部门的协同效率，属于典型的新型产业。

万喜能源有四大业务领域：能源基础设施、工业能源、能源服务以及信息化。近几年万喜一直致力于数字化转型和能源转型，不断扩大专业领域布局，业务体量水涨船高。

2017年是稳定增长的一年，相较于2016年，万喜能源销售额增长5.5%，达到近108亿欧元。在法国本土，其业务增长了4%，侧面反映了万喜能源在法国市场上强势的领导地位；国际业务总体增长了7%，欧洲地区的伊比利亚半岛和斯堪的纳维亚半岛已经成为万喜能源的第三大市场，仅次于法国和德国。欧盟外地区，

图9　万喜能源销售额变化情况

---

① 此处为法语名称，"能源"的意思。

得益于电力基础设施项目数量的增加，万喜能源在非洲、新西兰和印度尼西亚等地的业务也迅猛增长。2018年是万喜能源创纪录增长的一年，营收增长17.1%，达到126亿欧元。2019年在2018年良好态势的基础上继续保持增长趋势，销售额增长了9.1%，达到137亿欧元。

2020年，万喜能源在面对新冠疫情全球危机的大背景下，展现出极强的抗风险性和稳定性。其2020年的销售额保持在137亿欧元的高水平，仅仅比2019年下降了0.64%，几乎未受到疫情影响。这种良好的韧性来源于几个因素的共同作用：一是万喜能源广泛的国际市场覆盖面，在全球60个国家分布着1800家公司，目前57%的销售额是来自于法国境外的国际市场，国际化的布局为其提供了广袤的市场空间以及风险分担；二是万喜能源能提供全方面多样化的专业技术支撑，这种复合的专业技术能力为万喜能源提供了独一无二的竞争优势；三是各类业务合同的多样化组合支撑，从大型项目到商业活动，从工程建设到维护运营；四是政府各个关键部门的统筹协调。2021年新冠疫情过后，万喜能源业务量迅速回弹，2022年达到历史新高的167.48亿欧元。

万喜能源通过自营的Omexom[①]品牌，在能源转型、可再生能源以及智能电网市场领域迅速发展，目前已在36个国家开展业务。在法国本土，万喜能源与国有公共运营商RTE[②]合作，实现网络现代化和设备数字化。发输配电业务方面，万喜能源参与了加强法国和英国电网互联的IFA2项目。可再生能源领域，万喜能源重点开发风能和太阳能发电厂，重新配置输电和配电网络以适配新的电力来源。在比利时和荷兰，万喜能源通过收购光伏系统专业领域的Izen公司来加强其能源市场的领先地位。

4. 业务底盘：万喜施工（VINCI Construction）

万喜施工是法国建筑行业的领导者，也是世界顶尖的工程承包商。在高层建筑、土木工程、深水工程、基建工程、新能源和核能工程、环境工程、石油工程、多元化高科技维修服务等领域拥有深厚的技术沉淀。

万喜路桥（Eurovia）是法国最大道路建材生产商，也是位居世界前列的道路建设与废料循环利用商，涉足道路和桥梁建设中的四项业务：道路工程、建材生产、环保工程以及其他服务。

---

① 2000年，万喜集团创立的专门从事高压电力传输和转换的能源品牌。
② RTE（Réseau de Transport d'Electricité），法国输电系统运营商。

2021年，万喜集团将原万喜施工与万喜路桥合并成新的万喜施工，以大型工程、专业网络以及本地网络三大互补支柱业务为支撑。

新的万喜施工通过共享技术、人才、设备和供应链提高项目执行效率、降低成本，从而更好地满足客户需求。新万喜施工增强了万喜集团在市场上的综合实力和竞争优势。万喜集团将能够提供更全面的建筑和基础设施解决方案，覆盖更广泛的市场领域。这样有助于提高市场份额、拓展业务范围，并在激烈的市场竞争中占据更有利的地位。其业务范围覆盖全球100多个国家，旗下拥有1300家公司和11.5万名员工。在环境转型、数字革命的大背景下，新的万喜施工集群凭借其悠久的建筑文化底蕴和全面深厚的专业知识，重新思考建造的对象以及建造方式，加强集群实体之间的协同效应，提高适应市场变化的能力。

万喜施工一直是万喜工程承包板块体量最大的业务，虽然利润率无法与特许经营板块相比，但其相关业务具备建设周期短、财务杠杆低的特点，所形成的技术能力又能为特许经营板块提供一体化集成支撑，是万喜商业模型不可或缺的一部分。

图10　万喜施工销售额变化情况

从2016年至2019年，随着法国土木和道路工程市场的复苏，经历了5年低迷期的万喜施工迎来了三年的增长期，销售额从212.66亿欧元增至251.35亿欧元。这一结果一半是源于国际业务市场的增长。万喜施工于2018年收购了Lane Construction[①]在美国的工业和道路业务，美国成为仅次于法国的第二大市场。另一半是得益于万

---

① 成立于1902年，美国领先的民用建筑公司，专注于高速公路、桥梁、隧道、公共交通和机场建设。

喜在相关专业领域深耕累积的一体化集成技术。

2020年，由于新冠疫情的影响，万喜施工的销售额下降7.63%，跌至232.16亿欧元，回到与2018年持平的水平；对比其他业务线，虽不及万喜能源稳定，但相比特许经营板块，还是展现出不俗的韧性。

2021年对于万喜施工来说是明显反弹的一年。销售额比2020年增长13.5%，比2019年高出近5%，达到262.82亿欧元。营业利润率也上升至收入的3.7%。

2022年，万喜施工虽然在欧洲部分市场的业务受到地缘政治紧张局势的影响，其业务仍然表现出强劲的增长态势，销售额达到历史最高的292.52亿欧元，相较2021年增长11%。其中，国际业务在2022年增长了近20%（相比之下，法国本土仅增长2%），占其销售额的55%。

万喜施工近几年致力于环境保护，旨在减少其业务活动中的"碳足迹"。除通过改造沥青性质来减少燃料使用，逐步为建筑工地配备高性能的混合动力和电动试验装备以减少碳排放以外，万喜施工正积极开发自己的低碳设备，比如Soletanche Bachy[①]设计的第一个电动液压夹以及Botte Fondations试验的100%电动钻孔机。

万喜施工与Leonard及其创新生态系统的合作伙伴合作，开发了不少有助于减少环境影响的解决方案。比如用于建筑热能改造的完全绝缘系统Rehaskeen。

循环经济方面，万喜施工提供高效的材料回收服务以及道路改造期间的路面回收服务。

在自然环境保护方面，万喜施工注重生态工程（主要以Equo Vivo的品牌），提供城市生物多样性专业知识（主要以Urbalia的品牌），并与自然协会和专家密切合作，保护生物多样性。

三、技术创新重塑发展杠杆

如果说技术是企业前行的发动机，那么创新无疑是发动机的活力源泉。万喜集团非常重视技术创新，采用新技术、研发新产品、改进新工艺以提升各板块生产效率和科技含量。

---

① 由法国岩土工程先驱Soletanche和Bachy在1997年创立，是万喜施工旗下举足轻重的专业子公司，曾主导法国巴黎凯旋门和大皇宫的翻新工程，目前已成功完成约6万个项目。

2017年万喜创建了列奥纳德（Leonard[①]）创新分享平台，旨在鼓励各部门关注前沿科技，同时加速集团内新产品、新服务的孵化和推广。随着全球环保意识的增强和环境法规的普及，万喜将可持续发展作为其战略目标之一。在2017年的年报中首次打出了"为可持续的世界而创新"的口号，为了应对全球气候变化、自然资源紧缺的危机，万喜技术创新的重点是开发可再生能源、数字化应用以及低碳材料研发与循环经济，致力于为各类客户提供可持续、环保的解决方案，打造一个生态宜居的城市。

1. 可再生能源开发

万喜致力于可再生能源的开发，旨在推动可持续能源转型并减少对化石燃料的依赖。万喜通过投资、合作和创新，已经开发了多种可再生能源项目，为社会提供清洁能源解决方案，致力于减少对环境的影响。

风能方面，主要包括陆上风电和海上风电。万喜寻找具有良好风能资源潜力的地区，并与当地利益相关者合作，开展项目建设和运营，负责风电项目的规划、工程设计、设备安装和调试，以及风电场的运营和维护。

太阳能方面，主要是参与光伏电站的规划、设计、建设和运营，包括屋顶光伏、地面光伏和光伏电网连接系统。此外万喜还涉足太阳能热利用领域，开发和建设太阳能热电站和太阳能热水系统，提供清洁能源供热解决方案。

水能方面，万喜参与水电站和潮汐能发电站的规划、设计、建设和运营。利用水能资源，通过水轮机或潮汐涡轮机将水能转换为电能，以实现洁净能源的利用。

万喜同样关注生物质能的利用，包括生物质能发电和生物质热利用。通过投资和开发生物质能发电厂和热电联产设施，利用可再生的生物质燃料（如木材、农作物秸秆等）发电并提供热能，以替代传统能源的使用。

能源创新方面，万喜路桥开发了一项名为"Power Road®"的重大发明，主要通过在路面上层集成一个热交换器来为道路进行热能生产。Power Road 可收集太阳能以供周边的即时所需或储备正极能源以备延迟使用。这种可再生能源可以为道路附近的建筑和基础设施提供运营动力，如住宅或商业建筑的供暖、生活热水的生产；在冬季模式下，还可成为道路的热调节器：土壤中可用的热量有助于清除积雪和冰块，替代融化盐的使用，从而减少道路维护作业对环境的影响。

---

① 万喜集团2017年7月创建的创新前瞻性平台，为了应对万喜面临的数字变革、环境转型的挑战，其名源自达·芬奇之名（Leonard Da VINCI）。

在道路基础设施相关业务中,万喜正开发与布局新的可持续性移动方案。万喜高速公路加强与地区合作伙伴的联系,部署电动汽车充电基础设施网络,同时与万喜能源协同开发基于人工智能的交通图像的分析系统。此外,通过合资企业 Easy Charge,万喜高速公路和万喜能源共同开拓高潜力的车站市场,在法国道路网络上布置电动汽车充电站,共同负责这些设备的设计、建造、管理和维护。

在德国,万喜路桥和万喜能源同电动出行专业公司 ElectReon 合作,在卡尔斯鲁厄开展了一个感应道路试点项目。该系统集成在路面上,可以在车辆静止和驾驶时实现非接触式充电。

万喜机场在其各大运营平台积极部署光伏电站网络,到 2022 年底,预计其光伏电站装机容量将超过 23 兆瓦。

2. 数字化应用

万喜致力于数字化转型,将数字化带入所有工作领域,提高业务效率和品质。万喜利用大数据、人工智能和物联网等新技术来提高工程建设的效率和安全性,并采用基于云的协作工具来改善项目管理。数字化转型使得建设工程从设计到维护生命周期的所有阶段都能够更好地被跟踪、监管和优化,提高了工程项目的效率和质量,进一步增强了万喜的竞争力。

(1)万喜高速公路数字化应用

万喜高速公路正通过数字化技术连接用户与数字世界,促使人、车与高速公路以及附属设施之间建立数字链接,从而引发新的服务与驾驶体验。万喜正从运输基础设施运营商的角色拓展为移动服务运营商,提高高速公路的运营效率,为客户提供更全面的信息与体验。

①智能交通管理

在高速公路上广泛应用智能交通管理系统。通过使用传感器、摄像头和其他监测设备,实时监控交通流量、天气状况和道路状况。及时发现拥堵、事故和其他潜在问题,从而采取相应的措施以提高道路的安全性和流动性。

②实时数据分析

万喜利用大数据技术和分析算法来处理从各种传感器和监测设备获取的数据。实时分析交通流量、速度、车辆类型等信息,并将这些数据应用于道路运营和管理决策中。这些数据分析可以帮助预测和规划道路使用情况,优化交通流动并改善驾驶体验。

③智能收费系统

为了提高交通效率和用户体验，万喜引入了智能收费系统。他们利用无线电频率识别（RFID）技术和车牌识别技术，实现了无感支付和自动收费。这样一方面可减少排队等待的时间，另一方面也可提高收费的准确性和效率。

④移动应用和数字服务

万喜开发了移动应用程序和数字服务，为用户提供实时交通信息、导航和路线规划、服务设施查询等功能。通过这些应用和服务，用户可以更方便地获得和管理与高速公路相关的信息，并提前规划行程。

（2）万喜机场数字化应用

万喜机场近几年一直研究如何利用数字化提高机场运营，通过收集和分析各个环节的数据，包括航班动态、旅客流量、安全检查等信息，来实现机场的高效运营；通过对数据的分析，更好地预测和规划航班、调度人员和设备，并提供及时而准确的信息和服务，提高旅客的乘机和旅行体验。

①无人机和机器人技术

万喜机场开始应用无人机和机器人技术来改善机场的安全性和运营效率。无人机主要用于巡视机场、监测安全漏洞和迅速应对突发事件。机器人技术方面，万喜与一家初创公司 Destypo 合作开发了机场人工智能助手 Chatbot，它可以即时回答来自机场网站以及脸书上的所有问题以减少人工操作；另外万喜还开发了一款机器人帮助自助登机、行李托运、安全检查等环节，加快服务速度。

②移动应用和自助服务

万喜机场开发了移动应用和自助服务设施，为旅客提供更便捷的服务。移动应用功能包括航班查询、登机手续办理、行李追踪等，旅客可随时随地获取所需信息。自助服务设施则包括自助值机、自助行李托运等，可减少人工操作并提高服务效率。

③智能安检系统

为了提升安全检查的效率和准确性，万喜机场引入了智能安检系统。这些系统利用 X 射线技术、身体扫描和人脸识别等技术，可以快速、准确地检测携带禁止物品和危险品的旅客，有效减少安检排队时间。

（3）万喜能源与万喜施工的数字化应用

万喜能源与万喜施工在数字化应用上有一定相似点，均采用了 BIM 技术。万喜认为 BIM 是一种集成型的智慧工具，可以优化项目的设计施工流程，改善工程各参与方的协同组织模式。所不同的是，万喜能源侧重将 BIM 应用于设备维护和运营阶段，提供设备历史和运行记录，以实现设备的智能化管理；而万喜施工则主要通过使用 3D 建模、可视化和协同工作平台，帮助各个参与方更好地协同工作，优化设计和施工过程，减少误差和冲突。

万喜能源利用物联网技术实现设备与系统的万物互联。通过传感器和监控设备，监测设备运行状态、故障预警和维护需求。同时，通过远程操作和控制，及时响应问题，减少故障修复时间，提高设备可靠性和效率。

万喜施工则借助数字技术进行施工和工艺的数字化。通过使用数字化设计工具、机器人技术和自动化设备，提高施工精度、加快生产速度和减少人力成本。另外还利用虚拟和增强现实技术来改善设计、模拟和培训过程。通过虚拟现实技术，设计师和工程师在虚拟环境中进行设计和模拟，更好地理解和评估设计方案。而增强现实技术更是将数字信息叠加在实际场景中，为施工人员提供实时形象的指导和培训，从而提高施工质量和效率。

3. 循环经济与低碳材料

万喜在工程中坚持循环回收的理念，对技术和设备进行现代化改造，显著减少能源消耗与排放，旨在节约自然资源。

2017 年，万喜路桥国际研究中心同万喜高速公路旗下子公司 ASF 合作，在运营的 A7 高速公路上开发并测试使用了第二代可回收循环沥青，这种材料可以通过再生工艺进行反复回收和再利用。可回收沥青材料的制备过程与传统沥青材料有所不同。首先，需要使用特殊的纳米技术对废旧沥青进行处理，去除其中的杂质和污染物。然后，将处理后的废旧沥青与新鲜沥青混合，通过高温和压力的加工，形成新的可回收沥青材料。这种混合材料具有良好的黏结性和稳定性。可回收沥青的研发使用可降低对原始石油资源的需求。可回收沥青材料的制备过程中，能源消耗和二氧化碳排放量大幅降低，有利于减少温室气体的排放，降低对环境的影响。此外，它的使用还能延长道路的使用寿命，减少维护成本，并缩短施工周期。

2018 年，万喜路桥在研发可回收沥青材料的基础上又推出一项重大创新："100% 回收道路"。这是万喜路桥与设备制造商 Marini-Ermont 合作，设计开发的世界上第一个能够生产含有 100% 回收骨料的道路移动工厂的技术，这种循环经济的解决方案大大减少了自然资源的使用和材料的运输，有助于改善高速公路建设的环境平衡。

万喜施工研发了低碳混凝土系列（Exegy），这个系列根据配料不同共有三种：低碳、超低碳以及极低碳，与传统混凝土相比，可减少 70% 以上的二氧化碳排放。

这种低碳混凝土采用了替代传统水泥的材料，如粉煤灰、高炉矿渣、矿石等，以减少对水泥的使用。这些替代材料的生产碳排放量较小，从而可降低混凝土的整体碳足迹。此外，低碳混凝土还采用了可再生和可回收材料，如再生骨料等。这些材料来自于废弃建筑材料的回收和再利用。低碳混凝土同时具有优异的结构强度和耐久性，可以满足建筑物的要求。它的使用寿命相对较长，减少了维护和修复的需求。目前万喜正在建筑工地逐步推广这类材料。

四、社会责任尽显大企担当

1."零事故"承诺

万喜集团十分重视预防对员工健康和安全造成风险的活动。正如其承诺所说："我们拒绝将工作事故看作一种疾病，我们致力于'零事故'的目标。"万喜制定了一系列的政策预防相关风险的发生，包括员工的心理健康风险预防。

（1）安全政策及相关成果

健康安全政策是在万喜执行委员会的授权下，通过集团预防小组人员协调执行。其开展的工作主要涉及安全标准的传播以及对近期事故的报告和分析。这些机制与措施促进了集团日常安全文化的传播，有助于减少事故。得益于万喜安全政策的执行，风险预防工作取得了阶段性成果。在过去五年中，涉及工作事故的发生率从 7.77 下降到 6.10，严重程度从 0.50 下降到 0.42。2018 年，72% 的 VINCI 公司没有发生工作事故，而 2013 年这一比例却为 66%。

（2）预防管理和培训

万喜集团定期组织对管理人员进行安全风险预防管理方面的培训，并对培训结果进行评估报告。此外，数字化工具在工程中的应用也有助于预防安全问题的发生。万喜路桥开发了一款名为 Notify 的应用程序，可以及时发出预警信息；万喜高速公路在施工机械上装载摄像头，用于提醒司机操作时机械附近是否有施工人员。万喜能源开发了一个虚拟现实培训模块，可以让学习人员更快地感知和记忆危险的情况，用于预防和降低风险，万喜施工通过工作简报机制，加强预防建筑工地的风险。

（3）工作健康与生活质量

万喜集团确保每位员工的健康状况。万喜机场于 2017 年为柬埔寨金边机场的员工及其家人建立了一个健康管理中心。该中心每年可接待 4000 人，除了提供基础的护理外，还提供营养、健康和运动方面的建议。

为了降低工人搬运货物引发的风险，万喜路桥对两种原型机器人进行了测试，用于后期代替人工作业。

2. 携手推进环境转型

万喜集团对于保护环境作出雄心勃勃的承诺。其在项目的全生命周期中均考虑了影响环境的因素，旨在重塑日常工作的习惯，减少业务活动所带来的"碳足迹"。万喜开发的一系列解决方案有助于改善城市和地区的生活环境，应对重大的环境问题挑战。

（1）环境政策

万喜的环保政策源自企业可持续发展委员会的承诺，要求集团内每个公司均有义务承担环境保护的责任。侧重点主要围绕三个方面展开：能源与气候，循环经济，水与自然环境。

（2）节能减排

万喜集团正在采取多项措施进行节能减排。首先对于"耗能大户"万喜机场运营网络内的所有机场均开展碳认证（ACA[①]）计划。目前法国里昂圣奥佩里国际机场于2018年获得最高级别认证（ACA 3+），日本关西和大阪机场获得了ACA3级别的认证。同时万喜机场逐步进行能源转型，其在多米尼克共和国启动了一项计划，为该机场配备光伏园区，这将满足该机场20%以上的电力需求；此外，万喜分别为法鲁机场、贝尔格莱德机场、里昂圣奥佩里机场新建造了三个太阳能厂，总装机容量达到36兆瓦，已于2022年开始运营。

万喜高速公路与法国国家森林办公室签署了一项合作协议，旨在帮助修复万喜高速网络中的200个站点，这将涉及高速公路沿线2.8万公顷的绿地，通过植树、恢复湿地等方式维护生态环境。

万喜能源则是凭借其专业知识，通过子公司Eliove为160栋建筑安装屋顶太阳能电池板，以期扩大房地产资产的能源效益。从长远看，Eliove计划将这项专有技术用于集团的外部客户。

万喜施工一方面对建筑物进行能耗模拟以优化建筑节能，另一方面对其沥青生产工厂进行现代化改造，为其配备新能源设备以降低能耗与碳排放。同时加强可再生物料的生产，优化道路材料循环再造率。

---

① 机场碳排放认证（Airport Carbon Accreditation），由国际机场协会组织评价。

（3）保护生物多样性

保护生物多样性是万喜集团环境政策的核心。万喜将严格执行一套完善的措施以避免其建设行为对物种和自然环境的影响，如果不能避免或减少影响，则通过具体的生态恢复措施予以补偿。

万喜高速公路是法国生态工程领域的主要承包商之一，在过去的8年里，它在运营网络的生物多样性保护方面的投资超过1.5亿欧元。2018年修建了新的野生动物通道并进行了密切的监测；万喜机场在多个机场部署了生物多样性评估工具。在法国本土，国家自然历史博物馆与万喜路桥合作开发了一项专门针对采石活动的生态质量指标，从而有助于评估生物多样性管理行动和方法的有效性。

3. 以人为本

万喜的经营机构遍布全球，却有着不可思议的凝聚力。这种凝聚力来源于万喜多样性、包容性的企业文化。万喜致力于体现以人为本的价值观，人力资源管理的核心是人的素质，其相信多元文化对企业来说是一种财富，因此万喜致力于促进内部团队活动中的机会平等，并防止一切形式的歧视，旨在成为一家关心员工和周围社区的公司，为当地社会发展作出贡献。

（1）积极的社会形象

2022年的一项深入研究证实万喜对法国当地社会和经济环境的深远影响。2021年，万喜通过其对整个价值链直接或间接影响，贡献了1.5%的国内生产总值。

万喜集团通过开展"give me five"项目为年轻的学生提供教育指导。在2021~2022学年，该项目支持了5000多名学生，2022~2023学年，该项目迅速发展，帮助了9000多名学生。万喜邀请来自重点大学的学生到集团公司进行实习，动员数百名集团员工向这些学生进行培训指导。

万喜为集团所有员工提供免费的在线辅导和学术支持。这个项目是与法国市场的领导者prof Express合作开发的。自2022年9月以来，已有8000名员工的子女受益于这项服务。

（2）性别多样性

截至2018年底，女性管理人员在万喜内部所占比例为19.9%，到2020年达到25%。万喜的目标是到2030年将女性管理者的比例提高到30%。为了加速管理结构中的女性比例，执行委员会制定了一个目标，即在两年内将万喜业务和部门管理委员会中的女性人数增加一倍，并决定为此目的改变内部晋升程序。此外，万喜还与非营利组织"Elles bougent"协会建立了伙伴关系,旨在鼓励女性从事工程行业,约 700 名员工参与了此次活动。

万喜还以实际行动抗争日常工作中的性别歧视。5 种语言版本的学习模块已开发上线用于鼓励集团员工进行性别平等学习与自我评估,这将给员工对于性别的态度带来积极的变化。

（3）全民保障与人权

2022 年 9 月,万喜推出了新的全民社会保障最低标准,对于所有集团员工,无论在哪个国家工作,都能在两个领域获得相同的基线保障。首先是社会保障,在发生严重事故时为每个雇员及其家庭提供经济援助,无论这种事故的发生是在工作情况下还是在非工作情况下。其次是提供全薪育儿假,旨在针对新生儿出生的特殊时期改善员工在工作与生活上的平衡状态。

自 2022 年以来,万喜允许所有集团内公司都可以访问万喜内部网络上的人权平台,每位员工可以在网站上评估他们的人权实践,共同找出值得关注的地方,并制定行动计划来改善这些问题。这是万喜的《人权指南》业务的对应部分,它使世界各地的每一个子公司都能适用该集团关于移徙劳工、招聘做法、工作条件、生活条件和与当地社区关系的准则。

在过去的 20 年里,万喜 pour la cité 企业基金会支持了近 3500 个由非营利组织领导的项目,并得到了法国近 6300 名员工的支持。通过基金会的财政援助和员工们的亲身参与,万喜与当地的非营利组织共同开展慈善活动。比如万喜高速公路为贫困学生提供就业机会,万喜路桥为贫困儿童提供体育活动设施,万喜能源的书籍和玩具捐赠等。多年来,集团在其经营的其他国家和地区共建立了 16 个基金会。

五、大事记

为更深入概述万喜集团的发展历程,以及帮助本书第二版读者形成对万喜集团的全局认识,本章大事记追溯至 1891 年。

1891 年,GTM（Grands Travaux de Marseille[①]）成立。该公司成立之初是为了修建马赛市的现代化地下污水处理系统,而后迅速在电气、核能、港口、海上石油、地下工程以及特许经营等领域拓宽市场,发展成大型业务多元化公司。2000 年,SGE 将 GTM 收购合并成为如今的万喜集团。

---

① 马赛,法国第二大城市,位于法国最南部。

1899 年，万喜前身 SGE（Société Générale d'Entreprises）创立。两位巴黎综合理工学院的年轻工程师——亚历山大·吉罗斯（Alexandre Giros）和路易斯·卢切尔（Louis Loucheur）创办了 SGE。该公司的最初命名融合了两位创始人的姓氏，称为"Girolou"，公司的目标是建设发展电力和钢筋混凝土基础设施。

1946 年，进军土木领域。"二战"后，法国政府实施电力国有化政策，借助战后重建的契机，SGE 将业务市场大举转向房建与公共工程领域。

1966 年，法国通用电气公司（Compagnie Générale d'Électricité，简称 CGE）控股 SGE。在 CGE 的控制下，SGE 同 Sainrapt et Brice 公司合并重组，逐步打开德国与非洲的市场。

1970 年，参与创建 Cofiroute。SGE 受政府之邀同其他 4 家私营企业与 2 家银行共同集资创建 Cofiroute，迈上高速公路特许经营之路。

1984 年，圣戈班（Saint-Gobain）成为 SGE 的大股东。SGE 被重组成为控股公司，并形成三大核心业务线：原圣戈班旗下子公司 Sobea 同 SGE 旗下的施工及公共工程子公司合并组建 Sogea 公司，成为土建领域核心子公司；Cochery 同 Bourdin et Chaussé 合并形成道路业务核心子公司 Cochery Bourdin Chaussé；Tunzini、Saunier Duval 与 SGE 旗下能源信息子公司合并形成能源业务核心公司。

1988 年，法国通用水务公司（Compagnie Générale des Eaux）控股 SGE。随之，Viafrance、Campenon Bernard、Freyssinet 等几家重量级公司加入 SGE。

1991 年，SGE 控股 Norwest Holst。该公司最初是由两家独立的公司合并组成，一家是专注于钢筋混凝土结构的 Holst & Co.，另一家是从事地下电缆铺设的 Norwest，合并后的公司当时是英国最大的建筑和土木公司之一。SGE 对于 Norwest Holst 的收购，开拓了其在英国的市场，同时巩固了在欧洲专业领域的地位。

1997 年，业务市场基本定调。通用水务公司将其旗下电力能源公司 GTIE（Générale de Travaux et d'installations électriques）和 Santerne 转移给 SGE，同时 Viafrance 和 Cochery Bourdin Chaussé 合并成为 Eurovia。至此，SGE 业务市场基本定调，形成特许经营、能源、道路和建筑施工的多元化业务格局。

2000 年，世纪购并，万喜面世。2 月，法国通用水务公司退股。5 月，SGE 以万喜（VINCI）之名重新面世。7 月，万喜向法国苏伊士环境集团旗下业务组成高度类似的 GTM（Grands Travaux de Marseille）发起股票收购，最终获得 GTM 公司 97.4% 的股权。

2001 年，特许经营两大新星成立。万喜集团合并了 Sogeparc 和 Parc GTM 的业务，成立万喜停车（VINCI PARK）。同年，万喜为加快机场特许经营业务的发展，成立了万喜机场（VINCI Airports），并且收购了全球飞行服务公司 WFS。

2002年，万喜进入CAC40。同年4月，万喜获得ASF（Autoroutes du Sud de la France）17%的股份。

2006年，万喜完成收购ASF。未收购ASF前，万喜的高速公路经营里程为1580公里，在欧洲排名第五；收购完成后，万喜排名第一，特许经营板块高速公路里程数达到4687公里。

2007年，万喜收购Soletanche Bachy。Soletanche和Bachy是两位岩土工程领域的先驱，1997年，他们合作创办了Soletanche Bachy公司，该公司完成了约6万个项目，包括大型水坝的防水和修复，大型城市地铁系统隧道的修建，巴黎凯旋门、大皇宫、莫斯科大剧院、伦敦圣潘克拉斯火车站等历史地标的翻新。

2010年，万喜收购Cegelec。4月14日，万喜宣布完成收购卡塔尔迪亚尔房地产投资公司旗下的Cegelec集团，并向卡塔尔迪亚尔公司转让5.78%的股权。

2013年，万喜获得葡萄牙十个机场的特许经营权。9月17日，万喜以30.8亿欧元的价格完成收购葡萄牙ANA公司，并同时接管了该公司拥有的10个机场50年的特许经营权。通过此次收购，万喜机场将运营管理法国、葡萄牙和柬埔寨的23个机场。

2014年，挂牌出售旗下停车场特许公司。

2016年，万喜机场成为全球五大机场运营商之一。4月1日，万喜机场获得日本关西地区的两个机场为期44年的特许经营权，本次收购是万喜机场国际扩张的一个重要里程碑，使其业务遍及三大洲，年客流量超过1亿人次，成为全球五大机场运营商之一。

2016年，万喜在美国的第一条PPP高速公路落成。

2018年，万喜路桥成为美国东海岸道路工程的领导者之一。12月13日，万喜路桥收购了美国Lane Construction公司，此次收购涵盖约40家沥青生产厂和数家采石场，年集料产量超过100万吨。

2018年，万喜收购伦敦盖特威克机场。12月27日，万喜签署收购了伦敦盖特威克机场50.01%股权的协议，从而战略性地进入全球最大的大都市航空市场——伦敦机场系统。盖特威克机场是英国第二大、欧洲第八大机场，万喜机场网络扩展至12个国家46个机场，年接待旅客超过2.28亿人次。

2021年，万喜完成收购Cobra IS。12月31日，万喜以49亿欧元的价格收购了ACS旗下能源公司Cobra IS。收购内容包括ACS工业服务部的大部分承包业务，9 个正在开发的 PPP 项目，拉丁美洲的输电网络以及新建的一个可再生能源项目开发平台。这是万喜公司战略的一个重要里程碑，旨在打造能源领域的全球领导者。

2022 年，万喜成为墨西哥机场运营商 OMA 的大股东。12 月 8 日，万喜机场以 11.7 亿美元收购了 OMA 的 29.9% 股份，并接管其在墨西哥运营的 13 个高增长潜力的机场。此次交易巩固了万喜机场在机场运营领域作为全球领先私营运营商的地位。

第二篇　ACS 聚焦基础设施全产业链的资本战略

卓勇良

ACS 集团以其活跃的资本战略，10 余年来一直自诩"全球基础设施建设与服务的领导者（A global leader in infrastructure and services）"。自从 2016 年本书第一版研究以来，ACS 集团的资本战略建树颇丰。尽管 ACS 这些年来企业主要指标因疫情等原因有所下降，但股东权益稳步增长，资产负债表更加坚实。

ACS 集团主要数据及其增长率　　　　　　　　　　表 1

	2016 年	2019 年	2022 年	2016~2022 年均增长 / %
销售额 / 亿欧元	319.8	390.5	336.2	0.8
营业利润 / 亿欧元	20.2	31.5	17.5	-2.4
归属母公司的净利润 / 亿欧元	7.5	9.6	6.7	-1.9
总资产 / 亿欧元	334.0	385.9	375.8	2.0
股东权益 / 亿欧元	49.8	55.0	63.8	4.2
市值（年末收市价）/ 亿欧元	94.5	112.2	76.1	-3.5
股价（年末收市价）/ 欧元	30.0	35.7	26.8	-1.9
员工 / 人	176755	190431	128721	-5.1

注：截至 2022 年 12 月 31 日，ACS 母公司股本 142082 万欧元，同比减少 6.7%。这是由于 ACS 采取削减资本措施所致，分四次注销、退市 2650 万股库存股所致。库存股每股面值为 0.5 欧元

一、疫后较快恢复

ACS 集团积极从疫情阴影中走出来，公布的 2023 年一季度财报，显示了强劲的恢复态势。

1. 疫情冲击

2016 年以来，ACS 集团处于 2012 年并购豪赫蒂夫以来的深度调整之中。一方

面要调整治理结构，整合企业文化和组织结构；另一方面要调整产业和市场结构，重建竞争态势。同时，2012年收购伊贝德罗拉的巨大损失，对习惯于顺风顺水购并企业的ACS是重大打击，严重影响经营发展。

ACS集团2019年走出调整期，营收达到390.5亿欧元的历史最高。然而，新冠疫情来了。2020年3月下旬，ACS集团董事会一位85岁的副主席感染去世。2020年一季度，ACS集团三大地理板块的营收，欧洲和亚太板块均下降，惟北美板块增长15.9%，这才使得集团营收同比增长3.1%，但仍比2019年一季度回落3.5个百分点。

利润瞬间恶化。疫情导致出行受限，收费公路收入大为减少，每日平均交通量急剧下降，ACS集团参股近一半的收费公路公司阿贝蒂斯利润下降78.5%，对集团的贡献减少4000万欧元。同时，基础设施、工业服务和社会服务板块的利润亦有减少。2020年一季度，ACS营业利润7.5亿欧元，同比下降8.3%；而2019年同期则为同比增长10.9%。

2019年取得的企业调整成果转瞬即逝，经营状况持续不佳。2020年和2021年，ACS集团的营收持续下降。2021年与2019年相比，年均下降15.6%。但这其中有不可比因素，ACS集团2020年整体出售工业服务板块，直接导致2021年营收比2019年减少63.0亿欧元。但基础设施板块下降较大，2021年营收比2019年下降16.1%。因此，即使剔除工业服务板块出售因素而同口径比较，2019~2021年，营收仍年均下降7.9%。

资本市场反映了疫情引发的不确定性。2020年，股价大幅波动并下降，ACS股价在疫情的最初几个月下跌40%以上，年底有所恢复，但仍下降23.8%。

图1　ACS集团2000年以来营收及增速

利润大幅下降。2019年，ACS集团税前利润（Profit before tax）[①]20.8亿欧元，2021年仅0.6亿欧元，年均负增长高达83.4%，即使扣除工业服务板块出售因素，仍是大幅下降。

2. 积极抗疫

面对来势汹汹的疫情，ACS没有退缩。其实全球各地的伟大企业大都如此，这是企业社会责任的高光时刻。

ACS正常的经营活动并未因疫情而受影响。就某种程度而言，没有比正常地展开业务更为积极的抗疫活动了。ACS集团向法国万喜集团整体出售工业服务板块，就是在这一时期推进并谈成协议的。身陷丑闻的斯米克走一步看一步，艰难地推进重组工作，媒体对此并不友好，以"洗手中东（Wash Hands Middle East）"为题报道。斯米克是豪赫蒂夫的子公司，当时正为中东建筑泡沫的后果而焦头烂额。但也正是在2021年，ACS因为整体出售工业服务板块，资本盈利20多亿欧元，归属于母公司的净利润达到了空前的30.5亿欧元，这也可以说是ACS长期战略的一个收获。

与此同时，作为一家活跃于发达经济体市场的最大建筑企业，ACS承接了一系列与疫情相关的项目。2020年，为美国50多家医院提供支持，增加了对于4000多名患者的护理能力。建造临时测试设施，完成医疗保健设施的基础设施升级。在美国克利夫兰，ACS的团队18天内将一座教育大楼变成1000张床位的新冠收容所。此外，他们为美国设计、建造和委托了一家拥有1014张床位的新的独立医院，从设计到施工在24天内完成。澳大利亚子公司重新开发、扩建和建造医院，并在新西兰帮助建设医院。ACS的社会服务板块克莱斯集团，在疫情的最初几个月，确保用户和员工的安全，加强了医院、养老院和公共设施等关键基础设施的清洁服务工作，2020年一季度营收同比增长1.0%。

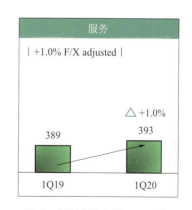

图2 清洁服务板块2020年一季度营收变化

---

① 欧洲会计准则有多个不同的利润口径。为了避免错讹，此处加注英文名称，意为特定指标的同口径比较。本书指称的营业利润，英文简写为EBITDA，意为息税折旧摊销前的营业盈余，相当于国内毛利的概念，并非此处的税前利润（Profit before tax，PBT）。

3. 全面恢复

2022年，ACS集团的三大产业板块和三大地理板块均强劲恢复。三大产业板块分别是施工、特许和社会服务，三大地理板块分别是欧洲、北美和亚太（主要是澳大利亚和新西兰）。具体经营状况下面分析，这里仅作总体分析。

ACS营收2022年达到336.2亿欧元，比上年增长20.8%。与最高的2019年相比，仍低13.9%。不过若加上已出售的工业服务板块作同口径比较，营收已略高于2019年，大致可认为已恢复到2019年的历史最高水平。不过营业利润仍未恢复，这是因为建筑业是一个特别在乎规模效益的行业，工作量规模对利润边际增长影响很大。ACS营业利润2022年比上年增长9.6%，仍仅是2019年的55.5%。

2023年一季度各项指标同比较大增长。营收81.1亿欧元，同比增长17.1%，不过仍比历史最高的2019年一季度低12.4%；营业利润4.6亿欧元，同比增长15.6%，比2019年一季度低39.6%。股价一路走高，2023年5月19日虽有回落仍为31.28欧元，比一年前上涨33.8%。ACS控股的豪赫蒂夫股价，同日为76.05欧元，比一年前上涨26.6%。子公司股价比母公司高一倍多，从一个侧面反映了ACS集团的坚实。

4. 财务良好

回购和赎回股票。2020年2月，ACS董事会决定以3.7亿欧元，回购1000万股股票，约占ACS股本的3.18%。当年5月，又决定增加至1200万股，预算增加至6.6亿欧元。这在客观上具有托盘救市的积极作用，有利于增强公众信心，有利于资本市场；而就主观言，也是ACS自信的一种表现。日后，ACS股价大幅回升，ACS并没有立马抛出这些股票牟利，而是采取远期合约，逐渐出售，保持股价平稳。

股东权益持续增加。ACS集团这几年的经营发展，一个重要特点是具有坚定的战略思维，并不在于一城一地的得失，努力加强资产负债表，下面深入分析。ACS集团2016~2022年，8个主要指标的增长率，其中5个指标负增长，营收年均增长仅0.8%，但其中的股东权益，即使遭遇疫情，年均增长率依然达到4.2%，这显然成为ACS集团迎击疫情的底气。

劳动生产率提高。2016年，ACS集团平均每个员工的营收为18.1万欧元，2019年为20.5万欧元，2022年为26.1万欧元，比2016提高44.4%，比2019年提高26.1%。

二、多层面分布式的商业模式

40年来，ACS集团在激烈的市场竞争中，形成了独特的商业模式：拥有一个灵活、分散的组织体系，形成一主多副、镜像式、分散自主的企业结构，具有广泛的专业公司网络，不断巩固其以广泛的地理分布和基础设施全产业链为特征的商业模式，促进ACS集团在发达经济体基础设施及服务价值链中的存在发展。

1. 一主多副的镜像式企业结构

ACS拥有五大一级子公司，规模差别悬殊，形成一主多副格局。ACS与其控股的多级子公司，都声称实施"战略管理"，都自主进行资本运作，不少子公司是其母公司的缩小版。豪赫蒂夫集团是其母公司ACS集团的缩小版，斯米克集团是其母公司豪赫蒂夫集团的缩小版，如此等等。这就像将一个正在进行实况转播的摄像机，对准一台正在播放这一实况转播的电视机，屏幕上就会出现无限伸展、逐渐缩小的镜像一样，故此称为镜像式企业结构。ACS集团的三级镜像是标准模式，四、五级镜像亦有存在。正因如此，形成了ACS集团的较强活力。

ACS集团五大子公司及主要二级公司有关情况　　　　表2

	持股/%	所在地	主业	成立年份	营收	营业利润
					百万欧元	
德拉加多斯（Dragados）	100	西班牙马德里	施工	1941	5214	272
豪赫蒂夫（Hochtief）	70	德国埃森	施工	1873	26219	1118
特纳（Turner）	100	美国纽约	施工	1902	14410	—
斯米克（Cimic）	100	澳大利亚悉尼	施工	1949	14709	909
阿贝蒂斯（Abertis）	50	西班牙巴塞罗拿	特许	2003	0	167
阿莱迪姆（Iridium）	100	西班牙马德里	特许	1999	96	59
克莱斯（Clece）	100	西班牙马德里	服务	1992	1819	97

注：特纳、斯米克系豪赫蒂夫子公司。营收及利润，特纳系2020年，斯米克系2021年，均为百万美元，其他为2022年；阿贝蒂斯因ACS并未控股，未能并表，故而不能将其营收记入ACS

ACS集团是发挥建筑业经济技术特点的高手，能较好对接市场需求。建筑业的规模经济性要求相对较低，像日本的独栋建筑，七八个人的小公司即可承建，且更有活力。但承建大型项目则需要较大规模的建筑企业，如豪赫蒂夫承建的汉堡的易北爱乐厅，最终造价8亿欧元，一度陷入困境，小公司难以胜任。建筑业大量采取专业化的分包、外包、下包、外部采购、商品混凝土及各种商品构件、重要装备租赁等，进一步降低了规模要求，但也提高了对于技术、管理、协调、资金等的要求。这也是为什么豪赫蒂夫全资的特纳公司,能在吉隆坡 678.9 米的世界第二高楼建造中扮演项目管理顾问角色的原因。所以像 ACS 集团这种一主多副的镜像式结构中的众多企业,既有独立性,又有整体性;既能接中小项目,又因为有母公司支撑,具有承接大项目的较强竞争力。

ACS 与其子公司豪赫蒂夫,并非完全是相得益彰的关系。两者之间的关系,对 ACS 更为有利。豪赫蒂夫是 ACS 集团的核心企业,两者目前一体化管理。ACS 因豪赫蒂夫而仅次于法国万喜,列全球境外建筑企业第二位,如无豪赫蒂夫则无当下的全球建筑业江湖地位;豪赫蒂夫成为 ACS 旗下企业,虽因 ACS 的战略管理而发展较好,但并不表明豪赫蒂夫如无 ACS 就不能傲居全球建筑业前列。

图 3　豪赫蒂夫营收占 ACS 的营收比重及 ACS 占其的股权

故此,ACS 必须加强对豪赫蒂夫以资本为纽带的控制和管理。2022 年,ACS 占有豪赫蒂夫 70.3% 股权;未经股权折算,豪赫蒂夫营收占 ACS 的 78.0%;经股权折算,营业利润占 ACS 的 47.4%,净资产占 35.9%。豪赫蒂夫股价 2005 年在 ACS 收购前最高为 38 欧元,2023 年 5 月为 77 欧元;营收 2005 年为 136.5 亿欧元,2022 年 262.2 亿欧元,年均增长 3.9%。因此,ACS 购并豪赫蒂夫,显然是股东、企业以及社会三方得益的购并案。豪赫蒂夫一把手自被 ACS 购并后,一直由 ACS 一位执行董事担任。2022 年,ACS 首次由其新任 CEO 担任豪赫蒂夫的董事会执行主席兼 CEO,形成了作为母公司的 ACS 与作为子公司的豪赫蒂夫的一体化治理。

豪赫蒂夫有多家子公司,其中最重要是在美国的特纳集团(Turner Group)以及在澳大利亚的斯米克集团（CIMIC[①] Group）。这两家企业营收合计，大致占豪赫蒂夫营收 80% 左右，他们或可说均系 ACS 的二级镜像型企业集团。斯米克 2021 年营收 147.1 亿美元，营业利润 9.1 亿美元，有多家子公司。其中主要有 UGL 集团、Thiess、礼顿亚洲等。UGL 作为 ACS 的三级子公司，相当活跃。2016 年有近 8000 名雇员，2011 年曾收购戴德梁行[②] 实体部分，2014 年将其出售。

ACS 其他子公司的情况，大致是豪赫蒂夫的缩小版，相差不大，不再赘言。

2. 向美国集聚的市场结构

2016 年，ACS 雄心勃勃地想在发展中国家发展建筑业务。他们认为这些国家正开始提供符合公司要求的风险状况和政治法律框架。同时，他们也表示对拉美和中东的一些国家感兴趣，不过事实完全并非如此。

图 4 2016 年和 2022 年 ACS 营收分布情况

ACS 集团的基本特点概括而言，可以说是一家全球建筑业二流的西班牙公司，控股一家全球一流的德国公司，然后主要是在美国展开建筑工程承包业务。ACS

---

① 斯米克（CIMIC）系建筑（Construction）、基础设施（Infrastructure）、采矿（Mining）和特许权（Concessions）四个英文单词的首字母组合而成，意味着斯米克集团从事的四个领域。

② 一家在我国比较活跃的美国房地产服务企业。

这一全球布局的战略叙事，再现了西班牙16、17世纪崛起时，成为世界霸主的景象。这样的战略叙事发生在ACS身上，既是当年西班牙全球霸主基因使然，也可以看出2023年G7广岛峰会后全球化的一个缩影，是其他企业难以复制的。

聚焦美国市场。2016～2022年，ACS的美国市场集聚度大幅提高19.7个百分点。2016年，ACS在美国的营收122.3亿欧元，2022年188.4亿欧元，年均增长高达7.7%，大大高于美国建筑业的增长率。2016年，美国市场占ACS集团营收的38.2%，遥遥领先其在其他区域和国家的业务；2022年占57.9%，形成美国市场的压倒性集聚态势。建筑施工是ACS在美国的主要业务，其营收占2022年ACS建筑施工营收的60%。如果包括在加拿大的业务，则北美市场2022年占ACS建筑施工营收的62%。北美市场主要是豪赫蒂夫的两家全资子公司特纳和Flatiron，这些都是豪赫蒂夫早年并购的企业。ACS近几年开始在美国发展以收费公路为主的特许权业务，但营收占比很低。

扩张澳大利亚市场。2016～2022年，ACS在澳大利亚的营收从50.7亿欧元增加至65.4亿欧元，占比从15.8%上升至20.1%。ACS集团把这一块称为亚太区域，但澳大利亚以外市场的营收较少。这一区域2022年营收占ACS的22%，系豪赫蒂夫全资子公司斯米克集团的地盘。

图5 2016年和2022年ACS建筑施工营收分布情况

惨淡欧洲市场。西班牙是 ACS 所在地，经营每况愈下，2022 年营收 31.7 亿欧元，比 2016 年下降 26.8%；2022 年占比 9.7%，比 2016 年降低 3.8 个百分点。德国是豪赫蒂夫所在地，2022 年营收仅 8.6 亿欧元，占 ACS 集团营收的 2.6%，均比 2016 年下降。ACS 欧洲市场经营惨淡，2022 年营收 52.2 亿欧元，比 2016 年下降 20.2%；占比 16.1%，降低 4.4 个百分点。

撤离亚洲、非洲及拉美市场。2022 年，ACS 不包括欧美及大洋洲的营收，即在亚洲绝大多数地区、非洲以及拉丁美洲的广阔区域，营收合计仅 1.11 亿欧元，仅占 2016 年 71.1 亿欧元的零头；营收占比 0.3%，2016 年曾高达 22.2%。

离开非发达经济体的建筑市场，ACS 没有分到新兴经济体快速发展的一杯羹，因此发展较慢，在美国 ENR 的排名不断降低，不过 ACS 好像并不在乎。

3. 坚实的资产结构

ACS 曾因近乎疯狂的资本市场操作，净负债率很高，资产负债表比较脆弱。但这几年，资本市场操作有所收敛，资产负债表大幅改善。

（1）轻资产。2022 年，ACS 母公司有形固定资产 516 万欧元，仅占其 81.1 亿欧元非流动资产的 0.6%，100.7 亿欧元总资产的 0.05%。有形固定资产比重如此之低，应系长期折旧所致，其所拥有的建筑物重置价应大大高于账面价格。ACS 合并报表的有形固定资产，包括土地、厂房、建筑物等，为 15.7 亿欧元，占其非流动资产的 12.7%，与国内建筑业上市公司差别不大。

（2）充足的流动性。2022 年，ACS 母公司现金 14.1 亿欧元，占其流动资产的 71.8%，是其短期负债 5.1 亿欧元的 2.7 倍。ACS 合并报表的两个流动性指标均较好，速动比率大大高于课题组随机抽取国内 5 家建筑上市公司的平均水平，流动比率也高于这 5 家公司。

ACS 集团与国内 5 家建筑业上市公司主要财务指标比较 /%　　　　表 3

	速动比率：货币资金/流动负债×100	流动比率：流动资产/流动负债×100	股东权益营收率	股东权益所得税前利润率
上海建工	34.8	114.1	686.0	10.2
龙元建设	8.3	152.2	509.0	7.2
宁波建工	17.0	106.4	104.0	12.1
浙江建投	9.5	93.5	1179.7	19.3
宝业集团	21.5	116.5	450.2	11.9

续表

	速动比率：货币资金/流动负债×100	流动比率：流动资产/流动负债×100	股东权益营收率	股东权益所得税前利润率
5企业合计	25.7	113.4	649.6	10.9
ACS集团	47.8	127.6	727.4	19.5

注：国内5家企业数据系2021年报，ACS集团数据系2022年。因国内经营状况2021年相对较好，ACS集团2022年相对较好，具有可比性。速动比率与流动比率以大为佳

（3）持续去杠杆化。2011年以来，ACS集团启动了持续的去杠杆化。这一年净债务93.34亿欧元，是其营业利润的4.0倍。2018年，ACS董事会执行主席弗洛伦蒂诺·佩雷斯宣布这一年，"一个重要里程碑是完全消除净债务"，实现净现金余额300万欧元。不过2021年，因各种投资，以及处理中东丑闻而增持斯米克股份，疫情导致的利润减少等因素，净债务再次达到20.09亿欧元。2022年实现了2.2亿欧元净现金，主要是得益于13亿欧元的运营现金流，同时战略运营投资暂告一段落，不过预期因收购SH 288高速公司特许权将支付10.6亿欧元，2023年预计净债务8.4亿欧元。

图6　2011年以来ACS集团历年净债务（百万欧元，负数系净现金）

（4）较好的经营效益。课题组随机抽取国内南方5家建筑上市公司年报，其中3家系国企改制后上市，两家系民营企业，以其年报公布的所得税前的利润，与ACS集团进行比较。这是因为利润口径相当复杂，加之税率差异，较难比较，恰巧ACS年报公布所得税前的利润，能作同口径比较。2022年，国内5家企业合计的所得税前的利润率为10.9%，ACS集团为19.5%，是国内这5家企业的1.8倍。

图 7　2006~2022 年 ACS 归属于母公司的净利润

4.65% 股息准则

ACS 集团及其豪赫蒂夫集团，一直对外宣布按缴纳所得税之后利润的 65% 派发股息红利。ACS 集团 2012 年因投资巨亏，向股东宣布未能实行这一政策。不过，豪赫蒂夫的控股公司斯米克集团并未完全实行这一股息准则。

从 ACS 公布的情况看，股息最高是 2010 年持有豪赫蒂夫控股权前。这之后至 2022 年股息完全派发前，股息最高是 2021 年。派发股息大致与经营状况相关，2021 年虽然经营状况平平，但因出售工业服务资产形成 20 多亿欧元的资本收益，每股股息达到 1.95 欧元，为 2012 年以来最高水平。

通常每年派发两次股息。不过 2012 年因投资亏损，仅派发一次，但每股仍达1.11 欧元；2021 年因资本收益较高，派发三次股息。

表 4　2005 年以来 ACS 集团历年每股红利/欧元

年份	金额	年份	金额	年份	金额	年份	金额
2005	0.60	2010	2.05	2015	1.15	2019	1.83
2006	1.25	2011	1.97	2016	1.20	2020	1.88
2007	1.75	2012	1.11	2017	1.39	2021	1.95
2008	2.05	2013	1.15	2018	1.20		
2009	2.05	2014	1.15	2019	1.83		

注：截至制表日期，2022 年余下股息尚未派发

三、基础设施全产业链及其资本战略

ACS是战略发展高手，也是资本运作高手。"金风玉露一相逢，便胜却人间无数"。2012年巨额投资失利，促使他们把建构基础设施全产业链作为ACS核心业务，并以此为战略资产。ACS集团的资本运作主要服务于发展战略，但并不妨碍他们同时牟取资本收益。这就形成了双利润源结构，即日常经营利润＋资本经营利润，这也是ACS与豪赫蒂夫作为建筑企业，却能有较高股价的一个重要原因。

1. 建构基础设施全产业链

2020年，ACS实施产业结构重大调整，整体出售原本的工业服务板块主要业务，以特许权板块替换之。同时，改原本被称之为基础设施的板块为建筑施工板块。ACS集团的这两大调整，有利于进一步建构以建筑施工为业务主体，以特许权经营为利润增长促进，以服务板块为整体形象优化的基础设施全产业链的产业结构，增强竞争力和盈利能力。

建筑施工是ACS集团的核心资产，市场竞争力及其在集团中的地位均有所上升。这一板块主要是豪赫蒂夫集团和德拉加多斯（Dragados）公司，后者系ACS全资子公司，营收仅为前者的1/5。2022年，这一板块的营收314.3亿欧元，比2016年增长29.8%；净资产有所减少，税前利润大致未变，表明这一板块的经营效益有所上升。2022年与2016年相比，这一板块的营收占比估计上升近10个百分点，净资产占比有所下降，税前利润占比大致未变。

特许权是新形成的板块，替换原本的工业服务板块（Industrial services）。这一板块主要是阿莱迪姆（Iridium）和阿贝蒂斯（Abertis）公司，前者系全资子公司，后者持有其50%减1股的股份，无控股权。因阿贝蒂斯未能并表，因此ACS的营收数据不包括阿贝蒂斯。这两家公司专注于运输特许权的发展和运营，主要是收费高速公路。这些项目主要是通过公共和私人客户的直接建设模式，或是公私伙伴关系模式进行，即PPP等方式。

这一板块的形成，增强了ACS集团基础设施全产业链的市场竞争力和盈利能力。其商业模式是，ACS集团的特许权专业公司参与政府部门的招投标，中标后的施工由ACS集团的建筑施工板块进行。ACS集团以其技术、资金、管理和施工实力以及较强的融资能力，参与特许权业务的整个价值链，从项目设计到融资、建设、启动和运营。ACS集团原本就经营特许权项目，但仅阿莱迪姆一家，2018年收购阿贝蒂斯股份，形成双公司态势。

服务板块处于 ACS 集团产业链下端，在 ACS 基础设施全产业链上的作用并不突出。这一板块主要是克莱思集团，服务地域主要是西班牙和英国等地，其职能是

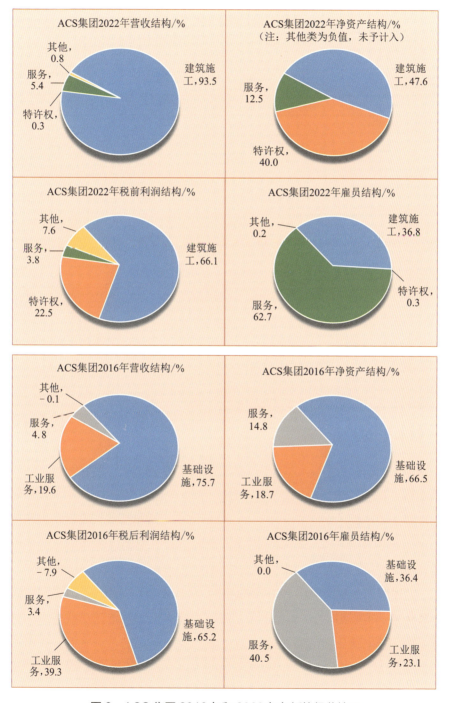

图 8　ACS 集团 2016 年和 2022 年各板块经营情况

"3F"（For People，For Buildings，For the City and Surrounding Area）。不过 ACS 的建筑施工业务主要在北美和澳大利亚，特许权业务相当部分亦在北美。因此，服务板块在地理分布上与 ACS 的基础设施全产业链的重叠性较差。就在本篇完稿后的 2023 年底，欧洲主流媒体报道 ACS 集团开启以 7 亿欧元出售克莱斯的流程，不知事况变化如何。

2022 年 ACS 集团产业结构的主要数据　　　　　　表 5

	营收/百万欧元	净资产/百万欧元	税前利润/百万欧元	雇员/人
建造（Construction）	31432.9	3050.4	666.5	47400
特许权（Concessions）	96.4	2564.8	226.7	415
服务（Services）	1818.8	798.7	38.3	80705
其他（Corporation & others）	267.1	−866.5	77.2	201
合计	33615.2	5547.4	1008.7	128721

注：税前利润 PBT 即 PROFIT /（LOSS）BEFORE TAX；净资产（Equity）：系归属于母公司的股东权益，Equity attributed to the Parent，与前表数据稍有不同

2016 年 ACS 集团产业结构的主要数据　　　　　　表 6

	营收/百万欧元	净资产/百万欧元	税前利润/百万欧元	雇员/人
基础设施（Infrastructures）	24216.6	3739.1	654.1	64281
工业服务（Industrial Services）	6256.3	1048.5	393.1	40806
服务（Services）	1537.5	833.0	34.1	71616
其他（Corporation & others）	−35.4	−2038.7	−78.8	52
合计	31975.2	3581.8	1002.5	176755

2. 资本市场长袖善舞

ACS 集团系购并重组发展型企业。本课题研究的全球建筑企业十强的其他 9 家，均系自主创业而逐渐雄居全球建筑业顶端，为自主创业发展型企业。ACS 集团则是由一批外来者挽救一家财务困难企业，获得成功后重组而成，具有很强的个性。

ACS 集团因购并而生，因购并而存在发展。ACS 集团以资本运作为手段，成为发达经济体建筑市场要素的集大成者。ACS 创业团队形成至今刚好 40 年，大致稳定不变，母公司与其多级子公司，或联手，或各自独立，操盘资本市场，收购和出售企业无数，不断提高 ACS 集团的要素配置效率。ACS 集团最新公布的具有控股权的企业名录，共计 29 家子公司，除了 ACS 服务和特许权公司是一个事业部性质的管理机构外，其余 28 家几乎均系购并而成为 ACS 集团的成员。这 40 年，关于 ACS 操盘资本市场的做法和手段，大体而言，可有如下归纳：

（1）战略明晰

至少是直至 2004 年，ACS 集团的战略取向仍在不断摇摆。这也无可指责，企业发展战略多半是在试错中逐渐明晰。成功是一个概率，成功企业是踏着失败企业足迹前进的。

2004 年，ACS 集团曾把自己定义为"欧洲最大的应用工程公司之一"，要突出在能源、通信和控制系统领域的行动，短期甚至有较好收益。2007 年，ACS 收购豪赫蒂夫 25.1% 股份，实质上在回归建筑业。但同时，ACS 的触角伸展到了天然气分销领域。到 2009 年，ACS 集团终于明确提出"巩固自己为世界上最重要的基础设施公司之一"；但 2010 年又提出，"由于我们活动权重的变化，工业服务越来越重要"，显然与上年相矛盾。

不过这些战略摇摆，随着成功收购豪赫蒂夫集团而在 2012 年进一步明晰，即把战略重心放在基础设施上。ACS 看到了主流建筑行业的最大潜力，提出将国际业务更紧密地集中在基础设施建设项目的核心能力上，"锐化战略重点，优化金融火力，以及改善风险管理"，这虽是企业战略大白话，但真正做好并不容易。日后证明，当时提出的"将豪赫蒂夫归入世界上最大的基础设施供应商"的战略是成功的。

（2）不惜重金

ACS 集团 2007 年以每股 72 欧元购入豪赫蒂夫 25.1% 股份，引起社会轰动。当时与 ACS 后来巨亏的投资一样，并无必赢的可能。2006 年，豪赫蒂夫股价一度低于 40 欧元，是 ACS 购并消息大幅抬高了豪赫蒂夫股价；市场对 ACS 入主豪赫蒂夫反映不佳，因为这是一场典型的"蛇吞象"购并案，购并后股价一度跌破 40 欧元。因此，不惜重金，所反映的是 ACS 实现战略目标的坚毅和决心。不过 ACS 运气好，豪赫蒂夫股价 2014 年 10 月触底后扶摇直上，2017 年 5 月达到历史最高的 172.2 欧元。

2018 年，ACS 重金收购西班牙阿贝蒂斯。阿贝蒂斯是一家从事收费公路管理的西班牙跨国公司，运营全球近 8000 公里收费公路，2022 年营收 51.0 亿欧元，营业利润 35.4 亿欧元。阿贝蒂斯效益好，能增强 ACS 较弱的基础设施全产业链的 PPP 环节，他们 2004 年即已是阿贝蒂斯参考股东之一（accionistas de referencia）[①]。这时，另一家西班牙基础设施巨头亚特兰蒂［Atlantia，现改名蒙迪斯

---

① 参考股东，accionistas de referencia，西班牙文词组。根据西班牙文辞典解释，参考股东是指直接或间接控制多数股本或以少数股东身份对其他合伙人施加重大影响的股东或股东群体，ACS 集团 2010 年前曾持有阿贝蒂斯 20% 多股份，2010 年出让。

（Mundys）〕，先行提出要约收购，ACS 通过豪赫蒂夫提出一个更高的收购价格。为了避免割喉式竞争，三家达成共同收购协议。

问题是 ACS 出巨资后也并未能获得阿贝蒂斯控股权，ACS 还是不惜一搏。这是一桩总金额 165 亿欧元的购并案，其中包括向阿贝蒂斯的控股公司注资 69 亿欧元。或许是亚特兰蒂当时因重大工程事故而陷入困境，不得不作出一些让步。收购完成后，ACS 持有阿贝蒂斯 30% 的股份，豪赫蒂夫持有 20% 减 1 股，亚特兰蒂斯持有 50% 加 1 股。ACS 这一方未能获得过半数股份，亚特兰蒂斯依然控股阿贝蒂斯。

（3）巨亏止损

这 10 来年，ACS 有过两次重大失利，均以接受巨亏而不得不无奈平息事态。

ACS 集团 2006 年开始收购西班牙能源巨头伊贝德罗拉的股份，是因为担心西班牙房地产泡沫破灭而采取多元化路线。2011 年初，ACS 进一步将其持有的伊贝德罗拉股份从 15% 增至 20.2%。至此，ACS 已投入 70 多亿欧元。然而 2012 年上半年，西班牙房地产泡沫破灭，能源股受牵连而表现不佳，ACS 购入的伊贝德罗拉股价 8 个多月下跌 32%。

ACS 改变策略以求止损。2012 年 4 月亏损出售 3.7% 的伊贝德罗拉股份，当即减记其余股份并记为债务，承担了沉重的再融资成本。伊贝德罗拉股价继续下跌，ACS 继续抛售，2012 年上半年 6 个月内净亏损 12.3 亿欧元。2016 年，ACS 终于出清伊贝德罗拉的全部股份。ACS 集团 2012 年财报表明，当年归于母公司的利润为亏损 19.3 亿欧元，而上年归于母公司的利润为盈利 9.6 亿欧元，这一收购案实际损失 30 亿欧元。

21 世纪初期，ACS 二级子公司斯米克集团参与中东迪拜的较多项目，一部分款项难以收回。斯米克财报记载，应收款最高的 2019 年达 35.5 亿美元，相当于当年营收的 24.2%。由此发生欠薪并引起诉讼，引发社会关注。新任斯米克一把手不得不决定，以不到 1 欧元的当地货币，出让在中东合资公司 45% 的股权，洗手中东。2022 年为避免事态激化，豪赫蒂夫强行收购斯米克的全部流通股，结束了其长达 60 年的上市历史，成为豪赫蒂夫的全资子公司。斯米克财报记载，2019 年亏损 16.2 亿美元，2020 年亏损 12.7 亿美元，两年合计亏损 28.9 亿美元。

（4）坚持不懈

收购一家行业领头企业的控股权，不仅仅是花钱的事，更是一场艰苦的长期斗争。ACS 对于豪赫蒂夫的收购，始于 2007 年，直至 2011 年才达到了具有控股权的持股份额。对这一过程，本书第一版有比较详尽的叙述分析。ACS 旗下的重要子公司，大都通过持久战而取得。然而问题还在于，这一持久战并不一定成功。

ACS 不甘心对阿贝蒂斯的非控股地位。2022 年 4 月上旬，ACS 发起对于阿贝蒂斯的控股公司亚特兰蒂的要约收购，意欲收购其母公司，控股阿贝蒂斯。亚特兰蒂方面殊死抵抗，提出了一个比 ACS 出价更高的防御性收购要约，并很快于 11 月完成收购。12 月份，亚特兰蒂停市，一家在公开市场运营 35 年的公司正式退市，堪称激烈。这场始于 2017 年的上市公司收购战，最终还是以 ACS 未能取得阿贝蒂斯控股权而告终，也许本书第三版研究时，能看到这一收购战的新结果。

（5）战略培育

ACS 公司活跃于资本市场的钱从哪儿来？相当部分是通过各种融资方式取得，杠杆率最高曾达 6 倍多。也正因此，他们于 2011 年开始去杠杆化，出卖一些资产。但他们也明白，这些出让的资产相当部分是长期培育的结果。2021 年 ACS 以 49 亿欧元、总交易价值 55.6 亿欧元，向法国万喜集团出售工业服务资产，即是一个典型的双赢案例。

Cobra 公司是 ACS 集团 1989 年购并的一家全资子公司，30 多年来在工业服务领域取得长足进步。万喜所看上的，正是 Cobra 公司在光伏和风电场的专业能力，当系优质资产。交易内容包括 ACS 长期形成的工业服务领域的大部分业务，正在开发建设的 9 个 PPP 项目，拉丁美洲的输电网络，以及同时新建一个可再生能源项目的开发平台，Cobra 公司转至万喜旗下。

ACS 收益丰厚。工业服务板块 2020 年账面净资产 11.2 亿欧元，出让价是其 4 倍多。根据 ACS 集团 2021 财报，当年归于母公司的净利润 30.5 亿欧元，比上年净增加 24.7 亿欧元，此即出售工业服务资产的资本收益。这些收益中的一半多，ACS 用于斯米克私有化和增持豪赫蒂夫 20% 股份，强化其资产负债表的战略取向。

万喜也是赢家。媒体认为，这是万喜实施其专注于能源战略的一个重要里程碑。通过这一战略，万喜打算扩大其特许权组合，同时为环境转型作出贡献，这次收购也提供了强大的增长杠杆，因为 ACS 的工业服务资产具有较好的盈利性。同时，万喜的商业模式将受益于 Cobra 在开发可再生能源特许权方面的专业知识，有助于推动万喜成为该领域的重要参与者。

3. 简化公司结构

从手头材料看，简化公司结构是 ACS 至迟在 2013 年提出的。他们的目的，是从 ACS 并购成长型企业实际出发，建构一个更有效率和活力的组织体系，同时不失去与众不同的竞争力，推动运营权力的下沉。从实际举措看，简化公司结构是 ACS 资本市场运作的一个重要组成部分。

（1）提高重要公司的股权比重。有足够的股权，才不至于使得公司运营复杂化。2007 年，ACS 集团获得豪赫蒂夫 25.1% 股份，2011 年达到 49.2%，2016 年达到 71.7%。2018 年因为购入阿贝蒂斯的需要，将 21.3% 股份以每股 140 欧元价格出售给阿贝蒂斯母公司，持股降至 50.4%，但协议规定阿贝蒂斯母公司不参与豪赫蒂夫日常管理。2022 年，ACS 终于还是以出售工业服务资产的收益，以原本的协议为依据，回收豪赫蒂夫股份，实际持股又上升至 70.3%。又如对二级子公司斯米克的持股，2011 年为 54.1%，2013 年为 58.8%，2014 年为 69.6%，2016 年达到 71.9%。

（2）成为全资子公司退市。购入一家上市公司，然后逐渐增持股份，成为全资子公司而退市，似已成为 ACS 资本市场运作的标准模式。ACS 集团旗下 2020 年如果加上其二级子公司，有 10 家主要的子公司，均系购并而来，其中 7 家当时已成为全资子公司。另一家斯米克集团系豪赫蒂夫当时持股 79% 的控股公司，2021 年以 9.5 亿欧元，购入余下的 21% 股份，终止了斯米克集团在资本市场运营 60 年的历史。

（3）直接由母公司高管任子公司一把手。这是典型的一体化管理，甚至对二三级子公司也如此。豪赫蒂夫旗下的斯米克集团，辉煌时营收曾为 170 亿美元，一直由 ACS 执行董事，豪赫蒂夫的一把手兼任斯米克一把手。当下则由 ACS 集团 CEO 兼任豪赫蒂夫董事长兼 CEO，同时任斯米克董事长兼 CEO，形成一人独任一、二、三级三个公司 CEO 的景象。

（4）简化非核心资产管理。即使占股较高，也不参与其日常管理。文蒂亚集团（Ventia Services Group）是澳大利亚和新西兰的基础设施服务商，有 3.5 万名员工，2021 年在澳新同时上市。2022 年营收 51.7 亿美元，营业利润 4.2 亿美元，轻松超过了招股书上的目标。这家公司系由斯米克剥离的资产组建，斯米克占有 50% 股份。但斯米克在其 IPO 时即表示，将不会在下一年度委派董事，不参与其决策管理。2023 年 5 月，斯米克与其合作伙伴一起，以比 IPO 高 42.3% 的价格，出售文蒂亚集团 14% 的股份。斯米克集团对文蒂亚持股降至 30% 多，且改按金融资产入账，账面资产增加近 3 亿美元。

（5）剥离非战略资产。2010 年 8 月重组对阿贝蒂斯的参与，出让 26% 的阿贝蒂斯股份，"带来了可观的收益和现金流入"。2011 年对于成熟的非战略资产进行重大撤资，获得超过 28 亿欧元的现金流，集中于建筑产业，包括剥离豪赫蒂夫的机场、服务、电信和房地产活动等非战略资产。2016 年，实施 20.7 亿欧元的撤资，包括以 11.4 亿欧元的价格出售 Urbaser（一家总部在马德里的环境企业，现母公司为深圳科健集团），以 5.5 亿欧元出售伊贝德罗拉的股份等。

4. 积极防范风险

企业风险如影相随，是一个基本概率问题。关键是防范得当，降低重大风险概率，且遭遇重大风险后能及时止损。对于那种将使企业进入绝境的决策，宁可降低收益，也要坚决避免。但人们多半缺少足够理性，难以做到这一点，所以市场经济不至于充斥着恐龙级的大企业。大企业既具有较强的创新性，但也具有某种程度保守性以对冲风险。正因如此，长盛不衰的大企业是稀有物种。ACS 防范风险，或可作如下归纳：

一是不进入高风险地区。ACS 撤离非欧美及大洋洲地区，包括洗手中东，就是基于这一基本战略准则。

二是扩大基础设施特许权投资，以对冲风险。主要是参与收费高速公路招投标，以及购入这方面资产。这一块净资产利润率较低，投资回收期长，但投资风险较低，具有现金流优势。

三是加强与客户的合作伙伴关系和其他合作协议，降低产品组合的风险，同时继续提高本地化能力。ACS 集团 2022 年持有的订单为 690.0 亿欧元，其中约 70% 由低风险合同组成。

四是加强能源和技术转型。ACS 认为基础设施领域正在出现新的市场，与可再生能源、数字化、交通和可持续交通以及健康和生物制药行业相关的项目正处于需求上升周期中，ACS 集团 2022 年获得了总计超过 30 亿欧元的数字基础设施合同。

五是利用金融工具避险。ACS 是这方面的高手，这也是他们在营收增长较低情况下，净资产能坚实增长的重要原因。

六是加强技术创新。ACS 在这方面似乎弱于万喜，缺少浓墨重彩的举措，也缺少具有较大影响力的重大技术进步，但这或系课题组缺少深入了解所致。

四、企业社会责任的若干特点

企业历来并非纯粹的经济组织，只是非经济因素的权重不同罢了。随着发展水平提高及经济社会趋于多元复杂，企业社会责任显性化，权重逐渐提高，特定状况下甚至高于其当前收益准则。深入而言，社会责任是企业发展的长期收益最佳化准则并不新鲜，只是披上了可持续发展之类的新外衣而已。

1. 企业社会责任演进

社会责任就在身边。大企业的公众性，决定了其社会责任工作应该做得较好，并逐渐增强。20年来，ACS集团的企业社会责任评估与总结，由浅而深，由简而繁，折射了发达经济体大企业在这方面的演进。

（1）发布首份企业社会责任报告

ACS集团2004年发布了第一份企业社会责任报告。以现在眼光看，这是一份朴素扼要的报告，缺少当下常见的一些华丽内容，不过基本架构至今未有大的变化。这份报告旨在从经济、社会和环境角度，描述ACS的企业社会责任的基本要求与成效以及与不同利益相关者的关系。

2006年，ACS进一步在这方面取得重要进展。ACS董事会批准了"ACS对企业责任的承诺"和"行为准则"，后者纳入了指导ACS集团运营的道德原则，并成为其企业文化的一部分。

（2）引入第三方验证

这在当下已是常见做法。ACS在2010年，首次请毕马威（KPMG）为其提供企业社会责任的绩效指标，按照GRI（Global reporting initiative）标准进行第三方验证，并出具验证报告（Verification Report），这一做法沿袭至今。

ACS在这一年提出，商业模式应建立在一致的战略基础上，不断寻求基于个人诚信和尊重环境的盈利能力和承诺，因此，推动集团的可持续性，重点关注三个主要方面："扩大和普遍使用我们的行为守则，使其适应我们的国际化和多元文化的现实；对集团声誉的风险进行系统分析；以及定义和实施更全面的环境战略。"ACS集团日后展开的企业社会责任的诸项工作，大致在这一基础上进行。

ACS董事会执行主席弗洛伦蒂诺·佩雷斯当时强调，我们的成功在于我们的才能和努力。意思似乎是企业社会责任只是企业运营的一个方面，并非全部。这应该也并不错，毕竟企业社会责任是以企业良好运营为基础的。

（3）年报编写演变

2017年，ACS集团发布第一份综合报告（integrated report）[①]，系根据国际综合

---

① 这一机构缩写为IIRC，后演变为国际可持续发展标准委员会（ISSB，International Sustainability Standards Board），进而成为国际财务报告准则的一部分（International Financial Reporting Standards，缩写：IFRS），编写机构是国际会计准则理事会（International Accounting Standards Board，缩写：IASB）。

报告理事会（IIRC）制定的原则编写。以改善非财务信息，扩展和调整报告的指标，适应关于披露非财务和多样性信息的要求。

2018年，ACS年报编写标准调整为按照国际财务报告准则（International Financial Reporting Standards，缩写为IFRS）。这是因为IIRC成为国际财务报告准则（IFRS）的组成部分，报告编写框架并未变化。2022年报告的非财务信息参照全球报告倡议标准编写①。

ACS集团2017年首次在其社会责任报告编写中，采用重要性矩阵方法。重要性矩阵，国内也称为实质性议题。这是一种确定企业行为价值取向优先顺序的方式，水平轴为议题对企业自身的影响，纵轴为议题对利益相关方的影响，根据对受访者的选择赋值，经计算后形成优先顺序。

（4）2022年重要性矩阵

ACS集团2022年报，首次引入双重重要性概念（the concept of dual materiality）。这一双重重要性，一方面是确认与ACS集团价值创造的相关问题，另一方面是确认ACS集团的发展，对于经济、环境和人类产生的影响程度。由此形成的重要性矩阵，与前几年有显著变化。

——雇员和承包商的职业健康和安全为第1条。这是以前从未有过的一条，显然，主体存在及更好存在才是最重要的。ACS重要性矩阵2018~2021年的首条均为气候选项，2017年则为基础设施，显然并不合适。

——道德与合规为第2条。前几年在不同条目中也有道德合规等方面的要求，但如此清晰地置于第2条是首次。其实与人员安全健康一样，这对公司运营具有一票否决的特点。

——着眼于股东和投资者的财务偿付能力与价值创造为第3条。如此清晰地将股东和投资者利益置于较高顺序，也是首次。这体现了现代企业运营的基本原则，即企业为股东所有，必须将股东利益置于重要地位。

——环境、气候、资源等置于较低顺序。这并非环境等不重要，因为这本身就是增强企业社会责任的基本目标，只不过这些因素是主体的派生物罢了。

---

① 全球报告倡议组织（Global Reporting Initiative，GRI），系国际独立标准组织，旨在帮助企业、政府和其他组织了解和交流对气候变化、人权和腐败等问题的影响，GRI提供了世界上使用最广泛的可持续性报告标准。

2022 年 ACS 集团价值创造的重要性矩阵   表 7

序号	原文	中文译文	赋值
1	occupational health and safety in employs and contractors	雇员和承包商的职业健康和安全	3.5
2	ethics and compliance	道德与合规	3.5
3	financial solvency and value generation for shareholders and investors	着眼于股东和投资者的财务偿付能力与价值创造	3.2
4	respect for human rights	尊重人权	3.2
5	equality, diversity and ono-discrimination	平等、多样性和无歧视	3.1
6	good corporate governance	良好的公司治理	3.1
7	customer orientation and quality	客户导向与质量	3.0
8	risk management and opportunities	风险管理与机会	2.9
9	fair remuneration and quality employment	公平薪酬和优质就业	2.9
10	environmental management and protection of biodiversity	环境管理与生物多样性保护	2.9
11	transparency and dialogue with stakeholders	与利益相关者的透明度与对话	2.8
12	responsible management of the supply chain	负责任的供应链管理	2.8
13	sustainable and resilient of the supply chain	供应链的可持续性和弹性	2.7
14	climate change: transition to a low-carbon business model	气候变化：向低碳运营模式转型	2.7
15	attracting talent and professional development	吸引人才和职业发展	2.7
16	local development and impact on the community	当地发展与对社区的影响	2.7
17	sustainability strategy and governance	可持续发展战略与治理	2.6
18	innovation and Technology	创新和技术	2.6
19	circularity in the sourcing of raw materials and in waste management	原材料采购和废物管理的循环性	2.6
20	investment and sustainable financing	投资与可持续金融	2.4
21	water management	水资源管理	2.4

2. 以气候中性为取向的环境政策

2018 年，ACS 集团董事会批准通过环境管理框架及集团的环境政策，并于 2022 年 7 月更新。2022 年，ACS 集团 89.6% 的营业额来自拥有 ISO 14001 标准认证管理体系的企业，集团内部进行了 877 次环境审计。

（1）气候中性

应对气候变化是 ACS 集团可持续性总体计划的一部分，目标是提高能源效率和减少排放，成为向可持续基础设施过渡的全球领导者。ACS 集团 2025 年可持续发展总计划，设定了三条基本战略路线，以履行"向 2045 年气候中性迈进"的承诺：一是实施将气候中性的实现提前至2045年的气候战略；二是到2025年，推进碳足迹的测量，减少排放；三是通过实施国际方法，加强对涉及气候问题的风险管理。

"立即实施气候中性"倡议是联合国气候变化框架秘书处发起的倡议之一，2015年启动。其任务是促进针对气候变化采取更多自愿行动并为其提供经认可的工具[①]。

ACS"气候中性"具体举措包括，努力减少温室气体排放，努力降低能耗，积极推进可持续建筑等。其中后者是ACS集团气候政策的一个着力点。据估计，全球建筑和建筑部门占2021年能源消耗碳排放量的37%，占全球能耗的34%[②]。2022年，ACS集团建筑板块具有可持续认证的项目的营收合计129.4亿欧元，比2021年增长20.2%，占ACS集团建筑销售额41.2%。与此同时，ACS集团的温室气体排放量减少62%，水消耗量减少51%。

（2）循坏经济：资源可持续利用和废物管理

主要有：推广循环经济模式；减少材料消耗；加强废弃物管理和回收；高效和负责任地使用水资源；努力加强生物多样性保护；加强环境风险管理等。2022年，ACS集团共产生1590.0万吨危险废弃物和非危险废弃物，比上年减少15.2%。

（3）ACS集团的材料政策

建筑业是材料使用和消耗大户。因此，建筑业的材料采购、使用及再利用政策，事关全社会的可持续发展。

①所用产品100%的可追溯性分析。

②保存提供回收/认证产品的供应商的记录。

③选择建筑材料时，强调耐用维护等方面的重要性。

④提供有关排放气体或含有害物质的产品特性的信息，以及有关产品生命周期的信息。

⑤在报价或参与投标时，始终包括认证木材的选择，并提供有关其使用的环境效益的信息。

⑥在报价或参与投标时，始终包括由回收骨料制成的水泥选项，并提供有关其使用的环境效益的信息。

⑦提供拟使用的建筑材料的环境细节，例如开采及处理过程中使用的能源、温

---

① "Climate Neutral Now"（立即实施气候中性），联合国网站 https://unfccc.int/climate-neutral-now。

② 资料来源：世界绿色建筑理事会，2022年全球建筑状况报告（World Green Building Council, 2022 Global Status Report for Buildings and Construction。）

室气体排放情况等。

⑧关于公司废弃物管理政策的报告。

⑨提供有关项目废弃物管理的信息，包括设计阶段。

⑩提供有关减少、回收和再利用废弃物的具体目标的信息。

⑪提供关于分包商回收和再循环利用建筑材料的程序的报告。

⑫提供有关废弃物管理技术的员工和分包商培训流程的详细信息。

⑬提供项目设施和工程中废弃物分离过程的详细信息。

⑭积极促进回收副产品的采购和销售。

3. 大写的人在ACS

2019年，ACS集团年报将其原本持续多年的一个二级标题，"THE ACS GROUP'S PEOPLE（意译为"企业人员"）"，改为"PEOPLE IN THE ACS GROUP"（人在ACS集团，亦可意译为"企业人员"），这里考虑到People一词在中文中的内涵，故而译为"大写的人"。再考虑到ACS在重要性矩阵中将关于人的条目顺序提高至首位的状况，或可认为这个二级标题的改变，意味着ACS员工政策的演进。

ACS集团认为成功来自团队才能。因此，ACS声称致力于员工的专业发展，同时确保最佳的工作、健康和安全条件。截至2022年底，ACS集团员工128721人，其中女性56.7%。与2021年相比，ACS员工增加5.1%。

（1）专业发展

2022年，ACS集团有46109名专业人员，占38.8%，其中42.6%在35岁以下。2022年与2021年相比，ACS集团的员工培训人数比上年增加22.4%，教学时数总计104.8万个教学小时，比上年增加8.8%。

每家ACS集团的子公司都独立管理其员工发展，根据实际情况调整需求，各有不同的人才计划。如德拉加多斯（DRAGADOS）"青年人才计划"，这一计划恢复于2014年，目前有300名参与者，其中198人参与国家项目，108人参与国际项目。又如豪赫蒂夫"人才吸引倡议"，专注于吸引新的年轻员工。2022年，他们在德国雇用了59名年轻人，在澳大利亚雇用了503人，在美国雇用了519人。又如克莱斯"技能发展计划"，是一个服务经理高级发展计划的长期培训计划，培训持续300小时，包括实践案例、在线互动及实用的面对面课程，2023年，第10个计划有76名参与者。

专业发展有利于降低企业成本。2022年，克莱斯集团有5928员工名接受相关课程培训，节约成本 25%，质量评估亦有提高。

（2）人才发展和评估政策

通过实现目标来加强绩效评估，进行 180°或 360°的多维性能评估；加强对员工的个人评估，认可和鼓励高潜力员工的领导力；为高级管理层以下的工作人员采取与长期目标相关的激励措施，并与非财务绩效指标相联系；实施全球指标，定量评估投资人力资本业务的收益；采取措施提高员工满意度，降低自愿更替率。

2022 年，ACS 集团 23.8% 员工拥有专业绩效评估计划，22.8% 员工受到与上级设定的可衡量目标的约束。同期，员工流失率 15.5%，比上年上升 0.8 个百分点；自愿离职率 12.3%，比上年上升 1.2 个百分点。看来，ACS 在这些方面尚需努力。

（3）可变薪酬结构

ACS 集团母公司及其全部子公司，均实行员工可变薪酬制度。董事会成员之间及其与员工之间，薪酬差距较大。

董事会成员薪酬分为固定薪酬、可变薪酬及对长期储蓄系统的贡献（Contributions to long-term savings systems）三大块。2022 年因业绩大幅增长，4 位执行董事人均薪酬 466.3 万欧元，比上年增长 37.7%。2022 年，执行董事平均可变薪酬比上年增长 70.3%，占当年薪酬 46.7%，比上年提高 9.0 个百分点。

董事会成员以下的不同人员之间的平均薪酬差距，总体而言不算太大。高级管理层和大学生与操作员（男性）的 2022 年平均年薪为 11.2 万欧元，与非技术等人员的薪酬差距为 1∶0.6（均为男性）。高级管理层和大学生，与服务岗人员的薪酬，应该缺少可比性，因为服务岗人员主要是克莱斯公司的女性员工，多数从事保洁等工作，且部分系兼职。克莱斯集团从事的是劳动密集型产业，劳动生产率较低，人均薪酬相当于人均营收的 74.1%。

2022 年 ACS 董事会成员薪酬表　　　　　表 8

	人数 / 人		平均每人 / 万欧元		比上年增加 /%
	2021 年	2022 年	2021 年	2022 年	
执行董事	4	4	338.6	466.3	37.7
固定薪酬	—	—	135.2	163.2	20.7
可变薪酬	—	—	127.8	217.7	70.3
长期储蓄系统的贡献	—	—	74.8	83.4	
其他	—	—	0.8	2.1	11.5
非执行董事	11	11	24.1	23.7	−1.4

2022年ACS集团员工薪酬表　　　　　　　　　　表9

平均年薪	2021年		2022年	
	男性	女性	男性	女性
高级管理层和大学毕业生/欧元	101899.4	76419.4	111971.5	85774.4
非技术人员及类似职位和行政人员/欧元	61939.8	37549.9	67991.7	40903.0
操作员和其他员工/欧元	—	—	—	—
建筑和特许权(1)/欧元	49373.8	45991.5	41893.2	52579.4
服务岗/欧元	15868.7	14992.1	16699.6	16717.8
平均年薪/欧元	—	—	—	—
低于35岁/欧元	—	—	34938.2	35850.1
35～50岁/欧元	—	—	34871.7	35973.4
大于50岁(2)/欧元	—	—	29908.9	30001.1

注：（1）建筑部门的操作人员和其他人事类别按性别划分的工资差异与劳动力的地理分布以及从建筑运营商到办公室人员的职位的异质性有关。2022年，亚洲区域（中国香港、印度、印尼、菲律宾）雇用的男性人数有所增加，工资低于其他区域的同行，这导致此类男性人员的薪酬下降。

（2）50岁以上的年龄组包括服务部门的大量员工，他们负责清洁、家庭帮助和老年人护理服务，兼职合同是工作日的主要类型

4. 回馈社会

ACS集团在回馈社会方面具有较鲜明特点，其中在服务社会以及雇用弱势人群与妇女方面比较突出。

（1）克莱斯公司

克莱斯（Clece）创办于1992年，2003年为ACS购并，现系ACS全资子公司。购并之初专注于为公共实体提供清洁服务，现已成为西班牙一家提供多样化服务的头部企业。

克莱斯是ACS集团服务社会的基本平台，这是从克莱斯财务分析中得出的结论。2022年，克莱斯营收18.2亿欧元，占ACS的5.4%；营业利润9700万欧元，占ACS的5.5%；员工80705人，占ACS的62.7%。如此高的员工占比与如此低的营收及利润占比，显然并不相称。同时，克莱斯人均营收和人均营业利润，仅为ACS集团平均的8.6%和1.2‰。另外，克莱斯的净资产营业利润率，大致仅12.1%，只有ACS平均的44.0%。因此，ACS拥有克莱斯，主要并非出于基础设施全产业链之需，因为克莱斯的主要市场为西班牙和英国，ACS的建筑份额很低；亦非为了盈利，因为ACS对于克莱斯的盈利似乎可以忽略不计。所以答案是，ACS拥有克莱斯，主观上是集团整体产业体系的完整性，有助于构建基础设施全产业链，客观上却是发挥服务社会的功能。如没有克莱斯，ACS集团是不可能有

如此多的弱势人群就业。2022 年，ACS 集团 89.4% 的弱势群体员工在克莱斯。

图 9　近 5 年 ACS 弱势群体员工数

（2）社会行动

严格而言，社会行动项目并非慈善项目。这是企业在社会机制激励约束下的主观自觉行动，当然客观上有利于优化企业形象，多拿项目等。2022 年，受益于 ACS 集团社会行动的人数估计为 113774 人。

豪赫蒂夫"繁荣之桥"项目。2010 年以来，豪赫蒂夫一直是美国 NGO 组织"通往繁荣的桥梁"的合作伙伴。这一项目的目标是让农村偏远地区人们能更好地获得学校、医院和市场等关键基础设施的服务，为此，他们建造了人行天桥，提供安全通道。分析表明，人行天桥对社区有积极影响，桥建成后，有 59% 妇女找到工作，农业生产力增长 75%，收入增长 30%。

克莱斯"心与手"项目。克莱斯一群工人根据社会承诺，成立了一个叫"Corazóny Manos"的非营利性协会。其活动主要是对"克莱斯社区"中出现的个人困窘提供援助，包括员工及其家庭成员，以及公司管理和服务的用户。2022 年，他们除了与其他实体的活动和合作外，还制定了就业援助、社会紧急情况援助、体面住房援助和法律援助等四条基本支持路线。

德拉加多斯"弱势群体研讨会"项目。他们与各种基金会及协会合作，特别是加强与学校一起开展项目。2022 年，针对一些社会人员面临社会排斥的风险，召开 9 个研讨会，试图对社会产生影响，提高面临严重社会排斥的人的就业能力。

（3）ACS 集团基金会

这是一个独立自主的非营利性实体。通过文化、机构、体育或环境项目赞助，以及各种奖项、奖学金、培训和研究、慈善以及国家和国际层面的类似活动，将 ACS 集团获得的一些利益回馈社会。2022 年，ACS 集团和 ACS 集团基金会实施的举措，涉及社会行动总投资 1430 万欧元，其中 ACS 基金会为其法定活动拨款 580 万美元。

五、大事记

为更深入了解 ACS 集团，以及帮助本书第二版读者全面了解 ACS 集团，这一大事记追溯至 1983 年。

1. 购并及资本经营

1983 年，创办。西班牙一群年轻的工程师收购了一家财务困难的建筑公司，1997 年在一系列购并活动的基础上，形成了现在的 ACS 集团。

1999 年，收购特纳。豪赫蒂夫在成为 ACS 控股公司之前，当年以 3.7 亿美元收美国特纳（Turner），特纳现为豪赫蒂夫在美国的全资子公司，2020 年营收 144.1 亿美元。

2001 年，收购斯米克集团。斯米克集团前身系澳大利亚的礼顿控股公司，现系豪赫蒂夫全资子公司，营收最高的 2019 年为 147.0 亿美元，约占豪赫蒂夫 1/2，近几年营收与利润均大幅下降。

2002 年，收购德拉加多斯。ACS 以 9 亿欧元从西班牙一家百年银行，取得西班牙当时最大建筑公司德拉加多斯（Dragados）23.5% 的股权，2004 年并表。2022 年，德拉加多斯系 ACS 全资子公司，营收 51.2 亿欧元[①]，占 ACS 的 15.2%；税前利润（EBITDA，下同）2.72 亿欧元，占 ACS 的 15.6%。

2011 年，收购豪赫蒂夫。ACS 集团购入豪赫蒂夫 50% 多的股份，由其执行董事任豪赫蒂夫董事长，次年并表。这家德国建筑公司 1872 年创建，ACS 于 2007 年以每股 72 欧元购入 25.08% 股权，2023 年初持股 70.3%。2022 年，豪赫蒂夫营收 262.2 亿欧元，占 ACS 的 78.0%；税前利润 10.1 亿欧元，占 ACS 的 64.0%。

2012 年，投资损失 26 亿欧元。ACS 陆续购入伊贝德罗拉股份，此时达 70 多亿欧元。伊贝德罗拉是一家当时西班牙市值最高的能源公司，恰逢西班牙经济衰退，其股价随后下跌近 40%，ACS 不得已出售部分股份，并减记其余股份。年

[①] 2023 年 5 月 14 日，1 欧元兑换 1.09 美元，兑换 7.61 元人民币。

末，归于 ACS 母公司的净利润为负 19.3 亿欧元，而 2011 年为盈利 9.6 亿欧元，同年 ACS 股价下跌 16.9%。2016 年，ACS 以 5.5 亿欧元出售最后持有的伊贝德罗拉股份。

2017 年，豪赫蒂夫股价达到最高的 172.0 欧元。2013 年最低时为 53.0 欧元，2023 年 5 月初为 74.6 欧元。ACS 在 2017 年持有豪赫蒂夫 71.7% 股份，次年以 23.9% 的豪赫蒂夫股份作价 24.1 亿欧元，收购阿贝蒂斯 30% 股份。2022 年，ACS 回购其中的多数股份，对豪赫蒂夫持股恢复至 70% 多。

2018 年，收购阿贝蒂斯。阿贝蒂斯是高速公路运营商，管理着欧美和亚洲 15 个国家 8000 公里的高速公路，2022 年营收 51.0 亿欧元，营业利润 35.4 亿欧元。ACS 于 2010 年开始收购阿贝蒂斯，现持有阿贝蒂斯 30% 股份，豪赫蒂夫持有 20% 减 1 股的股份。因阿贝蒂斯仍由西班牙一家主营收费公路的公司控股，ACS 未能并表，营收不体现在其账上。

2021 年，以 50 亿欧元出让工业服务板块的主要部分。受让者为法国万喜集团，包括 ACS 工业服务的工程和建筑活动，其中 8 个光伏与风电的 PPP 项目，以及开发新可再生能源项目的平台。ACS 在这一交易中获得资本收益 29 亿欧元，这部分资金后来 1/2 多用于收购斯米克与豪赫蒂夫的股权。

2021 年，以低于 1 欧元价格出让在中东的全部资产。因亏损和丑闻缠身等原因，斯米克宣布以低于 1 欧元的当地货币，出让其在中东公司的 45% 股权。

2022 年，斯米克退市。豪赫蒂夫因创业 60 年的斯米克股价暴跌等原因，强行购入剩余股票，斯米克成为其全资子公司。

2. 公司治理

2004 年，完成第一份企业社会责任评价报告（ESG）。2006 年，ACS 董事会批准了"ACS 对企业责任的承诺"和"行为准则"，纳入了指导 ACS 集团运营的道德原则，并构成其企业文化的一部分。

2009 年，佩雷斯第二次成功竞任皇马主席。弗洛伦蒂诺·佩雷斯出生于 1947 年，1997 年至今一直任 ACS 董事会执行主席，2022 年末持有 ACS 13.86% 股份，比 2016 末增持 1.34 个百分点。皇家马德里是世界足坛劲旅，佩雷斯带领皇马共赢得 6 个西甲冠军和 6 个欧冠冠军，至今仍任皇马主席。

2017 年，按国际标准编写年报。根据国际综合报告理事会的准则，编写 ACS 第一份综合报告，以改善非财务信息，扩展和调整报告的指标，适应关于披露非财务和多样性信息的要求。2018 年报告调整为根据国际财务报告准则（IFRS12）中确立的原则编写，2022年报告的非财务信息参照全球报告倡议标准编写。

2018年，实现净现金。年末净现金余额近10年首次为300万欧元，自称为"重要里程碑"，当年每股派息1.4欧元，比上年增加17%。ACS净债务余额2011年93.3亿欧元，此后实施快速去杠杆化，净债务逐年下降。净现金是指账面现金或现金等价物的合计，减去各种有息负债后的金额，用以衡量企业财务状况。

2022年，1978年出生的胡安任CEO。胡安2002年大学毕业进入ACS，任工程师、项目经理，2006年后任ACS旗下一系列不同企业的总经理，2020年任斯米克CEO及董事会主席。2022年5月任ACS的CEO，2021年3月以来这一职位由ACS董事会执行主席兼任。胡安2022年7月任豪赫蒂夫董事会主席及CEO。

2022年一季度，营收大幅增长。ACS营收2019年达到390.5亿欧元后，持续下降，2022年达到336.2亿欧元，比2021年增长20.8%，税前利润17.5亿欧元，连续两年增长。2023年一季度达到81.1亿欧元，同比增长17.1%。

3. 2022年若干主要项目

新能源。在美国俄亥俄州费耶特县为本田和LG能源解决方案，建造一个电动汽车电池厂，金额未知。

新能源。在美国肯塔基州为一家专业从事锂电池回收及其材料再利用的企业Ascend Elements建造可持续回收电池设施，金额未知。

高速公路PPP。承接美国得克萨斯州SH228公路一段17公里公路的特许经营权，包括融资、设计、建设、运营，以及现有高速公路的修复和改善，10.6亿欧元。

高速公路。拓宽和改善得克萨斯州特拉维斯县的IH35高速公路，6.6亿欧元。

轻轨。建造从美国贝塞斯达延伸到马里兰州的新卡罗尔顿，全长16.2英里的轻轨线路，13.0亿欧元。

地铁。扩建西班牙马德里地铁11号线，沿7公里增加5个车站，2.1亿欧元。

水利。承接扩大Svrakta河的河床以防止捷克共和国布尔诺的洪水危害合同，3.8亿欧元。

独立塔。马来西亚吉隆坡678.9米的世界第二高楼，称为"Merdeka 118"，豪赫蒂夫子公司特纳扮演项目管理顾问角色，负责管理塔楼建设，并为多层零售商场和开发项目的基础设施部分提供项目管理服务。

采矿服务。承接在印度尼西亚中加里曼丹提供采矿、恢复和港口管理服务的新合同，7.5亿欧元。

社会服务。马德里市议会主持，在需要个人和团体支持的社会紧急情况下采取援助行动，包括为65岁以上人群提供紧急社会护理。全年每天24小时工作，为期两年，1556万欧元。

第三篇　大和房建开放式人居全产业链发展

卓勇良

大和房建 1955 年由 18 位员工创建，现已成为一家以建筑为核心、全面展开人居全产业链的企业集团。2022 年，大和房建居全球财富 500 强 354 位；2023 年因日元大幅贬值，居 418 位[①]。

与本书其他 9 家企业比较，大和房建对国内民营建筑企业的发展转型，具有更大借鉴意义。大和房建研究的样本意义在于，一家小微建筑企业是如何在强手林立、俯拾即是百年企业的日本建筑业，在不太长的 68 年间快速崛起，并继续具有较好发展态势的。建议读者可进一步阅读本书第一版的大和房建一章，或可更全面了解。

大和房建集团主要数据　　　　　　　　　表1

	2016 年	2019 年	2022 年	2016~2022 年均增长 / %
营收 / 亿日元	35129.1	43802.1	49082.0	5.7
营业利润 / 亿日元	3100.9	3811.1	4653.7	7.0
归属母公司的净利润 / 亿日元	2017.0	2336.0	3084.0	7.3
总资产 / 亿日元	35558.9	46273.9	61420.7	9.5
股东权益 / 亿日元	11988.8	16783.7	21558.4	10.3
市值（年末收市价）/ 亿日元	21293.0	17838.5	20748.3	-0.4
股价（年末收市价）/ 日元	3196	2677	3114	-0.4
员工 / 人	39770	47133	49768	3.8

大和房建人居全产业链系开放式而非封闭式，以其优势环节，独自或整体展开市场竞争。大和房建的人居全产业链，包括土地[②]、建筑工业化、建筑施工、房地

[①] 2023 全球 500 强，ENR 2022 境外排名第一的系法国万喜为第 202 位，境外排名第三的法国布依格为第 309 位，境外排名第二的西班牙 ACS 集团为第 428 位。
[②] 包括土地信息、提供土地开发方案，以及收购、整理、储备和成片开发土地等。

产，以及围绕建筑物而展开增值服务的物流设施、购物中心、酒店等的商业开发运营。诚如大和房建所言，他们是一家以"人、町和生活的价值共创集团"为目标的复合事业体。

或许大和房建并非传统的建筑企业，美国 ENR 一直未收录，不过日本媒体将大和房建认作建筑企业[①]。大和房建具有较强建筑施工能力，亦将自己视作一家建筑企业，尽管业务高度多元。

一、大和房建的基因

1955~2023 年，大和房建从单一的建筑工程承包，逐渐成为人居全产业链的优势企业，2022 年营收近 5 万亿日元[②]。即使考虑到他们在创业早期，或许具有日本铁路部门的背景，受到铁路部门的恩惠，这一业绩亦颇为不易。目前按他们自己的说法，大和房建集团居日本住宅·建设·不动产业界首位。贯穿其间的是大和房建的三大基因：

钢管基因——装配式建筑为原点的创新精神；

仓库基因——酿酒公司仓库承建而激发的产业拓展；

草创基因——后起之秀以建筑施工为核心的跨界闯劲。

大和房建基于上述三大基因，展开一系列积极的经营拓展。本章四个二级标题系对这一系列经营拓展的一般归纳，且均引自 2001 年以来大和房建的社长及会长樋口武男先生，以及 2019 年接任社长的芳井敬一先生，在大和年报的致辞原文。

1. 速度是最大的服务

大和房建发展远远走在日本经济前列。1995~2016 年，大和房建营收年均增长 5.9%。同期日本 GDP 年均增长 0.6%，大和房建营收年均增长比日本 GDP 高出 5.3 个百分点。对于大和房建走在业界前列，下一节的日本建筑企业 TOP 20 一图可予证实。

---

① https:strainer.jp/categories/3?column=revenue。《建設業 - 売上高 ランキング》(建筑业营收排名)。

② 日本政府的财政年度为当年 4 月 1 日至下年 3 月 31 日，大和房建也采用这一财政年度。美元对日元汇率，2023 年 6 月 12 日为 1 美元兑 139.59 日元；同日，人民币兑日元为 1 元兑 19.53 日元。

图 1 大和房建营收及营业利润增长情况

2020年，大和房建主要指标负增长，随后全面回升。2016~2022年，大和房建营收年均增长5.7%，几乎看不到疫情影响。2022财年，大和利润状况出乎业界预期，比上年增长21.4%。日本主流财经媒体《钻石周刊》对此评价较高，说大和房建"利润大翻盘"[1]。2016~2022年，大和房建营业利润年均增长7.0%，占营收比重从2016年的8.8%，提高到2022年的9.5%。

2023财年第一季度即2023年4至6月，大和房建继续保持较好势头。营收10077.9万亿日元，同比增长20.5%；销售利润（经常利益）908.5万日元，同比增长51.8%。

---

① 资料来源：https://diamond.jp/articles/-/323456。

2. 不拿第一名就无法生存

大和房建是一家典型的多元化生存发展企业。这样的企业必须具有强项，否则就会陷于平庸。

图2 2022年日本建筑企业营收及股东权益纯利率 TOP 20

大和房建营收居日本建筑企业首位，具有综合优势。日本媒体2022财年日本建筑企业的一个排序表明，大和房建以49081亿日元的营收，列日本当年度建筑企业首位。列第2位的积水之家，也是日本建筑业的后起之秀，创建于1950年，营收仅为大和房建的59.7%。日本建筑业的传统五强大林组、鹿岛、清水、大成及竹中工务店，总体表现或可说是"廉颇老矣"。毕竟在激烈的市场竞争中，随着岁月流逝，"芳林新叶催陈叶，流水前波让后波"，亦系常态。

大和房建的住宅销量排位并不高。根据日本媒体2022年6月对2021年度日本住宅业头部企业排序，大和房建当年度住宅销量6760栋，列日本国内第5位，仅为第一名积水之家的63.7%。

图3 2021年日本头部企业住宅销量排序（户）

因此所谓"拿第一名"，不能一概而论。这是努力发挥比较优势，争取最佳表现的一种愿景，多半时候只是在关键环节、关键领域居第一名，而不可能事事处处第一名。即既可以是单打冠军，也可以是综合性的冠军，甚至不妨是一种哲学性的精神存在。

第一名是稀缺品。即使把拿第一的愿望深藏心底，仅仅满足于自我激励，也会非常棒——聊胜于无呀。绝大多数人和机构是拿不到第一名的，但这不意味着我们不能以此为目标。

3. 以社会课题为起点的事业展开

经济问题以社会课题引领，是大和房建发展的一个重要理念，其根源可追溯至大和创业之初形成的大和钢管基因。大和的故事说，大和用钢管建造房屋，是因为创业者看到台风摧残以及山林因战争而稀缺时下的决心。这是否传奇已不重要，关键是表明了社会课题对大和发展的引领。

关于"社会课题"概念的明确提法，在大和年报的会长致辞中，最早见之于2010年。不过这是日译中后的搜索结果，或许以日文搜索，其年代会更早一些。本节标题的原文，引于大和房建2020年报，系新任社长芳井敬一致辞中提出的关于大和房建未来发展的一个重要概念[①]。而这些，显然是基于下述所谓的大和三大基因而展开。

（1）钢管基因——装配式建筑为原点的创新精神

钢管是大和房建最早推出的装配式建筑的主要材料，系当时日本首创。大和房

---

① "社会課題を起点とした事業機会の拡大"，大和房建集团综合报告书2020，P21。

建以预制钢管为主要材料的装配式建筑的建筑工业化为起点,至迟到 1997 年,已拥有 13 家建筑工业化的工厂。

2013 年,大和房建着手重建 1965 年创建的奈良工厂,这家工厂占地 10 万平方米。2020 年,奈良工厂第四工厂改建竣工,至此奈良工厂改建工程全部完成。1960 年创办的堺工厂,2018 年停产,2021 年整体拆除。目前,大和房建在日本国内有 9 家装配式建筑的工厂,分属两家全资子公司,还有 3 家仓库兼带的工厂。海外有中国绍兴和德国各一家,实际或可说拥有 15 家建筑工业化的工厂。

钢管屋成为大和创新基因。从那时起,一直激发大和房建致力于"开发对许多人有用和令人愉悦的产品与服务"。这包括技术、产品、营销、产业、组织、管理等一系列的创新。

图 4　大和房建奈良工厂的卫星照片(下载于 2023 年 7 月)

(2)仓库基因——承建酿酒公司仓库而激发的产业拓展

企业发展充满着偶然性,偶然性如能增加福利则可视作运气。就个人而言,一个人的职业生涯只要是在平和的世界里,一定能遇上若干运气。能不能把运气转变为福利,取决于人们的基本素质和努力。同理,企业运气并非纯粹的外生变量,相当程度是企业家创造的。只要观察期足够长,企业运气基本是企业发展的内生变量。

1957 年,大和房建在大阪港区承建一家酿酒公司的仓库,这是他们第一次用预制钢管建造一栋较大的建筑物。现在回顾,这是大和积极发展物流设施的产业拓展起点。1968 年,大和推出准低温稻谷仓库,"席卷全国"。目前,大和房建已有 3000 多所物流设施。

(3)草创基因——后起之秀以建筑施工为核心的跨界闯劲

大和以建筑施工起家,目前住宅营收占比仅 40%~50%,最低的 2010 年住宅营收占比仅为 39.1%。大和房建在日本建筑业,立足建筑施工,开拓物流、商业等设施业务。而这是初创企业在竞争激烈的存量市场，只能采取跨界拓展战略的结果。

目前，尽管大和房建营收近 5 万亿日元，是日本其他一流建筑企业一倍多，但仍无法进入基础设施、大型民用及公共建筑工程承包的施工领域。而日本住宅市场因为人口减少和少子化，一直在收缩。在这种情况下，大和因为没有路径依赖，缺少生存空间，天然具有跨界发展、拓展市场的闯劲，是典型的"艰难困苦，玉汝于成""置之死地而后生"的发展类型。草创基因的特点在于，没有过去荣耀的包袱，能法无定势地推进业务拓展。关于大和的业务结构，将在下一章深入分析。

4. 无债经营

在讲求速度及争第一名中，依然保持足够的投资回报率及财务稳健是一门艺术。所谓无债，是指有息债务为零或保持在较低水平上。2001 年，大和新任社长樋口武男针对当时 1340 亿日元的有息债务，提出无债经营要求。到 2003 年，提前一年实现，达到了在无债基础上建立公司管理层的要求。多年来，大和房建发展，始终建立在财务稳健的三要素基础上。

——充足的现金流，一个大致的观察指标是相对较高的营收毛利率。2022 年度，大和房建这一指标为 9.5%，列日本营收 4000 亿日元以上 19 家建筑企业第 2 位。

图 5　2022 年度日本营收 4000 亿日元以上建筑企业毛利率

——足够的流动性，主要观察指标是速动比率。这几年，大和房建的流动性逐渐增强，2022 年度速动比率为 1.6，系较高水平。通常认为计算速动比率时，不应包括库存，但建筑公司流动资产的库存主要是建筑物及土地，在一个正常的市场中相对较易脱手，因此对库存作了乘以系数 0.7 的计算处理。

图 6　大和房建速动比率

——相对较高的 ROE，即相对较高的股东权益税后利润率。2022 年，大和房建这一指标为 12.9%，居日本建筑企业第 4 位，属较高水平。

图 7　2022 年日本建筑企业股东权益纯利率 TOP 20

二、开发有用及令人愉悦的产品和服务

大和房建以建筑施工为核心,全面展开各项事业,形成开放式的人居产业全产业链。创新建筑、拓展建筑、增值建筑、经营建筑,"开发对消费者有用和令人愉悦的产品和服务"①,实现企业较快发展。

大和房建人居产业的全方位拓展,创造最好的服务及最大的效率,形成了较强的竞争优势,进而在建筑这个规模经济性不强的古老行业,成为2023全球500强的4家境外建筑企业之一,而这也正是大和房建的一个重要发展特点。日本经济新闻对此指出,大和房建"正在寻找利用总承包商和开发商业务相结合的'缝隙',实现战略取胜的机会"②。

1. 围绕人居展开的业务线

大和房建围绕共创"人、街道、生活"的价值,形成以人居为主题的三条业务线③,即住宅、商业设施和事业设施。住宅是大和的主业,具有全品类特点;商业设施主要是购物中心、快捷酒店等;事业设施主要是物流设施及相关产品制造。另外还有一些新能源,以及已经转让的城市酒店等。

2008年以来,日本住宅业整体比较困难。建筑业中小微企业更加艰难,出现

图8 2008年以来日本新开工住宅数(户)

---

① 芳井敬一:"多くの人の役に立ち、喜んでいただける商品開発やサービスの提供"。
② 《大和房屋打通建筑与房地产"缝隙"的能力》,https://www.nikkei.com/article/ 中井正史。
③ 业务线:business lines。

倒闭状况。由于人口减少及少子化，日本住宅业整体较难改变颓势，将继续下行，但这也正是一些大企业的机遇。日本媒体报道，日本住宅头部企业的单价屡创新高，营收与营业利润相对较快增长，大和状况显然较好。

（1）住宅营收增长相对较快，占大和房建营收比重，从2016年的47.6%，上升到2022年的50.5%。但住宅的营业利润占比却从2016年的45.2%，下降到2022年的42.4%，降低了2.8个百分点。

2016~2022年大和三大业务线的营收及占比[①]　　　表2

	营收/亿日元		占比/%	
	2016年	2022年	2016年	2022年
住宅	17360.1	25438.8	47.6	50.5
商业设施	5697.8	10921.7	15.6	21.7
事业设施	8284.8	11302.3	22.7	22.4
其他	5135.8	2704.6	14.1	5.4

2016~2022年大和房建三大业务线的营业利润及占比　　　表3

	经营利润/亿日元		占比/%	
	2016年	2022年	2016年	2022年
住宅	1400.2	1972.6	45.2	42.4
商业设施	1007.4	1329.8	32.5	28.6
事业设施	789.7	996.3	25.5	21.4
其他	-97.3	355.0	-3.1	7.6
合计	3100.0	4653.7	100.0	100.0

（2）商业设施和事业设施营收仍未能超过住宅。这两条业务线都遭受疫情较大影响，营收增长均相对较慢。尤其是这两块合计的营收，2016年和2022年均未能超越住宅。所以就营收视角而言，大和房建仍以住宅为主。

（3）商业设施和事业设施营业利润超越住宅。2016年，商业及事业设施合计的营业利润1797.1亿日元，比住宅高23.3%；2022年，这两块合计营业利润2326.1亿日元，比住宅高17.9%。考虑到日本住宅业今后将进一步呈现颓势，大和房建的业务线正在发生重大变化，从住宅为主，逐步转型为以商业及事业设施为主，后面细叙。

（4）大和房建业务线分析的"其他"这一块比较复杂。这一块有数据误差导致的调整因素，同时也相对较杂。主要是新能源、城市酒店等。但城市酒店因疫情期间持续巨亏，不得不于2023年4月后出让交割，今后将不再包括。

---

① 三大业务线数据包括大和内部相互间的交易数据，因此营收及利润合计数大于大和公布的数据。

2. 独栋景气

尽管大和房建营收中的住宅比重曾持续下降，且今后亦将继续下降，但2016～2022年，住宅营收占比有所上升，不过这不具有趋势性意义。

（1）住宅营收回归

这几年，日本独栋住宅迎来一个小景气。大和房建在这方面具有较强竞争优势，增长相对更快一些。大和房建的住宅营收占比，2018年降至44.4%的最低点，随后开始上升，2022年达到51.8%。与此同时，2016～2022年，住宅营收年均增长达到4.9%。

图9　1999年以来大和房建住宅营收及占比

商业及事业设施增长放慢也是一个重要因素。2016～2022年，大和房建的商业及事业设施营收年均增8.0%。虽属很快，但较之于2009～2016年的16.4%，仍要低8.4个百分点。

（2）住宅结构的积极变化

独栋是大和住宅销售增长的重要引擎。2016～2022年，大和房建独栋的营收从2016年3903.3亿日元，增加至2022年的8763.0亿日元，对其住宅营收增长贡献高达60.2%。独栋营收的占比，从2016年的22.5%上升至34.4%。其中的一个重要因素，是售价上升。2016年，大和房建平均每户独栋售价3590万日元，2022年为4510万日元。售价上升既有市场因素，更有独栋技术提高所致的附加价值提高因素。如抗震可达里氏7级以上，保温性能大幅提高导致的能耗下降，带有蓄电功能的光伏发电，寿命百年以上，以及女性保护的防盗功能增强等。

这里就得说说日本的住宅文化。日本国土狭小，但日本人依然偏爱独栋。根据日本统计年鉴 2018 年数据，独栋 2875.9 万户，占日本住宅户数的 53.6%，这些年占比应进一步有所提高。日本人有"一戸建、夢だ"的说法，即梦想着住独门独院的住宅，东京都中心也有成片独栋。这也是符合人们对美好生活的向往的。随着经济发展，人们迫切要求改善居住，其中就有改公寓为独栋的强烈需求。大和房建独栋的每平方米单价有所上升，2014 年为 23.6 万日元，2023 年为 31.3 万日元，套均 144.3 平方米。

出租住宅是大和的一个优势。大和房建有时会把自己的优势说成四个方面，其中之一就是出租住宅，这跟日本的税收变化有关。但这几年出租住宅不甚景气，2016~2022 年，出租住宅营收增长 21.1%，比独栋营收增长低 13.3 个百分点，比大和整体营收增长低 18.6 个百分点。截至 2023 年 3 月，大和房建管理的出租住宅 65.0 万户，入住率 97.8%。

公寓住宅增长较快。2016 年，公寓营收 2628.7 亿日元，2022 年 4843.8 万日元；占比从 15.1% 上升至 19.0%，对于大和房建的住宅营收增长也具有较大贡献。2016 年以来，大和房建的公寓单价逐渐有所下降。2023 年 3 月末，大和房建在日本国内管理的公寓户数，2023 年 3 月底为 27.6 万户，海外为 10.3 万户。

大和房建住宅业务线的营收结构　　　　表 4

	营收 / 亿日元		占比 / %	
	2016 年	2022 年	2016 年	2022 年
独栋住宅	3903.3	8763.0	22.5	34.4
出租住宅	9772.2	11831.0	56.3	46.5
公寓住宅	2628.7	4843.8	15.1	19.0
改建住宅	1055.9	—	6.1	—
合计	17360.1	25437.8	100.0	100.0

（3）改建与装修

改建住宅是大和房建住宅线的一个类别，但 2022 年却不知因何原因不再具有这一数据。不过，大和房建公布了承建住宅中重建的比重。虽然总的是下降趋势，但大致保持在 20% 以上，且 2023 年有所上升。

如果一定要把装修从住宅建设中分离出来，则装修可提高住宅的居住价值并延续其生命。大和房建 2008 年提出要开拓装修市场，他们认为 2020 年日本装修市场具有 7.4 兆日元规模，大和房建要把其作为"新成长市场"，定位为"住宅的终身价值创造事业"。大和房建网站首页的企业一览表中的 56 家本土公司，至少 3 家具有装修业务，有两家公司专业从事改造房屋。

图 10　大和房建承建住宅中的重建比重

3. 商业进化

建筑工程承包具有被动性。尤其是在经济增长大幅放慢时，投资项目减少，建筑业增长将较大回落。建筑企业开发房地产，其实是打破所谓的专业化分工的重大跨界，是一种主动的、风险增大的商业行为。而当建筑企业开发建设商业、物流等设施且作为销售方时，是进一步从承建建筑转变为经营建筑，就有可能将原本相互独立的开发、承建、销售、运营和管理环节合而为一，形成一种商业经营模式的进化。

（1）大和房建的商业和事业设施

大和房建在其网站上，对于商业和事业设施作了更为直接的介绍。商业设施直接说成是店铺事业，为客户开发新的业务空间；事业设施说成是建筑事业，主要是在日本和海外推动多租户物流设施"DPL"的发展（以下均为截至 2023 年 3 月底的数据）。

——商业设施。具有多种业态，如 Shopping mall、路边店、健身中心、高档医疗服务设施、大和房建自营品牌"家居中心"等。商业设施的租赁总面积 679.6 万平方米，租赁占地面积 674.3 万平方米，租户 11905 户，入住率 99.2%。其中大和房建母公司自己保有部分的租赁总面积为 36.8 万平方米，占地 34.1 万平方米，租户 712 户，入住率 92.7%。

——事业设施。其中各种物流设施 365 处，1279.6 万平方米；能源环境设施 480 处，装机 612.3 兆瓦。

——自有品牌酒店。大和自有品牌 ROYNET 快捷酒店 79 家，公寓式酒店 MIMARU 25 家。原本另有 24 家度假村酒店，2023 年初转让，详见大事记。另有

10家高尔夫球场。

这些业务的经营模式多半是与土地所有者，包括个人、企业及地方自治体等合作开发经营，也有租赁房屋的。大和房建进行规划或是自行或是请第三方设计、施工，大和房建运营管理。

（2）海外发展加快

大和房建的海外事业起步较早。1961年在新加坡设立合资公司，但一直不温不火。这有两个原因：一是与欧美文化的差异，二是建筑业进入发展中地区，具有更大的法律和道德风险，与其他行业显然有较大不同。

2022年，大和房建的海外营收6738亿日元，占营收13.7%。这比2016年大和房建海外营收占比的3.2%，大幅上升10.5个百分点。其中美国营收4341亿日元，几乎占2/3；中国1112亿日元，占1/6强。美国营业利润亦稍高。

图11　2022年大和房建海外营收及海外营业利润

（3）不动产开发

2020年，大和房建新任CEO芳井敬一在年报致辞中提出，今后除了承包的流程事业之外，不动产开发这种稳定的库存事业的发展会越来越重要。如果真的这样，大和房建将发生较大转变，但事实并非如此。

从资产负债表看，新任CEO开发不动产的主张并未得到实施。大和房建的土地和建筑及构筑物占总资产比重，这几年有所下降。大和房建土地和建筑及构筑物占总资产比重，2016年达到最高的26.0%，然后出现下降（当然或许未来几年会有变化。因为这一开发及投资不动产的战略主张，或许也受到了疫情影响）。另外从大和房建母公司持有的商业设施的供出租的面积看，2015～2022年，年均增长2.4%，似乎也不能说慢。

图 12　大和房建土地和建筑及构筑物占总资产比重

图 13　大和房建营收及营业利润增长情况

4. 活力小镇项目

企业转型升级的一个重要方面是提供全产业链模式的统筹协调的产品与服务。正如大和房建 CEO 芳井敬一指出的，我们正致力于满足不断变化的社会需求，使我们能够从上游至下游业务提供全面的建议，通过不懈努力迎接创造新价值的挑战。

活力小镇项目①就是大和在这方面的活用。这是大和房建 2019 年第六次中期计划提出的一个项目，但显然推进力度不大。这一项目的目的，是对大和曾经开发的郊区独栋住宅小区进行"翻新"。因为 50 多年时间过去了，这些小区出现严重的"老化"；且因少子化和老龄化，出现了空置房屋增加、小区人口减少等问题。因此，这一项目又被称为小区再开发，与小区居民"共创吸引力、延续生活"。

目前，大和房建在日本经济高速增长时期参与建设的 61 处独栋住宅小区，有 8 处正在推动与当地居民共同打造城镇吸引力的举措，让人们能够继续居住并希望再次居住，实现人口平衡，三代人共居。2021 年 4 月，大和房建成立了专门从事"活力小镇项目"的部门，有 50 多名工作人员。计划下一步再推进 10 个"活力小镇项目"。

具体做法是在小区内建设可以共同使用的平台，形成聚集活动和服务场所。同时，进行绿化重整、安装人行自动输送带等一系列小区改造工作。其中核心环节是利用日本独栋住宅价格上涨机遇，促进独栋老人的居住置换。因为这些老人几乎不上楼，动员这些老人出售现有住宅，搬迁至小区中新建的更适合老人的住宅，引入新的独栋居住者，从而既增加小区人口，又降低小区平均年龄。同时，这也是大和房建推动这项工作的盈利模式，形成商业性与社会性的较好结合。实施"活力小镇项目"的一些独栋小区的人口减少趋势正在减缓甚至被遏制。

三、母公司为主体的企业结构

大和房建是一家创业成长型企业。加之在其长期的经营发展中，既未进行过重大拆分，亦未在母公司之上另设集团公司总部，长期采取母公司与集团公司总部一体化的治理模式，由此也决定了母公司在整个集团中的主体及中心地位。

---

① "リブネスタウンプロジェクト"，英文"Liveness Town Project"的日语表达。

1. 母公司主要指标占比较高

大和房建集团系"株式会社大和房建工业"创建发展而来。因此，大和房建工业的创建是大和集团企业结构演进的起点。随着子公司逐渐成立并增多，购并活动的展开，母公司主要指标占比逐渐降低。

尽管如此，大和房建工业作为大和集团母公司的主要经济指标的占比，曾长期近 90%，是大型企业集团中很少见的一种状况。2001 年，母公司营收相当于合并报表营收的 88.5%，营业利润相当于合并报表的 80.4%。同年，大和房建共有 39 家子公司，其中 30 家系合并报表子公司，9 家系权益法子公司。这 39 家子公司仅占大和房建营收的 11.5%，规模均相对偏小。同年，TOP 8 子公司合计营收 1987 亿日元，平均每家不到 250 亿日元，最大的大和生活 472.3 亿日元。这 8 家子公司合计营收相当于合并报表的 16.3%，与母公司营收之和大于合并报表，当系数据口径、会计准则等因素所致。

2001 年大和房建 TOP 8 子公司 表 5

	营收 / 亿日元	投票权 / %	间接股权 / %
大和乐田工业株式会社	382.3	47.6	0.9
大和物流株式会社	230.8	43.5	5.2
大和服务株式会社	154.8	80.0	30.0
大和系统株式会社	309.6	40.2	12.0
大和生活株式会社	472.3	100.0	—
大和信息服务株式会社	145.5	100.0	—
大和皇家株式会社	165.4	56.0	—
日本住宅流通株式会社	126.1	50.2	1.9
合计	1986.9		

显然，在大和房建的营收总额 1 万亿日元以下的时代，母公司独大或许并不影响大和房建的整体发展，而随着企业规模扩大，母公司独大的企业结构应该并不利于企业发展。

2001 年以来，母公司主要指标占比持续降低。这不仅符合企业集团发展规律，也有利于大和房建的整体发展。2016 年，母公司营收占比终于首次降至 50% 以下，为 49.0%；不过营业利润占比依然高达 64.1%，或许系母公司掌握更多资源所致。此后，母公司的营收及利润两个指标的占比持续降低，终于在 2022 年双双降至 50% 以下。当然，因为集团公司总部与母公司的一体化格局，母公司主体地位并未因其主要指标占比降低而弱化。

图 14　大和房建母公司营收及营业利润占集团比重

2. 合并会计时代

2001 年，刚刚就任大和房建社长的樋口武男，大概是出于增强集团一体化发展而指出："随着新世纪的开始，日本产业正进入全面合并会计时代。"

2021 年大和房建本土 TOP 14 子公司主要数据　　表 6

企业	主业	表决权/%	营收/亿日元	营业利润/亿日元	总资产/亿日元	净资产/亿日元
藤田	施工、房地产	100.0	4194.9	135.8	4120.1	925.9
大和生活	出租房屋运营	100.0	2303.6	184.9	1868.3	786.2
大和租赁	租赁、土地及商业设施开发利用	100.0	2239.3	171.0	4456.5	1874.5
大和房屋物业管理	商业设施经营	100.0	1415.8	129.3	4093.1	951.7
宇宙创始	出租房屋及运营	64.2	1073.5	26.1	1452.1	366.1
大和 Life Next	公寓/建筑管理	100.0	914.1	48.2	525.1	340.6
御居中心	家居中心及零售	100.0	836.4	45.4	716.1	380.0
大和物流	运输、仓储	100.0	592.1	64.0	777.6	356.8
大和房屋改造	装修、设计、建造	100.0	557.0	39.9	301.3	170.0
大和设计	装修、设计与建造	100.0	507.5	37.9	364.3	209.9
大和房屋不动产	装修建材出租	100.0	451.7	27.9	208.8	121.9
大和房屋租赁改造	装修及设计	100.0	246.2	23.5	141.4	59.8
大和能源	新能源及设备销售	100.0	241.3	19.4	357.3	87.1
合计			15761.7	877.9	19702.7	6678.9

注：数据均为日本 2021 财年（2021/4/1—2022/3/31）；为节约篇幅省略"株式会社"四字

就在 2000 年，樋口武男尚是大和房建的兄弟企业——大和团地的 CEO。2001 年，原本从大和房建房地产部门剥离出来的大和团地，与大和房建合并为一家企业。樋口武男出任合并后的大和房建社长，即总经理，并在 4 年后任会长及 CEO。显然，樋口武男所谓的合并会计时代的内涵，是将原本的合股或上市子公司，转变为全资子公司，简化公司结构，深化一体化体制。

大和房建的主要子公司，几乎整体为全资子公司的股权结构。截至 2022 年 3 月底，大和房建本土 TOP 13 子公司，仅一家表决权为 64.2%，其余均为 100% 表决权。而在 2001 年，这 13 家子公司当中，除了生活系的子公司为全资外，基本均非全资。这一变化，是大和房建简化公司结构、推进一体化治理的结果。同时，也是企业实力增强的表现，因为将子公司从控股企业转变为全资子公司，即使是采取股票置换方式，也需要大和房建出资才能实现。下面介绍其中 3 家主要公司的资本结构演变，观察其全资化过程的细节。

（1）藤田。这是一家建筑施工及房地产为主的企业，由藤田和小田急两家企业合并而来。其中小田急创业于 1869 年，藤田创业于 1910 年。大和房建 2008 年收购小田急建设，2012 年收购藤田。2015 年，大和将两家公司合并，成为大和房建全资子公司。2022 财年，藤田营收 5214.5 亿日元，比上年增长 24.3%。

（2）大和租赁。这是大和房建 1959 年创立的子公司，主要是采购原材料，1966 年开始经营临时建筑租赁及销售业务。1977 年，大和租赁上市，2006 年退市，次年与大和房建交换股票，成为大和房建全资子公司。大和租赁目前主要从事装配式建筑及系统的销售租赁等。2022 财年，大和租赁营收 2274.2 亿日元，比上年增长 1.6%。

（3）大和物流。这家企业创立于 1959 年，当时称大和捆绑，主要从事物流业务。1995 年在日本证券协会开始柜台交易，2004 年在东京 JASDAQ 交易所上市，这是日本版的纳斯达克。2006 年，大和物流退市并成为大和房建的全资子公司，目前拥有物流中心 106.4 万平方米，车辆 460 台。2022 财年，营收 629.3 亿日元，比上年增长 6.3%。

3. 导入事业本部制

2021 年初，大和房建宣布，从原本的集团公司制，导入事业本部[①]制，争取攻守均衡管理，经营体制发生重大调整。

---

① 日文汉字"本部"，发音"红部"，意为"总部"。

关于集团公司制和事业部制这两种不同的经营体制，此前在大和房建内部有过讨论。2018年，他们认为集团公司制主要是"现场"视角，并说要彻底地"现场主义"；认为事业部制主要是"专业"视角，并认为他们当时事业间的协同也取得了很大进展。这意思是说，集团公司制的"现场"视角，并不影响事业部制的"专业"视角。他们当时比较推崇"现场主义"，所以虽然提出了对于事业部制的讨论，但并未实行。

事业本部制是对事业部制的优化。2021年，大和房建指出，事业本部制和现有的事业部制与分店制最大的差异在于，各事业本部长不仅对业绩负责，还对经营整体负责。通过引进事业本部制，将权限下放给事业本部长，明确了责任所在。关于风控，他们指出，在构建强有力的治理体制时，不可缺少的是防止风险的机制体制，今后会由业务本部长负责，以业务为单位构建风险管理体制，这似乎是现场主义在风控上的应用。

大和房建的事业本部制，具有综合性和框架性的特点。根据大和网站的高管介绍，共设12个本部。其中综合性本部5个，分别是经营管理、技术综合、经营战略、法令遵守与品质推进及海外本部。事业本部7个，分别是关联事业、流通店铺、建筑、集合住宅、住宅、环境能源和公寓事业本部。

一些本部长的设置，采取一竿子插到底的做法。即集团公司级别的高管兼任本部长，并兼任所辖部的部长。如大和副社长兼任技术综合本部长，同时兼任这一本部的生产部门担当和技术部门担当。又如流通店铺事业本部长和建筑事业本部长由一人担任，此人同时兼任流通店铺本部下的事业推进部长。

大和房建子公司规模相对较小，且系母公司一手创办，母公司对其有绝对领导权，因此采取这种事业本部制或许比较符合实际。同时在营收规模近5万亿日元、子公司488个的情况下，只能适当增加管理层级，一定程度地降低扁平化。不过在具体任职上，一人兼任不同层级岗位职务，一定程度上弥补了管理层级增加导致的效率下降，可见其用心之良苦。不过，与西班牙ACS集团的镜像式公司体制比较来说，这一体制如管理不当，因最大的子公司也只能通过事业本部才能上达"天听"，或将使其比较痛苦，显然将一定程度地降低效率。

4. 积极而稳健的资产表

财务的积极与稳健是一对矛盾，大和房建对此处理较好。本小节是前述"无债经营"小节的深入分析。

库存占比较快上升。大和房建的库存占比，2013年为17.1%，2022年为

34.1%，上升一倍。2022 年库存当中，待售土地占 63.9%，占总资产 21.5%；待售建筑物占 36.1%，占总资产 11.0%。西班牙 ACS 集团 2022 年库存占比 2.2%，不足大和房建的零头。

现金占比逐渐下降。大和房建的现金和存款占比，2013 年占总资产的 8.0%，2022 年降至 5.8%。西班牙 ACS 集团的现金和银行存款占总资产的比重为 25.1%，2021 年更是高达 31.6%，大和房建仅为 ACS 现金和银行存款占比的 1/5。

资产负债率略有下降。大和房建的资产负债率，2013 年为 62.8%，2022 年为 61.1%，下降 1.7 个百分点。西班牙 ACS 集团 2022 年资产负债率为 83.0%，大和房建比其低 21.9 个百分点，大和房建的杠杆率明显较低。

大和房建资产结构 表 7

	2013 年	2014 年	2015 年	2016 年	2017 年	2018 年	2019 年	2020 年	2021 年	2022 年
总资产/10 亿日元	2665.9	3021.0	3257.8	3555.9	4035.1	4334.0	4627.4	5053.1	5521.7	6142.1
	占比 / %									
流动资产合计	40.4	42.0	40.8	39.5	42.9	44.3	45.5	46.6	48.8	52.9
现金和存款	8.0	7.9	5.9	6.1	8.2	6.5	6.1	8.4	6.1	5.8
已完成合同及其他应收票据与应收账款	8.5	8.1	8.6	8.9	8.9	9.0	9.4	7.9	7.4	7.4
短期投资证券	0.0	0.0	0.0	0.1	0.1	0.0	0.0	0.0	0.1	0.1
库存	17.1	19.8	19.7	17.6	19.4	22.1	23.7	23.2	28.3	34.1
未完工建筑合同	0.9	1.1	1.1	1.4	1.5	1.8	1.0	0.9	0.9	0.8
待售土地	12.0	13.2	13.0	11.1	12.4	14.3	15.2	15.7	18.6	21.5
待售建筑物	3.2	4.6	4.7	4.3	4.8	5.1	6.7	5.9	8.2	11.0
其他	6.9	6.4	6.7	7.2	6.5	7.0	6.5	7.3	7.2	5.7
呆账准备金	−0.1	−0.1	−0.1	−0.2	−0.2	−0.2	−0.2	−0.3	−0.3	−0.1
固定资产合计	59.6	58.0	59.2	60.5	57.1	55.7	54.5	53.4	51.2	47.1
物业，厂房及设备	35.4	35.4	36.5	39.6	37.2	37.1	37.2	36.8	35.7	33.1
建筑物及构筑物	14.4	13.8	13.1	13.6	13.5	13.4	12.3	12.9	13.5	13.3
土地	18.2	18.7	20.0	21.4	19.2	18.7	18.5	17.2	15.9	14.9
其他	2.8	2.9	3.4	4.7	4.4	5.0	6.4	6.6	6.3	4.9
无形资产	3.1	2.7	2.7	2.4	2.6	2.9	2.6	2.7	3.1	3.2
投资和其他资产	21.2	19.9	20.0	18.5	17.3	15.7	14.8	13.9	12.5	10.8

注：系按财政年度，即 2022 年为 2022 年 4 月 1 日至 2023 年 3 月 31 日

大和房建这一资产结构与国内"现金为王"理念相悖,反映了中日企业经营的典型差异。这一资产结构既有日本特定经济状况的因素,也是大和房建经营积极的产物。

——日本利率接近于零,库存成本较低。这 20 年来,日本经济增速虽然较低,但通胀很低甚至没有,近两年才达到 2% 左右。这一状况下,只要企业自身经营得当,适当增加库存并不至于有较大问题,这是微观层面对于宏观货币政策的积极反应。而只有在微观层面积极反应情况下,宏观货币政策才是有效的。

——活化与优化存量资产,实现资产效益最大化。现金与银行存款有利于保持和增强企业流动性,但将降低企业效益。手持巨额现金,有时无异于烫手山芋。只有经济不确定性较大,以及企业经营风险较大时才应增持现金。优质的土地和房产成为大和财务压舱石,2022 年底出售的大和度假村公司,账面净资产 48.5 亿日元,转让价格 556.2 亿日元,溢价 11 倍多。

——增加股东权益,着力财务稳健。大和房建净资产占其总资产比重,2013 年为 37.2%,2022 年为 38.9%,上升 1.7 个百分点。2013~2022 年,大和房建净资产年均增长 10.2%,快于营收及总资产增长。西班牙 ACS 集团净资产占其总资产比重,2022 年为 17.0%,大和房建比其高 21.9 个百分点。东西方企业因国情及文化差异,具有不同的资产结构,这里较难点评。不过 ACS 集团 2022 年净资产占比,比 2013 年上升 3.2 个百分点。显然,保持必要的净资产占比,是企业稳健发展的一个重要方面。

四、共同创造与共同生存的融合发展

企业与社会共命运。一家优秀企业,必定是创造需求、引领需求,深入融于社会的企业,同时通过融于社会来促进和引领社会发展。这就像苹果通过 iPhone 引领社会进入新的数字应用时代一样。

1. 开放式人居全产业链

大和房建从建造预制式小型房屋走来,逐渐形成以房屋建造为中心的开放式人居全产业链。一家建筑企业的人居全产业链,就是以全品类住宅为主轴,同时基于这一主轴展开各类商业设施建造;进而基于为人居提供更好服务,以及促进商业设施更好运转的要求,全方位地展开物流设施服务,由此形成了大和房建的三条业务线。

全产业链发展有利于降低竞争的激烈性而拓展发展空间。建筑业这么一个古老的产业，本就有工艺技术简单、规模经济低、进入门槛低等特点，加之在高度发展的成熟经济中的增长弹性较低，建筑企业发展到一定规模后，边际收益将有较大下降。因此，建筑企业的全产业链发展，实则是建筑企业的横向规模扩张，这使它得以避开其行业弱势，确保规模扩大后继续发展的边际收益不变。进一步简单而言，全产业链发展通常是以建筑施工优势为依托，向产业链的上下两端拓展，从而一定程度地避开行业内卷，实现企业发展的"更上一层楼"。

开放式是为了更好融于市场及回应社区发展之中的运营要求。这就像水银泻地和一棵大树开枝散叶一样，整体是开放式的，每一个局部也是开放式；既能整体优化运营，也能在每一个节点上高效优化运行；既能整体利用市场机会，也尽可能地获取边边角角的市场机会，形成与市场及社区的无缝融合。这就可以最大程度地利用商业机会，同时也有利于保持和增强自身活力，避免大企业病。

（1）独自而开放式开发项目。这是以大和房建自身为主，同时将部分业务分包给第三方企业。这是经过多年与土地所有者的艰难博弈，进行项目开发，属于建筑企业自行创造项目的一种业务类型。比较典型的如2023年3月决策的川崎市的一个综合设施项目，这块土地3.3万平方米，经土地所有者同意，出租给大和房建进行综合设施开发建设。综合设施高约36米，地上5层，占地约1.8万平方米，建筑面积约8万平方米，拟建孵化中心。

这类开发建设并不因为大和房建具有全产业链能力，且独立开发而能说了算，而采取"肥水不落外人田"做法，全由自己承建。如上述川崎市综合设施项目，有三个分包商。又如2023年9月开始销售的千叶公园，占地2541平方米，建筑面积1.2万平方米。大和房建开发建设并负责销售，设计施工均系第三方企业。根据了解的情况，大和房建为主开发的商业和物流设施项目，其设计和施工较多由第三方企业分包，是典型的开放式运作。

（2）合作开发项目。这类项目仍是以大和房建为主，但另有多个合作方，属典型的团队强化。比较典型的如长崎县的樱未来住商结合的小区，大和房建为主，另有两家企业参与。一家是综合开发商，另一家是数字商务开发商。这一项目占地2.5万平方米，建筑面积2.8万平方米，开发建设191户的7栋建筑。销售、设计与施工则另由三个企业承担，形成多方合作格局。

类似这样的项目请第三方参与，目的还是把项目做得更好。其实所谓全产业链，并非能掌控任一空间、任一时间中的任一细节，只有开放才能优化项目生态，创造项目的最佳结果。

（3）联合开发项目。这类项目大和仅是多个开发商之一，虽贵为日本最大建筑企业，也屈尊于别家企业之后，属典型的放下身段的努力跟进类型。典型的如东京都中央区的晴海旗帜项目，位于东京最好地段，具有隔震结构，每个房间同时安装蓄电池和燃料电池系统[①]。项目占地13.4万平方米，除了两栋共1455户的50层高楼外，还包括22栋板式公寓，约1.2万人居住。项目以三井不动产为首，共11家开发商，大和房建列最后一位。

泰山不让土壤，故能成其高。一家企业即使规模很大，处于业界顶端，也仍应不放弃任何一个参与项目的机会。从这里也可以观察到日本多元参与型的项目文化的重要特点：一是合作而博采众长，二是优势竞争而力争最佳，三是消解风险而确保客户利益。为什么日本人可以把一项工作做到极致？团队紧密合作，多元优势同处一室，相互学习、相互竞争，是一个重要因素。

2. 土地源头及与客户共同发展

大和房建的一个强项是土地。土地系统被称为"Loc-system"，包括收集土地信息，与土地所有者沟通，帮助土地所有者谋划最能增进其利益的开发方案等，以土地为源头展开业务线。

商业设施占大和房建营收1/5多，流通店铺事业是一个基本面。这一流通店铺的概念有时也被称为沿街店铺，日本业界为此根据英文，用片假名创造了一个新的日语词汇：ロードサイド店舗（Roadside store，路边店铺）。日本媒体认为，在日本诸多建筑企业及开发商中，大和房建是做得比较好的一家[②]。其起因是，日本政府2000年废除了1974年为保护中小型零售商而实施的规范大型商店的法律，日本国道沿路大型商店开始出现，竞争激烈。

大和房建抓住这一机遇开发新的蓝海，开始铺设与社区相融的商业设施网络。大和房建的业务线，也正是从21世纪以来，住宅产业营收占比逐渐下降开始的。这一方面是住宅不景气所致，另一方面是大和房建在商业设施领域开始崛起。到目前为止，大和房建开发的以零售业、餐饮业为中心的沿街店铺已达3.9万家，其中自行招租运营约4000家。一批客户与大和房建共同成长。其中有在日本几乎每一个城镇都能看到的青山洋服、优衣库等。

---

① 这套系统称为"ENE-FARM"，是世界上第一个在日本首次亮相的家用实用燃料电池。该系统是一种新能源系统，可从液化石油气中提取氢气，并将其与环境中的氧气结合产生电力，同时捕获用于加热水的余热，具有非常高的效率比并可显著减少二氧化碳气体排放。

② 日本TBS TV，https://www.tbs.co.jp/gacchiri/archives/2007/1014.html。

大和房建与优衣库合作是一段佳话。优衣库第一家门店开设于 1984 年，但就在其创始人觉得不太能坚持下去时，得到了来自大和房建的援手。优衣库创始人柳井正 2015 年接受采访时说，当时请大和房建来处理开店的难点，比如与房东沟通、请求信贷支持等。优衣库当时在只有 22 家直营店的情况下，一年开出 33 家门店，实现三年百店的目标。至 2015 年，优衣库在日本的门店 850 家。截至 2023 年 2 月末，优衣库全球门店 2429 家，2022 财年营收 2.3 万亿日元，营业利润 2973 亿日元。2023 年 3 月，大和房建在泰国的合资企业，替优衣库开发建设了在泰国的第一家门店——"路边拉卡邦店"，占地 4144 平方米，建筑面积 1109 平方米。

3. 市街打造（まちづくり^①）

建筑企业规模持续扩大后，形成运营模式质变的巨大可能。即不再是提供单一项目单一服务的一家机构，而是有可能提供系统集成，多任务统筹协调推进的一家运营机构。大和房建认为，当基础设施和建筑物建成时，城市发展还没有完成，而是进入创造新价值、走向未来的阶段。市街打造，就是这样提出来的。

大和房建努力参与城市重建。本章最后一节大事记，记载了大和房建参与的 3 个城市重建项目，其中东京都港区白金高轮车站附近的重建项目，比较值得借鉴。这是大和房建用自己的公寓品牌 PREMIST 命名的一个"老破小"改造项目，2022 年 11 月份竣工。

这一项目位于东京都心脏的港区，距地铁站约 1 分钟。这里共需拆除 5 幢破旧建筑。原有建筑的占地面积 2100 平方米，建筑面积 1 万多平方米，牵涉 144 户。2010 年初地块改造启动，2016 年通过重建决定，2018 年初通过置换方案，2019 年 8 月主体工程开工。前期工作近 10 年，可见其艰难。重建的是一幢塔楼，地下 3 层、地上 35 层，占地 2047 平方米，建筑面积 29795 平方米，容积率高达 14.5，大概非如此难以满足多方利益诉求。总户数 284 户，户均套内面积 62.8 平方米[2]，这在寸土寸金的东京港区是比较宽敞的住宅。

这一项目显然是得到了当地政府及社区组织的积极支持，但也需要开发商的艰苦耐心及较大的前期付出。如果各方未能达成一致意见，前期付出就会变成沉没成本，有一定风险。开发商需听取原有及相邻地块住户意见，积极沟通与政府关系，

---

① "まちづくり"日文汉字为"町作り"。大和用假名表达，目的应该是不受汉字局限，让"町"和"作"有更宽泛的内涵外延。

② 日本所称的专有面积，大致相当于国内的套内面积。

随时拿出高水准的专业意见，包括对相邻地块住户的补偿方案等。这一项目由大和房建负责，策划、设计及施工均系第三方企业负责。

大和房建东京都白金高轮附近地块重建项目　　　　　表 8

地块	占地面积 / 平方米	建筑面积 / 平方米	户数	竣工年份	建筑
1	851.1	4332.8	63	1970 年	地下 1 层，地上 11 层
2	1064.3	5236.2	93	1979 年	地下 1 层，地上 11 层
3	62.8			2002 年	地上 8 层
4	93.1			1981 年	地下 1 层，地上 7 层
5	65.2			1958 年	木结构 2 层
合计	2136.4				1～4 均钢筋混凝土
重建后为一幢 38 层塔方楼					
	2047.7	29796.5	284	2022 年	地下 3 层，地上 35 层

注：白金高轮系地铁车站名

市街打造是大和房建提出的促进城镇街区改造发展的一个理念，以求实现"共创共生"目的。这一理念也具有概念性项目的内涵和外延，大和房建为此提出了市街打造案例集，这里作若干介绍。

——日本首个净零能源小区。采取光伏等手段，建设总能耗接近于零的居民小区。

——新智慧城。返还售电利润，用于小区管理和独立住宅维护等。

——多代循环型小区。这是一个 1971 年建的小区，占地 146 公顷，通过采取新的商业模式，提供持续服务，增强对年轻人吸引力，让老年人安全健康生活，促进可持续发展。

——利用风、太阳、绿色和自然力量的水之城。这是 2008 年入住的小区，面积约 225.6 公顷。重新规划道路和建筑布局，引入水边凉风，安装有捕风器的垂直推拉窗。同时对住宅进行隔热，小区进行挡风处理，重整绿化，种植落叶乔木。

4. 项目演进及创造项目

建筑企业转型的一条主线，是企业项目经营方式的演进。建筑业头部企业几乎均如此，大和房建亦不例外。而一些在这方面不够杰出的头部企业，就会比较逊色。

建筑企业的工程承包，本质上是一种直接为客户提供劳务服务的商业行为。建筑业生产建筑物，亦具有生产物质产品的特性。同时由建筑施工这一核心业务派生的一系列前后道业务，如咨询、设计、物业等，显然是典型的服务业。毫无疑问，建筑业天然具有很强的二、三产业融合的特征。不过与制造业相比，建筑业中小微企业与客户的关系，存在着更大的被动性。因此，建筑企业发展壮大的过程，其项目经营方式及与客户关系的演进，较之制造业企业或具有更丰富内涵。

（1）等候项目。这是建筑企业经营项目及与客户关系的常态。大和房建1955年创立，两年后1957年才接到第一个相对大一些的施工项目，一家酿酒厂的仓库。当然，这另有一种积极的"等候项目"的方式，大和房建1959年开发移动教室，以及能在院子里快速搭建的"学习室"，吸引客户购买，严格而言也是等候项目。

（2）寻找项目。这也是建筑企业经营项目及与客户关系的常态，相对于"等候项目"更为主动积极。本书研究的另一家日本建筑企业大林组，主动去找日本军方寻找项目。建筑企业参与招投标，亦是寻找项目的行为。浙江萧山有一家承建全国水泥厂土建工程，市场份额曾达2/3多的建筑企业，其创始人20世纪80年代呆坐在一家水泥厂厂长办公室近半天，得到了第一个水泥厂土建项目，是典型的积极寻找项目方式。

（3）吸引项目。这是建筑企业经营项目及与客户关系的较高境界，关键是必须具有较强实力。建筑企业建造的每一栋建筑物，都是其无声的广告，踏踏实实建造好每一栋建筑是建筑企业的起码要求。大和房建的钢管建筑1957年获得日本轻钢框架建筑协会认证，成为他们吸引项目的官方背书。

（4）选择项目。建筑业头部企业不会"来者都是客"，即使中小微企业亦如此。抵制诱惑，拒绝不可抵御的风险，选择平淡，才能不断承接优质项目。浙江一家民营建筑企业，主动放弃北方某重大项目青睐，就是觉察到项目有财务风险，事实证明他们是对的，这让他们得以避免困境。

（5）拓展项目。为客户提供劳务服务这一既定内涵具有无限外延，其中包括跨界拓展。大和房建以经营建筑为核心，把业务拓展到装修、绿化、家居商品经营、老人介护等多个方面。法国万喜集团、西班牙ACS集团等，都是围绕提供劳务服务这一基本内涵进行拓展，如机场服务、产业服务、采矿服务等。

（6）创造项目。这或可说是建筑企业与项目关系的最高境界。摆脱被动，创造主动，企业发展进入游刃有余状态。这也是建筑企业转型的高级阶段，成为在全球范围内提供综合性劳务服务的企业集团。这也正是大和房建提出的，今后除了承包的流量事业之外，不动产开发这种稳定的存量事业的发展会越来越重要。西班牙ACS集团发力PPP，也具有创造项目的意义。

这时，企业经营发展模式发生一系列变化。或创造性地使项目无中生有，或由承包方转为发包方，或激发业主为企业量身定做、单独设置项目。其中一个最大变化，是在不改变乃至改变为客户提供劳务服务的既定内涵之下，逐渐离建筑而去。

才智、野心和精力当然是创造项目的主要因素，但不得不强调规避风险的重要性。因为才智、野心和精力，大致是一个概率问题，同时除了若干抽象的规律外，其细节几乎无规律可循，因为这在本质上具有相当的艺术性，同时还要运气。而规避风险，则有规可循，同时也给才智、野心和精力套上必不可少的缰绳。

——管理和财务风险。企业规模扩大后，经营者想象力大于操盘能力，项目规模大于财务实力，项目要求大于技术能力，就非常容易出现品质、工期和流动性问题，同时也会出现团队离心力大于凝聚力等问题。

——道德和法律风险。目标定得过高，超越企业实际，就有可能为了目标而不择手段，企业就有可能进入自毁模式。大和房建2019年出现若干丑闻，日本一些媒体认为，系其发展目标定得过高所致。

——不确定性风险。企业无时无刻不在与不确定性博弈，一些小概率事件根本无法避免，一旦遭遇就是灭顶之灾。但如过分谨小慎微，或将错失重大利好，这是比较纠结的一种状况。通常而言，大企业决策一定要有适当冗余。拼死一搏的特殊情况当然例外，不过大企业通常不应把自己置于如此险峻的境地。

五、大事记

主要为2019年以来大和房建的若干重要事件，并按脉络追溯至早期。

1. 企业治理与购并

2001年4月，大和房建与其子公司大和团地合并。这一合并重要性，或仅次于其1955年创立。大和团地1961年从大和房建的住宅土地开发部门剥离，成为日本第一家正式的私人开发商，1970年上市，2001年4月解散，由大和房建的房地产事业部接管。合并率据称大和团地为3，大和房建为1。大和团地一把手樋口武男任合并后的大和房建总经理，2004年任董事长，2019年6月辞任。

2019年5月，实现新老交替。1958年出生的总经理芳井敬一任社长及CEO，会长即董事长一职自2019年6月至今空缺。

2020年2月曝出丑闻。2019年以来，先是大和房建在中国大连的一家合资企业，发现短款14.15亿元人民币，有员工涉嫌挪用公款。随后曝出大和房建2078栋建筑不合格，以及2001～2010年交付的200栋公寓楼的支柱可能不符合防火要求，接着又曝出800多栋住宅地基出现问题。2019年6月，大和房建宣布董事长、总经理和一位副总经理当年减薪20%，另有10位高管减薪10%。

2021年4月，导入事业本部制。原本为集团公司制，现由相应的事业本部统筹旗下集团公司经营活动，采用ROIC[①]作为重要的经营指标。同时，向事业本部长下放权限，构建快速经营判断的体制，事业本部长对包括旗下集团公司在内的资产负债表也有责任，以事业本部为单位平衡库存和流量。

2022年5月，制定第7次中期经营计画。时间为2022～2026年度，围绕盈利模式演变、管理效率提高和经营基础强化三大经营方针，以及八方面的优先主题，促进可持续发展。至2026年度，营收达到5.5万亿日元，营业利润达到5000亿日元。

2022年12月，出售大和度假村公司。此系大和全资子公司，转让时拥有24家酒店。受疫情打击，这家公司2022年营收188.2亿日元，仅为2020年的40.7%，三年合计亏损174.4亿日元，净资产从269.0亿日元降至48.5亿日元。转让价格556.2亿日元，受让者最后确定为惠比寿度假村有限公司。

2023年3月，隶属于大和房建滑冰部的速度滑冰选手及川佑，按自己意愿于当月31日退役，大和房建同一天撤销滑冰部。及川佑今后将作为大和房建员工继续在北海道工作。及川佑出生于1981年，参加2006冬季奥运会，获第四名，另外参加过三届冬季奥运会。2010年，及川佑加入大和房建。

2. 建筑工业化与数字化发展

2020年7月，奈良工厂第四分厂重建后运营。1965年4月，奈良工厂建成运行，这是大和引进先进设备建造的日本第一家专业化批量生产装配式房屋部件的工厂。厂区14.3万平方米，建筑面积10.3万平方米，4个分厂。近半个世纪后的2013年，大和投资100多亿日元开始陆续重建奈良工厂。重建后仍为4个分厂，建筑面积8.4万平方米，大量采用机器人等先进设备，同时生产物流设施部件。2019年10月，开始销售合作开发的"植物工厂系统"。这款系统包括保温板、栽培架、栽培池、栽培用LED照明，以及空调、通风及养分管理系统等。基本款1300平方米，主要设备每平方米30万日元。

2021年4月，开发广岛创新科技港二期工业园区。此系与广岛县和广岛市合作项目，购入废弃机场的公有土地，用地面积7.9万平方米，预定销售面积7万平方米，计划投资170亿日元。大和房建2007年在静冈县开发建设第一个工业园区，

---

① 投入资本回报率，ROIC=（股息后净利润）/（负债+所有者权益）。

迄今已在日本国内 27 个地点，以及印尼和越南，共计 29 个地点开发工业园区。

2022 年 3 月，启动数据中心建设项目。规划用地 27 万平方米，建设面积 33 万平方米，14 栋楼，计划投资 1000 亿日元，位于东京边上的千叶县。

2022 年 11 月，在德国开设建筑工业化生产基地。大和在德国的合资公司收购德国的一家炼铁厂，占地面积 10 万平方米，投资 2500 万欧元，建设一家模块化建筑制造及施工承包的基地。这是大和继在中国绍兴设立建筑工业化工厂后，在日本境外设立的第二家建筑工业化工厂。

2023 年 4 月，次世代研发基地伊藤实验室+开放。这一项目位于福冈市西区的九州大学新町，占地 3.1 万平方米，建筑面积 2.8 万平方米，拥有 60 个出租实验室和出租办公室，537 套单身公寓，以及商业大厦。大和房建与当地燃气公司共同开发，由大和房地产管理公司管理运营，第三方施工。

3. 城市重建与商业进化

2022 年 11 月，东京月岛街区的城市再开发项目开工。大和与其他三家企业作为开发商组合，主体工程为 199 米高的塔楼，地上 58 层、地下 2 层，1285 户，以及商业、幼儿园等；另有一幢 56 户多层住宅楼及一幢立体停车库。占地共 1.5 公顷，建筑面积共 14.4 万平方米，投资 850 亿日元。这一项目通过消除密集的木造住宅区，建设先进的公共用房、广场等增强防灾功能。项目 2011 年开始筹备，2018 年批准规划，预计 2026 年竣工。

2022 年 11 月，东京都港区住宅重建项目竣工。重建项目系一栋地上 35 层、地下 3 层，占地 2048 平方米，建筑面积 29796 平方米的住宅大楼。重建区块位于东京最繁华区域，原本为 20 世纪 50~80 年代建的 5 栋住宅，占地共 2136 平方米，建筑面积一万余平方米，居住 145 户。重建工作始于 2010 年，2019 年 8 月新大楼开工。重建后业主专属面积 17825 平方米，284 户（含 4 家店铺）。

2023 年 3 月，与优衣库合作。大和房建在泰国的合资公司为优衣库开发的商业设施开始营业。这一被称为"路边拉卡邦店"的商业设施，占地 4144 平方米，建筑面积 1109 平方米。大和房建与优衣库的合作始于 1991 年，优衣库总裁柳井正 2015 年说，当时我们让大和房屋工业代为处理开店困难的部分，比如与房东的谈判，提供信贷支持等，一年内开了 33 家店，"我们与大和房建工业一起实现了三年内开设 100 家门店的目标"。

2023 年 5 月，东京都昭岛项目全面启动。大和房建 2021 年 4 月收购了创立于 1937 年的昭和飞机工业公司拥有的部分土地，将开发建设为第一个位于城市度假区昭岛森林公园内的住宅项目。项目占地 3.2 万平方米，布局 3 栋公寓大楼，851 户，总投资 400 亿日元。一期地上 13 层，481 户，建筑面积 4 万平方米，户型为 56～89 平方米，第三方设计施工，住友商事为销售合作方。

2023 年 5 月，筑波市街区的"共同创造"项目开工。大和房建全资子公司为开发商，施工由第三方公司承担。3 栋建筑组成，系商铺与写字楼及立体停车库，预计 2024 年 9 月竣工。占地 7639 平方米，建筑面积 10188 平方米，已落实 16 家店铺。这一项目中的中型办公室开发方案，系大和提出的，开发商与投资者、土地所有者和租户"共同创造"区域价值的一种做法。

2023 年 6 月，富山物流中心开始运营。这一设施位于日本中部日本海沿岸的富山县高岗市，大和物流株式会社开发运营，大和房建母公司设计施工，地上两层，占地 12052 平方米，建筑面积 11802 平方米。全馆 LED 照明，光伏发电容量约 50 千瓦，全年发电量预计约 5.5 万千瓦时。2018 年 4 月以来，大和房建集团已有 14 家类似的物流中心投入运营。

第四篇 斯特拉巴格创新引领产业链价值链扩展战略

吴可人

斯特拉巴格欧洲集团（Strabag Societas Europaea，英文简称 Strabag SE，以下简称"斯特拉巴格"）是奥地利最大的建筑工程公司，以其在欧洲较高市场占有率和领先的创新能力，定义自己是总部位于欧洲的建筑服务技术集团（A European-based technology group for construction services），在 ENR 排名中具有显赫的地位。自 2016 年本课题一期研究以来，斯特拉巴格聚焦欧洲等主要市场，着力扩展技术密集型专长的基础设施业务、全面强化创新和可持续发展，主要指标再创新高，集团创新和财务实力进一步提升。2023 年，集团居国际承包商第五位、欧洲第二位。

2003～2022 年斯特拉巴格在 ENR 全球及欧洲的位次　　表1

年份	全球位次	欧洲位次	年份	全球位次	欧洲位次
2003	—	1	2013	9	1
2004	—	1	2014	8	1
2005	4	1	2015	9	1
2006	4	1	2016	9	1
2007	3	1	2017	5	1
2008	3	1	2018	5	1
2009	3	1	2019	6	2
2010	4	1	2020	6	1
2011	6	1	2021	5	2
2012	6	1	2022	5	2

一、实施"共同加速至2022"战略计划

全球新冠疫情（以下简称"疫情"）暴发前后，斯特拉巴格时任首席执行官托马斯①在集团2019年报中，提出实施"共同加速至2022年（Faster Together 2022）"战略计划，明确2019~2022年四年的路线图和发展目标，这一时间段也恰好是他任期的最后4年。考虑到2019年报是在2020年4月发布的，当时疫情冲击已经显现，应可以理解为，这份计划很大程度上是企业为应对疫情带来的不利形势和未来不确定性而研究提出的发展方向及目标愿景。

> **专栏1 "共同加速至2022"**
>
> "加速"（Faster）代表斯特拉巴格将利用新技术提高效率，减少管理时间，促进资源配置向创造性劳动进一步倾斜，达到更高的工作质量。同时，集团将更快地实施"共同加速至2022"战略计划，提高自身知名度。
>
> "共同"（Together）代表斯特拉巴格将践行团队原则，促进各方利益。开展跨地域跨业务部门以及跨公司的团队合作，在合适的时间地点，将合适的人员、材料和设备组合在一起，为工程任务找到最佳解决方案，提升各方利益。

根据"共同加速至2022"战略计划，至2022年集团发展目标主要包括4个方面：实现4%的息税前利润率，进一步提高在欧洲市场的地位，通过合作模式产生10%的产值，以及成为核心市场的顶级雇主。这份计划对于斯特拉巴格积极应对疫情冲击，获得长足发展，发挥了较好的指导作用。

斯特拉巴格2022年的主要经济数据均创造了纪录。集团产值同比增长10%，达177.4亿欧元；订单金额同比增长5.5%，达237.4亿欧元；总资产同比增3.7%，达126.8亿欧元；息税前利润7.1亿欧元，仅次于2021年居历史第二；息税前利润率4.2%，完成"共同加速至2022"确定的目标。

---

① 2022年12月31日，斯特拉巴格前首席执行官托马斯·比尔特尔（Thomas Birtel）结束其长达10年的任期。2023年1月1日起，1980年出生的克莱门斯·哈斯尔斯坦纳（Klemens Haselsteiner）担任集团首席执行官，他是斯特拉巴格创始人汉斯·彼得·哈斯尔坦纳的第三个儿子。

2016～2022年斯特拉巴格主要数据及其增长率　　　表2

指标	实绩 / 亿欧元							年均增长 /%		
	2016年	2017年	2018年	2019年	2020年	2021年	2022年	2016～2022年	2016～2019年	2019～2022年
产值 / 亿欧元	134.9	146.2	163.2	166.2	154.5	161.3	177.4	4.7	7.2	2.2
营业收入 / 亿欧元	124.0	135.1	152.2	156.7	147.5	153.0	170.3	5.4	8.1	2.8
营业利润 / 亿欧元	4.2	4.5	5.6	6.0	6.3	9.0	7.1	8.8	12.3	5.4
净利润 / 亿欧元	2.8	2.9	3.6	3.8	4.0	6.0	4.8	9.3	10.3	8.2
归属母公司的净利润 / 亿欧元	2.8	2.8	3.5	3.7	4.0	5.9	4.7	9.3	10.2	8.3
总资产 / 亿欧元	103.8	110.5	116.2	122.5	121.3	122.3	126.8	3.4	5.7	1.2
股东权益 / 亿欧元	32.6	34.0	36.5	38.6	41.1	40.7	40.3	3.6	5.7	1.4
年末市值 / 亿欧元	35.0	35.0	26.0	32.0	29.0	38.0	40.0	2.3	-2.9	7.7
年末股价 / 欧元	33.7	34.0	25.7	31.0	28.5	36.7	39.1	2.5	-2.7	8.0
员工 / 人	71839	72904	75460	76919	74340	73606	73740	0.4	2.3	-1.4

注：截至2022年12月31日，斯特拉巴格股本10260万欧元，较2007年首次发行11400万欧元减少10%。这是由于集团于2016年和2021年分两次注销1140万股库存股所致。库存股每股面值1欧元。

1. 营收企稳回升

2020年，新冠疫情爆发后第一个季度，斯特拉巴格项目执行遇到较大困难，经营状况受到较大冲击。2020年1～3月，斯特拉巴格产值同比下降9%，集团当时悲观估计2020全年产值将同比下降13%至144亿欧元。而从二季度开始，斯特拉巴格经营形势开始逐步有所好转，最终2020年实现产值154.5亿欧元，同比下降7.0%，大幅好于预期。2020年业绩影响主要来自三个方面：一是德国一家房地产和设施服务公司大客户合同到期且客户流失，二是奥地利项目受到疫情封控而暂停实施，三是智利的隧道项目完工。

经营状况逐步回升。2021年疫情封锁结束，斯特拉巴格把握住德国、奥地利和波兰几个主要市场恢复的机遇，积极推进订单项目履约，有效遏制住了上年业绩下滑态势，最终全年实现产值161.3亿欧元、营收153.0亿欧元，分别同比增长4.4%和3.7%。2022年，斯特拉巴格在德国、奥地利和捷克的经营状况进一步改善，英国、智利和中东地区大订单正常推进，实现了全年业绩较大幅度增长。2022年，集团产值同比增长10.0%至177.4亿欧元，营收同比增长11.3%至170.3亿欧元，双双创出历史新高。2023年一季度，在订单量大幅增长及施工天气等多方面有利因素的加持下，集团实现产值34亿欧元，创下同比10%的两位数增长。

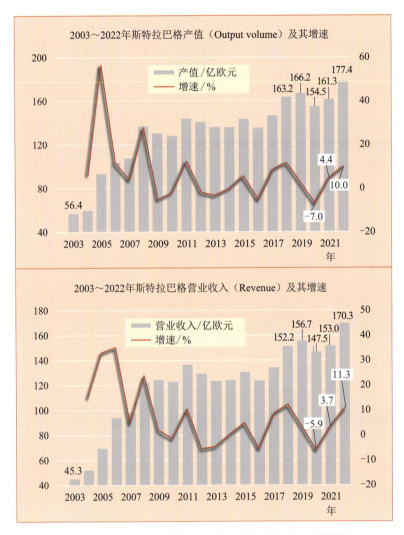

图 1 2003~2022 年斯特拉巴格产值及营业收入增长情况

订单逆势增长。近年来，住房抵押贷款利率飙升，造成住房建设需求下降，集团订单来源由私人向公共部门进一步倾斜。疫情期间，面对建筑业疲软状态，斯特拉巴格把握住欧洲众多国家公共部门基础设施等领域旺盛的投资需求，实现订单量总体较快增长。2019~2022 年，集团订单额年均增长 10.9%，至 2022 年达 237.4 亿欧元。其中 2021 年同比增长高达 22.5%，系 2008 年全球经济危机爆发以来增长最快的一年。在此期间，德国和奥地利本土市场的增长，以及英国和捷克的增长作出了主要贡献。2023 年一季度，集团成功地进一步扩大订单量，比 2022 年底增长 3%，创下 245 亿欧元历史新高。订单增长贡献最大的是德国、罗马尼亚和意大利，其次是克罗地亚和美洲。集团 CEO 表示："尽管失去了一个德国房地产和设施服务大客户，德国交通基础设施订单增长完全弥补了建筑和土木工程的下降。"表明斯特拉巴格具有较强的市场竞争力，能够在经济下行时期较好地顺应市场变化，把握公共部门需求扩张机遇。

图2　2003~2022年斯特拉巴格订单额及其增速

2. 财务实力增强

盈利水平和盈利能力有所强化。作为企业最重要的财务指标，斯特拉巴格息税前利润（EBIT）在疫情期间实现大幅提升，息税前利润率均保持在4.0%以上。2019~2022年，斯特拉巴格这一数据年均增长5.4%至7.1亿欧元。其中最高的2021年，集团息税前利润达9.0亿欧元，同比增长高达42.1%，利润率达5.9%，为历史最高。以总资产报酬率，即净利润与总资产平均余额之比来衡量，斯特拉巴格获取利润能力亦明显提高。2016~2019年集团总资产报酬率从2.7上升至3.1，上升了0.4个百分点；2019~2022年进一步上升0.7个百分点至3.8。其中，2021年因利润大幅增长，相应的总资产报酬率达到4.9的较高水平。2019~2022年，集团股东权益超过并保持在40亿欧元以上，权益比率常年保持在30%以上，标准普尔投资等级结果显示前景稳定。

回购和注销股票。斯特拉巴格自上市以来实施了多轮回购增持，对于提振市场信心作用明显，利好资本市场的长远发展。第一轮是在2011~2013年，截至2015年底，公司通过回购增持10%、1140万股自有股票。2015年英国脱欧等地缘政治因素对于斯特拉巴格股价造成一定冲击，2016年公司注销了400万股自有股

图 3　2003~2022 年斯特拉巴格息税前利润及其增速

票，刺激股价在 2016 年大幅增长，收于 33.65 欧元，市值 35 亿欧元，分别同比增长 42.7% 和 45.8%。2020 年，受到疫情等因素影响，公司股价下挫，收于 28.5 欧元，市值减少至 29 亿欧元，同比缩水 9.4%。2021 年股东大会决定再注销 740 万股、相当于股本 6.7% 的自有股，多管齐下推动股价上涨。2021 年股价收于 36.65 欧元，市值 38 亿欧元，分别同比增长 28.8% 和 31.0%。

第二轮股票回购于 2022 年 6 月启动实施。集团计划以每股 38.94 欧元的要约价格强制性回购 1026 万股股票，占到斯特拉巴格股本的 10%，预算 4.0 亿欧元。截至 2023 年 2 月，已成功回购股票 277.9 万股，占股本 2.7%。回购成本 1.08 亿欧元从集团留存收益中扣除，剩余的 2.92 亿欧元预算资金转入 2023 财年保留收益中。因这部分资金的保留，2022 年股东权益较上年略有下降，但仍高于 40 亿欧元大关，为 40.3 亿欧元。总体而言，回购股票的做法，在客观上向市场投资者传达一种集团有较大发展潜力、大股东较为看好集团发展的信息，相当程度推动集团股价上涨。2022 年，集团全年股价收于 39.10 欧元，同比增长 6.7%；市值达到 40 亿欧元，同比增长 5.3%，较好地维护了股东盈利。

可靠且有吸引力的股息。斯特拉巴格按照扣除少数股东权益之后净收入的 30%~50% 派发股息。自 2007 上市以来仅有两次例外，都发生在疫情期间。一次是 2020 年，为应对疫情冲击，经过股东大会审慎考虑，将 2019 年派息率降至 25%，即每股股息 0.9 欧元。另一次是 2021 年，基于 2020 年超预期的盈利状况，股东大会拟以每股 1.9 欧元派发 2020 年股息，至 2021 年下半年，因当年利润空前高速增长，集团最终对 2020 年增加派发每股 5 欧元特别股息，合计每股派发股息

6.9 欧元，派息率达空前的 179%。因此，就两年平均而言，派息率大大超过集团承诺的 50% 的上线，无疑带给投资者较强信心。

图 4　2007～2022 年斯特拉巴格每股股息及派息率

3. 放权去中心化管理

斯特拉巴格为应对宏观环境的易变性、不确定性、复杂性和模糊性，更好地适应国际市场发展需要，建立了放权去中心化的组织管理方式。自 2012 年 7 月 1 日起，集团组织架构由原来按业务领域分，调整为按区域市场分。集团在管理委员会下分四大部门，包括三个经营部门即区域业务部，以及一个服务部门即中央部和中央员工部，形成"区域业务部独立运营、中央部集中提供服务"管理模式。十年来，斯特拉巴格这一对区域市场放权的管理模式，推动经营部门对于区域市场的长期耕耘和专业化服务，促进集团更好地深耕欧洲市场、融入国际市场。

斯特拉巴格组织架构　　　　　　　　　　　表 3

部门	主要市场及业务划分	管理架构
北 + 西欧业务部（North + West）	德国、波兰、比利时、荷兰、卢森堡、斯堪的纳维亚半岛市场的建筑服务，集团地面工程业务也包含在内，瑞士自 2023 年起从南 + 东欧转入	1 名管理委员会成员 2 个部门 31 个子部门
南 + 东欧业务部（South + East）	奥地利、捷克、斯洛伐克、匈牙利、瑞士、东南欧市场的建筑服务，集团环境技术工程业务也包含在内，清算俄罗斯市场，波兰自 2023 年起从北 + 西欧起转入	1 名管理委员会成员 4 个部门 37 个子部门
国际 + 特殊事业部（International + Special Divisions）	国际建筑活动、隧道、服务、房地产开发、基础设施开发、特许经营、建筑材料	1 名管理委员会成员 5 个部门 25 个子部门

部门	主要市场及业务划分	管理架构
中央部和中央员工部	制定集团战略目标、维持集团财务平衡、处理集团内部事务、员工事务等，作为中心为各区域经营部门提供支持和服务 ■ 首席执行官负责商业发展、内部审计、业务合规、企业沟通、健康安全和福利综合管理系统、设备和车辆管理、技术咨询、质量保证、创新管理、资格预审、合同管理和法律服务、创新与数字化、核心技术 ■ 首席财务官负责会计、融资、税务、IT、财险开发、房地产、保险、项目风险管理系统和系统开发、国际BRVZ协调、人事行政等 ■ 首席数字官负责创新与数字化、核心技术，2020～2022年单设，2023年首席数字官任首席执行官后，集团不再单设首席数字官岗位	

近年来，各区域业务部门经营业绩呈现"你追我赶、各领风骚"良好局面。2015～2017年，南+东欧业务部以占集团30%的产值，创造了超过集团40%甚至50%的息税前利润。2018年、2019年和2021年，国际+特殊事业部以约占集团20%的产值，贡献了超过30%甚至40%的息税前利润。如2021年，国际+特殊事业部包括隧道掘进领域、特许经营业务，特别是运输基础设施方面的全球项目开

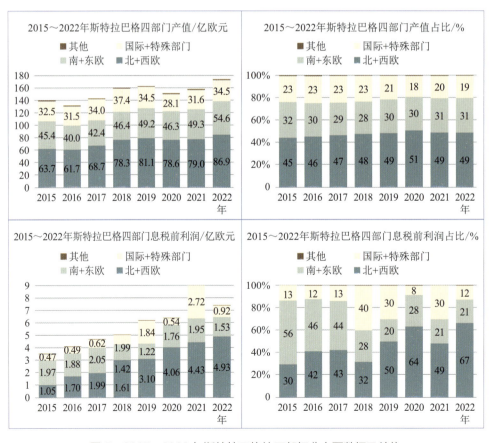

图5 2015～2022年斯特拉巴格按四部门分主要数据及结构

发活动带动盈利较快增长。2020年和2022年，北+西欧业务部以占集团50%的产值，创造的息税前利润占集团2/3强。三个业务部"东方不亮西方亮，黑了南方有北方"，轮替快速发展为集团成长壮大提供动力。

二、以欧洲市场为主优化全球化布局

斯特拉巴格对自身的定位是一家在国际上提供广泛建筑服务的欧洲公司，长期实施市场多元化战略。与严格意义上的全球市场多元化不同，斯特拉巴格的市场策略是以欧洲为主的有限区域的全球化。集团90%以上的业务集中于欧洲，在欧洲二十几个国家拥有业务。斯特拉巴格这么做的目的是，利用不同国家市场的不同表

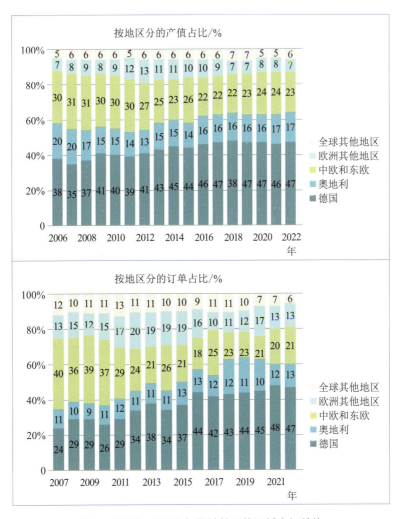

图6　2006～2022年斯特拉巴格区域市场结构

现来增强自身的稳定性、灵活性和盈利能力，通过多维度分散风险，促使经济效益最大化。

疫情期间，斯特拉巴格发挥欧洲多元市场优势，巩固增强本土市场，重点关注东欧和东南欧等国市场，相机拓展欧洲其他国家及亚洲、加拿大、智利、非洲和中东等全球其他市场。通过利用不同国家的防疫政策和市场表现差异，有效应对个别市场波动，稳定扩大其业务来源，市场结构总体稳定，并呈进一步向德奥集聚态势，证明聚焦欧洲为主的多元市场战略的成功。

近年来，斯特拉巴格继续保持了在欧洲的强大地位，虽然2020年和2022年斯特拉巴格在欧洲承包商第一的位置被法国万喜短暂取代，但并未撼动其在主要市场国较高占有率。2022年，集团在德国、奥地利、捷克和斯洛伐克的市场占有率第一，在波兰、斯洛文尼亚的市场占有率第二，在匈牙利和罗马尼亚的市场占有率第三。

1. 深耕德奥本土市场

斯特拉巴格一直将德国与奥地利并称为本土市场，通过长期深耕建立了稳固的基础，常年位居德奥市场占有率之首。自2007年上市以来，集团向德奥市场集聚的脚步从未停止，从两国获得的订单额占集团订单总额比重从35%提高至60%，产值合计占比从55%提高至64%。疫情期间，集团以主场优势应对不确定性取得良好成效。2019~2022年，斯特拉巴格在德国的产值年均增长2.2%提高至83.5亿欧元，占到集团的47.1%；在奥地利的产值年均增长3.1%至29.4亿欧元，占到集团的16.5%；德奥本土市场产值合计占集团总产值的比重提高0.4个百分点至63.6%，集聚度高位提升。

2. 重点关注中东欧

斯特拉巴格将包括其主要市场波兰、捷克、匈牙利在内的中欧和东欧[①]多国市场作为一个整体进行统计，在这一区域市场的投入产出仅次于德国，超过奥地利。2019~2022年，这一区域市场产值年均增长3%至41.7亿欧元，贡献集团全部产值的23.5%，2020年和2021年超过24.0%。疫情期间，这一区域市场喜忧参半，不过对集团产值贡献上升最快的几个国家，除英国外，都集中在中东欧，包括捷克

---

① 中欧和东欧包括下列国家：波兰、捷克、匈牙利、保加利亚、克罗地亚、罗马尼亚、俄罗斯、塞尔维亚、斯洛伐克、斯洛文尼亚。

（+1.5 个百分点）、罗马尼亚（+0.4 百分点）、克罗地亚（+0.4 个百分点）、斯洛文尼亚（+0.2 个百分点）、保加利亚（+0.1 个百分点）等，三年产值占集团比重提高 2.6 个百分点。斯特拉巴格依据东欧建筑预测协会（EECFA）关于建筑行业发展趋势研判，辅助其在东欧地区的投资决策。

3. 拓展西欧市场

斯特拉巴格将不包括德奥以及中欧和东欧的西欧国家纳入其"欧洲其他地区市场"（Rest of Europe）。这一市场基础相对薄弱，疫情以来总体表现不及本土及中东欧，但也有一些亮点。

英国市场表现尤为亮眼。斯特拉巴格 2018 年获得英国天狼星矿业公司委托的在北约克郡一项杂卤石矿产项目特大订单以来，先后承接了英国伦敦 HS2 高铁工程，以及采掘北约克郡杂卤石矿的伍德斯密斯矿井工程等项目。2019~2022 年，集团来自英国的订单量从 8.8 亿欧元增加至 22.2 亿欧元，年均增长 36.0%；英国一跃成为集团仅次于德奥的第三大市场，占集团订单比重为 9.3%；在英国市场实现产值从 2019 年的 1.3 亿欧元增长至 5.8 亿欧元，年均增长 66.2%，占集团比重为 3.3%。

瑞士东部地区市场有所增强。集团此前在瑞士的布点主要集中于德语区，拥有 32 个办事处。2023 年 4 月，集团抓住其在瑞士法语区咨询数量增长的趋势，开设了第一家办事处，并在瑞士首都洛桑（法语区城市）参与建设有轨电车项目。2023 年开始，公司优化调整了三大业务部门的市场范围，瑞士从南 + 东欧板块调入北 + 西欧板块，与其最大的德国市场放在同一个板块，相应将原本属于北 + 西欧板块的波兰划入南 + 东欧板块。这一举动或意在加强对瑞士市场的培育。

4. 撤离俄罗斯

斯特拉巴格于 1991 年进入俄罗斯市场后持续拓展在俄业务。2007 年，俄罗斯寡头商人奥列格通过其控股的拉斯佩里亚贸易有限公司，以 12 亿美元收购斯特拉巴格集团 25% 的股份，成为斯特拉巴格第三大股东，协议共同开发俄罗斯作为新的核心市场，并签订辛迪加协议。至 2013 年，俄罗斯市场以 5.61 亿欧元产值、占集团 4.1% 的比重，列集团第五位主要市场。2014 年以后，斯特拉巴格敏锐地觉察到地缘政治因素或对其在中东欧市场形象造成不利影响，遂逐步削减在俄投资。而彼时与股东拉斯佩里亚贸易有限公司的股份合作关系未受明显影响，2017 年斯特拉巴格四个核心股东，包括拉斯佩利亚贸易公司在内还续签了辛迪拉协议。但好景不长，2018 年，因奥列格被美国制裁，斯特拉巴格与俄罗斯股东关系急转直下。

2022 年俄乌冲突以来，奥列格接连被西方多国制裁，斯特拉巴格为避免受到任何关联影响，进一步减少在俄本就非常少的商业行为，同年出售在俄最后资产——两个采石场。2022 年 3 月，集团决定结束在俄所有活动，当年在俄产值锐减至 0.6 亿欧元，仅占集团的 0.3%。

2005~2022 年斯特拉巴格在俄产值及占集团比重　　　表 4

年份	产值 / 亿欧元	占比 / %	年份	产值 / 亿欧元	占比 / %
2005 年	0.92	1.0	2014 年	3.02	2.2
2006 年	1.73	1.7	2015 年	2.30	1.6
2007 年	2.58	2.4	2016 年	1.39	1.0
2008 年	4.76	3.5	2017 年	1.43	1.0
2009 年	2.82	2.2	2018 年	0.78	0.5
2010 年	2.51	2.0	2019 年	0.71	0.4
2011 年	4.87	3.4	2020 年	0.52	0.3
2012 年	5.27	3.8	2021 年	0.46	0.3
2013 年	5.61	4.1	2022 年	0.59	0.3

图 7　2005~2022 年斯特拉巴格在俄罗斯的产值及占集团的比重

5. 专业化经营欧洲以外市场

尽管斯特拉巴格强调努力维持在欧洲国家以外的市场，进一步实现资源优化配置、技术进步和风险管理的多重目标，但总体而言，由于疫情、经济和政治因素叠加，集团"走出去"风险和难度明显增加。近三年，集团在全球其他地区市场的表现明显不及欧洲市场，订单减少，产值下滑，盈利能力不强，各项主要指标占比下降。2019~2022年，集团从欧洲以外的全球市场获得的订单量年均减少6.9%至1464亿欧元，占比从10%降至6%；产值年均减少3.6%至9.93亿欧元，仍未恢复至2019年水平，占集团比重从6.7%降至5.6%。在欧洲以外的全球市场，斯特拉巴格主要承接需要高度专业技术能力支持的公共项目，比如铁路、地铁、隧道、采矿、水电能源工程建设等。疫情以来集团主要承担了智利、新加坡、加拿大的多个基础设施项目。

三、以基础设施为重点纵深拓展业务板块

斯特拉巴格长期专注于以高技术见长的工程建设领域，在交通、隧道、建材等领域积累了较强的专业技术能力。疫情期间，集团除了运用多元化区域市场灵活应对外部冲击，也积极通过延伸产业链、拓展价值链缓冲不利影响。疫情前的五年乃至更长时间，集团通过大量购并活动，将其业务范围纵深拓展至轨道交通、采矿工业、能源环保设施等领域，有效提升集团参与基础设施构造、生产、运营和管理等整个价值链的覆盖面和专业化程度，切实增强其承担政府公共项目的核心竞争力。

1. 通过购并扩展专业技术能力

斯特拉巴格实现高速发展和业务领域的延伸拓展，很大程度上得益于成功的购并战略。集团一般能在数月内实现对于新并购公司的整合，并将其纳入组织框架和风险管理体系中。截至2022年底，集团拥有控股子公司近300家，非控股子公司22家。自2016年本课题一期研究以来，斯特拉巴格完成了至少18起[①]主要的收购活动。这些被并购的公司主要服务于土木工程、工业和基础设施项目、隧道掘进等领域，以交通及能源基础设施的施工及相关设备生产居多。通过这些并购活动，斯特拉巴格在较短时间内具备了高速交通、地下工程、水电设施等领域的设计、建设和运营管理方面的专业化能力，为集团承接较大技术密度、投入强度的基础设施项目提供了保障。目前，斯特拉巴格拥有9项土木工程专利，其中4项是隧道工程专利。

---

① 依据斯特拉巴格历年年报披露的"重要事件"（Important events），合并财务报表附注中的购并（ACQUISITIONS），以及集团官网历年新闻发布的内容进行梳理。

2016～2023年1月斯特拉巴格主要购并活动　　　　　　　　　　　　　　表5

年份	购并企业名称	购并活动主要内容	购并目标领域
2016	特许经营公司潘素维亚有限公司（PANSUEVIA GmbH & Co.KG）	与豪赫蒂夫按1:1比例出资，收购潘素维亚有限公司特许经营公司名下德国A8高速公路乌尔姆－奥格斯堡路段30年的特许经营权。2018年9月底，斯特拉巴格收购豪赫蒂夫所拥有的特许经营公司的全部股份，成为运营德国A8高速公路乌尔姆－奥格斯堡路段的特许公司的100%所有者	道路工程特许经营
	维也纳科技园区	扩大集团在奥地利和东欧的项目开发服务范围	扩大地域市场
	中型建筑公司Jansen Berndsen有限公司	接管该公司40名员工及1000万欧元年产值，拥有其道路和土木工程专业能力	道路工程土木工程
2017	包尔联合比特费尔德建设联盟（Bau Union Bitterfeld）	接管该公司约50名员工、年营业额400万欧元，整合到斯特拉巴格汉诺威/萨克森—安哈尔特分部哈雷分部，提供广泛的建筑服务，重点是混凝土建筑和工业建筑	建筑工程
	德国旭普林（Züblin）	该公司是德国老牌交通基础设施工程承包商，拥有超50年隧道施工经验，掌握一系列先进交通工程技术，在世界上建造了250多条隧道，总隧道经验超过2000公里。2005～2017年斯特拉巴格通过4次收购活动，完成对旭普林全资收购，接管7000名员工、年产值15亿欧元	道路工程隧道工程
2018	斯特拉巴格德国股份公司（STRABAG AG）	斯特拉巴格德国总部科隆公司与伊尔巴（Ilbau）德国控股集团霍珀加滕总部合并。伊尔巴更名为STRABAG AG，STRABAG AG成为斯特拉巴格集团100%控股子公司	统一品牌形象
	爱迪生（Edilson）	该公司专门从事轨道接头、轨道底架和减振轨道绝缘产品生产及服务。斯特拉巴格铁路建设子公司通过收购扩大其在有轨电车轨道建设方面的服务范围，成为公共交通、铁路运输和工业轨道施工的完整供应商	轨道交通
	Pötzl沥青公司	接管该公司50名员工、650万欧元营业额。该公司拥有25年历史，专注于浇注沥青的施工、建筑材料贸易、浇注沥青的制备和销售以及混凝土的密封和翻新	道路工程建筑材料
	卡维翁波兰公司（Caverion Polska Sp. z.o.）	奥地利斯特拉巴格PFS有限公司收购该公司100%股份。接管员工规模170名，年产量约1200万欧元。该公司是波兰技术设施管理领域的专家，成立于1993年	建筑设备技术
2019	Neuendorf	该公司自1982年以来在道路修复创新流程中颇有建树，拥有铣削替代传统道路建设方案，通过回收研磨后的饰面材料，可以在新的道路建设中重复使用。通过收购可以增强斯特拉巴格在德国铣削服务市场上的竞争地位	道路工程
	HSE Bau有限公司	该公司具有沥青道路建设、土木工程和土方工程以及管道建设等业务领域专长，通过收购可增强斯特拉巴格在萨克森核心业务中的竞争地位	道路工程隧道工程
	德国慕尼黑汉斯包有限公司（Hans Münnich Bau-GmbH & Co. KG）	接管该公司30名员工、机器和公司场地、房地产。该公司成立于1921年，专注于土木工程，活跃于户外设施、土方工程、管道施工、钢筋混凝土工程、道路建设领域	土木工程道路工程

续表

年份	购并企业名称	购并活动主要内容	购并目标领域
2019	CORPUS SIREO房地产有限公司	斯特拉巴格房地产和设施服务有限公司接管该公司房地产管理业务及所有员工	房地产管理
	PORR集团旗下的华沙和布拉格两家房地产与设施管理公司	两家公司年收入合计约600万欧元。接管华沙房地产与设施管理公司83名员工、办公物业和基础设施管理业务,并垂直整合制冷和消防领域专业技术能力;接管布拉格房地产与设施管理公司所有业务。该公司在布拉格拥有12名技术专家,是PORR集团在捷克的主要收入来源	房地产管理、建筑设备技术
2020	弗里肯豪森的胡梅尔系统有限公司（HUMMEL Systemhaus）	该公司是一家中型企业,主要从事电气工程、IT和通信（ITC）、能源系统等领域业务。收购旨在整合上述分包商,进入高增长的未来市场	能源工程
2022	斯拉比胡德有限公司（Slabihoud GmbH）和汉斯劳尔有限公司（Hans Lohr GmbH）	收购两家公司100%股权,约1700万欧元收入、133名员工。扩大集团在建筑设备及其技术领域的服务范围,主要包括测量、控制和调节建筑物温度技术（MSR）、安全及通信技术的业务领域,包括所有供暖和制冷系统、电气设备,以及生成的数据,以完全创新的方式致力于建筑物的整体功能和可持续建筑建设	技术 建筑设备
	博克达有限公司（Bockholdt）	该公司是德国北部最大的清洁服务供应商,拥有约3600名员工、培训学院及13个办事处,具有维护清洁领域专业服务能力。主要包括工业清洁领域的创新服务,通风系统的机器人辅助清洁,太阳能和风能发电厂环保清洁,专业虫害防治及外科诊所清洁	工业清洁
2023	阿道夫建筑公司（Adolf List）	该公司成立于1932年,主要服务于土木工程和道路建设领域。包括下水道和管道施工、沥青施工、开发和铺路工程,以及工业、商业和住宅施工。斯特拉巴格接管约110名员工,年业绩2500万欧元	土木工程道路工程建筑工程

超前的市场战略眼光为斯特拉巴格购并提供方向标。集团一系列收购剑指道路、隧道工程建设及其设备、材料生产服务领域,清晰展示出集团扩展交通及相关基础设施市场意图。从现在来看,斯特拉巴格的战略布局具有先见之明,这一系列购并行动为应对疫情以来工程承包市场需求由私人部门向公共部门倾斜做好了准备。2016~2019年,集团完成的14起收购活动中,9起涉及道路工程领域、2起涉及技术建筑设备,其他1起为简化治理结构及统一品牌形象,1起为房地产管理,1起为建筑工程。2020~2022年大部分时间,集团鲜有购并实体企业。而从2022年11月开始至今,集团又完成3起购并,涉及技术建筑设备、工业清洁和道路工程。从购并企业的行业分布看,斯特拉巴格正在布局绿色建筑这一发展风口。

2. 把握政府扩大投资机会

斯特拉巴格高度重视争取公共部门的订单，其公共部门客户稳定在61%~65%。疫情和俄乌战争推动了建筑价格上涨、利率抬升，冲击了市场需求特别是私营部门需求。但是对于公共部门而言，为了刺激经济和优化投资环境，不少地区加大基础设施等领域投资。斯特拉巴格时任首席执行官托马斯表示，疫情以来各地市场在土木工程领域投资有所下降，而政府部门扩大在铁路、公路基础设施，以及可再生能源发电厂等方面的长期投资计划，为集团在相关市场带来机遇和动力。2019~2022年，集团来自公共部门的订单量占比，从61%的历史低位回升至63%，就是一个佐证。

图8　2013~2022年斯特拉巴格来自公共部门和私人部门订单量占比

斯特拉巴格在项目执行中坚持长期主义定位，这对于集团争取公共部门订单不无裨益。面对激烈的招投标竞争，集团坚持不采取低价策略，而是注重从工程项目全生命周期减本降耗角度出发进行合理报价。在项目执行中，集团尽量在当地雇工，为当地创造就业；保障较高的建筑质量，减少项目交付后运维支出；优化执行流程，加快项目交付等。这样做在一定程度上提高了项目执行成本及其报价，但更符合公共部门的价值取向，更契合促进当地经济社会发展的长远利益，也使斯特拉巴格在参与公共项目竞争中更具优势。2021年，斯特拉巴格成功中标克罗地亚TEN-T地中海走廊铁路现代化改造项目就是一个典型案例。在此次竞标中，斯特拉巴格联合体以高度专业的商务技术方案及17.3亿库纳（折合2.6亿美元）精准报价，在 15 个投标单位（联合体）中最终胜出。中国的中铁二院和中铁四局联合体也参加了这次投标，但因报价过低（12.9 亿库纳，折合 1.8 亿美元），最终经分析评估无法完成而遗憾出局。

3. 发力基础设施领域

欧洲国家众多，基础设施等公共部门需求旺盛，为斯特拉巴格稳定发展创造了较大市场空间。凭借基础设施专业能力，斯特拉巴格在公共部门相关重大工程招投标中频频胜出。ENR 数据显示，2020~2021 年，集团交通基础设施新签合同额占比超过半壁江山，达 57%，在全球建筑十强企业中仅次于布依格（60%）列第二位，高于全球建筑十强企业平均交通基础设施订单占比 26 个百分点。同期，集团一般建筑项目订单占比相应有所下降，最低降至 30%。2020~2022 年，斯特拉巴格年报披露的 50 个重大项目中，按不完全统计合同金额共计 62.1 亿欧元。其中，基础设施项目含高速公路、铁路、地铁、桥梁、水电厂共计 35 个，占 70%；项目金额合计 54.2 亿欧元，占 87.3%。

图9　2006~2021 年斯特拉巴格新签合同的行业分布结构

产值和盈利状况也反映出斯特拉巴格积极抢占交通设施风口的成效。2019~2022 年，集团交通基础设施产值占比提高 3 个百分点至 41%。与此同时，国际 + 特殊事业部，得益于隧道掘进、特许经营业务大幅增长，以及大量交通运输基础设施项目积极推进，息税前利润实现超大幅度增长。

2020～2022年斯特拉巴格重大项目　　　　　　　　　　　表6

时间	名称	类型	项目金额/万欧元	计划完成时间
2022				
2月	波兰S19高速公路升级	高速公路		2025.8
3月	维也纳Viertel Zwei gr nblick住宅	住宅	11000	2025.8
3月	大众银行、雷弗-艾森森银行、拜仁米特银行总部	楼栋		2024.12
6月	智利矿井及风力发电厂基础	隧道	28300	2025.6
7月	萨格勒布和里耶卡之间铁路线现代化	铁路	22800	
10月	柏林东南部科佩尼克火车站及区域铁路升级	铁路	15400	2026.12
10月	罗马尼亚A3高速公路	高速公路	5100	2024.4
11月	不来梅城市采矿和建筑垃圾处理能力中心试点项目	环境工程		
2021				
1月	克罗地亚边境匈牙利M6高速公路	高速公路	12330	2024.1
1月	下萨克森州A1高速公路扩展工程	高速公路	30000	2025.6
2月	德国法兰克福最大微型公寓	住宅区	8300	
4月	波兰A2高速公路18.75公里路段	高速公路	15300	2024.12
4月	德累斯顿新公共行政中心	楼栋	7656	2025.3
5月	加拿大扩建地铁	地铁	5000	2024.8
5月	蒂森克虏伯船舶系统在基尔的造船设施	造船设施、楼栋	100	2023.6
6月	绕波兰的S12号公路	高速公路	9900	2024.6
6月	扩建匈牙利TEN-T铁路网最后一段单轨铁路（赫尔瓦茨基莱斯科瓦茨-卡尔洛瓦茨线）	铁路	24024	2024.3
7月	连接罗马尼亚经济中心奥拉迪亚的高速公路	高速公路	11000	2023.7
7月	布拉格两个地铁站现代化改造	地铁	3250	
8月	德国普福尔茨海姆附近Enz山谷A8高速公路交叉口大型工程	高速公路、桥梁、隧道	10000	2026.12
8月	捷克共和国北部具有技术挑战性的铁路现代化改造	铁路	3694	
9月	扩建匈牙利67号高速公路	高速公路	7700	
9月	维也纳国家歌剧院的年轻艺术家新空间	歌剧院	2050	
10月	斯塔拉巴格营：奥地利最现代化的学徒培训中心	楼栋	1000	
10月	波兰北部波德拉斯基省的S19高速公路	高速公路	6750	2025.6
11月	法兰克福Helaba中央商业大厦	楼栋	300	2028.2
12月	加纳饮用水处理厂	水厂	7000	2025.4
2020				
2月	乌干达道路升级	高速公路	5400	2022.8
2月	匈牙利西部维斯普拉希姆市绕城公路及现代化改造	高速公路	7200	2023.2
4月	英国HS2高铁	铁路	121600	
4月	罗马尼亚桥梁	桥梁	3000	
4月	FAIR粒子加速器设施部分扩展外壳	粒子加速器设施	22000	2023.8

续表

时间	名称	类型	项目金额/万欧元	计划完成时间
6月	罗马尼亚 A3 高速公路	高速公路	4000	2021.12
6月	德国东部铁路网升级	铁路	8700	2025.8
6月	德国最长高速公路高架桥拓宽为八车道	高速公路	20000	
6月	柏林/勃兰登堡边界和柏林外环之间铁路线升级	铁路	10500	2025.1
7月	保加利亚铁路线	铁路	10302	
9月	黑森州 A49 PPP 高速公路	高速公路	65000	
9月	捷克铁路现代化改造	铁路	7049	2023.1
9月	扩建加纳首都阿克拉东北约 160 公里处的 Volta 地区水厂及输配网络	水厂及输配网络	2750	2022.7
9月	阿曼首都马斯喀特地区两座防洪大坝	防洪坝	16500	2023.5
10月	捷克 D55 高速公路	高速公路	5275	2024.4
10月	使用 BIM 5D® 实施波兰首个医院扩建	医院	2700	2023.6
10月	威利希一号监狱（JVA Willich 1）	楼栋	100	2025.12
10月	波兰在柏林的新大使馆大楼	楼栋	6000	2023.3
10月	匈牙利 55 公里长铁路线升级	铁路	5984	2022.12
11月	斯洛伐克新的 Žilina–Teplička 火车站及基础设施现代化改造	铁路	9044	2024.11
12月	哥本哈根的新 Sølund 住宅和退休中心	楼栋	10500	2026.12
12月	布拉格 Smíchov 城市发展区住宅、办公、商业街区	街区	4420	2024.12
12月	维也纳地铁 U2 线改道扩建	地铁	25000	2028.6

注：根据斯特拉巴格 2020～2022 年报重要事件整理，空缺处系无数据

图 10　2016～2022 年斯特拉巴格按领域分的产值结构

4. 斩获更多特大订单

斯特拉巴格时任首席执行官托马斯认为，"真正大型项目的比例比我们以前看到的要高"。这一观点既指明了市场机遇所在，也充分展示了集团努力争取大项目的实战实效。疫情以来，集团获得的5000万欧元以上的特大订单总金额和单均金额均实现较快增长。2019～2022年，集团超过5000万欧元的特大订单占集团订单总额比重从46%提升至53%，比十年前更是提升了10个百分点，创历史新高。同期，订单额前十位项目金额合计从30.7亿欧元提高到47.8亿欧元，占集团订单总额的比重从17.6%提高到20.3%。

图11 2007～2022年按订单规模划分的订单量结构

注：2007～2014年订单规模分为三类，柱状图最上方黄绿色表示中小型订单（0～1500万欧元），中间翠绿色表示大型订单（1500万～5000万欧元），下方深绿色表示特大型订单（超过5000万欧元）。2015～2022年订单规模分为四类，如图例所示

2022年斯特拉巴格前10大订单　　表7

序号	国家	工程	订单额/亿欧元	占比/%
1	英国	HS2高铁	14.2	6.0
2	英国	伍德史密斯矿井隧道及附属设施	7.2	3.1
3	德国	维勒巴赫美国医院	7.0	3.0
4	德国	中央商业大厦	4.3	1.8
5	加拿大	斯卡伯勒地铁2号延长线	3.5	1.5
6	德国	斯图加特21地铁站	3.4	1.4

续表

序号	国家	工程	订单额/亿欧元	占比/%
7	克罗地亚	列斯科瓦奇 – 卡尔洛瓦茨铁路线	2.5	1.1
8	德国	PPP A49 高速公路	2.2	0.9
9	捷克	D1 号高速公路里科瓦奇至普雷洛夫段	1.9	0.8
10	德国	A1 号高速公路洛恩至布拉姆舍段	1.6	0.7
		合计	47.8	20.3

注：资料来源系斯特拉巴格 2022 年报。

图 12 2015～2022 年斯特拉巴格前十位订单额合计及其占集团比重

注：2022 年十个订单系年报选出的大项目，与之前历年年报选出的最大十个项目不同。考虑到这一因素，则 2022 年前十位订单额合计及其占比或有低估。

5. 专业化分工协作

斯特拉巴格广泛采用分包方式来加强与不同专业领域分包商的专业化分工协作，以提升项目整体绩效和企业竞争力。2022 年，集团在建筑和上木工程领域，自己完成的占 48%，分包和转包的占 52%；在交通基础设施工程领域，自己完成的占 69%，分包或转包的占 31%。

斯特拉巴格与同为全球建筑承包商十强企业的瑞典斯堪斯卡，在实施英国伦敦 HS2 高速铁路隧道项目中，共同组建了劳务分包公司斯堪斯卡·科斯塔因·斯特拉巴格（Skanska Costain Strabag），公司员工由英国当地劳务人员及两家公司其他地区派遣劳务人员共同组成。这一模式帮助斯特拉巴格有效应对自身人力资源、机械设备、专业资质等方面的局限，转移和分散项目执行过程中工期延误、成本超支、工程质量等风险，确保工程项目顺利进行。同时，这也促进了工程总承包商和劳务分包公司之间分工合作，促进现代化管理和专业化施工的优势互补。

分包模式的广泛推行，对于建筑总承包商加强风险管理、质量控制、客户维系提出了新的更高要求。斯特拉巴格在集团范围内推行使用统一的风险管理软件，贯彻和执行统一的风险管理制度与标准，合理控制预算，过滤、淘汰危险项目。同时，集团采取"双人规则"加强决策风险防控。对管理委员会以下的全部决策，全面采取由一名技术经理和一名商业经理共同负责的"双人规则"（four-eye principle，意思是四只眼睛盯住）。集团建立并不断完善客户满意度评价体系，评价内容从2005年起使用的5个方面，优化迭代为2021年起执行的3方面18个问题。

斯特拉巴格客户满意度评价体系　　　　　　表8

年份	评价内容	评分标准	评价结果
2005~2020年	从五个方面对具体项目或合同进行评估，包括对错误和投诉的回应，文件和报告，现场管理人员的能力，负责人的能力，施工现场整洁有序。运营单位可以在调查中添加特定的问题或实施额外的程序来测量客户满意度	1分超出预期， 2分完成预期， 4分部分完成， 6分没有履行责任	1.87分左右
2021年至今	从三方面18个问题对客户和利益相关者进行提问，包括组织效率和技术实现，负责任和可持续地处理人员和资源，团队合作、专业能力与沟通等	5分满分	4.4分

四、以科技创新驱动可持续发展

斯特拉巴格从2021年起，将创新和可持续发展纳入其主要战略，力争成为欧洲最具创新性和可持续性的建筑公司。集团可持续发展战略承诺至2040年自身在整个价值链上实现气候中性。创新作为驱动力，是实现可持续发展的不可或缺的工具。截至2022年底，集团已经开展了250个创新和400个可持续发展项目，包含数字化和创新、减少温室气体排放、材料和循环等主题。

1. 建构可持续发展顶层设计

愿景驱动，目标牵引。斯特拉巴格在可持续发展战略层面，围绕数字转型、气候中性、社会责任三个维度，构建完善从组织架构、战略目标，到评价反馈的治理框架，为提升可持续发展核心能力保驾护航。

（1）建立可持续发展的组织架构

可持续发展与创新及数字化被共同定义为斯特拉巴格加快进步的重大战略。集团从2020年初开始，通过大刀阔斧地调整组织架构来保障战略顺利推进。一是在中央部门新设创新与数字化部门（Innovation & Digitalisation，简称 SID），负责收集和对接有利于集团数字化创新的思路和举措，系统性地推出、监测和评估数字化转型项目。同步设立可持续发展管理部门，隶属于 SID，负责制定和发展可持续发展战略，根据法律要求出具可持续发展和非财务报告。二是在管理委员会首次设立首席数字官，由克莱门斯·哈斯尔斯坦纳（Klemens Haselsteiner）担任，原有 5 名核心管理成员相应增至 6 人。克莱门斯负责 SID，还负责中央部门 Zentrale 技术公司、技术质量与创新管理公司（TPA）、EFKON 公司等。克莱门斯在 2023 年 1 月 1 日被任命为首席执行官后，继续负责上述部门。这就保障了与可持续发展及数字化创新相关议题可以直接提交至集团核心管理层。

（2）明确气候中性为核心的可持续发展目标

2021 年，斯特拉巴格首次通过了可持续发展战略，制定至 2040 年实现气候中性的总体目标，并具体分为五个阶段性目标。

斯特拉巴格 2040 年实现气候中性的五阶段目标　　　　表 9

阶段	目标
2025 年实现行政管理领域气候中性（Climate-neutral administration）	集团将在所有固定行政场所，加强工作用电、供暖和制冷能源，以及车辆燃料等主要排放源的控制
2030 年实现建筑项目领域气候中性（Climate-neutral construction projects）	集团将在构筑物的施工过程中，达成气候中性所要求的减排目标。包括建筑物和基础设施项目，及其在施工过程中提供的服务。例如建筑工地车队、建筑机械和设备的燃料和电能，移动式集装箱办公室的运作能源消耗，供应商和分包商间的运输
2035 年实现建筑运营气候中性（Climate-neutral building operation）	考虑到建筑运营占全球碳排放总量的 28% 之多，集团高度重视并致力于减少建筑物使用过程中的排放，尽可能以气候中性方式运行
2040 年实现建筑材料和基础设施领域气候中性（Climate-neutral construction materials and infrastructure）	集团对所有建筑材料的来源负责，包括自己生产的及外部采购的材料，确保符合气候中性目标；对于交付客户的基础设施，确保其能够以气候中性的方式运行
2050 年	集团助力欧洲成为实现气候中性的第一大陆

（3）参与企业社会责任评价

2022 年，斯特拉巴格首次参与了全球公认的企业社会责任评级（ESG）。评级机构晨星（Sustainalytics）和全球气候资料披露计划（CDP）确认了斯特拉巴格在可持续发展管理及气候中性方面取得的进展，核实了公司披露的温室气体排放信息，给予斯特拉巴格 B⁻ 的评级。同年，斯特拉巴格生态评分（EcoVadis）从 58 分增加到 70 分（满分为 100 分），主要得益于在环境绩效、劳工和人权、可持续采购方面的得分有所提高。

2. 提供资源节约型产品及服务

俄乌战争引发能源、原材料供应短缺、成本飙升，碳定价法规的实施推动碳排放价格上涨。对于斯特拉巴格而言，柴油价格每上涨 1 美分，公司每年的燃料支出就相应增加 100 万美元。多重因素倒逼斯特拉巴格在建筑节材和降耗方面加快探索。2022 年，斯特拉巴格建筑材料产值约为 12.4 亿欧元，同比增长 28.3%；占集团总产值的 7%，比 2016 年提高 2 个百分点，详见表 10。

（1）提高建材自给能力

斯特拉巴格通过抢先广泛地在主要市场布局建材生产设施，构建了自己的沥青、混凝土、水泥和石料四类原材料生产网络，实现集团内部原材料稳定供应，减少对外部市场的依赖。这一做法对竞争对手在当地新设建材生产基地造成较大障碍，形成了斯特拉巴格战略意义的竞争优势。疫情期间，集团依靠自有建材最大限度地降低建材市场波动带来的风险，并为客户提供涵盖建筑行业整个价值链的一系列服务。同时，建材成为公司增值链中的一部分，其销售收入不断增长，2022 年达历史最高的 8 亿欧元。集团专门设有中央部门 TPA，专注于沥青、混凝土、土方工程、岩土工程和环境工程质量管理，以及交通基础设施、土木工程等研发能力中心。

2016~2022 年斯特拉巴格主要类型建材生产及使用情况　　　表 10

指标	2016 年	2017 年	2018 年	2019 年	2020 年	2021 年	2022 年
沥青 / 万吨							
生产量	1510	1580	1640	1660	1630	1620	1570
消耗量	1220	1236	1195	1180	1139	1068	1059
自给率 / %	124	128	137	141	143	152	148
混凝土 / 万立方米							
生产量	320	390	440	420	370	340	330
消耗量	394	446	489	470	452	378	434
自给率 / %	81	88	90	89	82	90	76
石头、砾石 / 万吨							
生产量	2870	2930	3180	3220	3220	3420	3330
消耗量	4146	4654	6148	5796	6225	5890	5772
自给率 / %	69	63	52	56	52	58	58
水泥 / 万吨							
自给率 / %	24	28	25	34	30	30	39
原材料销售收入							
原材料销售收入 / 亿欧元	5.15	5.85	6.6	6.9	6.4	6.6	8.0

斯特拉巴格在沥青生产应用上具有领先优势。集团 2002 年通过收购德国沥青集团而拥有了较强的沥青生产及研发能力，沥青的名义自给率①超过 100% 并持续攀升。近年来，集团不断加大沥青研发投入，成功研制并推广使用沥青新材料，促进沥青节材降耗。水泥生产也是斯特拉巴格的一大强项，集团水泥自给率亦保持较快提高。2011 年，集团与全球水泥领导者豪瑞合资，设立拉法基水泥控股有限公司，持有合资公司 30% 的股份。目前，斯特拉巴格集团投资的五家水泥厂满足了集团内 39% 的水泥需求。

（2）千方百计节材降耗

原材料减量提效。2019 年，斯特拉巴格消耗的原材料含石料、沥青、水泥和结构部件总量达到峰值 8579.9 万吨后逐年减少。2019～2022 年原材料消耗量年均减少 18.2%，与 2016～2019 年均增长 27.0% 形成反差，至 2022 年原材料消耗总量为 7375.0 万吨。单位产值的原材料消耗亦加快减少，2019～2022 年年均降幅为 7.0%，降幅比 2016～2019 年扩大 5.4 个百分点，至 2022 年为 41.6 吨/万欧元。混凝土因计量单位不同，未纳入上述计算，但也同样呈下降趋势。

2016～2022 年斯特拉巴格材料消耗总量及单位消耗量　　表 11

材料类型	2016 年	2017 年	2018 年	2019 年	2020 年	2021 年	2022 年	2016～2019 年	2019～2022 年
石料/千吨	58020.0	62420.0	68650.0	70410.0	69960.0	64790.0	59991.0	6.7	-5.2
沥青/千吨	13600.0	14000.0	13986.0	13270.0	12746.0	12715.0	12056.0	-1.0	-3.1
混凝土/千立方米	4986.0	4589.0	5746.0	5519.0	5089.0	4775.0	5154.0	3.4	-2.3
水泥/千吨	1021.0	1163.0	1669.0	1642.0	1739.0	1555.0	1239.0	17.2	-9.0
结构部件/千吨	421.3	417.4	478.3	476.9	447.2	444.7	463.9	4.2	-0.9
材料消耗总量（不含混凝土）/千吨	73152.3	78000.4	84782.3	85798.9	84891.2	79504.7	73749.9	27.0	-18.2
单位产值消耗材料量/千吨	54.2	53.3	51.9	51.6	55.0	49.3	41.6	-1.6	-7.0
单位产值耗混凝土量/(立方米/万欧元)	3.7	3.1	3.5	3.3	3.3	3.0	2.9	-3.5	-4.4

能源消耗稳中有降。斯特拉巴格在业务地点、生产设施和建筑工地全面地提高能源效率，不断扩大和使用可再生能源来替代化石燃料。当前，约占斯特拉巴格产值 69% 的子公司已通过 ISO 50001 认证的能源管理系统，其他还有约占集团产值 9% 的子公司在执行所在国家的能源管理审计规定。2018～2022 年，斯特拉巴格单

---

① 斯特拉巴格沥青生产量超过其消耗量，但在具体项目建设中，是否采购集团生产的沥青根据实际情况而定。2022 年集团实际沥青自给率为 86%。

位产值能耗以年均 3.3% 幅度缩减。总能耗在 2020 年达到谷底后有所回升,主要受燃料、汽油和燃料油用量增加所致。

斯特拉巴格 2016~2022 年能源消耗总量及单位能耗　　　　表 12

能量类型	2018 年	2019 年	2020 年	2021 年	2022 年	2018~2022 年
电力/兆瓦时	477286	432755	411441	394859	417340	-3.3
燃料/兆瓦时	1976423	1986883	1732783	1754901	1961591	-0.2
汽油/兆瓦时	497899	430143	332625	428683	416171	-4.4
燃料油/兆瓦时	172550	165764	142857	151406	153519	-2.9
褐煤粉/吨	481787	481235	500732	503083	475975	-0.3
能耗总量/兆瓦时	3605945	3496780	3120438	3232932	3424596	-1.3
单位产值能耗 兆千瓦/亿欧元	22091	21042	20201	20044	19309	-3.3

（3）以保护气候和节约资源的方式设计、建造和运营建筑

——成功研发多功能沥青。斯特拉巴格研发的清洁空气沥青（Clean Air Asphalt,简称 ClAir®），具有净化空气和降低噪声功能。该沥青可通过光催化过程降低空气中有毒氮氧化物的浓度 26%，沥青表面的特殊纹理可显著降低轮胎与道路相互作用产生的滚动噪声，相当于声学感知的交通量减少 20%~35%。

——使用可再生材料。斯特拉巴格子公司旭普林木材公司（ZÜBLIN Timber）按照可持续理念，用 18 个月扩建完成德国维藤/黑尔德克大学内一栋木材混合建筑。建筑材料 1382 立方米木材全都来自可持续的森林资源，可以从大气中吸收一吨导致气候变暖的二氧化碳。项目获得了由德国联邦住房、城市发展和建设部颁发的可持续建筑 BNB 银牌认证。此外，斯特拉巴格斯图加特园区一栋大楼将按照德国联邦住房、城市发展和建设部颁发的"可持续建筑质量印章"进行现代化改造，展示可持续材料管理与高质量废物回收。

——基于 3D 打印的新材料。斯特拉巴格成功研发 3D 打印特殊轻质增材施工方法（3D Light）。这一项目由德国联邦经济和气候保护部（BMWK）资助，使用可移动的 3D 打印机器人，利用更环保、更节材、更稳定、更易回收的轻质混凝土，直接在施工现场打印墙壁，比采用传统墙体减排 50% 碳足迹。建筑材料可回收后分解成为单独组件，用于新项目的次要原材料使用。集团已与 PERI 公司合作，在奥地利豪斯莱滕建成当地第一座 3D 打印建筑。

——试点废料回收处理解决方案。斯特拉巴格正在推进不来梅前石油港更新项目，规划布局建设 C3 大型循环经济项目，包括土壤修复工程、建筑材料回收中心

和材料回收能力中心。此外，集团在"斯特拉巴格地图"（STRAmaps）基础上开发了一个地理信息系统应用程序，用于协调联系建筑工地与废料回收处置点，为制定废料最佳处置路线提供解决方案。这一应用程序还将不断改进和扩大数据库，倡议其他公司、区域市场参与这一体系，建立建筑工地和优质回收处置地点之间的物料流动网络，将废料按照编号分配，推动废料高质量循环利用。

——开发能源原材料数字化监测系统。斯特拉巴格于 2012 年开发数据基础"碳跟踪器（CarbonTracker）"来加强能源监测，采用数字技术手段汇编、整合、评估和核实来自不同国家、不同生产设施和个别建筑工地的能源和二氧化碳数据。2017 年，集团内部引入电力和天然气数据管理系统，用于识别和减少电力峰值和基本负荷。2021 年开始，集团在德国的所有公司都只购买二氧化碳中性的水力发电能源。目前集团正在参与德国能源数字化转型计划，获德国联邦经济事务和能源部资助，联合研究"电子凭证（eVIDENCE）"项目，通过开发智能手机应用程序，实现仪表和油表即扫即读。

——研发先进厌氧技术赋能有机垃圾终端处置。斯特拉巴格抓住有机垃圾发展的风口，开发干、湿两种厌氧工艺，并形成较强的技术优势。干式厌氧工艺采用分区搅拌、大罐体容量、真空出料等设计，实现高自动化、高安全性、低能耗和低产污率。湿式厌氧工艺则采用"气体搅拌+径向水利搅拌"设计，具有较大搅拌强度等特点。目前，中国已有 10 多个大型有机垃圾处理项目引进了斯特拉巴格这一先进的厌氧技术。

3. 推动建筑业数字化转型为己任

实现可持续发展的核心是技术与创新。斯特拉巴格于 2021 年 4 月将数字化创新（digitalisation initiatives）纳入发展战略，并强调其是业内首家"明确"关注数字化的公司。这一方面当然是因为集团创设了首席数字官及中央部门 SID；另一方面，也是更为重要的是，集团推进了一批具有重大影响的旗舰项目，包括建筑信息模型（BIM 5D®）、智能建设（SMART. Construction）、精益建造（LEAN. Construction）、战略采购（Strategic Procurement Solution，简称 SPS），等等，这些做法有力地推动了集团自动化、远程作业、无人机现场作业、智能建筑机械、互联施工等新方式新方法应用，有效增强了集团的创新竞争力。2022 年，集团在研发和创新活动投入约 1600 万欧元，占集团净利润的 3.3%，比 2017 年提高了 1 个百分点。

（1）BIM 5D®。斯特拉巴格于 2015 年起持续开展 BIM 5D® 的研发及应用，已建成瑞士楚格（Zug）的西门子中心、波兰在德国大使馆、波兰医院扩建、瑞士屈斯纳赫特道路维修工程等一批代表性项目，积累了丰富的基于信息模型的投标、设计、执行经验。目前斯特拉巴格正在加快升级 CAD 工作站，与 BIM5D® 技术一起用于业务项目中。2022 年工作站数量达 2435 个，同比增长 16%，增速快于疫情之前。同时，集团为外部合作伙伴公司提供 BIM5D® 培训，共同制定未来适用的标准。

（2）智能建设（SMART.Construction）。这项工作旨在推进大型建筑施工向数字化、自动化转型，以降低施工人员工作强度，减少集团用工需求。斯特拉巴格通过在施工现场广泛运用无人机、智能机器等智能设备，利用智能传感器将智能设备和建筑部件联网，有效地支持所有项目参与者的数字化和无缝交互。目前，智能建设在交通基础设施领域进展较快。2018 年，集团结束首期"连接施工现场"项目后，2019 年以互联建筑工地 2.0 的名义继续进行。到 2018 年底，远程信息处理系统在关键设备上的覆盖率从 2018 年的 26% 提高至 2019 年的 34%。

（3）精益建造（LEAN.Construction）。这是以减少浪费为核心的建设管理方法。斯特拉巴格通过内部认证，已在超过 15 个国家培养了 400 多名精益建造专家，为现场施工团队提供从规划、设计到施工的全过程支持。包括在项目竣工前根据实际情况，实时优化调整设计和施工活动；分析项目成功经验，完善精益工作流程；采用数字物流解决方案，简化原材料供应。集团已完成 2.8 万名员工精益建造培训，并计划在 2023 年推出精益成熟度模型，推动集团精益建造评估和提升。

（4）战略采购（SPS）。为加强采购的战略性，简化采购流程，提高采购效率，斯特拉巴格于 2018 年启动采购解决方案，已在集团范围内统一了采购标准，开发了采购数字化平台。2019 年该平台在德奥本土市场启用第一个功能模块"供应商管理"，供应商可在这一模块上实时更新供给数据，便于集团所有部门、项目及潜在需求获取。接下去，平台将实现从发起采购到付款整个流程的数字化，并覆盖集团所涉全部区域市场。

（5）与外部创新资源建立网络和合作伙伴关系。斯特拉巴格自 2004 年起一直是欧洲研究和开发建筑公司（ENCORD）和欧洲建筑技术平台（ECTP）成员，2019 年升格为欧洲建筑公司研究与开发网络总秘书处主席。这些角色为斯特拉巴格获取建筑行业前沿信息、参与建筑行业标准制定、开展建筑技术联合创新等提供了渠道。如集团子公司 TPA 承担了德国联邦公路研究所发起的机器人道路建设研究项目，与科隆工业大学、达姆施塔特工业大学、MOBA 移动自动化公司和 3D 地图解决方案公司一起，致力于研发和推动道路建设中使用自主机械，已实现互联网远程控制沥青路面摊铺机作业。TPA 将与欧洲合作伙伴组织一起继续在欧盟资助的基础设施项目中推进研发及应用。同时，集团还承担了德国联邦交通和数字基础设施部委托的项目，使用传感器来监测沥青道路的承载状况，以更好地预测路段使用寿命。

五、塑造"顶级雇主"企业形象

斯特拉巴格的目标是成为建筑承包领域顶级雇主（top employer），投资于提高效率的技术和流程，减少人们体力困难、重复和危险的工作，同时不断扩大用于履行社会责任的投入。

1. 开发战略人力资源

塑造尊重员工、促进个体发展的企业文化。2023 年起，斯特拉巴格将人事部门更名为人事与文化发展部（P&C Dev），通过四方面举措全面加强战略人力资本开发，即人力资源营销及招聘、咨询服务、继续教育、员工接受领导评估面谈。2022 年，集团被评为"2022 年最具吸引力的学生雇主"之一；有 72% 的员工参与了评估面谈，同比提高 16 个百分点，2023 年这一比例达到了 80%。

（1）提升员工推动创新与数字化的核心领导力。斯特拉巴格制定培训"领导者"计划（Leadership@Strabag），通过对头部员工开展四方面领导力的培养，旨在促进和发展他们适应未来发展的核心能力，包括：领导变革力，即启动并推动变革进程；授权团队力，即推动采用精益工作程序；跨职能领导力，即促进集团发展和合作；协作领导力，即以公开、透明、包容过程进行决策。

（2）提升员工参加培训和继续教育的广度和强度。2021 年 10 月以来，斯特拉巴格每年在下奥地利州营地培训约 250 名学徒，教授新的施工方法和现代建筑技术。在德国 Bebra 集团培训车间进行商业和技术领域培训。2022 年，集团培训课程数 3378 次、参与培训人数 3.9 万人，同比增长 14.2%；招收蓝领学徒 605 名，同比提高 19.8%。

（3）提升员工创业激情和实战能力。2021 年斯特拉巴格启动首轮内部创业计划，对于成熟的创业计划给予资助等支持，以电影"星际探索"命名。在 2022 年的第二轮活动中，集团范围内征集到 90 多个创业方案，董事会选择其中 6 个方案进入原型设计环节。集团为这 6 个团队提供创业指导，给予资源支持，将方案转化为最小的可行产品。比如，一项关于解决剩余建筑资源利用的创业项目获得集团资助。该项目围绕资源循环利用，创建一个第三方市场应用程序，将建筑工地与潜在客户联系起来。

2. 守护职业安全和健康

2017年斯特拉巴格成立健康、安全和环境（HES）委员会，由管理层、职业安全部门和员工代表共同构思和实施这一领域新活动。2019年，管理委员会起草并通过了健康、安全和环境小组指令，于2020年开始执行。

（1）安全倡议。2019年，斯特拉巴格提出"三步法"选择安全的倡议，明确将事故发生率降至零的愿景，以此持续巩固职业安全和健康。这一倡议旨在为职业安全专家和员工提供一个面对面、现场沟通的工具包，为保障团队合作成功和安全提供有效途径。从后来的疫情暴发和快速应对来看，不得不称其具有先见之明。三步法具体包括：第一步"停止"，即在采取行动之前，花点儿时间评估一下形势，因为下一步行动前几秒是具有决定性的；第二步"思考"，好好考虑下一个工作步骤，作好准备，争取一个安全的工作环境；第三步"行动"，负责任地、安全地工作。

（2）职业安全。2019年斯特拉巴格通过了ISO 45001职业健康和安全管理体系认证。同年，集团每千名施工人员事故发生率是29例，这一数据大大低于同期德国平均水平（2018年为53例）。从2023年起，集团在中央员工部门中成立独立的健康安全和福利部，开展每个施工现场风险评估，提出与健康、安全与环境相关的防护措施、救援理念和培训指导要求。集团明确，各级领导应该定期开展安全检查，并规定了最少的检查次数。

（3）健康保护。集团采取多种措施来提高员工健康水平，包括雇员援助方案、建筑工地移动保健解决方案和关于健康主题的多语种网络研讨会。2020年疫情暴发的最初几个月，斯特拉巴格安全官员在全球订购了7万套安全套件，做到了集团90%以上的员工人手一套安全套件，相较于欧洲同类企业而言，这是一个可观的数字。2022年，集团在德国获得了"目标群体特异性"类别的"企业健康奖"特别奖。同年，集团蓝领误工率为7.6，与2021年基本持平。

3. 履行社会责任

斯特拉巴格与著名社会组织康考迪亚具有长期合作，主要关注中欧和东欧的儿童、难民援助等工作。这一方面是由于这些地区社会发展需求较多，另一方面则是有助于提升集团在这些目标市场的社会形象。2022年，集团合计投入各类资金486

万欧元用于社会服务与支援,同比增长 24.6%。

(1)帮助儿童。斯特拉巴格致力于帮助东欧和东南欧的儿童和青年,提高他们的受教育机会。集团通过向康考迪亚组织提供资助,为奥地利低收入家庭儿童提供援助,帮助未成年难民迈出融入社会的第一步。从 2017 年开始,斯特拉巴格作为康考迪亚组织儿童项目赞助商之一,资助其每年举办的蒂罗尔筹款音乐节。

(2)援助难民。俄乌战争开始以来,斯特拉巴格在波兰、捷克和摩尔多瓦等受影响最严重的国家,发起针对乌克兰难民的广泛援助。集团通过康考迪亚组织帮助逃往摩尔多瓦、罗马尼亚、保加利亚和奥地利的难民,在乌克兰边境的帕兰卡村(Palanca)向受难群众提供紧急救援。这项工作于 2022 年 12 月获得"基督和平国际和平奖"(Pax Christi International Peace Award)。

(3)赈灾基金。2023 年 2 月斯特拉巴格积极投身叙利亚和土耳其地震救灾行动,为受到地震影响的斯特拉巴格员工及其家人设立一项特别基金。同时,集团与奥比铁路货运集团(ÖBB)在土耳其阿季亚曼地区地震灾区附近建设集装箱村,为 30 个家庭提供暂时居住场所。

六、大事记

1. 两个前身

(1)伊尔包公司(ILBAU)

1835 年,安东·莱赫包默(Anton Lerchbaumer)公司在奥地利成立,主要从事家装业务。

1954 年,伊索拉公司和安东莱赫包默公司合资成立伊索拉—莱赫包默公司(Isola & Lerchbaumer),简称伊尔包公司(ILBAU)。

1972 年,伊尔包公司改组为伊尔包股份公司。

1987 年,伊尔包的控股公司——包控股公司(BAU Holding)成立。

1990 年,包控股公司首次在维也纳证券交易所上市。

(2)斯特拉巴格公司

1895 年,位于德国的"滚压公司—— H. Reifenrath 有限责任公司"成立。

1923 年,成立斯特拉巴格股份公司(STRABAG)。

1949 年,斯特拉巴格股份公司在科隆证券交易所上市。

1965 年,斯特拉巴格奥地利公司在林茨成立。

1986年，斯特拉巴格奥地利公司变更为股份公司，并在维也纳证券交易所首次上市。

1996年，奥地利斯特拉巴格股份公司收购STUAG股份公司的多数股权。

2. 并购发展

1998年，包控股公司的大股东比包公司（BIBAU）接管了科隆斯特拉巴格股份公司的多数股份。因此，包控股公司集团中的主要执行公司伊尔包和科隆斯特拉巴格股份公司成为姊妹公司。

1999年，奥地利斯特拉巴格股份公司完全收购STUAG股份公司，并回购公司的全部自由流通股，从维也纳证券交易所退市。

2000年，伊尔包和STUAG股份公司在奥地利合并为新的STRABAG股份公司。

2001年，包控股斯特拉巴格股份公司（BAU HOLDING STRABAG）成为科隆斯特拉巴格股份公司的大股东和母公司。

2002年，收购德国沥青集团。科隆斯特拉巴格股份公司100%全资收购德国沥青集团（Deutsche Asphalt Group），接管其1500名员工和1.5亿年产值，借此快速拥有了沥青领域专业化生产能力及技术水平。

2004年，包控股斯特拉巴格股份公司更改法律形式为欧洲股份公司（Societas Europaea，简称SE）。

2005年，包控股斯特拉巴格欧洲股份公司（BAU HOLDING STRABAG SE）收购破产的沃尔特包集团（Walter-BAU）。其中包括迪威达集团公司等的大部分股份。

3. 上市扩张

2006年，包控股斯特拉巴格欧洲股份公司更改为斯特拉巴格欧洲股份公司（STRABAG SE），即现在使用的名称，简称斯特拉巴格（STRABAG）。同年，集团100%购并菲马格公司（FIMAG）。

2006年，创始人汉斯·彼得·哈斯尔坦纳出任斯特拉巴格首席执行官。汉斯1944年出生，1970年毕业于维也纳经济与商业大学商业经济学，在从事一段时间会计师工作后，于1972年加入其岳父承包的伊尔包公司工作。此后汉斯通过一系列收购，组建斯特拉巴格，成为集团大股东。汉斯于2013年6月卸任。

2007年，第三家股东俄罗斯拉斯佩里亚贸易有限公司（Rasperia Trading

Limited）加入。俄罗斯寡头商人奥列格·德里帕斯卡（Oleg Deripaska）通过其塞浦路斯的拉斯佩里亚贸易有限公司，以 12 亿美元收购斯特拉巴格 25% 的股份，成为集团第三大股东。同年，集团四个核心股东签署辛迪加协议，明确共同开发俄罗斯市场作为新的核心市场，以及核心股东提名监事会成员、协调股东大会投票结果、限制股份转让等权力。

2007 年，首次公开募股（IPO）。公开发行股票 1.14 亿股，每股 1 欧元，折合股本总额 1.14 亿欧元。其中三股记名股，其他无记名，一股一票。2011~2013 年，集团回购增持 10%、1140 万股自有股，于 2016 年和 2021 年先后注销 400 万股和 740 万股，股本减至 1.026 亿欧元。2022 年启动 10%、1026 万股回购计划，至 2023 年 2 月完成回购 277.9 万股，流通股减少至 9982.1 万股。

2008 年，完成 8 起较大收购。包括收购法兰克福的德国电信全资子公司德·泰姆莫比连（De Teimmobilien），获得德国、斯洛伐克和匈牙利市场提供物业管理的能力；收购奥地利格拉茨 EFKON 公司部分股权，获得智能交通控制系统和电子支付系统；收购匈牙利 AKA 公司，获得匈牙利 M5 高速公路 100% 的特许经营权；还包括收购意大利的阿丹蒂股份公司，德国的基什内尔控股有限公司，德国的 F. Kirchhoff AG 和德国电信不动产和电信服务有限责任公司等，集团快速提升了计划、建设、运营全方位服务能力。

2011 年，在匈牙利设水泥合资公司。斯特拉巴格成功与世界建材巨头拉法基集团（Lafarge Cement CE Holding GmbH），在匈牙利共建水泥合资公司。斯特拉巴格持有这一合资公司 30% 的股份，项目于 2011 年 9 月建成投产。斯特拉巴格因合作而快速进入水泥行业，成为全球水泥市场的主导者。

2012 年，按地理位置设立管理委员会的组织架构和职责。集团划分为 4 个部门，北＋西欧业务部（North＋West），南＋东欧业务部（South＋East），国际＋特别事业部（International＋Special Divisions），中央部和中央人员部门。

2013 年，1954 年出生的托马斯·比尔特尔（Thomas Birtel）接任汉斯成为集团第二位首席执行官。托马斯拥有德国波鸿鲁尔大学博士学位，1996 年加入斯特拉巴格任斯特拉巴格德国子公司霍克建筑股份公司管理委员会成员，2006 年起任斯特拉巴格管理委员会成员，2013 年 6 月起任首席执行官，任期于 2022 年 12 月 31 日结束。

2015 年，统一德国斯特拉巴格品牌（Strabag），改变过去多品牌战略。2014 年斯特拉巴格完成集团旗下 18 家公司的合并及更名，涉及超过 1.1 万名员工、年产值约 40 亿欧元。2015 年起，总部位于科隆的斯特拉巴格德国股份公司（Strabag

AG）以斯特拉巴格欧洲股份公司（Strabag SE）品牌出现在德国交通基础设施领域。

2017年，完成对德国交通基础设施名企旭普林全资收购。2005~2017年，斯特拉巴格通过四次购并活动，完成对德国老牌交通设施企业旭普林的全资收购：2005年，收购旭普林57.3%股权；2006年，将集团在德国的房屋建筑和建筑工程业务部门出售给旭普林公司；2016年，增持旭普林37.6%的股权至94.9%；2017年，全面收购旭普林其余股份。

2019年，制定"共同加速至2022"（Faster Together 2022）四年（2019~2022年）行动计划。明确至2022年发展目标，包括实现4%的息税前利润率，进一步提高在欧洲市场的地位，通过合作模式产生10%的产量，以及成为核心市场的顶级雇主。

2019年，斯特拉巴格成为欧洲建筑公司研究与开发网络总秘书处主席。自2004年起斯特拉巴格一直是欧洲研究和开发建筑公司（ENCORD）和欧洲建筑技术平台（ECTP）的成员，2019年升格为欧洲建筑公司研究与开发网络总秘书处主席。

2020年，首次设立首席数字官（CDO）。集团管理委员会新设首席数字官，由集团创始人汉斯·彼得·哈斯尔坦纳的第三个儿子克莱门斯·哈斯尔坦纳（Klemens Haselsteiner）担任，负责核心技术（Zentrale Technik）、创新数字化（Digitalisation, Innovation, Business）等。管理委员会成员由5人增加至6人。

2020年，奥地利项目因疫情管控而停工。集团于2020年3月18日停止在奥地利的常规施工作业。大约有1000个建筑工地受到影响。

2021年，将数字化创新、可持续发展纳入集团发展战略。明确发展成为欧洲最具创新性和可持续性的建筑公司，并提出分五步走、到2040年在整个建筑业价值链中实现气候中和的目标。

2021年，调整客户满意度评价体系。斯特拉巴格从2005年开始，采用统一的团体标准对客户满意度进行调查。2021年将评价体系调整为3个方面18个问题，分值5分。2022年集团首次采用新评价体系，得分4.4分。

2022年，核心股东重签辛迪加协议。因集团核心股东"MKAO拉斯佩里亚贸易有限公司"的实际控股人俄罗斯寡头商人奥列格·德里帕斯卡连续受到美国、加拿大、英国、澳大利亚和欧盟的制裁，MKAO在斯特拉巴格27.8%的股份被冻结，股份相关所有权利被禁止，MKAO委派的监事会成员托马斯·布鲁（Thomas Bull）被召回，其作为第2号记名股票持有人的权利被暂停，MKAO提名的监事会成员赫尔曼·梅尔尼科夫（Hermann Melnikov）博士与集团解职。2022 年 8 月，核心股东哈斯尔坦纳家族私人信托基金未能成功收购 MKAO 占有的集团股份，决定终止此前 4 个核心股东之间签订的辛迪加协议，除 MKAO 以外 3 个核心股东达成新的辛迪加协议，提出强制收购 MKAO 股份的要约。

2022 年，斯特拉巴格的股东结构在 2022 财年没有变化。哈斯尔坦纳家族私人信托基金占 28.3%；奥地利中央合作银行集团（14.2%）和 UNIQA 集团（15.3%）合计 29.5%；MKAO 拉斯佩里亚贸易有限公司占 27.8%。除核心股东外，没有任何投资者持有公司超过 5% 的股份。散户投资者的比例为 6.0%，机构投资者的比例为 5.2%。斯特拉巴格股票年底为 39.10 欧元，增长 7%。

2022 年，完成第一份企业社会责任评价报告（ESG）。获得 B$^-$ 的评级。同年，集团生态评分（Eco Vadis）从 58 分增加到 70 分（满分为 100 分）。

2023 年，1980 年出生的克莱门斯·哈斯尔坦纳担任集团第三任首席执行官。克莱门斯拥有美国芝加哥德保罗大学工商管理学士学位，在宾夕法尼亚大学沃顿商学院接受过高级管理课程，2004 年在奥地利毕马威会计师事务所开始他的职业生涯，2011 年加入斯特拉巴格俄罗斯公司，担任商业项目经理等职务，2015 年起在斯特拉巴格德国旭普林公司斯图加特分公司，先后任交钥匙工程的商业业务部门经理、商业细分经理，2020 年进入集团管理委员会任首席数字官，目前继续负责核心技术、创新与数字化、可持续发展等。至此，集团不再单设首席数字官。

第五篇 现代建设业绩瓶颈时期的战略转型

明文彪

韩国现代工程建设公司（以下简称"现代建设"或HDEC）是世界著名的国际承包商之一，也是韩国最大的工程承包商。现代建设诞生于1947年，是韩国最早成立的建筑企业，在房屋建筑、工厂建设、电力设施建设和核电站建设领域都享有盛誉。目前，现代建设在阿拉伯、伊拉克、印度尼西亚、波兰等62个国家成功开展了870多个海外项目，国际业务的营收占比保持在30%以上。2022年，现代建设在美国ENR的"全球最大250家国际承包商"中的排名位列11，是韩国排名最高的国际承包商。

现代建设主要经营指标　　　　　　　　　　　表1

	2016年	2019年	2022年	2016~2022年均增长/%
总资产/亿美元	165	158	166	0.1
总收入/亿美元	156	150	169	1.3
净利润/亿美元	4.8	3.5	3.3	−6.1
每股收益/美元	4.3	3.2	2.9	−6.4
ENR全球承包收入排名	15	25	23	—
ENR国际承包收入排名	14	14	11	—

数据来源：现代建设财务年报、ENR

一、崛起和争斗：韩国第一工程承包商

企业的成败，是诸多因素共同作用的结果，既离不开其生存的土壤，也少不了时代的际遇，同时又和创始人的个性和家族基因密不可分。作为韩国财阀代表，现代建设及其母公司现代集团因其惊人的发展而成为韩国战后崛起的缩影，但也因其狗血的"豪门恩怨"而一度沉沦。

1. 郑氏家族的分分合合

在福布斯"韩国50富豪榜"上，排名前二十的人几乎都来自五大家族，它们分别是三星集团李家、现代集团郑家、乐天集团辛家、SK HOLDINGS 集团（简称 SK 集团）崔家以及 LUCKY GOLDSTAR 集团（LG 集团）具家。

毫不夸张地说，世界了解韩国，是从了解现代集团郑家开始的。1945 年，29 岁的郑周永创立"现代自动车工业社"；两年后他又创办"现代土建社"，正式踏入工程建筑领域。1950 年，郑周永将现代土建社和自动车工业社合并为"现代株式会社"，从此拉开了"现代王朝"的序幕。

在韩国近现代发展史上，现代集团创造了一系列让人叹为观止的辉煌：第一家造船厂（现代重工业株式会社，简称现代重工）、第一家汽车厂（现代自动车株式会社，简称现代汽车）、第一条高速公路（现代建设），第一次在全球打出"MADE IN KOREA（韩国制造）"的牌子。

1992 年，现代集团的销售额占到了韩国整个国民收入的 16%，达到惊人的 532 亿美元，出口额达到 87 亿美元，占全国出口总量的 12%，经营范围涉及造船、汽车、建筑、电子、机械、钢铁、海运、保险、金融、炼油等各行各业。

郑周永共有八子一女。不过，这个家族一直命运多舛。1982 年，长子郑梦弼在一场车祸中意外身亡，八年后，四子郑梦禹不堪疾病折磨选择了自杀。同许多豪门一样，郑家也未能避免同室操戈的命运。在 2001 年郑周永离世后不久，这个商业帝国便上演了"三家分晋"，次子郑梦九、五子郑梦宪和六子郑梦准分别取得现代汽车、现代集团、现代重工三大块资产。分家后，现代集团自身力量被大大削弱。这个曾经的韩国第一财阀也从此被三星超越。

作为本文主角的现代建设原本隶属于五子郑梦宪的现代集团，但因 2003 年伊拉克工程款迟迟无法收回而陷入债务危机，最终不得不向债权人出让控制权。素以对父唯命是从闻名的五子郑梦宪第一个出卖掉父亲赖以起家的产业，此后不久自杀身亡。现代建设和现代集团从此分家。

所幸的是，在徘徊挣扎 10 年后，现代建设的经营状况因中东订单持续大增而逐渐恢复，当初的债权人终于把股权卖还给了郑氏家族，现代汽车成为现代建设的第一大股东，现代建设重新纳入了"现代"版图。

与此同时，在全球疫情肆虐的时点上，现代系迎来了第三代掌门人。2020 年，郑梦九把现代汽车交棒给独子郑义宣。一年后，现代建设也迎来新任总裁尹英俊。至此，郑氏分家时期的第一代、第二代管理层全部离开。

2. 波谲云诡的政商关系

本书其他案例企业与所在国政府的关系都是相对清晰的，虽然有以特许经营业务为重心而与政府走得近的万喜，也有美国白宫的座上宾柏克德，但没有一家能及现代建设之于韩国政府的影响力。

"二战"后，刚刚成立的现代建设就成功把握住了时代机遇，将自身命运和政府需求紧紧绑在一起，实现了腾飞。此后的30年时间中，现代建设承担了韩国政府相当多的项目，也扮演了韩国作为"亚洲四小龙"在全球产业界纵横捭阖的急先锋角色。作为回报，现代建设获得了政府的大力支持，可谓双赢。1968年，现代建设承接了韩国第一条高速公路——京釜高速公路的建设任务。这条公路连接韩国两大城市釜山和首尔，全长417千米。项目于1968年2月1日开工，1970年7月7日贯通。此举为现代建设在韩国国内赢得了极高声誉，也由此确立了现代建设"韩国第一建筑商"的名头。

然而，正所谓"世异则事异，事异则备变"。1988年卢泰愚出任总统后，政策风向开始变化。卢泰愚支持对大财团提升监管力度，收紧对大财团的信贷和土地支持，导致郑周永大为光火，公开表示对卢泰愚的不满，甚至不惜公开现代集团向政府高官进行贿赂这样的丑闻。如此两败俱伤的做法，导致现代集团和政府关系持续趋于紧张。

而随着政府加强对现代集团的监管和调查，现代建设的融资渠道全面受阻，竞争对手如大宇集团，反倒获得政府更多支持，郑周永曾试图以竞选总统的方式来扭转不利局面，然而并未成功。郑周永一度面临牢狱压力，同时现代集团逃税问题遭到调查，最终其子郑梦宪代父坐牢。

事已至此，郑周永很清楚，就算现代集团是韩国第一财团，也无法与政府抗衡。因此，卢泰愚下台、金泳三继任总统后，郑周永作了180°大转弯。他频频向韩国政府示好，而金泳三也对郑周永表示："政府不允许商业巨头参与政治，我们也保证不干涉现代集团的正常活动。"至此，现代集团和韩国政府的对立告一段落。

然而，历经数年动荡，对于现代建设来说，无疑发展脚步已经放缓。而韩国政府虽然无法彻底根治财团这一问题，但是在政策上也更加注重平衡，对各家大财团都予以照顾，以求平衡，避免一家独大。可以说，现代建设和政府合作最紧密的时点，就此过去了。

抛开"企业家"身份的局限，郑氏家族曾多次左右韩国政局。创始人郑周永晚年开启了著名的"黄牛外交",促成分离了半个世纪的韩朝首脑会谈。郑梦准几乎是以一己之力推动韩国搭上宿敌日本的便车,联合举办了日韩世界杯,在全国收获民族英雄般的声望。

3. 当现代走向现代

经过近10年的家族争斗和债务危机,现代建设目前的股权结构已经较为分散。截至2022年底,最大股东现代汽车持股只有20.75%,第二、三、四股东分别是摩比斯、国民年金公司和起亚公司,持股分别是8.65%、8.40%和5.19%,其余股东的股权都在5%以下。需要说明的是,摩比斯是韩国最大的汽车零部件公司,起亚是韩国仅次于现代汽车的第二大汽车生产商,这两家公司的最大股东也都是现代汽车,由于现代汽车分别持有两家公司18.03%和35.12%的股份。这样进行股权穿透,现代汽车对现代建设的最终持股比例应该是24.13%,还达不到33%的一票否决权。

但由于韩国家族企业特殊的交叉持股设计,郑家对现代建设有着绝对的控制权。所谓交叉持股,顾名思义,就是甲拿乙的股份,乙拿甲的股份,形成"你中有我,我中有你"的利益共同体关系。

交叉持股在现代建设股权结构中表现得淋漓尽致。虽然郑家没有在现代建设直接持股,但却在现代建设的三个大股东(现代汽车、摩比斯、起亚)中持有股份,并担任核心角色,而三个大股东之间又有着千丝万缕的关系。比如现代汽车是起亚的最大股东,而起亚公司又持有摩比斯18.03%的最大股份,反过来摩比斯又是现代汽车的第一大股东。表面上看,郑家在几家公司的股份都不到10%,但由于子公司之间的交叉持股,实际控制权均可达50%以上。

"孝"是韩国文化的一个典型符号。除了控制权要掌握在家族成员手中外,企业的日常经营管理也基本由家族的"忠奴"担任。现代建设的管理层任命也充分体现了韩国大企业对"忠诚"二字的重视。在风雨飘摇中,2021年现代建设将公司的董事长职位交给了尹英俊。这个在现代建设服务近30年的老将一路从基层干起,直至担任公司执行副总裁,并于2021年被任命为公司董事长兼首席执行官。自然,尹英俊也对现代建设的信任给予了回报。通过查阅他的持股变化发现,尽管近几年建筑市场不景气,且现代建设市值波动较大,但他一路增持,目前尹英俊已经成为现代建设最大的个人投资者。

尹英俊在现代建设的持股变化　　　　　　　　　　表2

时间	股份数量	占公司股份比重/%	时间	股份数量	占公司股份比重/%
2020.12	589	0.001	2022.6	3339	0.003
2021.6	2300	0.002	2022.12	4339	0.004
2021.12	3339	0.003	2023.3	5039	0.005

数据来源：Capital IQ；截至2023年3月31日

另外，现代建设的股票似乎颇受外国投资者欢迎。前10大股东就包括全球资产管理规模最大的两家公司——先锋集团和贝莱德，还有大名鼎鼎的挪威主权财富基金。截至2022年底，海外投资者对现代建设的持股已经达到24.63%，超过了韩国境内机构投资者14.91%的持股份额。现代建设被称作一家国际化公司实至名归。

现代建设的前10大股东　　　　　　　　　　表3

序号	名称	股份占比/%	序号	名称	股份占比/%
1	现代汽车	20.75	7	未来资产环球	1.67
2	摩比斯	8.65	8	三星资产	0.87
3	国民年金公司	8.40	9	维度基金	0.85
4	起亚公司	5.19	10	挪威银行投资	0.63
5	先锋集团	2.22	合计		51.27
6	贝莱德	2.04			

数据来源：Capital IQ；截至2022年12月31日

二、业务和市场：非均衡的商业模式

1. 房建主导的业务结构

按照领域来划分，在2023年的公司宣传册中（2023 HYUNDAI E&C PROFILE），现代建设将其业务分成四块，分别是土木（Infrastructure）、建筑（Building）、住宅（Housing）和工业（Plant）。但在财务报表中，建筑和住宅板块被放在一起，工业和电力放在一起，因此现代建设的主营业务也可以分为三大板块：房建、土木、工业/电力。其中最能体现其技术实力并让其在世界广受赞誉的是土木和工业板块。但若从财务分析，占比最高的非房建板块莫属。2022年房建板块的营收占比高达58.9%，毛利润甚至占比超过80%，远超其他两个板块之和。

2016 年和 2022 年现代建设营收及毛利润占比　　　　　　　　　　表 4

类别	营收占比 / %		毛利润占比 / %	
	2016 年	2022 年	2016 年	2022 年
房建	39.3	58.9	57.7	82.4
土木	17.5	11.4	4.5	2.1
工业 / 电力	40.0	25.5	34.3	5.2
其他	4.9	6.2	3.8	11.7

数据来源：现代建设年报、课题组整理；四个部门加在一起不等于 100%，是由于存在合并调整因素

——土木板块。主要包括船舶、高速、地铁、桥梁、水利、地下管网等的建筑施工。历史上最著名的项目包括沙特朱拜勒工业港以及土耳其第三博斯普鲁斯海峡大桥。2014 年建成的第三博斯普鲁斯海峡大桥是全世界最长的吊桥之一，大桥全长 1510 米，宽 59 米，离海面 64 米，该桥的建成有助于 1800 万人口的伊斯坦布尔向黑海发展。近年承建或完成的项目还有：新加坡裕廊地下储油设施（2017 年完工），这是东南亚地区的最大储油罐，基岩低于海平面 130 米；科威特贾比尔跨海大桥（2019 年完工），长度 36.14 公里，是世界第四长的公路桥；卡塔尔卢塞尔高速公路（2019 年完工），由 10 条隧道组成，采用了一种智能交通系统（ITS）技术，可以预测前方事故并根据环境自动调节隧道照明；哥伦比亚最大的贝洛污水处理厂（2019 年完工），处理能力 43 万吨 / 日。这些项目的设计和施工难度都属世界顶尖水平，刷新着现代建设的建造水平。

2021 年现代建设完成了韩国最长海底隧道——保宁海底隧道的施工任务。保宁海底隧道耗资 4853 亿韩元（约合人民币 26 亿元），距离海底和海平面分别为 55 米和 80 米，双向四车道，全长 6.927 公里，赶超仁川北港海底隧道（5.46 公里），创韩国最长海底隧道纪录，是世界第五长海底隧道。该隧道通车后，从保宁市大川港至泰安郡的车程将缩短 80 分钟，从原先的一个半小时缩短至不到 20 分钟。

——建筑板块。主要是承建医院、政府、学校、工厂、博物馆、展览馆、体育场馆等公用建筑物及公司总部、科研机构等特殊用途建筑。在世界各地，现代建设完成了很多地标建筑，包括利雅得法赫德国王医疗城、新加坡樟宜国际机场、釜山亚运会主体育场、卡塔尔国家博物馆等。其中：2019 年建成并投入运营的卡塔尔国家博物馆，以"沙漠玫瑰"为灵感，尺寸和弯曲度不同的圆盘交错，垂直结构起到支撑作用，横向错落叠加，如项链一般环绕着整座博物馆。为实现这个效果，设计师采用最逼真 3D 技术创建精确模型，相关技术已成为建筑信息模型（BIM）

现代应用的一座丰碑。

——住宅板块。主要是承建各种高端住宅、高层公寓、单身公寓、住宅综合体等。现代建设以多元化和均衡发展的理念，承担了韩国国内一系列重大工程，如2018年冬季奥运会等重要活动场馆建设、2020年修建"The H"系列的FIRSTIER I PARK公寓、2021年承建Hillstate The Unjeong综合体。除了一般的住宅，现代建设也承建知识产业中心（Knowledge Industry Center），这有点儿类似国内的人才公寓，专门供高学历群体居住，但韩国这种知识产业中心，既可以住宿，也可以办公，还有商业功能，真正实现了职住融合。2019年和2021年分别完成了汉江美沙1号和2号知识产业中心的建设，共可容纳2856个知识产业办公室。另外，考虑到未来住宅市场的需求是朝着高度可定制化、层间噪声消减和零能耗建筑趋势，现代建设正致力于推动高水平的住宅零碳施工技术研究。

——工业板块。由于工程复杂、规模宏大，以及对精度和技术的特殊要求，工业厂房建设被视为多学科的一种艺术。基于丰富的施工业绩、在海外市场积累的先进技术和人才，现代建设在全球超大型石油和天然气、炼油和石化工厂、电力建设领域拥有强大的技术实力。随着碳中和成为全球共识，现代建设和其他建筑巨头一样，近年也在积极扩大绿色能源和可再生能源业务。近年最受瞩目的项目是阿联酋巴拉卡核能发电站，这个项目作为中东地区的第一个核电站，总投资达到200亿美元，总装机容量为5600兆瓦，预计建成后可供应阿联酋25%的能源需求。这个项目2023年全部完工，将在中东净零战略中起到重要作用。

2. 以中东为基点的国际市场

现代建设深耕中东市场的背后是一段曲折的故事。

在20世纪60年代的韩国军政府时期，大企业不过是总统实现其意志的工具。现代建设当时被分配到建造全球最大蔚山造船厂的政治任务，但没有任何资金支持。诚惶诚恐的创始人郑周永最初跑遍美、日、英都没借到钱，直到争取到一家希腊的油船订单后才拿到英国巴克莱银行的贷款。

但是，船厂建起才两年，中东战争导致全球石油危机爆发。付了定金的油船客户们拖着尾款不付，导致船厂资金周转困难。郑周永这时知道赚得盆满钵满的中东产油诸国都在推动基建计划，于是顺势启动了现代建设的中东计划，陆续承建了巴林造船厂、沙特海军基地海上工程、伊朗造船厂和中东新水泥厂四项大工程，并于1975年击败其他发达国家建筑公司，拿到总工费高达15亿美元、号称"20世纪最大工程"的沙特朱拜勒产业港工程，由此成为世界级的企业。

现代建设的国际合同累计额在1982年、2008年、2012年、2013年相继突破100亿美元、600亿美元、900亿美元和1000亿美元，目前已经超过1600亿美元。虽然现代建设的海外市场项目已经覆盖全球各地，但毫无疑义的是，中东始终是现代建设的最大海外市场。截至2022年底，现代建设在中东已经累计承建了414个项目，占到了公司全球承包合同数量的48%。尽管面对着各国建筑商的巨大竞争，但根据ENR的统计，现代建设多年来在中东仍能牢牢守住Top 10的位置，2022年排名第3，其市场占有率在10%左右。在中东，如果按照国别来划分，沙特阿拉伯是现代建设的最重要客户，总承建项目达到171个，远远超过其他国家。

现代建设2022年国际市场项目情况 表5

区域	国家/地区	累计项目数	合计	区域	国家/地区	累计项目数	合计
中东	沙特阿拉伯	171	414	北美	关岛	37	58
	科威特	67			美国	7	
	阿联酋	55			其他地区	14	
	伊拉克	40		非洲	利比亚	26	40
	巴林	28			阿尔及利亚	4	
	卡尔塔	25			埃及	4	
	也门	13			其他地区	6	
	其他地区	15		欧洲	俄罗斯	4	15
亚洲	新加坡	93	334		乌兹别克斯坦	3	
	马来西亚	48			其他地区	8	
	印度尼西亚	35		南美	委内瑞拉	6	14
	越南	22			哥伦比亚	2	
	中国	21			秘鲁	2	
	中国香港地区	20			其他地区	4	
	印度	17		合计		875	875
	孟加拉	15					
	泰国	15					
	其他地区	48					

数据来源：现代建设官网、课题组整理

表6给出了现代建设2016年以来新承建的10个最大项目，有4个来自中东国家。

现代建设 2016~2023 年承建的 10 大项目　　　　表 6

序号	项目名称	承建时间	国别	项目金额/亿美元	完成情况/%
1	乌兹别克斯坦天然气液化精制设施建设	2016	乌兹别克斯坦	0.58	98
2	印度尼西亚巴厘巴板 RDMP	2018	印度尼西亚	3.84	/2
3	敦崇公共公寓重建工程	2019	韩国	2.92	30
4	沙特 Marjan 增量计划第 12 包	2019	沙特阿拉伯	0.23	24
5	沙特 Marjan 增量计划第 6 包	2019	沙特阿拉伯	0.38	14
6	重质饲料石化综合体	2019	韩国	0.74	100
7	卡塔尔 Lusail Plaza Tower（PLOT 3&4）	2020	卡塔尔	1.24	95
8	波兰 Polimery Police PDH/PP 项目	2021	波兰	1.71	89
9	越南 Quang Trach 1.400MW CCPP 项目	2021	越南	0.53	16
10	Amiral 石化设施第一、第四建设项目	2023	沙特阿拉伯	50	0

数据来源：现代建设年报、课题组整理

注：1~9 项目金额根据 2022 年年报的前 9 名客户应付款整理，10 为 2023 年新补充合同总额

3. 一主一副的企业结构

由于特殊的股权结构，对现代建设的分析不得不考虑大股东对其业绩影响的可能性。公司的财务报表赫然显示，对本集团有重大影响的实体有三家——现代汽车、摩比斯、起亚汽车，它们分别是现代建设的第一、第三和第四大股东。

但是根据分析，这三家公司对现代建设的收入贡献并不大，且近年存在下滑态势。其中贡献最高的现代汽车 2022 年贡献的金额仅为 6122 亿韩元（约 4.8 亿美元），还不到当年现代建设营业收入的 3%。这一方面反映出母子公司业务的差异性，汽车业和建筑业很难形成协同，另一方面也凸显了现代建设团队开拓第三方市场的能力。实际上，现代建设的客户非常分散，韩国电力、韩国道路公社、韩国水电和核电公司等韩国多家国字头单位都是现代建设的长期客户。

来自前三大客户的营收占总营收比重　　　　表 7

客户	2016 年/%	2022 年/%	客户	2016 年/%	2022 年/%
现代汽车	3.60	2.88	起亚汽车	1.02	0.71
摩比斯	1.06	0.74	合计	5.69	4.33

数据来源：现代建设历年年报

若母公司不能提供输血功能，那现代建设的营收主要来自哪里呢？答案就是子公司现代工程（HEC）。2022 年年报显示，现代建设参与并表的一级子公司多达 35 家，但最主要的是 HEC，其他的子公司对现代建设的贡献微乎其微。1974 年

就已设立的 HEC 在 1999 年被并入现代建设时体量还很小，直到 2013 年前后才迎来爆发式增长。近年来，现代建设的新增订单 40% 都来自 HEC，真可谓占据半壁江山。

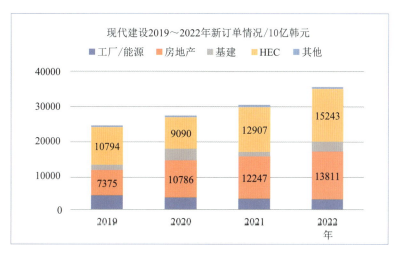

图 1　现代建设 2019～2022 年新订单情况

数据来源：现代建设 2022 年年报

业绩贡献也可以看出这一点。2022 年 HEC 的销售额占到现代建设合并报表销售额的 42.2%，净利润也占到 21.9%。甚至在 ENR 的 Top 250 国际承包商名单中，HEC 已经有了单独的席位，最新的国际承包排名是全球第 32 位，是仅次于现代建设、三星工程、三星物产的韩国第四大国际承包商。

现代建设和现代工程 2022 年主要指标对比　　　　　　　　　　　表 8

指标	现代建设（HDEC）/亿美元	现代工程（HEC）/亿美元	占比/%
销售额	168.9	71.3	42.2
净利润	3.7	0.8	21.9
总资产	162.2	53.8	33.2
总负债	85.2	24.3	28.5
ENR 国际承包收入	68.3	34.1	50.0
ENR 国际承包排名	11	32	—

数据来源：现代建设和现代工程 2022 年年报、ENR

HEC 占去了现代建设营收的半壁江山，和母公司形成了鲜明的"一主一副"结构。不过，HEC 主要从事的是现代建设的非住房板块，包括化工厂、发电及能源设施、建筑工程、基础设施和资产管理，既是现代建设的核心盈利板块，也是它通往世界的重要利器。下面列出了 HEC 承建的一些海外项目，可以看出现代建设正是依托 HEC 成功地把业务领域拓展到了更大范围的市场和更高附加值的工程设计领域。

> **专栏 1　近年 HEC 承建的部分项目**
>
> 2019 年，HEC 承包了印度尼西亚巴厘巴板炼油厂发展整体规划项目、波兰 Polimery Police 丙烷脱氢制丙烯（PDH）和聚丙烯（PP）项目、所罗门群岛蒂娜河水力发电厂工程、SK 创新（SK Innovation）匈牙利蓄电池厂 2 期工程等。
>
> 2020 年，HEC 承包了阿尔及利亚 OumacheIII 联合循环发电厂工程、蔚山中区 B-05 区域住宅整改项目、巴拿马地铁 3 号线建设工程、中国台湾地区的大潭 Add-on 联合循环发电厂项目、柬埔寨永旺购物中心 3 号店新建工程、韩国釜山民乐洞酒店式公寓新建工程、韩国龙仁古林洞贞德地区公共住宅新建工程等。
>
> 2021 年，HEC 承包了越南广泽 1 号火力发电项目（TPP）、唐津松岳物流园建设项目、松山绿城国际主题公园住宅设施建设项目、仁川现代摩比斯氢燃料电池工厂项目、泰国罗勇府炼油厂欧 5 柴油项目、马来西亚 SK Nexilis 铜箔厂项目、沙特阿美贾富拉天然气开发项目等。
>
> 2022 年，HEC 承包了波兰 SK Nexilis 铜箔厂项目、美国废旧塑料回收厂的 FEED 项目、永川马场公园开发项目、首尔 Hangaram 公寓改造项目、HHI 集团全球研发中心的设施管理项目等。其中，HEC 与美国能源公司 USNC 签订了 MMR 白垩河项目，该项目涉及加拿大核实验室现场的微型模块化反应堆（MMR）的工作，公司预计未来 MMR 的全球市场将会增长。
>
> 2023 年，HEC 签署沙欣项目的 EPC 授予合同，这是整个韩国石化行业历史上最大的项目。

4. 安全稳健的财务结构

建筑业并不是个靠高毛利取胜的行业，且易受人力成本、原材料价格、应收账款、货币周期等因素影响，保持稳健经营实属不易。我们选择 11 家全球公司和 4 家韩国本土公司共 15 家上市建筑企业作简要的比较分析。

现金为王，保持较高的偿债能力。全球大型建筑企业的资产负债率普遍处于较高水平，大多数年份位于 80% 左右。但现代建设 2022 年的资产负债率仅为 56.3%，不仅低于全球建筑企业的平均水平，也低于韩国国内的两大竞争对手大宇建设和 GS 工程。另外，公司的 104 亿美元负债中，大概一半是应付账款和预收收入，体现了现代建设在产业链上下游占用资金的能力和话语权。有息负债（Loans & Borrowings）不到 5 亿美元，而公司的在手现金及现金等价物就高达 32 亿美元，现金流十分充沛。在 15 家可比公司中，现代建设的偿债比率（Solvency Ratio）高居第二位，仅低于日本株式会社大林组（简称大林组）。

全球部分建筑企业 2022 年资产负债率和偿债比率比较　　表 9

企业名称	国家	资产负债率/%	排名	偿债比率/%	排名
中国交建	中国	71.8	6	28.2	9
万喜	法国	73.8	5	26.3	10
拉尔森和图布罗	印度	58.5	14	31.4	7
布依格	法国	76.9	3	23.0	12
GS 工程	韩国	68.4	8	28.5	8
ACS	西班牙	83.0	2	17.0	14
大林组	日本	60.3	13	39.7	1
大宇建设	韩国	66.6	11	33.3	5
AECOM	美国	76.6	4	22.2	13
豪赫蒂夫	德国	93.3	1	6.7	15
现代建设	韩国	56.3	15	36.8	2
斯堪斯卡	瑞典	63.6	12	36.5	3
三星工程	韩国	67.2	10	34.3	4
斯特拉巴格	奥地利	68.3	9	31.7	6
福陆	美国	70.8	7	26.2	11
平均		70.7		28.1	

数据来源：orbis、Capital IQ

不崇尚兼并购，主要依靠内生性增长。以 ACS 集团为代表的一些国际企业近年在资本市场长袖善舞，业绩的扩张很大程度源于兼并收购。但现代建设走的却是另外一条内生增长之路。从近 10 年资本市场的活动看，现代建设仅做过 3 次投资，一次是从三星物产手中收购了松岛地标城市公司，这家公司主要从事的是韩国国内的房地产开发业务；另外两次是作为风险资本参与了现代生态能源和首尔隧道两家创业公司的投资。这三次投资的金额都非常小，且并未对公司业绩带来提振。2018 年以后，现代建设并没有再做任何收购或资本化投资活动，反而卖出了一些子公司股权。商誉（goodwill）也可以看出这一点。2022 年底，公司的商誉占总资产的比重只有 2.9%，无形资产也不高，表明公司进行兼并收购和外部投资的行为较少。与之相比，法国万喜和布依格以及美国 AECOM 公司的商誉占比都超过了 20%，ACS 也达到了 8%。

全球部分建筑企业 2022 年商誉比较　　　　　　表 10

企业名称	国家	商誉/亿美元	占总资产比重/%	企业名称	国家	商誉/亿美元	占总资产比重/%
万喜	法国	185.2	27.7	斯特拉巴格	奥地利	4.7	2.6
布依格	法国	134.7	26.8	斯堪斯卡	瑞典	4.0	2.5
AECOM	美国	33.8	25.7	GS 工程	韩国	4.0	4.1
ACS	西班牙	29.0	8.0	福陆	美国	2.1	1.5
豪赫蒂夫	德国	10.6	3.7	大宇建设	韩国	0.0	0.0
拉尔森和图布罗	印度	9.5	4.2	大林组	日本	0.0	0.0
中国交建	中国	7.4	0.7	三星工程	韩国	0.0	0.0
现代建设	韩国	4.9	2.9	平均		28.6	7.4

数据来源：orbis

三、业绩和挑战：增收不增利的苦恼

过去 5 年间，全球建筑市场经历重大转折，现代建设尽管行业地位相对稳定，但是财务状况不容乐观，国际市场及竞争均受到较大挑战。

1. 经营业绩进入瓶颈期

21 世纪初的现代建设曾经历连续十几年的高速增长。按照财报统计口径，2010 年营业收入首次突破 100 亿美元，2015 年达到 163.4 亿美元的高点，此后数

图 2　现代建设 2011~2022 年营业收入变化

数据来源：Capital IQ

年一直低迷，直到 2022 年才超过 2015 年，但财务视角的经营状况仍未真正改善。2022 年现代建设的净利润为 3.25 亿美元，比 2016 年的 4.75 亿美元减少了 32%。同一时期，公司的市值下降了 32.6%。"增收不增利"的背后有着多重的原因。

（1）毛利率持续下行。由于疫情、地缘政治和供应链受阻等影响，近年与建筑行业相关的钢材、水泥、玻璃、陶瓷等原材料成本不同程度上涨，导致现代建设的毛利率从 2017 年的 10.5% 一路走低，2022 年跌至 7.1%。虽然毛利率下降是行业共性，但现代建设的毛利率不仅远低于国际同行 25% 左右的水平，在韩国国内与竞争对手相比，也明显偏低，如三星工程和大宇建设 2022 年的毛利率就分别是 10.8% 和 12.0%。偏低的毛利率也摊薄了股东权益。公司 2022 年的净资产收益率（ROE）为 9.8%，和业界公认的 15% 以上可投资的水平相差甚远，这也是近几年公司股价跌跌不休的重要原因。

2022 年韩国前 10 大建筑企业财务指标排名　　　　表 11

企业名称	营业收入/亿美元	毛利率/%	排名	净资产收益率/%	排名
现代建设	168.9	7.1	9	9.81	9
GS 工程	97.1	10.5	5	13.76	5
大宇建设	82.2	12.0	3	19.21	4
三星工程	79.3	10.8	4	26.58	2
现代发展	26.0	9.6	7	4.18	10
启龙建设	23.3	9.1	8	12.92	6
泰荣工程	20.6	9.9	6	10.02	8
可隆国际	20.5	12.6	2	28.62	1
IS DONGSEO	18.0	23.8	1	20.47	3
锦湖建设	16.2	6.8	10	10.41	7

数据来源：orbis

（2）应收账款和坏账风险处于高位。应收账款周转率偏低会带来较为严重的资金压力。尽管现代建设现金流充沛，但由于承接的不少海外大项目工期较长，如一个核电站建设项目需要 6~7 年才能完成，有些项目甚至在 10 年以上，现代建设应收账款长期维持在 50 亿美元以上的高位，占营业收入的比重高达 30% 以上，和国际建筑企业相比明显偏高。如法国万喜应收账款占比仅为 14.9%，西班牙 ACS 集团为 21.9%，中国交通建设集团有限公司也仅为 18.2%。在建筑市场瞬息万变的当下，应收账款过高会形成坏账风险。一个不争的事实是，现代建设在 2021 年年报中，就提取了 1.9 亿美元的坏账准备（Provision for Bad Debts），这个坏账准备超过了当年净利润的一半。

图 3 现代建设应收账款处于同行高位

数据来源：Orbis

（3）费用开支也有所上升。一方面，全球货币市场进入加息周期，韩国央行自 2017 年起便跟随美联储动作连续加息，这导致拥有大量海外业务的现代建设的财务费用连年大幅增加；另一方面，韩国职工平均工资也在快速上扬。与 2016 年相比，2022 年现代建设的营业收入虽然基本持平，但以人力成本为主体的销售和行政费用却增加了 19%。因此，在费用激增的压力下，现代建设的净利润率仅录得 3.5% 的水平，比 2016 年的 5.2% 降低了 1.7 个百分点。所幸的是，公司在 2018 年后已经开始下决心控制费用开支并取得良好成效，销售和行政费用占营业收入的比重已经有所回落。

图 4 现代建设的销售及行政费用开支有所上升

数据来源：现代建设历年年报

2. 在中东市场遭遇中国同行

现代建设的海外订单主要是中东以油气和石化能源工程为主的项目，这些项目的开启和顺利推进取决于所在产油国的财政状况，间接取决于国际原油价格，而国际原油价格在 2016～2020 年间处于低位，产油国财政状况不容乐观，因此现代建设的海外项目收入连续 5 年下滑，叠加此后疫情的冲击，总共减少了近一半，直到近两年才开始好转。

分区域来看，2016～2022 年间，现代建设来自中东和非洲地区的收入下滑了 41%，来自亚洲其他地区的收入也减少了 2%，而来自韩国本土的收入大增 38%。结果就是，现代建设的收入结构重新转为国内为主的格局。下图显示，现代建设海外项目收入在 2012～2015 年占公司总收入的 60% 左右，但目前已降到了 40%，本土市场贡献了六成营收。

图 5　现代建设收入结构分布变化

数据来源：ENR

现代建设收入区域分布　　　　　　　表 12

地区	2016 / 亿美元	2022 / 亿美元	增速 / %
韩国本土	75	103	37.7
亚洲（除韩国）	32	31	-2.3
中东 / 非洲	41	24	-41.4
其他	9	11	25.2
合计	157	169	8.0

数据来源：现代建设历年年报

事实上，现代建设近几年海外业务业绩不佳跟全球基建行业下行的大背景不无关系。根据 ENR 的数据,全球最大的 250 家国际承包商的国际承包总收入 2016~2022 年间下降了 8.4%。表 13 将现代建设和其他 7 家公司放在一起比较,发现国际业务下滑最大的是美国柏克德(–70%),其次是现代建设(–22%)和日本大林组(–15%),而法国万喜由于收购了几个竞争对手,海外项目收入反而大增 105%。可以看出,虽然全球基建市场整体下行,但龙头企业分化明显。现代建设并没有抓住过去几年全球建筑市场重新洗牌的机遇,表现不尽如人意。

部分承包商国际承包收入变化　　　　　　　　　　表 13

企业名称	2022 / 亿美元	2016 / 亿美元	变化 / %
法国万喜	357	174	105.2
西班牙 ACS	341	326	4.6
中国交建	235	212	10.8
韩国现代建设	68	87	−21.8
美国柏克德	50	164	−69.5
印度拉尔森和图布罗	41	40	2.5
日本大林组	34	40	−15.0
Top 250 合计	4285	4679	−8.4

数据来源:ENR

在中东,现代建设的市场占有率也在下滑。虽然公司在沙特、科威特、阿联酋抢得了很多大单,但若与最活跃的中国同行比起来,马上就相形见绌。短短六年间,中资企业在中东地区的市场份额就从 16% 大幅提升到 35.6%,不仅将欧洲承包商赶下了第一位的宝座,也让韩企的市场份额从 2016 年的 18.3% 减少到 2022 年的 14.6%,换算过来差不多 81 亿美元。虽然现代建设年报并没有公布中东地区的单独营收,但考虑到其在中东和非洲地区的合计收入大幅下滑的事实,且韩企在中东地区的整体收缩,能否重新抢回中东市场这一巨大蛋糕应是现代建设新一届管理层面临的重大考验。

中东地区国际承包收入的份额分布情况　　　　　　表 14

类别	2022 / 亿美元	2016 / 亿美元	变化 / %
欧企	83	296	−72.0
韩企	73	154	−52.6
中企	178	134	32.8
土耳其企业	43	76	−43.4
美企	22	44	−50.0
其他企业	100	136	−26.5

数据来源:ENR

3. 两大财阀之争

由于现代建设近年的业务已经逐步向韩国国内靠拢,且利润的大头来自本土的住宅板块,因此有必要对韩国国内房地产市场和竞争格局作分析。

过去二十年,韩国房地产经历了两个繁荣周期。第一个是 2001 年到 2008 年,第二个是 2017 年到 2022 年。第一次是因为韩国经济从亚洲金融危机中恢复,社会积累了大量财富,大批资金进入房地产市场。而第二次上涨主要是货币宽松所致。当时美联储加息到 2.5%,而韩国央行将基准利率维持在 1%,充裕且廉价的流动性涌入楼市。而 2020 年疫情暴发后,韩国将利率进一步下调至 0.5% 的历史低点,从而推动了韩国购房热潮,家庭贷款猛增,达到最近十年来的新高点。2019 年到 2022 年,韩国全国房价涨幅超过 35%,首尔市区的累计涨幅更是高达 46%。房地产的繁荣也带动了建筑企业订单的高增。近年来,韩国每年获批建筑项目的面积基本都在 1.7 亿平方米以上,而 2016 年之前平均都在 1.4 亿平方米以下。

在这个背景下,作为韩国第一建筑企业,现代建设在国内房地产开发市场方面取得了骄人成绩。2022 年其房建板块业务收入较 2016 年激增 69%,有效抵消了土木工程、工业 / 电力等其他业务板块项目收入的下滑,也一定程度上平滑了海外市场折戟的压力。更为重要的是,房建板块的毛利率在 10% 以上,而其他板块的毛利率不到 5%。显然,若没有国内房建市场的开拓,现代建设的业绩恐怕更为难看。

2016 年和 2022 年现代建设主要业务板块毛利率变化　　表 15

类别	2016/%	2019/%	2022/%
房建	15.1	15.2	10.0
土木工程	2.7	3.3	1.3
工业 / 电力	8.8	5.3	1.4

数据来源:现代建设年报

韩国的国内建筑市场是标准的寡头垄断。长期以来,现代建设、三星工程、大宇建设、GS 工程四家建筑企业牢牢把控着 Top 4 的位置,其他公司难以望其项背。四家公司 2022 年的营收都在 50 亿美元以上,而第五名只有 26 亿美元。这四大家族中,单从营收规模看,现代建设是绝对的王者,后三位则经常互换位置,最新的排名是现代建设(169 亿美元)、GS 工程(97 亿美元)、大宇建设(82 亿美元)、三星工程(79 亿美元)。

但现代建设似乎陷入了"只赚吆喝不赚钱"的怪圈:虽然营收大大超过其他三

家，但净利润却掉到了最后一位。从 2019~2022 年的表现看，三星工程更佳，不仅营收大增 44%（现代建设 12%），净利润也超过现代建设蹿升至第一名。这背后的原因很可能和三星工程的国际布局有关。作为现代建设的宿敌，三星工程近年跟随母公司"三星电子"积极发力海外市场，除了深耕中东这片红海外，三星工程也在美洲市场、东南亚市场屡获大单。特别是在美洲市场，三星工程的收入从 2016 年的 3.8 亿美元增长到 13.6 亿美元，将现代建设远远抛在后面。2022 年三星工程首次在拉丁美洲市场挤进前 10 强，并在全球国际承包市场中首次挺进了前 30 名（排在第 22 位）。随着全球供应链布局的调整，预计背靠母公司优势的三星工程对现代建设的领先地位将更加巩固。

韩国 Top 4 建筑企业净利润变化　　　　表 16

企业名称	2019/亿美元	2022/亿美元
现代建设	3.5	3.2
三星工程	2.8	5.2
大宇建设	1.8	4.0
GS 工程	3.8	3.8

数据来源：Orbis

此外，随着韩国央行利率收紧和经济降温，2022 年下半年以来，国内房地产市场迅速降温，房建业务 2023 年后大概率会下行，预示着现代建设的目光要再次瞄准海外。而这一次，除了要和占据先天之利的中国建筑企业同台竞技外，本土的另一个财阀也是现代建设需要跨越的另一座大山。

ENR 国际承包商中的韩国企业排名　　　　表 17

年份	现代建设	现代工程	三星工程	三星物产
2016	14	—	34	20
2017	16	—	53	23
2018	15	40	45	27
2019	14	40	33	36
2020	16	38	30	34
2021	13	36	22	31
2022	11	32	22	25

数据来源：ENR
注：摘录为国际营收排名，"—"表示未上榜

四、经验与总结：现代企业经营之道

财务视角，现代建设近几年的经营业绩达到瓶颈是明显的事实；市场竞争视角，现代建设近几年面对同行的竞争落于下风也是事实。然而，财务指标下的业绩停滞不前是否全部兆因于外部市场竞争的不利局面？这种"不利局面"是现代建设始料未及而被动承受的还是未雨绸缪而主动选择的？

1. 研发强度远高于同行

如果说充足的现金流，以及不倚重兼并的内生增长模式是现代建设从20年前债务危机中汲取的宝贵经验，那么在建筑业下行周期中，还能保持远高于行业平均的研发投入，则是现代建设押注未来的筹码。

从2016年开始，现代建设的研发费用快速上涨，并于2019年首次突破1亿美元，2020年达到1.63亿美元，此后略有减少，但仍保持在1.5亿美元左右。2022年现代建设的研发费用占营业收入的比重为0.84%，在传统的规模扩张的建筑行业中已经算较高水平。可资对比的是，德国豪赫蒂夫研发费用占比仅为0.04%，奥地利斯特拉巴格欧洲集团为0.09%，日本大林组为0.77%，韩国GS工程和大宇建设也都在0.2%以下。

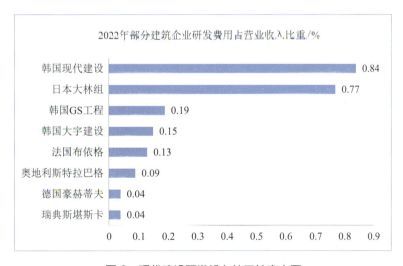

图6 现代建设研发投入处于较高水平

数据来源：Orbis

为应对技术变革新趋势，2022年，现代建设将公司研发中心分离并重组为三个实验室，即基础技术实验室、未来业务实验室和智能建筑实验室，并成立了碳中和研究小组。截至 2022 年底，公司的研发人员预计达到 170 人，约占公司员工总数的 3%；申请的专利数量预计达到 67 项左右。

现代建设专利申请数量 表 18

类别	2019 年	2020 年	2021 年	2022 年目标
专利申请	59	66	42	67
专利注册	39	46	60	50
有效的新优秀技术（NET）	18	16	17	17
有效的绿色认证	1	2	1	1

数据来源：公司 2022 年可持续发展报告

近年来，现代建设在建筑施工中融入了多种新技术，例如通信技术（智能电话和无线网络）、人体工程建筑结构、用户友好型的开放空间、绿色低碳等。2022 年，现代建设对公司的技术发展路径进行了员工问卷调查，其中 181 名受访者认为"SMR-160 详细设计和商业化技术"为最佳技术，排名第二的是实现碳中和的"CCUS（碳捕捉、利用、封存）"技术，有 171 名员工选择。前者为现代建设在核电站业务方面奠定了"韩国第一"和"行业第一"的地位，后者提高了公司在全球 CCUS 市场上的竞争力。

现代建设近年来在建筑领域的新技术 表 19

类别	具体内容
新空间技术	超长跨径大桥（高强度主塔、高强度缆索、抗风设计、地下基础施工技术）
	地下工程（隧道设计和施工技术、机械开挖）
	离岸工程（离岸风力发电、潮汐发电技术）
	海洋空间（环保疏浚技术、浮体工程稳定性分析、浮体工程模块施工）
	环境友好型高强度建筑材料（混凝土混合比优化设计、防火混凝土、防爆混凝土、超高强度混凝土）
生态城市技术	超高层建筑（超高层结构工程、超高层施工材料、超高层施工管理、不规则/大空间结构工程、BIM 技术）
	模块化预制技术、抗风工程、零耗能建筑、环境友好型技术创新
绿色能源技术	能源开发（风力发电、地热发电、海洋能源）
	核能（长生命周期混凝土、快速施工技术）
	电站技术
	化工工程（清洁气化技术、生物质能源升级技术）
环境保护技术	有机废物的生物能源技术
	污染土壤修复技术（燃料污染土壤净化处理技术、重金属污染土壤净化处理技术、疏浚土壤净化技术）
	生活垃圾发电技术
	废水处理技术/废水再利用
	河流生态治理技术

资料来源：《国际工程承包商发展战略案例研究汇编》

2. 2030 未来战略

新冠疫情之后，世界进入以能源转型和数字化转型为两个轴心的快速变化时代。建筑行业面临新的危机，如生产要素调整、盈利能力下降，以及来自跨界行业的挑战。回应这一背景，现代建设制定了 2030 年未来战略，这一战略的目标是推动公司从"以订单/承包为中心的工程商"到"整体解决方案的创建者（Total Solution Creator）"。

——专注核心业务（Focusing on Core Business）。虽然现代建设正在积极探索新能源等新兴领域，但始终将基础建筑施工作为自己的立身之本。以现代建设的基础设施事业部为例，这个部门曾因承接多个大规模的港口、铁路、公路、桥梁、水环境及废弃物处理项目而知名。近年来，该部门瞄准全球基建市场新趋势，将地下空间、海洋港口、浮动和固定的海上风力发电设施作为核心业务。

——智能建造（Smart Construction）。包括推广数字技术自动化及建立无人施工平台两项任务。现代建设正在韩国国内掀起建筑行业"数字孪生"的新时代，通过全面引入物联网、人工智能、大数据、无人机等第四代工业革命技术，现代建设不仅克服了人力的局限性，还提高了生产率和安全性。从 2019 年自主开发韩国首个物联网安全管理系统 HIoS 开始，现代建设已经能够运用智能施工核心技术 BIM 进行 4D 图纸审查。2022 年 4 月，现代建设举办"隧道/智能建筑技术示范"，展示其积累的 23 项智能建筑技术，包括和波士顿动力合作开发的四足行走机器人"Spot"和无人地面车辆（UGV）。这些技术可以通过安装激光雷达、激光扫描仪、360°摄像头等设备，实现无人勘测、现场安全巡逻、远程现场监控等多种用途。

——业务组合延伸（Business Portfolio Expansion）。包括向开发商延伸和激活运营任务两项任务。基于建筑行业整体利润率的下行，不少建筑商都打算通过价值链的延伸去增厚利润，即从单纯的工程施工，向前端的工程设计、规划咨询及内容和运营的后端去拓展，现代建设也不例外。为此，现代建设提出了一个雄心勃勃的目标，即到 2030 年，涉及价值链上下游拓展的新业务 EPC 项目占比将提高到 50%。未来现代建设将作为"整体解决方案的创建者"，拓展商业策划、营销、融资、设计、采购、施工、运行、维护等各个业务环节，但这个目标并不容易实现。以前端的工程设计为例，欧美国家仍占据较大优势，2022 年仅美国、加拿大两国企业的收入就占全球工程设计 Top 225 的 43%，而韩国企业的市场份额仅为 0.9%。

——新增长引擎（New Growth Engines）。与第三点业务组合延伸不同，现代建设新增长引擎主要指的是碳中和领域，包括抢占能源转型的主动权和引领未来城市转型两项任务。现代建设是韩国第一家承诺"2045年实现净零排放"的上市建筑公司。公司宣布自2021年1月22日起，不再参与新增煤炭业务，并扩大海上风电、水电、发电、生物能源、净化污染土壤等可再生能源和环保业务的组合，从而最终实现到2045年净零排放的目标。作为一家全球性的建筑公司，现代建设旨在通过可持续建筑产品和环境友好型建筑技术提供未来解决方案，未来将计划拓展氢电厂、混合动力发电、智能电网、SMR（小型模块化反应堆）、可再生能源业务的综合解决方案。

2022年1月26日，现代建设由于在减碳方面的成就而进入CDP白金俱乐部。白金俱乐部是韩国碳披露项目委员会（CDP）的最高级别，与DJSI（道琼斯可持续发展指数）一起被公认为最可靠的可持续发展评估等级。

2022年工程设计企业所属国家国际收入情况　　表20

排名	国家	国际收入/亿美元	国际收入占比/%
1	美国	172	23.4
2	加拿大	144	19.6
3	英国	62	8.5
4	荷兰	60	8.2
5	澳大利亚	58	7.9
6	中国	45	6.2
7	韩国	6	0.9

数据来源：ENR

3. 差异化的市场竞争策略

如前所述，不论在国际市场还是国内市场，现代建设都遭遇了不少挑战。面对这些挑战，现代建设的应对策略是，巩固韩国本土市场，在两大基建中心（中东和东南亚）制订全新的深入拓展计划，并积极探索开发美洲、欧洲和非洲市场。

——韩国。随着韩国出生率的下降及普通住宅市场的萎靡，其住宅业务逐步向高端转型，2006年推出高档住宅区"Hillstate"品牌，2015年又推出其升级版"The H"，成为"韩国生活方式的领导者"。

"The H"品牌具有设计感十足的外观和杰出的室内设计，同时提供酒店式的礼宾服务，追求"具有稀缺价值的完美住房"，深受韩国中产以上群体欢迎，体现了现代建设在房地产领域实行的差异化战略。这个品牌的目标群体是追求与众不同的公寓和生活的人，确保"为客户的幸福提供独一无二的完美"。现代建设通过"The H"品牌的稀有价值，推出了第一个高端住宅区——H La Class（建成于2021年4月）。除此之外，现代建设还在2021年建成位于首尔江南区的THE H Forecent 和 The H Xi Gaepo，并建设 THE H Honor Hills。

——中东。现代建设在2022年制订了面向中东地区的全新战略，包括以下几点：一是通过与拥有或者专门从事石油化工技术的公司合作，增加签署的合同数量；二是向新的业务类型推进，如氢气和可再生能源业务；三是基于海湾合作委员会（GCC）国家对工业多样化的政策立场，寻求大型新城市的新建住宅区和基础设施建设的机会，包括沙特阿拉伯和阿联酋；四是根据对石油价格、国际政治和安全问题的监测，为伊朗、伊拉克市场制订市场战略和销售计划。特别是沙特阿拉伯在"2030愿景"中提出减少对石油产业的依赖，从2023年开始将大幅增加天然气田和石化设备的订单。

俄乌战争后，全球油价告别低迷再次迎来暴涨，中东地区的建设景气明显好转。2023年6月24日，现代建设也成功承揽沙特阿拉伯国家石油公司（ARAMCO，沙特阿美）的"Amiral"石化设施第一、第四建设项目，合同规模达到50亿美元，再次刷新韩企在沙特所承揽项目规模的纪录。

> **专栏2　现代建设近年在中东的重点项目**
>
> 沙特阿拉伯：2022年7月，现代建设与世界上最大的能源供应商沙特阿拉伯国家石油公司（即沙特阿美石油公司）签署了战略伙伴关系，确保了在中东市场的稳固地位。2023年6月，现代建设成功中标沙特阿美"Amiral"石化设施第一、第四建设项目，合同规模达到50亿美元。预计在2024年，现代建设将完成Marjan Increment Program PKG 6&12，总价值27亿美元。
>
> 科威特：2022年9月，现代建设承揽了科威特最大贸易港舒韦赫港的码头建设工程，这是现代建设自2016年以后时隔6年再次在中东地区承揽港口工程。舒韦赫港工程建设成本为1.6亿美元，工期为36个月。现代建设通过与当地专业疏浚企业 Gulf Dredging 设立合作风险企业来参与该项目。
>
> 卡塔尔：2022年，全球瞩目的世界杯比赛于卡塔尔举行，让各国感到兴奋的除了激烈的比赛，还有卡塔尔豪气十足的基础建设。早在2015年，还在任总统的朴槿惠就提出期望韩国企业参与卡塔尔世界杯建设事业。在比赛之前，现代建

> 设就完成了珍珠－卡塔尔的卢赛尔高速公路项目，扩建贯穿首都南北的阿尔布斯坦南项目建设，以及世界上首次将 3D BIM 应用于整个施工过程的卡塔尔国家博物馆。
>
> 阿联酋：现代建设于 1978 年首次进入阿联酋市场，如今已累计建设了 50 多个项目。在 2009 年，现代建设通过承建阿联酋巴拉卡核电站（1~4 号机组），在韩国首次成功出口核电站。截至 2023 年，1 号和 2 号机组正在进行商业运营，3 号机组已经完成建设，4 号机组预计将于 2024 年完工。这四个反应堆一旦全部投入运行，可以满足阿联酋 20% 的电力需求。

——东南亚。东南亚是现代建设的第一个海外市场，早在 1965 年，现代建设就进入东南亚市场，承接了泰国一条高速公路项目。如今，现代建设已经将市场扩展到泰国以外的东南亚附近国家，主要包括新加坡、孟加拉国、越南等，这些国家共同成为现代建设海外业务的第二大市场。

现代建设于 2022 年制订了面向东南亚地区的业务战略，包括以下几点：一是与经济发展合作基金（EDCF）、日本国际协力事业团（JICA）和多边开发银行一起，在发展中国家和空白区域（没有现代建设的国家）寻找项目；二是提高并保持新加坡等亚洲地区建筑工地的盈利能力；三是积极寻找参与孟加拉国、缅甸等国工厂项目的途径。

鉴于中国建筑公司在东南亚市场的领先优势，现代建设 2023 年 2 月与中建六局签署了战略合作谅解备忘录，计划在东南亚重大基础设施项目上进行合作，共同提高价格竞争力，并探索参与亚洲基础设施投资银行资助项目的机会等。合作共赢或许是未来全球建筑企业的必然选择。

——美洲。相比于市场已经相对饱和的北美洲，中美洲和南美洲的一些国家，如秘鲁、智利等，对现代建设而言是前景更广阔的市场。在秘鲁，现代建设此前承接的秘鲁新机场项目管理（PMO）订单，已于 2021 年开始建设，2023 年完成。中南美市场今后对建设和基础设施的需求较高，此次参与秘鲁新机场项目将成为提高现代建设乃至韩国建筑商整体在该市场承接订单的竞争力和机会。

现代建设面向中美洲和南美洲的业务战略，包括以下几点：一是追踪秘鲁钦切罗国际机场的后续建设，重点追求 PMO[①] 式的基础设施建设；二是通过在港口、

[①] PMO（Project Management Office），项目管理办公室的缩写简称，有助于提高项目成功率和组织战略的有效贯彻执行。

地铁、桥梁等关键领域的提前合作进行战略合作；三是扩大参与私人提议的医院和道路的 PPP 投资和开发项目；四是通过参与美国核电站退役和小型模块化反应堆（SMR）业务，积累先进的核电站技术，扩大对其他建筑类型的参与。

——欧洲、亚洲和非洲。现代建设在欧洲和非洲主要合作国有乌兹别克斯坦、利比亚、埃及、埃塞俄比亚、乌干达、肯尼亚等。现代建设面向非洲的业务战略，包括以下几点：一是通过加强与欧洲国际石油公司和领先开发商的联络，促进投资发展公司和金融合作公司的抢先销售；二是恢复利比亚电厂建设，建立市场再进入战略；三是核电站（埃塞俄比亚、乌干达、肯尼亚等）、EDCF[①] 和 JICA[②] 融资目标建设；四是分析合作伙伴，促进进入欧洲市场的准备工作；五是积极参与独联体地区的能源相关项目，促进俄乌之后独联体地区的业务发展。

工程建设领域的市场存在地域局限，成熟市场会面临巨大竞争，而开垦处女地也会有各种各样的风险。在疫情后新的地缘政治格局下，建筑行业和其他行业一样，都会面临市场的重新洗牌，这对现代建设既是挑战，也是机会。事实上，2020 年后现代建设海外订单增长最快的并不是来自中东，而是欧洲、北美和太平洋地区。

4. 家族企业的代际传承

家族企业是人类商业史最为古老且重要的组织形态，同时也是当代社会中具有旺盛生命力和影响力的现代组织。无论在发达经济体，还是在发展经济体，家族企业的比重都非常显著。根据福布斯的统计，2023 年韩国前十位富豪有四位来自郑氏和李氏家族企业，其中郑梦九来自现代汽车集团，李在镕、洪罗喜和李富真同属三星李氏家族。

福布斯 2023 年韩国富豪榜前十　　　　　　　　　　　　表 21

排名	姓名	财富值/亿美元	行业	所属企业
1	金秉奏	97	金融与投资	安博凯投资私募股权公司
2	李在镕	80	科技	三星集团
3	徐廷珍	57	医疗健康	Celltrion 集团
4	权赫彬	51	媒体与娱乐	Smilegate 公司

---

① EDCF（The Economic Development Co-operation Fund），由韩国政府成立的基金，旨在对发展中国家的工业发展和经济稳定提供支援，并促进韩国与这些国家的经济合作。

② JICA（Japan International Co-operation Agency），在日本政府开发援助活动中，JICA 除向国际组织出资外，还承担着技术合作、日元贷款及无偿资金援助等两国间的援助工作。

续表

排名	姓名	财富值/亿美元	行业	所属企业
5	金范秀	50	科技	Kakao 公司
6	洪罗喜	49	科技	三星集团
7	郑梦九	41	汽车	现代汽车集团
8	金正敏 & 金正媛	36	媒体与娱乐	Nexon 公司
9	赵正镐	34	金融与投资	梅里茨金融集团（原韩进投资证券）
10	李富真	33	科技	三星集团

注：李在镕、洪罗喜和李富真同属三星李氏家族
数据来源：福布斯[①]

为约束财阀权力、保护小股东利益，韩国政府进行了一系列法律法规的修订。按照韩国商法典的要求，每家公司都应该设置董事会，董事会至少要包括三名董事，董事由股东大会选举，每届任期不超过三年。1997年韩国证券交易委员会修改了上市公司的规则，要求上市公司外部董事席位不少于董事会成员的四分之一，并对家族企业的股权继承征收超高的遗产税。然而，这些法律并没有什么实质性作用，董事会和公司的经营管理依旧被韩国的财阀们控制。

对于刚刚接手的郑义宣而言，面临两个艰难任务：一是如何延续郑氏家族的控制；二是如何防止父辈们的权力争斗重现，并让公司始终保持新陈代谢。这也是所有家族企业的共同烦恼。在这个过程中，教科书的企业治理理论往往过于美好，而现实则是惨烈斗争的结果。

对于第一个任务，父亲郑梦九实施"老臣肃清计划"，为郑义宣顺利接班扫清了障碍。当时，在现代汽车董事会选举时，郑义宣曾遭遇"夺权"挑战，一些董事认为当时的CEO李元熙才是新任董事长的最佳人选。郑梦九先任命郑义宣为集团执行副董事长，然后开始在企业内部进行大规模的人事变动，共涉及17位高层，包括：被称为现代汽车研发团队"领头羊"的分管研发的副会长杨雄哲及研发本部长权文植双双退居二线，而分管集团企划、战略的副会长金勇焕也被调任至现代汽车旗下的钢材企业现代制铁担任副会长职务。同时，郑义宣引进了一大批外籍高管，前宝马负责M高性能轿车的总工程师Albert Biermann被任命为现代汽车集团研发总裁；日产汽车前全球业绩总监Jose Munoz担任全球首席运营长和美国首席执行长。CEO李元熙也在压力下辞职。最终，现代汽车核心战略部门都由郑义宣的团队来担任，而上一代的老臣基本得到了清洗，既保持了公司平稳发展，又逐步

---

① Korea's 50 Richest 2023（forbes.com）

更新了领导层。

对于第二个任务，父辈们的权力争斗仿佛就在昨日。郑义宣吸取父辈的内斗教训，2021年将企业的日常经营管理交给职业经理人尹英俊，自己则更多承担的是财务投资和幕后的角色。所有权和经营权的分离看似削弱了郑氏家族对现代建设的掌控，但却是韩国家族企业职业化转型的一个重要表征。这也是企业能够最终移交到郑义宣手中，以及现代建设在保持控制权的前提下成功转型的重要原因。

五、大事记

1. 成立、资本运作及公司治理

1947年，创办。郑周永先是创办"现代土建社"，后于1950年将土建社和自动车工业社合并，成立"现代建设株式会社"，即现代集团的最初形态。

1999年，合并。现代建设（Hyundai Construction）和现代工程（Hyundai Engineering）合并，形成了现在的现代工程建设公司（Hyundai Engineering & Construction）。

1984年，上市。现代建设在韩国唯一证券交易所KRX上市，截至2022年年底，公司普通股价值约为5568亿韩元，优先股则约为53亿韩元。

2000年，债务危机。现代建设在伊拉克地区大约4亿美元的工程款，因为战争因素难以收回。

2001年，被国有化。3月，创始人郑周永去世。4月，多家金融机构代表韩国政府，向现代建设提供22亿美元的财务援助计划。最终，政府取得现代建设近40%的股份，成为公司新的控制人。

2011年，控制权争夺战。现代汽车集团击败现代集团，以46亿美元收购现代建设35%的股权。目前，现代汽车集团直接持有公司21%的股份，同时借助集团子公司现代摩比斯公司和起亚汽车公司间接持股14%，是公司最大股东。

2020年，实现新老交替。郑氏家族第三代掌门人郑义宣担任现代汽车集团新会长，原会长郑梦九则担任集团名誉会长。与此同时，尹英俊由现代建设住宅事业本部长提拔为现代建设总裁兼CEO。

2. 国际市场开拓

1965年，泰国Pattani Narathiwat高速公路成为现代建设承建的韩国首个海外工程项目，造价520万美元。

1976年，沙特阿拉伯朱拜勒工业港开建。现代建设以9.3亿美元价格成功中标该工业港的最大工程，并且主动提出把42个月的工期无条件缩短6个月，最终以高质量提前竣工，将现代建设品牌在中东地区彻底打响。

1982年，海外订单总额达到105亿美元；2008年，现代建设海外订单总额超过600亿美元；2012年超过900亿美元；2013年突破1000亿美元。

2009年，承建阿联酋巴拉卡核电站（1~4号机组），是韩国首次成功出口核电站。截至2023年，1号和2号机组正在进行商业运营，3号机组已经完成建设，4号机组预计将于2024年完工。这四个反应堆一旦全部投入运行，可以满足阿联酋20%的电力需求。

2012年，成功进入南非市场。2014年，现代建设通过承建查考大桥，成为第一家进入智利市场的公司。

2022年，卡塔尔世界杯。在比赛之前，2019年，现代建设建成珍珠-卡塔尔的卢赛尔高速公路和卡塔尔国家博物馆，其中卡塔尔国家博物馆被誉为"沙漠玫瑰"。

3. 2016年至2023年若干主要项目

公寓。现代建设于2006年推出公寓品牌Hillstate，2015年推出高端住宅品牌"H"。2020年，现代建设完成Hillstate Lake Songdo一二期、Hillstate River City、Hillstate Artium City，并计划在2023年开工建设THE H Honor Hills。

液化天然气。2016年，由现代工程、现代建设和韩国天然气公司组成的韩国财团，建设科威特AI-zour海岸的液化天然气进口码头的建设。2022年，这座世界上最大的液化天然气进口码头建成。

新能源。2018年开建，耗时一年多的Seosan光伏发电厂建成，这是韩国第一家带有电池存储的实用级光伏发电厂，现代建设为其提供全面的解决方案。

SMR。现代建设于2021年底与领导SMR开发的美国公司Holtec国际签署协议，开发SMR并向全球出口。

核电站。2022年，现代建设签订核电站拆解合作协议，包括霍尔泰克和印第安岬核电站拆解及项目管理，成为第一家赢得美国核电站退役项目的韩国公司。

隧道。2021年，现代建设建成韩国最长的海底隧道保宁海底隧道。保宁海底隧道耗资4853亿韩元，全长约7公里，是世界第五长海底隧道。

碳中和。现代建设是韩国第一家承诺"2045年实现净零排放"的上市建筑公司。2023年，现代建设与全球绿色建筑材料的领导者Holcim签署了谅解备忘录，将共同开发低碳建筑材料并促进技术合作。

石化。2023年，现代建设成功承揽沙特阿美"Amiral"石化设施第一、第四建设项目。该合同规模达50亿美元，为韩企在沙特所承揽项目之最。

第六篇 建筑版"印度梦"之 L&T 研究

宋学印

印度工业与建筑巨头拉尔森和图布罗有限公司（Larsen & Toubro Ltd.，简称 L&T）于 1938 年成立，是当今印度技术最先进、规模最大的创新驱动型工程和建筑企业，位列世界顶级工程公司前列，堪称"印度梦"率先在建筑和工程领域落地变现的典型代表之一。

L&T 集团主要数据及其增长率　　　　表 1

	2016 年	2019 年	2022 年	2016～2022 年均增长 /%
营业收入 / 亿卢比	10381.47	14100.71	15652.12	8.5
营业利润 / 亿卢比	1076.98	1981.87	1809.62	11.3
归属母公司的净利润 / 亿卢比	509.05	861.04	866.93	11.7
总资产 / 亿卢比	22752.47	27913.41	32004.89	6.8
股东权益 / 亿卢比	5076.05	6920.09	9537.37	14.6
EPS/ 卢比	54.44	63.40	61.65	2.2
BPS/ 卢比	472.28	444.73	586.56	4.0
员工 / 人	—	293662	50267	−27.6

注：印度企业财政年度为每年的 4 月 1 日至次年的 3 月 31 日

80 多年来，L&T 依托印度本土建筑市场的旺盛需求为底座支撑（但 2019 以来其建筑施工营收并未增长，主要是多元化经营增长），利用强烈的英国历史关系纽带为海外跳台，逐步增强企业能力边界，为全球各类客户量身定制前沿、质量导向的产品和服务，为利益相关方创造可持续的价值。L&T 通过独特的市场洞察力和战略眼光，在基础设施、建筑、电力、矿业、防务和航天等各个领域展开了广泛的业务。在基础设施项目方面，该公司参与了印度和其他国家的重大项目，如公路、桥梁、机场和港口。在电力领域，积极推动可再生能源和核能项目，并为国内外客户提供高质量的电力解决方案。同时，L&T 在建筑工程领域拥有卓越的技术能力，参与新型商业、住宅和工业项目的技术开发、模型研制与推广应用。

作为一家成功的企业，L&T 的背后一定存在具有兼容科学逻辑与历史主义的成功之道。该公司以坚定的价值观和明确的使命为指导，以企业家精神和创新为引擎，兼容并蓄印度文化与国际现代企业文化，紧密拥抱印度强大本土市场，以此为基本盘开拓海外市场，形成内外双循环稳健发展格局，逐渐打造全球标杆。

一、印度建筑巨头的发展路径

从一家最初的进口设备经销商逐步发展为印度第一工程建筑公司，既是偶然，更是必然。一个核心解释，是 L&T 的战略定位于印度国家建设的引擎，将公司战略规划与印度的国家发展节奏、基建战略保持协调一致。这一战略将 L&T 推上了可持续的快速增长轨道。

1. 世界"二战"的机遇：从单人办公室开始艰苦创业

L&T 的成长历程，本身就是一部现代工程建筑企业的演化发展教科书，具有多重启发意义。L&T 的起源可以追溯到 1938 年——由两位"二战"期间在印度避难的丹麦工程师 Henning Holck-Larsen 和 Soren Kristian Toubro 共同创立。Henning Holck-Larsen 和 Soren Kristian Toubro 是在丹麦时期的同学，当他们第一次在历史课上了解印度时，从未想到有一天会在这片土地上创造历史。

1938 年，Larsen 和 Toubro 决定放弃在欧洲工作的舒适生活，在印度开始自己的经营。初到孟买时，他们仅购买下一间非常小的办公室，以至于每次只有一个人可以使用。早年，他们代表丹麦的乳品设备经销商，收取少量的佣金。

"二战"期间德国对丹麦的入侵，为 L&T 带来第一次转型机遇。德国入侵丹麦后，印度进口受到了限制，这一外部压力反而成为倒逼 L&T 公司创新的一个重大机会。1940 年，Larsen 和 Toubro 被迫开始设立一个小型工作车间，以在印度境内研发、生产丹麦水准的乳品制造设备，并随后取得了成功。这使得 L&T 逐渐被公众认可为一个具有高标准且可靠的设备制造商。

L&T 的创始人通过他们的远见和创业精神，建立了这家伟大的企业，并为公司奠定了坚实的价值观和专业精神。他们的遗产延续至今，为 L&T 的成功和成就奠定了历史基因。

"二战"中期，L&T 开始踏入建筑工程领域，积极参与了一系列具有战略意义的基础设施工程项目，为公司打下坚实的基础，并提升了其声誉。例如，战争期间对船舶的修理和改装为 L&T 带来了机遇，L&T 也随之成立了专门处理这些业务的子公司希尔达有限公司（Hilda Ltd.）。与此同时，原本负责建造纯碱厂的德国工程师突然被拘禁，L&T 顺势进入工程安装领域，公司因其能力在该领域赢得了公众的认可和尊重。随着业务范围的扩大，L&T 开始着手扩张。自 1946 年起，两位合伙人决定注册成立工程建设与合同公司，专注于建筑相关的项目。然而，他们的野心和远见却不仅限于印度国内市场，开始寻求国际合作机会。

正当他们充满期待地准备迎接新的国际合作时，战争的阴云逐渐消散，大量战争剩余的设备以非常有吸引力的价格出售，这是一次难得的机遇。然而，合伙人却面临一个困境：所需的资金超出了他们的能力范围。为了抓住这个绝佳的机会，他们决定集资，筹集额外的股本。于是，在 1946 年的 2 月 7 日，L&T 公司宣告正式成立。

2. 印度独立与 L&T 的全速扩张

印度独立将 L&T 发展带入一个全新快车道。1947 年印度独立后，该公司在印度的加尔各答、马德拉斯（现钦奈，又译金奈）和新德里设立了办事处，以加强业务网络和服务范围。次年 L&T 在孟买的 Powai 地区收购了 55 英亩的未开发沼泽地和丛林。这块土地后来成了公司的发展重心，并充当着重要的基础设施和制造基地。

三年后也即 1950 年，L&T 迎来另一个重大节点。当年 12 月，L&T 成功上市，实收资本为 20 万英镑。当年的销售额达到了令人瞩目的 1090 万英镑，这标志着公司在商业领域取得了令人瞩目的成就。L&T 已经发展成为印度建筑领头羊。1956 年，L&T 进行了一次重要的办公室搬迁，将公司的大部分办公场所从孟买迁至位于巴拉德庄园的 ICI 大厦。后来，L&T 公司收购了该大厦并将其更名为 L&T 大厦，即现在的总部所在地。这个标志性的办公楼成了公司的象征，展示着 L&T 的崛起和实力。

进入原子能等能源工程建设领域。到 20 世纪 60 年代，L&T 开始扩展其业务范围，并逐渐成为多元化企业。在这一时期，L&T 相继创立了一系列子公司，其中包括 UTMAL（1960 年成立）、Audco India Limited（1961 年成立）、Eutectic Welding Alloys（1962 年成立）。到 1965 年，L&T 迎来了一个关键的时刻——被选为印度核反应堆建设的合作伙伴。当时的原子能委员会主席 Homi Bhabha 博士相信 L&T 有能力并且必须承担这个重任。自那时起，L&T 为印度的核能计划作出了重大贡献。

扩展进入国防工程领域。在进入原子能工程领域基础上，L&T 进一步向机场、航空航天乃至国防工业装备工程扩展进军。20世纪70年代，L&T与印度空间研究组织（ISRO）签订了一份重要的工作合同——为印度的太空计划提供支持和设备。随后于1985年，L&T与印度国防研究与发展组织（DRDO）建立起伙伴关系。当时政府不允许L&T制造国防设备，但允许公司参与DRDO的设计和开发项目。通过一系列成功的合作和积极的政策举措，如今L&T通过与DRDO的合作，可生产各种武器和导弹系统、指挥和控制系统、工程系统以及潜艇等军事设备。

这些合作和项目展示了L&T公司在国内外与合作伙伴关系的成功和多样化发展。无论是参与太空计划还是国防研发，L&T都以其专业能力和卓越贡献赢得了尊重和信任，成为印度科技和国防领域的重要参与者。

20世纪80年代以来，L&T逐渐扩大业务范围，涉足了电力、矿业、重工业、防务和航天等更多领域。公司通过积极追求技术创新、采取战略收购以及建立战略合作伙伴关系，不断扩大业务，并在印度和全球范围内获得了显著的市场地位。到21世纪初期，L&T对其业务领域进行了战略重组，确立了以工程建筑为核心业务、以IT工程与建筑材料为左右两翼的紧密型业务组合战略，持续保持印度乃至全球建筑工程巨头行列。

3. 多元文化土壤上的现代公司

L&T的发展根植于印度本土多元文化，同时又引领公司文化向现代更新。公司的愿景是追求生态友好的增长，促进可持续发展和创新的文化，为创造一个更美好的世界作出贡献。为了实现这一愿景，L&T将环境、社会和治理（ESG）原则融入业务运营中，努力寻求可持续发展。L&T致力于保护自然资源，加强社会公平，并通过可持续增长来实现这些目标，采取多种措施来应对气候变化、推动循环经济、建立绿色投资组合和绿色供应链，并关注员工健康、安全和社会福利。

多年来，L&T一直专注于推动可持续发展的实践。公司充分利用自身的优势和能力，通过实施可持续的企业社会责任计划，致力于建设印度的社会基础设施。这些计划包括参与公共交通项目、清洁能源项目、城市发展计划等，以推动可持续城市化和提高生活质量。

L&T还注重培养一种信任、关怀和持续学习的文化。公司重视员工的发展和福利，提供培训和发展机会，鼓励员工参与社区服务和公益活动。这种关怀和持续学习的文化有助于构建一个积极的工作环境。细节差异、持续创新、关怀员工构成了公司的独特文化元素，使印度社会对这家企业充满期待和敬佩之情。对每一个建筑项目的专业度和积极度是其成功的必要条件，但正是一些独特有趣的企业细节使其在行业中脱颖而出。

作为一家杰出的企业，L&T 还善于结合自身的工程技术，通过建造具有强大历史与文化符号的标志性建筑，提高在印度本土的市场影响力，并在政治与社会责任方面产生深远的影响。

最显著的例子之一，就是 L&T 承建的最具印度标志性的雕塑——团结之像（Statue of Unity）。该项目于 2010 年宣布，2013 年 10 月开始建造，总建设成本达 270 亿卢比（4.22 亿美元）。该雕塑由印度雕塑家拉姆·V. 苏塔尔（Ram V. Sutar）设计完成，并于 2018 年 10 月 31 日即帕特尔诞辰第 143 周年，由印度总理纳伦德拉·莫迪（Narendra Modi）揭幕。帕特尔被公认为是印度统一的主要推动者，他是独立印度的首位副总理兼内政部长，也是圣雄甘地的追随者。帕特尔因其在统一印度 562 个亲王国、形成现代印度边界方面的领导地位而备受尊敬。

这座高度达到 182 米的雕塑，超越了美国的自由女神像和巴西的基督像，成为世界上最高最大的雕塑。

自 2018 年 11 月 1 日对公众开放以来的 11 天内，团结之像吸引了超过 128000 名游客参观。2019 年 11 月，团结之像的日均游客量达到 15036 人，超过了自由女神像。在首年运营期间，团结之像吸引了 290 万名游客。截至 2022 年 11 月，已有 1000 万人次参观了团结之像，这进一步印证了它在公众心中的特殊地位，成了一个令人骄傲的国家象征。

通过建造这座雕塑，L&T 不仅提高了市场影响力，还彰显了对印度政治、历史和文化遗产的尊重，为印度本土文化的传承和宣传作出了杰出贡献。这是 L&T 对印度社会与文化的一种自适应，也是战略应对。

二、业务线中的引领地位

L&T 以客户为核心，努力通过提供一流的产品来让客户感到满意，为全球客户提供"从概念到调试"的解决方案。同时，L&T 在业务中融入尖端技术，并坚持高标准的职业精神和企业治理，凭借几十年的丰富经验、强大的客户参与文化和不懈的质量追求，在技术、EPC、制造和金融服务领域拥有广泛的全球业务，进一步巩固了领跑者的地位。

1. 科学布局业务版图

L&T 在高潜力市场上不断扩大全球业务版图，目前，已在 31 个国家设立有分公司及其他相关机构,并在全球设置 9 个建筑技能培训机构。目标是在不断变化的运营环境中,通过在行业和地理上的多元化布局,利用机会并优化风险敞口。

(1)"一核两翼"紧凑型业务多元化

L&T 的业务横跨多个关键领域,包括基建、IT 服务、工程材料、金融服务、电力、国防等。2022 年,L&T 的建筑施工营收占比 46.3%,比 2019 年 51.4% 降低 5.1 个点,正在逐步从一家建筑工程承包企业,转型为以建筑工程承包为核心的多元经营企业。2019~2022 年,L&T 在保持基建主要业务基本稳定外,IT 服务、工程材料业务快速增加。其中,IT 服务业产值从 2016 年的 1437 亿卢比增长到 2022 年的 3226 亿卢比,营收占比达 14%。以碳氢化合物为代表的工程材料业务营收占比,则由 2016 年的 10.6% 增加到 2022 年的 12.3%。

L&T 的多元业务并非概率行为,而是呈现一种"一核+两翼+多点"的紧凑型业务链组合,即以工程建筑为核心业务,以 IT 工程、建筑材料为左右两翼的紧密型业务组合战略。这种富有深度和广度的业务多元化布局,使得 L&T 能够更好

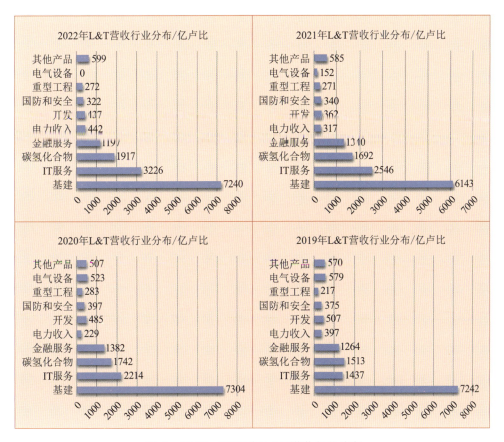

图 1　2019~2022 年 L&T 营收行业分布

地应对市场波动，适应并引领市场变化。

（2）"一主两副"深耕型地理多元化

L&T不仅在印度范围内广泛拓展业务，而且在全球范围内进行广泛布局。该公司在亚洲、中东、非洲、欧洲与美洲等国家和地区都设有分支机构或运营中心。但从区域集聚度上来说，它又呈现出"立足印度、开拓北美、深挖中东"的"一主两副"深耕型市场格局。目前，除印度本土外，美国是L&T的第二大市场，其2022年的营收高达2191亿卢比，中东地区营收高达1945亿卢比，营收占比分别为14%和12%。

"立足印度、开拓北美、深挖中东"的"一主两副"深耕型市场格局，为L&T带来了市场效应与知识外溢效应的双重收益。美国代表发达市场，对工程创新具有高水准要求。中东代表新兴市场，意味着快速发展市场机遇。美国市场取得最新一代工程技术知识，可以低成本地向印度基本盘、中东新兴市场进行复制迁移。这样的全球布局使得L&T能够在各种不同的市场条件和挑战下抓住机遇，并产生溢出效应，增强业务的灵活性和吸引力。

图2　2019～2022年L&T营收地理分布

（3）"多模协同"灵活型商业模式

L&T通过灵活利用三大商业模式实现价值创造。借助这些商业模式，L&T能够满足不同客户的需求并开拓新的市场机会。这三大商业模式分别为：

EPC模式。专注于在道路和桥梁、电力传输和配电、热/水力/太阳能/核能电厂、水利基础设施、住宅、商业、机构和工厂建筑、机场、地铁和传统铁路、陆上和海上油气设施以及冶金项目等领域进行大型复杂基础设施项目的概念化、执行和投产的核心竞争力。

制造模式。专注于在国防和造船、为过程工业提供重型定制设备、电气产品和系统（备货和定制生产）、物料搬运设备以及工业产品和机械。L&T在印度的纳维木巴伊、哈齐拉、瓦多达拉、艾哈迈德纳加尔、塔莱冈、金奈、哥印拜陀和卡图帕利，以及在阿曼、阿联酋、沙特阿拉伯和马来西亚等国际地区拥有广泛的制造设施。

服务模式。服务相关业务主要满足IT行业（通过LTI和Mindtree）、技术服务（通过LTTS和智慧世界与通信）、房地产和金融服务（通过LTFHL）等领域的需求。

三大商业模式充分体现了L&T在基础设施、制造和国防、服务及能源领域的多元化业务结构。除此之外，L&T的多元化还可以体现在业务组合、业务分布以及业务合作伙伴等方面。

——借助矩阵结构优化业务组合，减少资产密集型业务风险。L&T通过与成熟业务相辅相成的增长阶段业务，以资产轻、资本支出轻和高利润率的业务为重点的矩阵结构，有节制地减少对资产密集型业务的暴露。同时，对于需要定期资本注入的业务，如金融服务，L&T将根据新兴战略重要性的背景不时地进行重新评估。

——借助服务和制造业务增长实现EPC业务平衡化战略。L&T通过制造和服务业务的组合来平衡EPC业务的周期性特征。L&T的服务业务为L&T的收入贡献超过25%。为了实现更好的盈利能力和稳定的收入结构，L&T计划增加服务业务的比例。同时，考虑传统EPC和制造业务的增长，L&T收购Mindtree有限公司是朝着这个方向迈出的一步。L&T于2019年7月收购了Mindtree的多数股权。在2020年，Mindtree为L&T的IT和技术服务收入贡献了约27%。这也使得IT和技术服务业务在L&T的综合收入中所占份额增长了400个基点，达到15%。

——追求业务均衡与地理多元化。在国内和国际市场上，L&T有超过35%的业务来自国际市场（主要是美洲、中东、非洲及欧洲）。为了进一步降低地理集中风险并追求新的增长机会，L&T继续加强对非洲和东盟地区更多潜力国家的关注。

在非洲成功投入使用超高压变电站项目的基础上，L&T 现已完成了埃及的一条 220 千伏输电线路和肯尼亚的一条 500 千伏高压直流输电线路。在中东地区，L&T 共建设 26 个变电站并投入使用，其中主要包括卡塔尔和阿曼的 400 千伏变电站。此外，L&T 还在中东地区建设了超过 200 公里的架空输电线路和 325 公里的地下电缆网络，能够进行高容量的能量传输。

——与合作伙伴加强全面合作关系，提供多样化增值服务。L&T 通过与合作伙伴建立合作关系来补充独立的产品和服务，对于 EPC 和制造业务，L&T 与几家全球大型工艺和技术许可公司建立了合作关系；而对于 IT 和技术服务业务，L&T 与全球知名软件产品和技术公司有广泛的合作伙伴关系。这些合作使得 L&T 能够为不同业务领域的客户提供一系列增值服务。

2. 率先把握工程前沿

通过全局性的视野和对全球大趋势的精湛诠释，L&T 构建了自身细致入微的前沿业务战略。对全球大趋势的理解确保了其业务和产品的相关性并建立了未来挑战的应对机制。通过对全球大趋势进行深入研究和战略规划，L&T 能够在竞争激烈的市场环境中保持领先地位，为客户提供创新、可持续和高效的解决方案，不断推动业务增长。

（1）把握城市化趋势

城市化对全球来说是一个重大且不可逆转的趋势。L&T 凭借其精湛的工程技术和深邃的市场理解力，针对城市化人口密度带来的问题，例如交通拥堵等，提供了一系列解决方案。例如，L&T 的建筑和设施（B & F）业态致力于提供高层建筑以更好地利用土地和空间。地下设施和地理工程（Geo）部门则创新推出地下多层停车场。公用事业网络（包括输电和配电和水处理设施）都在发生着重大变革。例如，L&T 的水处理和工程技术部门（WET）正在着手完善水处理和污水系统，以满足日益增长的需求。通过建筑和设施（B & F）部门，L&T 正积极为经济适用房项目提供技术和服务支持。这些举措的引领者，安全智能城市（SWC）成为城市化进程中最明显的标志。

（2）引领数字化趋势

数字化革命已经无所不在，无所不能。L&T 把握这一机遇，旨在为人们和产品提供安全、快速、廉价、环保的解决方案。例如，通过 L&T 技术服务部门（LTTS），该公司的交通部门（Transportation Infrastructure，TI）提供了大规模快速交通系统，而建筑和设施（B & F）部门则制定了世界级机场的设计方案。电动

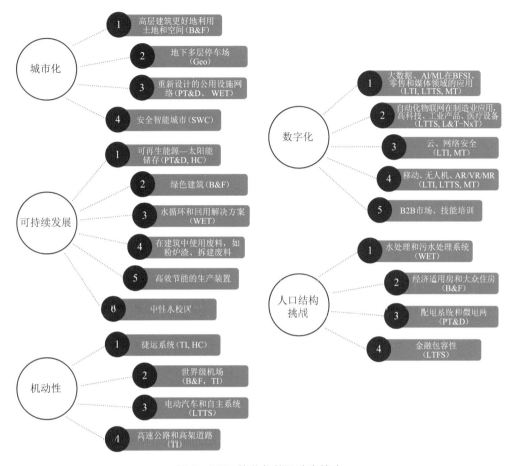

图 3　L&T 的业务前沿动态战略

车和自动驾驶系统也在 L&T 的规划和研发之内。大数据、人工智能/机器学习、自动化和物联网等前沿技术在 L&T 的众多事业部中得到了广泛应用，如银行金融服务、零售和媒体以及制造业、高科技、工业产品和医疗设备领域。

L&T 的 3D 打印建筑已经开始加速从试验走向应用。例如，2019 年 11 月，L&T 建筑公司在 106 小时内完成了印度第一座两层建筑的 3D 打印。该建筑面积仅为 65 平方米，使用大幅面混凝土 3D 打印机制造，建筑材料由 L&T 内部团队开发的本地 3D 可打印混凝土混合物组成，并集成了钢筋。打印机建筑完全符合印度的所有建筑规范。

（3）适应绿色化趋势

面对气候变化和资源短缺的问题，L&T 正在积极寻求解决方案，以平衡全球需求与环境之间的关系。通过采用可再生能源如太阳能，增加绿色建筑数量，提高水资源回收利用率等措施，L&T 正在积极改变其营运模式，以适应可持续发展的需求。同时，L&T 是首批也是为数不多的自愿设定可持续发展绩效目标的公司之一，其"可持续发展路线图 2021"亦是围绕此目标启动的。

L&T 的可持续发展之旅始于多年前。L&T 进行的名为"可持续发展路线图 2021"的目标于 2016 年启动，这是 L&T 设定的第三个可持续发展目标。多年来，L&T 根据印度和其他全球市场不断变化的商业现实，对可持续发展优先事项进行了审查和微调。当然 L&T 也取得了不俗的成果：①绿色投资组合。2020 年 L&T 绿色产品和服务组合贡献了 31.05%（3249.2 亿卢比）的收入。②节约能源。通过更换 CFL 和 LED 灯，能源节约增加了 69%，2020 年，L&T 共节约了 26739 吉焦的能源，总能源强度相对于 2019 年下降了 8.56%，相对于 2016 年下降了 3.3%。③节约用水。相对于基准年份 2016 年，单位员工水消耗量减少了 45.4%。在 2020 年，L&T 回收了总废水的 76.5%，相比 2019 年增加了 1.97%。④碳排放。相对于 2019 年，2020 年，L&T 直接温室气体排放强度减少了 9.3%。⑤安全和企业社会倡议。相对于 2020 年，L&T 在 2021 年的事故频率降低了 5%，死亡人数减少了 40%。在 2021 年，L&T 共有 4400 名员工参与了志愿者计划，并为各种社会事业工作。

L&T 向全球展示了企业的战略眼光和行动力，不仅实现了业务的持续增长，同时也展示了企业对于全球问题的负责任态度。在未来，期待 L&T 继续领跑行业，作出更多有益于全球的决策和贡献。

3. 配置发展全栈资本

在一个充满挑战和机遇的波动市场中，L&T 始终以合理方式培育、发展和配置攸关企业竞争力的一系列资本和资源，以期为所有利益相关者创造持续的价值。作为一家全球建筑和工程行业巨头，L&T 深知资本的有限性和相互关联性。这促使 L&T 持续评价并作出明智的资本分配决策，平衡企业短期增长和长期可持续性，同时管理各种资本的权衡。在这个过程中，L&T 将诸多资源与关系纳入考量，最终归结为六大资本。L&T 为每种资本提供投入，以推动 L&T 的业务流程。

（1）自然资本

随着人口需求和消费模式的不断增长，自然资源呈现出快速减少的趋势。在这个背景下，L&T 透明且有责任心的运作，确保了自然资源的合理利用，同时采取措施保护和保存自然资本。这是 L&T 对可持续发展的一种重要实现方式，通过严格计划和合作，以求将可持续倡议转化为持久性的成果。L&T 不仅采用可再生能源，促进能源节约，减少废物排放，而且还大力推广城市密集森林，参与和支持国家应对气候变化行动计划。

（2）制造资本

L&T 的业务领域涵盖全球，拥有先进的工程建设、建筑创新与装备制造能力，提升竞争优势。L&T 通过全球最佳制造实践和创新投资，以保持其市场份额的持续增长。实际运作中，L&T 已经在建筑工程、基础设施、水处理、电力输配等多个业务领域取得了鼓舞人心的进展。这些业务都以有序的订单和稳健的增长动力为基础，推动制造能力、经验快速累积，进一步推动了 L&T 的业务增长和市场份额扩大。

（3）知识资本

为了应对飞速发展的市场环境，L&T 使创新成为一个常态，并通过先进的技术支持其创新工作。L&T 认为这将帮助公司交付新的行业标杆项目。在国防、交通基础设施和智能城市通信等业务部门，该公司加强研发投入，以期有效应对未来战略挑战。此外，公司和许多研究机构建立了长期的合作关系，以保持其在关键技术和质量标准上的领导地位。在 2021 年，L&T 拥有 46 项专利和 227 名研发设计工程师，总研发投入达 2.26 亿卢比，并获得了 11 项创新奖项，研发或开发了 101 个新产品和服务。

（4）人力资本

人力资本是 L&T 取得成功的关键推动因素。L&T 有深厚的员工发展文化，强调学习和发展、多元化与包容以及工作场所的健康和安全，这些都成为 L&T 关注的重点。L&T 的员工通过其创新和企业精神，推动了公司的无缝运营和高效项目交付。在 2021 年，L&T 的员工总人数为 50092 人，平均每名员工的培训时长达 12 小时，其中安全培训时约 3.2 小时。

（5）社交和关系资本

L&T 高度重视企业社会责任，并在业务运营中融入社会责任。在建设印度社会基础设施、扩大社会影响范围、综合社区发展计划等方面，均有 L&T 的身影。与此同时，L&T 也启动了员工志愿者计划，鼓励员工参与其 CSR 项目，发挥社会影响力。在商业中，建立和维护良好的人际、社区、政商关系是成功的必备条件，这要求领导者与所有的社区伙伴和利益相关者建立良好的联系，以获得信任和依赖。L&T 在印度社区和政府治理中实现了良好的参与和影响力。

（6）金融资本

L&T 强健的金融资本为其在市场中建立了坚实的基础。稳健的资产负债表是其减少对外部依赖、增强自力更生能力的保障。L&T 谨慎地管理资本结构，有效应对风险。尽管 2021 年面临诸多困难，L&T 的财务表现依然强劲，财务报告中税后利润达 1158.3 亿卢比，同比增长 21.30%。L&T 进一步加强在海湾合作委员会（GCC）国家的业务，主要集中在基础设施和油气行业。国际市场的未执行订单总额为 687.73 亿卢比，占总订单额的 21.01%。可从国内和国际两大市场分析推动 L&T 订单增长的业务板块：对于国内市场来说，主要是与高铁、铁路隧道、输电线路等基础设施相关订单、炼油厂项目的 EPCC 订单以及核电项目的关键设备供应；而对国际市场而言，主要是与变电站、输电线路以及轻轨相关的大型订单和与综合用途设施、生物燃料炼油工艺设备相关的订单。

三、疫情冲击与变危为机

面对新冠疫情史无前例的全球冲击，每一个公司都犹如在惊涛骇浪中航行，L&T 同样如此。相较于其他许多行业，建筑和工程行业由于其唯一的工作环境和庞大的劳动力结构，要应对的挑战更为复杂。然而，逆境中的 L&T 展现了其卓越的"导航"技艺，从"变"与"不变"中找到独特的应对之道，在全球疫情冲击中持续展现出业务韧性和灵活调整能力。

1. 全球疫情对 L&T 业务的冲击

新冠疫情暴发对全球企业造成了深远的影响，L&T 也无法幸免，L&T 业务的各个方面都受到了冲击。

（1）新冠疫情对 L&T 的直接影响

新冠疫情对 L&T 的直接影响主要表现在项目的暂停、工人的分散以及供应链的中断上。首先，由于全球的封锁和跨境限制，L&T 的许多项目不得不暂停或者取消。例如，工程项目需要大量的劳动力，但很多工人由于封锁和隔离措施已经不能到达工作现场。此外，新冠疫情还对全球供应链产生了重大影响。由于供应链中断，导致公司难以获取必要的设备和材料，进一步阻碍了项目的继续进行。

新冠疫情也对组织、机构乃至整个全球商业生态系统的可持续性提出了严峻考验。它迫使公司调整运营模式，同时遵守政府发布的健康和安全协议。同时，疫情引发的供应链短链化，世界分工变革加快，叠加经济衰退，这在全球范围和影响上是前所未有的。基础设施行业是受到疫情引发的封锁和维持安全协议的"新规范"影响最严重的行业之一。供应链的顺畅运作和劳动力的可用性也受到了严重影响。

（2）疫情对业务部门的具体影响

新冠疫情对L&T的所有业务，包括"基础设施"业务，产生了重大影响，尤其是那些需要大量劳动力的项目。项目的放缓或停工、财务压力以及照顾项目现场工人的需求都需要解决。这些因素使得对可持续发展和技术的关注变得更加重要。

在房地产业务方面，一方面，新冠疫情使得房地产市场显示出持续疲软的迹象，定期封锁导致建筑工期延迟，项目无法获得足够的劳动力进一步恶化了情况。另一方面，房地产市场需求情况并不乐观，原因是收入损失、对健康和财务的不安全感以及行动限制。在2020年疫情暴发后的数个季度，印度企业办公空间需求低迷，因为主要企业的扩张计划和资本支出已经搁置，导致商业建筑景气下滑。

在国防业务方面，L&T面临的首要问题就是订单推迟，这是由于新冠暴发后预算分配的不确定性所导致的。从印度的议会常设委员会的报告可以看出，国防现代化预算在疫情期间不足以支付承诺的负债，导致采购计划延迟，有时甚至在发出请求提议后取消或减少数量。由于新采购缺乏资金，过去三年对印度工业的订单下降了约77000亿卢比，其中大部分被指定给国有防务生产单位，其余订单则交给外国供应商以填补紧急能力缺口。

在油气业务方面，2020年，影响L&T油气业务结构性转变的两个关键因素是OPEC增加石油供应和新冠疫情造成的商业中断导致石油需求下降。在新冠的总体影响被计入之前，石油价格在2020年3月的第一周因供应过剩下跌了30%。由于印度国内炼油行业产能过剩，国内市场普遍推迟了几个季度的项目，同时还面临着来自新进入者的激烈竞争。石油价格下跌对L&T油气工程有限公司（LTHE，L&T集团的子公司）的业务产生了影响。沙特阿拉伯是LTHE离岸业务中占据相当市场份额的市场，因为其在长期协议（LTA）下是唯一的承包商，但新的承包商的进入，直接影响了LTHE在LTA下获得的合同份额。

（3）金融风险

新冠疫情的出现，导致2020年全球经济收缩了3.3%，除中国外，各个大型经济体普遍出现了收缩，全球贸易下降，服务业和制造业活动明显放缓。新冠疫情加剧了金融市场的波动，经济活动的中断、办公室的定期封锁和关闭、认证检查未完成以及公司无法开具发票导致大量应收款项未能在财年内实现。这导致了2020年度L&T的流动资金水平的大幅增加，而在过去三年中，流动资金一直在有针对性地改善。

同时，由于个人和机构投资者的风险规避（由于一些非银行金融公司的违约）以及消费者需求放缓、私营部门投资的疲软和新冠疫情造成的干扰，2020年的流动性环境较低。不过，L&T 仍设法满足了自身资金需求，还成功将其截至 2019 年 12 月 31 日的现金及现金等价物从 758.8 亿卢比增加到 2020 年 3 月 31 日的 999.8 亿卢比。

2. 灵活调整与变危为机

随着新冠疫情的冲击，许多企业的运营模式发生了巨大的转变。L&T 化危为机，借机调整适应了这一变革。结合扎实的应对策略和灵活的公司管理方式，L&T 成功营造了适应疫情不断发展变化的业务环境。

（1）实施保护－创新－机会计划（PIO）

L&T 在应对新冠疫情的冲击过程中，实行了一项被称为保护－创新－机会计划（PIO）的策略，该计划围绕着三大支柱进行构建：保护现有业务"SHIELD"，提高运营效率和速度"DREAMS"，以及抓住新的业务和市场机会"DHOW"。

"SHIELD"策略旨在保护现有业务，优化服务，创造更高的价值。同时，公司也在积极寻找可以快速开发和扩展以满足市场变革的产品和服务。它旨在通过提供智能解决方案，吸引新客户，并深入关注业务拓展活动，这便是"SHIELD"的目标。

"DREAMS"策略旨在通过名为 SESA（简化、消除、标准化和自动化）的举措提高运营效率和速度。L&T 在场地和施工现场推行提高生产力和质量的文化，这包括自动化焊接、广泛使用夹具和装配线概念、全套装配和串行生产技术。同时，为了提高安全性和生产力，L&T 在制造时最大限度地减少高空作业。为了解决远程地点或拥挤工厂的陆上项目的施工挑战，L&T 正在最大限度地利用场地的模块化。此举不仅提高了运营效率，同时也为公司开辟了创新方向，为其发展注入活力。

"DHOW"策略旨在利用组织的转型来吸引和满足客户在转型为未来能源环境的需求中的努力。该策略帮助公司把握新机会，将业务转型为更可持续的一种，这将成为未来增长的引擎之一。同时，L&T 也在积极与各种研发中心和初创公司合作，开发新兴技术并创建差异化解决方案。

（2）加快"数字化"转型

疫情中，一位新的"玩家"快速崭露头角——"数字化"。它的加入改变了传统运营模式，更快、更精确、更高效。新冠疫情加速了 L&T 这一转型，L&T 开始深度运用云计算、人工智能、数据分析等技术，提升公司的运营效率和服务质量。在 L&T，50 个以上的数字化解决方案部署于数百个项目现场。L&T 的团队可以实时监控超过 11000 台施工设备的运行情况。异地办公的难题通过云计算和大数据分析得到有效解决，以保障业务连续性。与此同时，新的移动应用程序已经将与安全、质量、活动完成和材料相关的流程数字化。地理空间技术和工具，如无人机、光探测与测距（LiDAR）、3D 扫描和摄影测量，可以更快、更准确地整理地理信息。L&T 相信"数字化"对于选择探索它的所有人来说都有更多的潜力。

同时，L&T 更加关注数字创新的使用，人工智能（AI）的使用将得到发展和更广泛的应用，AI 解决方案将被用于检测和防止不安全行为和情况。L&T 计划增加对 3D 模型的使用，将其应用于更多的施工现场，如脚手架的搭建和拆除，并引入更多的虚拟现实模块。在偏远地区，L&T 已经开始使用无人机来识别安全隐患，而无需将人置于风险之中。L&T 在"数字化"方面的专注努力使其能够进一步发展"互联 EHS 经理"和"互联工人"，同时 L&T 也会继续推动安全领域的边界确定和标准制定，以显著提高其安全表现。

（3）人文关怀的价值

在疫情冲击下，L&T 不忘为员工担负责任。随着疫情的蔓延，L&T 踏实为 16 万名合同工人提供生活保障，包括食物、住所和医疗援助，每月可达到约 5 亿卢比。对于在疫情期间遭受损失的员工家庭，L&T 会支付 350 万卢比的一次性付款，为已故员工的家属提供教育和职业培训的财务援助。同时，L&T 还将社区的健康和医疗中心开放时间改为 24 小时 ×7，并会使用救护车将患者转运到最近的医院。对于政府，L&T 捐赠 1.5 亿卢比给 PM-CARES 基金，并在 20 个主要城市安装智能技术，帮助各州政府和地方当局有效应对新冠疫情。

L&T 还专门成立一个高级委员会来处理与新冠相关的事务和决策，该委员会为"决策响应团队"（DRT，Decision Response Team），团队包括基础设施业务执行董事、国防和智能技术执行董事、公司人力资源总监、集团人力资源顾问以及卫生和医疗服务总监。他们的主要任务是跟踪疫情动态，对员工的担忧和询问快速作出回应，同时保证业务连续性。在保证信息传播准确性的同时，为员工创造一个安全有保障的工作环境。同时，DRT 还为员工提供了专门的热线，可以直接联系公司的医生咨询任何与新冠相关的问题和信息。在医学专家的帮助下，DRT 组织了多个健康推广网络研讨会，涉及多个相关主题，如育儿、老年人护理和在家工作期间的人体工程学，并通过公司内部门户网站发布健康指导和信息。

3. 后疫情时代的发展前瞻

新冠疫情无疑给全球经济带来了沉重的负担，但也为许多行业开启了变革创新的新篇章。尤其对于建筑行业，改革压力和机遇并存。L&T 以其在疫情中的出色表现，被视为随着疫情结束而闪耀的典范。那么，L&T 在疫情过后可能的发展和复苏情况又会是什么样的呢？

（1）加快技术革新与适应步伐

技术一直是建筑行业最重要的驱动因素之一，L&T 在疫情期间的数字化转型更进一步推动了它在运营效率和效益上的提升。后疫情时代，数字化、智能化和自动化将进一步加速推进，L&T 无疑会再度从技术革新中获得巨大动力。例如，工业物联网和人工智能技术将有可能让构建过程更加高效、准确，远程操作和监控也将减少工作风险，提升工作效率。

（2）深化可持续发展策略

可持续性对于现代企业的重要性不言而喻，L&T 已经认识到构建绿色未来的关键性，并在技术研发和项目实施中加大了对可持续建筑和可再生能源的投入。在后疫情时代，随着环保压力持续升级，期待 L&T 尝试实现更多绿色建筑和绿色工程项目，发挥对环境友好型发展模式的引导作用。ESG 是未来的趋势，它在全球范围内得到了政府和企业的大量投资。在未来，L&T 或许要重新审视其在 ESG 方面的愿景、政策、框架、路线图和行动计划，并将与他们新的 5 年战略计划"Lakshya 2026"保持一致。

（3）重塑新的业务模式

新冠疫情对全球各行各业都带来了前所未有的冲击，那些能灵活调整、适应环境变化的公司将拥有更多后疫情时代的发展空间。预计 L&T 会通过优化供应链管理、提高运营效率，甚至是尝试新的业务模式，如在线工程设计和咨询，合作伙伴关系的建立等方式，全面提升其业务范围和影响力。

（4）逆周期加强员工培训与发展

人才是企业成功的关键因素。在疫情期间，L&T 不仅没有停止对员工的关怀，反而加大了培训和发展的力度，以适应新的工作和生活模式。L&T 在疫情期间，进行了约 200 次环境、健康与安全宣传活动，以提高员工和工人的意识并加强参与。通过专家和医疗保健专业人员进行了大约 19 次外部培训，以教育人们有关新冠、心理压力、个人卫生等方面的知识。L&T 推出了针对新冠的特定和互动式培训课程，传统的课堂培训模块转换为在线课程，并引入了虚拟现实培训模块，开发了诸如 WISA、Edutech 等培训系统和程序。在一年内，L&T 总计完成了 426 万个安全工时，进行了 952 次培训，培训工时超过 17159 个。后疫情时代，期待看到 L&T 进一步提升员工的技术和软技能培训，包括数字化知识、项目管理、创新思维等，以适应快速变化的市场。

（5）积极利用政策优势

寻求政策红利也是疫情后复苏发展重要的一环。在当前国际环境下，各国都在采取不同的经济刺激政策来促进经济的复苏。L&T 将可能利用这些政策，在满足政府约束的同时，取得更多的发展机遇。

四、解码成功之道：印度梦的萃取集成

1. 紧盯印度庞大市场的多元化、数字化和二元创新

在如今全球化和数字化并存的时代，企业的持续发展和成功需要不断的创新和业务拓展。这是一个普遍的现象，不论是在传统的建筑行业，还是在新兴的科技行业。L&T 作为一家具有丰富历史和成功经验的建筑公司，他们对业务拓展和技术创新的理解和实践提供了一个有趣的研究案例。

印度庞大的经济底座和逐渐兴起的多样化需求，为 L&T 的业务拓展战略提供了天然基础。尽管 L&T 最初是以建筑业务起家，但在印度经济体系中，它一直寻找新的机会和市场，尝试跃出业务边界，脱离舒适区以实现产业链拓展或转型，以提升自己的竞争力和收入。比如，它相继进入信息技术、金融等服务领域，通过提供包括建筑、硬件工程在内的一站式解决方案，增强客户关系，形成独特的价值主张。需要指出的是，在新业务线拓展中，L&T 利用了自身的资源和能力，如工程技术、项目管理和运营经验，来获得在这些新领域的竞争优势。

然而，业务拓展不仅仅意味着进入新的市场或领域，也意味着在已有的业务中创新和提升。这就需要涉及技术创新和数字化转型。对于 L&T 来说，它在建筑业务中引入了诸如建筑信息模型（BIM）和精益建造等新技术和方法，提高了建造效率和质量，保持了在建筑行业的领先地位。此外，它还通过数字化转型，改善项目运营和服务效率。例如，通过使用人工智能、机器学习、物联网、大数据等技术，L&T 实现了项目管理的自动化和智能化，使得工作绩效全面升级。

L&T 的技术创新和数字化转型并不仅限于它的建筑业务。在它的新业务领域，比如信息技术和金融服务，它也同样在进行创新和转型。它开发了一系列的数字化产品和服务，比如云计算、数据分析、电子支付等，来满足客户的需求和期待，以及提升它自己的竞争力。

业务拓展和技术创新、数字化转型是相辅相成的。业务拓展为技术创新和数字

化转型提供了机会和方向，而技术创新和数字化转型则为业务拓展提供了动力和能力。只有两者相结合，才能实现真正的成功和发展。

这也给其他企业提供了一个值得学习的例子。在今天的竞争激烈的市场中，企业不能仅仅满足于现状，而应该不断寻求新的机会和创新。同时，它也不能忽视技术的力量，而应该积极利用新技术，实现自身的数字化转型，以应对未来的挑战和机遇。只有这样，它才能实现持续的发展和成功。

2. 脱胎并超越印度文化的领导力继承与组织塑造

L&T 虽由丹麦人创立，但经 80 余年的发展，公司在融入印度优秀本土文化的基础上，逐渐形成了现代治理模式与卓越的企业文化，突出体现在其领导与管理的组织设计上。L&T 对企业的持久成功和连续增长有着深刻的认识，这源于一个鲜明的认识：优秀的领导力不只是出现在一个短期的时间里，也需要有持续的培养和发展。L&T 的核心价值观围绕着基于公平、透明、可靠、责任、合规、道德和信任的原则和理想。L&T 的管理模式在符合 ESG 价值观的基础上，强调领导力的培养和有效的治理机制。

为实现战略愿景，公司的管理模式采用三级敏捷型的管理架构，通过不同层级之间建立的双向反馈和沟通方式，实现业务有序运作。

——顶层管理：如公司或组织的高层领导，董事会、总裁、总经理等，负责制定公司的整体战略、目标和政策，并对公司的整体运营和绩效负责。

——中层管理：这个层次包括部门经理、项目经理和其他中级管理人员，负责集体评估各业务的战略和运营情况。小组成员通常每月至少召开一次会议，如遇需要高层关注的事项，则会更频繁地召开会议。所有重要事项，包括经济、环境和社会方面的议题，都需要在整个企业范围内进行协作指导和指示，均由该机构进行审查。

——基层管理：这个层次包括组长、主管等基层管理人员。这是业务层面的最高机构，主要关注与垂直业务相关的战略、战术和运营事项。它们应以独立的方式运作，从而使每项业务都以董事会管理的方式运作。每个 IC 都有一个董事会，由来自母公司董事会的成员、2~3 名来自行业的独立成员和 2~3 名 IC 的高级管理人员组成。IC 董事会帮助业务主管引入外部观点并评估业务绩效。

这种治理结构有助于确保更高的管理问责性、信息敏捷性与信息可信度，并有利于加强业务自主性、绩效约束和业务领导者的发展。

公司注重领导者的培养和提升，倡导开放的沟通和知识共享，以实现高效决策和团队合作。此外，L&T 建立了一套有效的治理结构，确保决策的迅速执行和资源的合理配置。治理模式的正式化和运作通过政策、程序和流程驱动系统来实现，并且已在整个公司制度化。

一些重要的治理政策和手段包括：

——董事熟悉情况计划。首先，通过结构化的机制，让独立董事熟悉董事的受托角色和责任。该计划确保通过分发通讯和新闻稿等途径，促使企业动态与董事会成员的定期沟通。其次，定期安排现场/工厂参观，并且各人员定期向董事会及董事会下设机构进行汇报，让董事有机会与公司高级管理人员就业务、战略、业绩参数、政策和流程等相关事宜进行交流。

——董事会评估（Board Evaluation）是针对董事会、各委员会、主席和董事个人的以年为单位的业绩评估。在评估过程中，所有董事会成员都会使用外部第三方信息技术工具（由外部专业机构拥有和管理）参与评估程序。定期评估可以保证企业高层的公平性和专业性。

——制定了针对主管、行政人员和管理人员的《职业道德守则》，其中包括详细的上报矩阵和程序，以处理违反守则的行为，并扩展至集团所有非上市公司。《职业道德守则》还纳入了道德行为原则，所有指定人员都必须就遵守情况进行年度申报。企业会定期对相关利益方进行培训，以保证企业行为符合诚实和公平的商业惯例原则，并不会参与任何有损道德价值观的行为。

这种强调领导力与治理的管理模式使得 L&T 能够灵活应对市场挑战，实现战略目标和持续发展。并且，通过对领导力的培养和激励，L&T 也实现了有序的代际传承，并使管理层具备了强大的传帮带能力。

3. 复杂社会中的经济利益与社会责任的有效均衡

对于现代企业来说，平衡经济利益和社会责任是一种巨大的挑战。面对市场压力和持续的利润追求，企业不仅需要考虑自身的经济效益，还需要考虑到社会责任，尤其是在不断变化的法律和道德环境中，将业务和社会影响相融合才能创造更大的价值。

L&T 专门建立了企业社会责任团队（CSR），所有项目在 CSR 委员会批准的指导和框架下开展工作。CSR 通过与非政府组织或政府机构合作，在 L&T 校园和业务办事处团队的协助下，设计、执行和监督企业社会责任计划，帮助推动社会事业。只有推动社会事业的发展，才能将业务真正服务于客户和每一个人，过度追求经济效益和企业规模的发展而忽略对社会的影响，是无法走到像 L&T 现在这样的水平的。

在 CSR 发展项目的影响下，2021 财政年度受益人数高达 121 万人次，且影响程度广，包括水资源管理、自然资源保护、减缓气候变化和温室气体排放、可再生能源的采用、供应链管理、职业健康与安全和本地供应基地发展。

CSR 设计了不同的发展项目来推进企业与社会的共同发展。

——社区综合发展计划（ICDP）。该计划始于 2014 年，旨在改善"生活必需品"——水的供应。在该计划下，拉贾斯坦邦、马哈拉施特拉邦和泰米尔纳德邦的五个缺水地区成为目标，覆盖 22958 公顷土地上的 11362 户家庭。计划实施的五年内，目标地区不仅实现了饮用水充足，还实现了卫生和农业用水充足。如今，所有项目区都能获得饮用水和卫生设施，以及用于种植牲畜饲料和额外作物的水。自 2019 财年起，ICDP 在马哈拉施特拉邦和泰米尔纳德邦的另外四个水源紧张地区实施，覆盖 13223 公顷土地上的 12545 户家庭。这将确保在特定地区的更大范围内产生更持久的影响。社区发展项目的活动始于对当地需求的评估，并遵循系统的社区组织策略。这些策略包括围绕问题动员群众、建立农村发展和监督委员会、培养节水意识、建设有助于水土保持的民用基础设施、确保社区对其进行维护、提供由群众出资的卫生设施以及培养当地群众合理利用资源的能力。

——健康方面，L&T 为弱势群体组织健康和福利活动。公司以常设保健中心或保健营的形式为城市和偏远地区的患者提供免费、普惠、优质的医疗保健服务。服务项目涉及方方面面，覆盖到的弱势群体范围广，包括老年人、青少年和儿童、艾滋病患者、妇女等。

——技能发展一直是 L&T 关注的重点领域。在努力实现包容性增长的过程中，L&T 提供职业培训课程和其他技能培训活动，为未受过教育的青年提供就业技能。L&T 的建筑技能培训学院（CSTIs）为农村和城市青年提供钢筋弯曲、模板木工、砌筑、脚手架、焊接和电线等行业的免费培训。同时，也为残障人士、妇女提供专门的培训，使他们能够获得有报酬的工作并在经济上独立。

——社会关系与商业利益网络。关系在印度商业中扮演着非常重要的角色，因此除了社会影响力，CSR 也着重维护社会关系资本。对所有社区合作伙伴和利益相关者而言，作为领导者保持社会可见度至关重要。维护加强与供应商、承包商和服务提供商的关系是 L&T 的重点。L&T 通过合作伙伴会议与供应商定期接触，并为供应商制定了单独的行为准则，包括人权实践（禁止童工、强迫和强制劳动，以及基于性别、种姓和国籍的歧视）。截至 2021 年 3 月，已有超过 10 万家供应商签署了《行为准则》，并且在供应商注册时，会根据其环境和社会表现对供应商进行评估。

企业的社会责任和经济效益并不是对立的，而是可以相互支持、相互促进的。L&T 证明了企业如果能够在经济和社会责任之间找到平衡，就能在竞争激烈的市场环境中保持竞争力。因此，对于所有的企业来说，寻找并实践这种平衡，应该是它们的重要任务。

4. 人口大国中的人才萃取与人文关怀

人才是 L&T 最宝贵的资源，也是实现公司愿景的关键因素。为了贯彻员工为核心的企业文化，L&T 为员工提供自由的工作环境、学习和成长的机会，并通过提供具有挑战性的工作任务，使员工承担适当的风险，进而创造机会使员工获得职业成就感；通过邀请员工提出建议、意见和开放日，鼓励员工参与公司治理；提供有竞争力的薪酬和奖励，并通过专门设计的计划对员工进行职能和行为方面的培训，以充分发挥他们的潜力；通过努力提供合适的平台来培养、留住人才，使员工充分发挥创造力和创新力来建立提高生产力的系统、流程和工具；通过公平、公正、透明和可持续发展的企业环境，创造一个尊重、诚信和善治的环境，让员工持续学习，良性竞争，走向卓越。

2021 财政年度，L&T 共有 50092 名员工，其中 37390 人为工程师，年龄中位数为 33 岁。公司平均每位员工培训的时长为 12 小时，另有 3.2 小时的安全培训。同时，在员工群体中，24.8% 的为超过十年的老员工，女性员工中的 8% 为企业中高层管理者。

L&T 对人力资源的重视在以下的政策中也有体现：

——吹哨人保护制度（Whistle-Blower Policy）。L&T 设有吹哨调查委员会（WBIC），由 5 名高级管理人员（首席财务官、公司秘书、公司人力资源主管、首席内部审计师和一名高级管理人员）组成，负责管理已查明和匿名的投诉。WBIC 负责调查和解决所有投诉，并在必要时利用具有法证专业知识的外部机构。所有的举报人都匿名受到保护，避免任何形式的骚扰或伤害。2021 财政年度期间，WBIC 共收到 48 起投诉，其中 46 起投诉已通过适当行动得到解决。

——工作场合女性保护制度。该政策保护了女性员工在办公室和其他机构不受到骚扰和伤害。通过在全公司开展宣传活动，提高员工对尊重女性同事重要性的认识，并灌输对"性骚扰"一词范围的认识。2021 财政年度，约有 13400 名员工通过数字平台上的课程 / 讲习班接受了培训。

——企业技术与工程学院。L&T 将员工的发展分为三个级别。第一级包括所有年轻员工。L&T 为年轻员工提供技术培训，使他们具备足够的工作能力，包括使用有效的 PPT、视频、模拟和游戏化技术，虚拟行业参观，使用虚拟实验室进行 PLC 等科目的实践。二级培训有助于培养员工在工作场所磨炼知识和技能所需的能力。CTEA 开展了约 350 个虚拟教师主导的培训项目（VILT），覆盖了 7000 多名在职专业人员。第三级旨在提供"未来之窗"，学院定期举办关于新兴技术的咖啡课程，以鼓励每位员工学习了解新技能来获得竞争优势。

——"零伤害使命"。根据建筑行业员工在工作中易受到伤害的职业性质，L&T 以"零伤害"为使命，将健康和安全作为理念的基石，确保每个人的工作场所安全。所有高级管理人员和员工在履行职责时都必须秉承"零伤害使命"的理念，将健康与安全承诺延伸至项目现场或驻地工作的承包商和供应商。公司 EHS（Employee Health and Safety）政策通过公司 EHS 框架转化为可行的战略，在每个业务和项目现场都部署了 EHS 团队，与项目现场团队协同工作，实施行业领先的安全实践。

L&T 对客户、社会和政府关系的建立和维护，无一不展示了这家建筑企业想要将业务紧密、可持续融入相关领域的决心。其对环境、人文、民生的关怀和付出，为其赢得了长久的社会声誉和文化影响力，支持着 L&T 近 80 年来的建筑界龙头地位。

五、大事记

1. 公司的重大工程

（1）2019 年的重大工程

瓦拉巴伯海·帕特尔的"团结之像"。2018 年，L&T 完成了全球最高的雕像——瓦拉巴伯海·帕特尔的"团结之像"。经过 33 个月的不懈努力，这座高 182 米、面向纳尔马达河的巨大雕像得以完成。

世界上最大的高真空压力室。2019 年，L&T 在国际热核聚变实验堆（ITER）项目中发挥了关键作用。L&T 负责建设了 30 米 ×30 米的高真空压力室——全球最大的低温容器。

印度月船 2 号。2019 年也见证了 L&T 在太空探索中的重大贡献。L&T 为印度月船 2 号项目——全球首个尝试在月球南极地区着陆的任务——提供了关键硬件和跟踪系统。

世界上最大的乙烯氧化反应器。2019 年，在制造领域，L&T 成功建造了全球最大的乙烯氧化反应器。这个直径 10 米、重达 1500 吨的反应器，再次展现了 L&T 领先全球的制造能力。

Hasbah 油田项目。在海洋工程项目方面，L&T 为沙特阿美在沙特阿拉伯海岸的 Hasbah 油田项目提供了关键支持。L&T 建造并安装了沙特阿拉伯历史上最重的综合天然气平台，重达 7400 吨。

Medigadda 水坝。不仅如此，L&T 还在短短 24 个月内完成了 16 公里长的 Medigadda 水坝。工程中使用的混凝土和钢材，都刷新了 L&T 的历史记录。同时，该项目也创下了 72 小时内全球最大混凝土浇筑量的世界纪录。

（2）2020 年的重大工程

印度最大的浮动太阳能光伏项目。2020 年，L&T 在安得拉邦的提鲁帕蒂建设了印度最大的浮动太阳能光伏项目。这个项目不仅增加了城市的电力供应，预计每年可防止 2800 万升的水蒸发，而且还可为提鲁帕蒂智能城市公司节省约 700 万卢比的月度电费。

世界最盛大的宗教集会昆布梅拉（Kumbh Mela）。2020 年，L&T 为世界上最盛大的集会——昆布梅拉——建立了一套基于人工智能的视频监控和人群管理系统。这个系统帮助城市当局在 100 多平方公里的区域内，有效管理了两个月时间中约 2.3 亿人次的集会。

世界上最大的板球场。2020 年，L&T 设计并建造了全球最大的板球场——位于艾哈迈达巴德的莫特拉板球场。这个能容纳超过 10 万名观众的场馆，凭借其雅致的外观和优秀的功能性，成为体育界的一大亮点。

印度私营公司中最大的国防订单。在国防领域，L&T 成功在本土化和定制方面实现了创新，成功执行了"K9 VAJRA-T"155 毫米/52 倍径履带自行榴弹炮项目的订单。这是印度国防部通过全球竞争招标给予印度私营公司的最大合同。

印度首个超超临界发电厂。2020 年，L&T 为 NTPC 有限公司在马德亚邦亚的 Khargone 投入使用了印度首个超超临界发电厂。这个发电厂的工作效率和环保性能均优于传统的亚临界和超临界发电厂。

首个大型石化综合项目。2020 年，L&T 还在沙特阿拉伯完成了首个大型石化综合项目，使用的是工程采购施工调试（EPCC）模式。这个在 77 万平方米的 Farabi 石化公司新建的 n-烷烃和线性烷基苯绿地工厂，用于生产一系列烃类产品，现正在稳步投产。

（3）2021年的重大工程

印度铁路的专用货运走廊。2021年，L&T承担了印度铁路的一项大型项目——专用货运走廊，长度为1504公里的西部专用货运走廊将对印度的货运动态产生重大影响。这个项目将帮助印度铁路提高其铁路货运的份额，缩短运输时间，列车速度可达100公里/小时，从而改善碳损耗，为更环保高效的交通出一份力。

卡塔尔世界杯阿尔雷扬体育场。2021年，L&T为卡塔尔2022年国际足联世界杯建设了有40000个座位的阿尔雷扬体育场。体育场的发光LED外墙以暗示卡塔尔多元面貌的图案为设计灵感，通过空调扩散器为比赛场地和观众提供了舒适的环境。

700兆瓦蒸汽发生器。L&T的重工业部门在36个月为Gorakhpur Haryana Anu Vidyut Pariyojana（GHAVP）项目发运了第一台（共四台）700兆瓦蒸汽发生器，在核制造业领域创造了新的全球标杆。尽管受到新冠疫情的挑战，公司团队仍然确保了以最高质量标准提前12个月交付蒸汽发生器。

Megalift灌溉项目。2021年，L&T完成了Megalift灌溉项目，调整和改善了奥里萨邦西部Sundergarh地区的主要干旱地区的灌溉系统，项目提升了该地区农业灌溉的效率。

Durgam Cheruvu斜拉桥项目。2021年，L&T完成了在特伦甘纳邦的Durgam Cheruvu斜拉桥项目，极大地缓解了道路的交通压力，并改善了城市的交通网络。该斜拉桥总长435米，宽25.8米，是世界上拥有最长的（233.85米）混凝土预制分段跨度的桥梁。

提升LPG安全和清洁燃料供应。为增强液化石油气（LPG）的安全性，并保障印度东北地区的清洁燃料供应，印度石油公司（IOCL）启动了包含0.74 MMTPA INDMAX流化催化裂化装置和0.23 MMTPA LPG处理设施的项目。L&T Hydrocarbon Engineering在2017年2月获得了此具有巨大经济价值的项目合同，并在30个月内完成了任务。INDMAX BGR于2020年10月30日投入运营，累计安全工时超过950万小时。

2. 企业并购与突破性事件

自2010年起，L&T加大了对国际市场的关注，尤其是海湾地区。国际业务从当初仅占总业务的十分之一，到现在对订单和收入的贡献约为三分之一。L&T在中东建立了全方位的业务体系，以满足海湾和北非地区的需求。许多项目是通过与海湾地区领先公司的合资企业合作完成的。L&T的国际业务依赖于各自业务板块的发展，而在集团层面并未设立"平台公司"或海外事业部。这种国际市场开发的策略使得 L&T 在全球范围内取得了可观的成就。

L&T 将其在非上市子公司 EWAC Alloys 的全部股权出售给在英国注册的 ESAB 控股公司，总价为 5.22 亿卢比。股权收购协议已于 2017 年 10 月 11 日签署。EWAC 合金有限公司是 L&T 的全资子公司。该公司从事特种焊条、气体钎焊棒和焊剂、焊枪及配件、雾化金属粉末合金、药芯连续焊丝和送丝机、高分子化合物和耐磨板的设计、开发、制造和供应。

2019 年，为了适应全世界数字化进程，L&T 宣布了一项名为 L&T-Nxt 的新计划，专注于新时代技术，如人工智能和网络安全。L&T-Nxt 将致力于人工智能、物联网、虚拟现实、增强现实、地理空间解决方案以及网络安全等领域。利用几十年来积累的经验，L&T 在金融、人力资源、劳动力和植物材料等领域进行了最大规模的物联网、分析和人工智能部署之一。

同样在 2019 年，L&T 获得了全球技术咨询和服务公司 Mindtree 的控股权，持股比例为 60%。这项收购进一步扩大了 L&T 在信息技术领域的实力和市场份额。

2022 年 11 月 26 日，L&T Mutual Fund 被出售给汇丰银行。L&T Mutual Fund 是 L&T 集团的共同基金公司。截至 2019 年 5 月，其平均管理资产（AuM）为 73936.68 亿英镑。

2023 年 1 月，L&T Technology Services Limited（LTTS）已同意收购 L&T 的 Smart World & Communication（SWC）业务。SWC 成立于 2016 年，旨在满足智慧城市的需求，抓住机遇，为政府和企业提供端到端通信、城市监控和智能交通管理系统领域的智能解决方案。该公司拥有 700 多名来自不同技术领域的工程师，年收入超过 1000 亿印度卢比。LTTS 通过收购 SWC，发挥协同效应，向全球市场提供下一代通信、可持续空间和网络安全产品。

3. 创新与可持续

L&T 一直以来在技术创新方面扮演着重要角色，并在工程和建筑领域推动了许多创新的解决方案和工程方法。

L&T 广泛采用建模和仿真技术来提高工程设计和施工过程的效率和准确性。通过使用先进的计算机辅助设计（CAD）软件和三维建模技术，创建高度精确的设计模型，帮助工程师在设计阶段识别和解决问题。此外，L&T 还使用仿真软件进行工程模拟，以预测项目的性能和行为并优化施工流程。

其二，L&T 积极探索和采用先进材料来改善工程的质量和持久性。在混凝土、钢材和建筑材料方面进行研究和开发，以提供更强、更耐久、更环保的解决方案。例如，L&T引入了高性能混凝土和玻璃纤维增强聚合物（FRP）等先进材料，用于建筑结构和基础设施的强化和加固。

  L&T还在工程机械和自动化领域取得了重要的突破。投资于研发和应用先进的施工设备和机械，以提高施工效率和安全性。L&T引入了高效的塔式起重机和混凝土搅拌设备等先进设备，以加快工程进度并减少人力投入。此外，L&T还推动了建筑工地的自动化，通过使用机器人和无人机等技术来执行复杂的施工任务和监测工程质量。

  同时，L&T积极推动数字化和物联网技术的应用，以提高工程管理和运营效率。利用先进的信息技术、传感器和数据分析工具，实现了建筑工地的实时监控和数据驱动决策。通过物联网技术，L&T能够远程监测设备状态、优化资源利用，并提供精确的工程进度和质量数据。

  最后，L&T致力于推动可持续建筑和绿色技术的发展。通过采用节能设备、可再生能源系统和智能建筑管理系统等创新技术，实现了能源效率和环境友好的建筑解决方案。L&T还在雨水收集、废物管理和环境监测等方面进行了研究和应用，以减少对环境的影响并提高建筑的可持续性。

  通过技术创新，L&T不仅提升了工程和建筑的质量和效率，还为客户提供了更可靠、环保和可持续的解决方案。L&T持续关注新兴技术和行业趋势，并与合作伙伴和研究机构合作，共同推动技术创新和行业发展。

第七篇　大林组多域创新增效战略

孙　娜

株式会社大林组成立于1892年，英文名"Obayashi Corporation"，总部位于东京都港区，是世界领先的建筑承包商，是开发抗震建筑技术的先驱，与鹿岛、清水、大成、竹中齐名，被共同称为日本的"大手五社"（指总承包型的综合工程公司）。2022年在美国ENR全球承包商250强中名列24位，如不包括中国承包商则位列第8，在国际承包商榜单中名列第33位。

长期以来，大林组以稳健经营和技术创新而立足于业内，2017～2022年期间，大林组以持续的技术改进、海外市场的初拓、新业务领域的初探以及精细化的管理推动业务提升和降本增效，走出疫情低谷，呈现较好发展势头。新的中期管理计划提示，未来大林组将以利润率提升为宗旨调整业务布局，并进一步开拓新能源和低碳领域市场，当然，这一切依然以大林组长期秉承的技术创新为根本驱动力。

大林组这样描绘其2025图景：我们是一家"制造"公司，是以人和创新为动力，且不断变革的企业集团，为空间、街道、环境等可持续发展相关的社会课题提供多种解决方案。

株式会社大林组主要数据　　表1

	2016年	2019年	2022年	2016～2022年均增长/%
销售额/亿日元	18727	20730	19838	1.0
营业利润/亿日元	1337	1529	938	-5.7
归属母公司的净利润/亿日元	945	1131	777	-3.2
总资产/亿日元	20160	22303	26099	4.4
ENR全球承包商排名	15	15	24	—
ENR国际承包商排名	33	30	33	—
股东权益/亿日元	4325	6855	8250	11.4
市值（年末收市价）/亿日元	8059	8781	7201	-1.9
最高股价（年末收市价）/日元	1178	1283	1067	-1.6
员工/人	14094	14993	15876	2.0

一、疫后走出低谷

2016～2020年，大林组在ENR全球承包商的排名变化不大（排名第15/16位），2021年和2022年有所下滑（排名第22/24位）。大林组在ENR国际承包商的排名，除2020年排名上升至第24位外，其余年份排名基本在第30名左右。近三年来大林组在ENR排名的下滑，一方面与新冠疫情拖累全球经济有关，另一方面也与中国承包商企业迅速崛起抢占海外市场有关。新冠疫情的发生，没有将大林组拖入经营衰退的泥潭，但国际政治经济格局变化，中国企业的崛起，使得一向求稳的大林组看上去不如中国承包商企业更加亮眼。

图1 日本大林组2016～2022年ENR承包商排名

1. 较快恢复

谨慎保守的大林组，营收业绩在2016～2022年间经历了一定程度的起伏波动，其波动幅度仅次于2008年金融危机。但是放到企业发展的百年历史中，这种级别的业绩波动也仅仅是企业长久的持续平稳发展过程中的正常波动。

大林组经营状况受日本国内宏观经济以及固定资产投资的影响较大，其营收与宏观经济和投资走势基本一致。2020年新冠疫情发生后，日本GDP和投资增速均跌到1998年和2008年金融危机的低值附近，但是大林组通过实行一系列提升盈利能力的措施，在经历宏观剧烈波动后，公司利润率仍总体保持着类似金融危机后的上升趋势。

图 2　大林组历年销售额情况

图 3　大林组历年营业利润情况

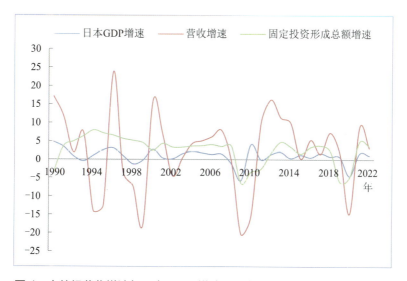

图 4　大林组营收增速与日本 GDP 增速及日本固定投资形成总额增速 /%

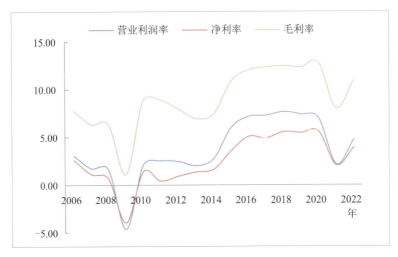

图 5　大林组历年营业利润率、净利率、毛利率 /%

2008 年的全球金融危机在 2009 年 3 月结束，大林组从 2010 年起开始了长达 9 年的营收利润双增长。金融危机之后，世界政治经济格局重塑，日本规模较小的建筑业企业倒闭，使得日本建筑业的集中度有所提升，建筑龙头的竞争态势较之前变好。2013 年日本成功申办 2020 年东京奥运会和残奥会，日本国内基建更新需求较好，大林组销售额与利润的正向增长一直持续到 2020 年新冠疫情前。

随着东京奥运会建设周期的结束，大林组营收与利润规模小幅回落。2020 年新冠疫情暴发，全球经济陷入停滞，大林组也不可避免地被疫情拖累。2021 年新冠疫情感染扩大，停工、减产、开工率不足导致大林组 2020 年、2021 年销售额和利润下降。新冠疫情不仅使得诸多工程项目暂停施工，也对社会和经济，对人们的工作方式、生活方式产生了很大的影响。大林组 2021 年营收 1.77 万亿日元，同比下滑 14.77%，营业利润 411 亿日元，更是同比下滑 66.64%，跌至谷底①。大林组在挑战新冠疫情的同时，利用数字技术变革业务流程，制定了品牌愿景"开拓 MAKE BEYOND"，通过一系列举措稳定营收、提高利润。随着疫情的逐步结束，大林组通过自身的能力提高利润率，对冲经济周期波动，2023 财年（2022.3～2023.3）大林组营业收入回到 1.98 万亿日元，营业利润 938 亿日元，实现经营重回正轨②。

---

① 资料来源：大林组财报，https://www.obayashi.co.jp/ir/data/databook.html.
② 资料来源：大林组财报，https://www.obayashi.co.jp/ir/data/databook.html.

图6　大林组历年营收及利润增长

2016~2022年间，虽然受疫情影响，大林组营收年均增长不足1%，营业利润年均增长为负，但大林组总资产和每股净资产稳定增长，每股净资产年均增长7.83%。截至2023年3月，大林组拥有员工15876人，年均增长2.03%，并没有因为疫情和经济下滑而削减员工。临时雇佣人员3381人，年均削减5.1%。

2. 核心事业板块发力

大林组的核心业务分为建筑工程、土木工程、房地产开发和其他事业四类，其他事业包括可再生能源、PPP项目和农业业务，但占比较小。建筑工程营收贡献最大，历年占比基本稳定在70%以上，土木工程营收占比在20%以上，剩下的10%左右的营收贡献由房地产开发和其他事业提供。2023财年建筑工程、土木工程、房地产、其他事业营收贡献分别为70.58%、22.55%、4.23%和2.64%。

图 7 大林组四大事业板块营收占比

大林组建筑工程业务和土木工程业务营收利润贡献自 2016 年到 2020 年新冠疫情发生前，分别始终保持在 50% 和 25% 以上，建筑工程业务营业利润率在 5%~6.54%，土木工程业务营业利润率在 9.4%~10.91%。主要得益于日本 2020 年东京奥运会建筑工程及其相关的土木工程基础设施建设，同时日本国内建筑合同的毛利润较高。在 2020 年新冠疫情暴发后，在利润贡献方面，由于大林组在国内建筑事业的大规模工程中提记了因应对新冠疫情而造成的工程损失准备金，建筑和土木工程业务遭遇停工、减产、开工率不足等问题，使得 2021 年建筑工程业务亏损 89 亿日元，土木工程利润减少 26 亿日元，建筑工程当年营业利润率为 -0.59%，土木工程营业利润率下滑至 5.94%。2022 年开始，大林组在维持稳定建设成本的同时，持续获取了更高利润率的订单，建筑工程事业的利润占比和利润率得到回升。

图 8 大林组四大板块利润率 /%

图 9　大林组四大事业板块利润占比

同时，还可以看到，大林组房地产开发业务的盈利能力较强。大林组房地产开发业务一方面是开发和出售房产获取利润，另一方面通过租赁和物业，采用环保的技术来提高房产的节能性能和租户的舒适度，通过向租户持续稳定提供安全可靠的房产来支撑租赁公司业务的可持续发展。同时，在城市重建业务中，大林组积极参与大型项目的运营。开发出售房产可以一次性获取较高的利润，租赁物业及项目运营虽然需要付出更多的管理和维护成本，但其有比较长的可持续性。在2016～2022 年期间，大林组房地产开发业务的营业利润率一直保持最高，2016 年营业利润率为 18.5%，2022 年为 32.1%，且呈持续上升趋势。

其他业务主要是一些新领域业务，包括原子能事业、可再生能源事业、工程业务、环保事业、PPP 事业、农业领域事业、机器人事业等。其他业务的营收和利润占比较小，但 2016～2022 年期间也呈逐年递增趋势，利润率也保持在 3.5%～7%，且其波动受经济环境影响相比其他主要业务要小。总的来说，大林组跨界产业占比较低，它们尚未进入大规模跨界发展的阶段。当前的跨界产业，主要侧重于企业主动承担引领绿色转型的责任，投身于全过程实践对环境友好的行动之中。

3. 海外业务表现更好

日本建筑巨头大林组虽然谨慎保守，但是作为全球承包商，依然大力发展海外事业，在东南亚、北美、大洋洲各国及地区开展业务，以集团公司为中心开展建筑、土木事业，通过各种建筑和社会基础设施的建设，为当地经济生产生活服务。下图中的国内业务以日本国内建筑事业和土木事业为主，海外业务以海外建筑事业和海外土木事业为主。

图 10　大林组国内与海外业务营收、利润占比

大林组国内业务营收贡献最大，历年占比基本稳定在 70% 以上，海外业务营收占比在 20% 以上。2022 年国内业务、海外业务营收贡献分别为 70.56% 和 22.57%，利润贡献分别为 59.78% 和 9.20%。

2016 年至 2019 年，大林组国内业务营收稳步增长，但因其 2018 年身陷磁悬浮围标丑闻，2019 年国内业务营收和利润增速同比放缓。而 2016 年至 2019 年海外业务营收较为稳定，利润增速除 2016 年为负外其余年份都有较高增速，2016 年至 2019 年海外营收同比增速分别为 10.03%、2.38%、1.54% 和 0.68%，利润增速分别为 −67.9%、158.82%、100% 和 70.45%。可以看出大林组这三年海外业务增长比较明显，主要得益于北美市场和东南亚市场的开拓以及这三年业务的集中核算。

2020 年至 2022 年，大林组国内和海外业务均受到新冠疫情不同程度的影响，2020 年营收和利润增速同比下滑明显。但经过大林组策略的调整和集团政策的实施，2021 年和 2022 年国内及海外业务的营收和利润增速均有回升。数据上看，海外业务营收和利润增速回升更为稳定和迅速，2020 年至 2022 年，海外营收同比增速由 −20.05% 提升至 15.29%，利润增速由 −78.67% 提升至 200%。

新冠疫情发生后，大林组国内业务和海外业务的营收同步于 2020 年见底，国内业务和海外业务利润同步于 2021 年见底，但海外业务的营收和利润的增速要好于国内业务。这一方面是因为大林组采取了更多新的技术举措，降本增效；另一方

图 11　大林组国内、海外营收及其增速

图 12　大林组国内、海外利润及其增速

面也与美联储 2021 年开始加息，全球资金回流美国市场，导致日元持续贬值有一定关系。2021 年 1 月到 2022 年 12 月，1 美元兑换日元从 105 日元贬值到 131 日元，贬值幅度达到 24.7%。受日元贬值的影响，大林组海外建设的以美元计算的项目，营收和利润同等数额的美元营收和利润理论上兑换成日元计算则相应增加约 24.7%。

二、初尝多域创新战略

日本建筑企业的传统五强,多年来都以建筑施工为主,较少向其他领域拓展。在业界,大林组更是在企业多元化经营情况评价中被认为是单一产品型企业[①]。2022年日本建筑业企业总资产排名前10的企业中,仅大林组一家的建筑工程事业的年平均比重达到95%以上。大林组建筑施工产业占比从1996年的95.2%上升到2016年的96.3%。这在经济高速成长时期,当然是正确的策略,可以避免要素分散配置,加快增强战略资产的核心竞争力;然而当经济增长大幅放慢时,就会面临一定问题。

图13　2022年日本建筑业企业总资产排名 / 亿日元

把全部鸡蛋放在一个篮子里,然后紧紧盯住篮子,这一产业结构思路当然也不错,但前提是这一产业长期有较好前景。建筑行业产品具有较长生命周期,建筑业长期需求趋势正在下移,尤其是在低碳、绿色、环保等要求下,需要延长建筑和构筑物的生命周期,进一步减少了对建筑业的长期需求。如日本当前阶段,在人口抚养比不断攀升的趋势下,建设投资不可避免地回落。在这样的形势下,经营单一的企业面临的困难会更多。大林组也试图和正在做出一些改变。

1. 调整产业配置

2016年在东京奥运会拉动日本建筑投资的大背景下,大林组建筑土木事业的比重达到了历史最高附近。2016年后随着奥运会基础设施建设的相继完工,大林

---

① 大型建筑企业多元化经营与盈利能力的关系——基于日本大型建筑企业的实证分析。

组调整了产业比重。2022年的建筑土木事业的比重降到了93.13%，房地产开发和其他事业的比重由2016年的3.7%上升到6.87%，提升了将近一倍。其中主要贡献是房地产开发的营收，2016年房地产开发事业营收388亿日元，2022年房地产开发事业营收838.8亿日元，年均增幅13.7%，6年翻2.1倍。

大林组建筑土木产业与房地产及其他产业比重的变化　　　　　表2

	建筑土木/%	房地产及其他产业/%		建筑土木/%	房地产及其他产业/%
2016年	96.3	3.7	2020年	95.27	4.73
2017年	95.81	4.19	2022年	93.13	6.87

图14　大林组房地产开发事业销售额变化与建筑土木事业比较

图15　大林组房地产开发事业利润变化与建筑土木事业比较

与此同时，房地产事业的营业利润也呈逐年递增趋势，2016年房地产开发事业利润71.8亿日元，2022年增加到269.3亿日元，年均增幅为24.6%，6年翻3.75倍。房地产开发事业营收利润的双增长，便是这五年来大林组产业调整中最突出的变化。

这其实得益于大林组中期经营计划2017中投资计划的实施。大林组中期经营计划2017中投资计划——5年内投资4000亿日元，其中1000亿投资额给到了房地产租赁业务。很难想象，2017年营收占比仅有2.34%的房地产开发事业竟然分到了4000亿日元总投资额的四分之一。而大林组在2022年进行2017中期经营计划的回顾时，房地产租赁业务的投资额实际上已经达到1850亿日元。同年，大林组进行了中期经营计划2022的编制，通过已发布的中期经营计划2022可以得知，大林组在未来5年（2022~2026）计划总投资6000亿日元，其中3000亿日元投资房地产开发事业，相比上一个5年的计划增长了两倍。同时可以看到大林组在建筑技术方面的投资由2017年计划的1000亿日元调整为2022年计划的800亿日元。投资额的这一升一降表明，在建筑业技术体系日趋完善和成熟的背景下，大林组已经从2017年开始了针对企业经营结构的调整，并且经过5年的实施和验证，基本确定了这种调整的可行性，同时准备在未来5年继续扩大实施。

2016~2022年的6年，大林组首先进一步投资以办公室为中心的租赁事业（重点区域为东京市中心），其次，为了强化租赁事业的稳定收益，在东京圈、关西圈等城市圈继续开展独栋出售、公寓出售事业，并推进租赁组合的多样化，同时，持续推进环保型开发事业，以及利用物联网、人工智能等创新技术推进设施运营。

2018年，在东京都内屈指可数的终点站滨松町站附近，大林组设计并施工了采用多种降低环境负荷和确保高安全性的技术最尖端的高等级大楼。这个项目是大林组作为雇主参与的大规模复合开发事业。除了用作国际交流的会议设施和各种商业设施之外，该建筑还具备地区防灾功能，以及为受灾群众提供避难空间。

2022年在泰国素坤逸区，大林组开发建设了具备商业设施的办公大楼，这是大林集团旗下的泰国大林独有的最大出租楼宇，采用CFT（混凝土填充钢管构造）柱、V字形钢骨"V柱"，将外包装材料设置在躯体上等方法建造。该项目首次采用了很多新技术。

2022年位于英国伦敦市中心圣保罗寺院南部的大林组办公大楼建成。该大楼从2017年开始了为期两年的大规模改建，且作为历史建筑物被指定保存历史外观。该项目完成后，归子公司OPUK（Obayash Properties UK Limited）所有，子公司承担该大楼的租赁事业。欧洲公司以及金融时报公司（都是日本经济新闻社的集团公司）长期租用该大楼。

2. 锚定新领域

（1）私人融资（PFI）事业

大林组最早于2000年参与PFI事业的运作。PFI全称是"Private Finance Initiative"，英文原意为"私人融资活动"，在我国被译为"民间主动融资"，是英国政府于1992年提出的，是在一些西方发达国家逐步兴起的一种新的基础设施投资、建设和运营管理模式，后来发展为大家熟知的政府和社会资本合作（PPP）模式。大林组通过政府招投标，获得特许权进行公共基础设施项目的建设与运营，并在特许期（通常为30年左右）结束时将所经营的项目完好地、无债务地归还政府，而大林组则从政府部门或接受服务的一方收取费用以回收成本。

大林组的PFI项目主要投资方向是公共设施等的投资、建设、运营，灵活运用民间资金和公司经验技术，实现效率更高、质量更好的公共服务。大林组最早以悉尼奥运会的主体育场项目为首，通过PFI方式参与海外项目，积累了广泛的经验。2008~2011年间，大林组在国内投资建设运营项目达130余项，并且取得了业界首屈一指的业绩。

（2）可再生能源

2012年日本大地震后，随着国内政策制度改变，能源来源多样化成为日本社会的主要诉求，太阳能发电、风力发电、地热发电等新能源的需求逐步提高。大林组设立了"大林清洁能源"，以其工程总承包工程中积累的经验技术为基础，把新能源领域作为新的事业机会，积极地致力于新能源事业的发展。

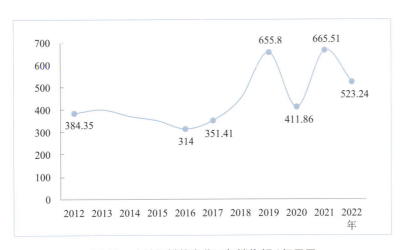

图 16　大林组其他事业历年销售额 / 亿日元

2015年至2021年，大林组以电力来源多元化为目标，大力发展太阳能发电、陆上风力发电、生物质发电，并从欧洲引进技术推进海上风力发电事业的发展，通过商业化售电产生收益贡献大林组总体营收，同时进一步扩大可再生能源领域的事业发展。2017年，大林组在日向市最大的太阳能发电厂开始运营，截至当年已建成投运的太阳能电站规模达到129兆瓦[①]。2021年4月，为了实现碳中和目标，大林集团新设绿色能源事业部，巩固了其在日本和海外的能源供应能力，通过其专有技术，为客户提供能源解决方案。除了利用可再生能源发电业务的专业技术知识和多样化的能源供应能力来促进业务外，大林组还从整个绿色能源价值链中寻找创造利润的机会。例如，着眼于储能、制氢和储氢等下一代技术的商业化应用，大林组又于2022年2月成立了碳中和解决方案部门，旨在为客户的多样化需求提供及时、全面、有效的解决方案。大林组通过使用低碳混凝土实现建筑零耗能，通过开展可再生能源发电和储能以及开发制氢和储氢等下一代技术，致力于实现脱碳社会。

（3）工程事业、原子能事业和机器人事业

大林组的工程事业主要是致力于开拓与工程设施相关的市场来扩大技术领域，通过发展高度专业的技术和解决方案来加强业务。在生产设施领域，大林组以在制药、食品、电子、化学等相关设备设施领域中积累的规划设计经验技术为基础，开发新的衍生应用和制造应用设施。在信息领域，除了网络建设和各种软件部署外，大林组还致力于为建筑数字化构建信息与通信技术（ICT）基础设施。在环境（可再生能源）设施领域，大林组将陆地设施和海上设施定位为重点领域，并加强与高压电气设施相关的技术和人才储备。在土壤环境领域，大林组致力于解决土方污染、废物处理场和福岛环境再生业务，并加强对噪声、振动、空气、水质和生态系统等综合环境的治理，最终实现让企业从影响环境一方到环境友好一方的转变。

在日本政府为"2050年碳中和"制定的绿色增长战略中，核能被定位为既定的脱碳技术。大林组核能总部的目标是通过技术为核能的安全和清洁利用作出贡献，不仅致力于提高核电站安全性的项目和福岛第一核电站事故后环境修复工程等建设项目，还将致力于下一代反应堆技术和放射性废物处理技术等面向未来的技术开发。今后将面向国内新建核电站项目，参与废堆及放射性废物的处置，推动与原子能创新相关的技术开发和人才培养。此外，大林组还将努力收集有关新的海外核电站和新型反应堆开发的信息并了解趋势，以扩大其原子能业务。

---

① 数据来源：大林组2018年度报告，https://www.obayashi.co.jp/ir/upload/img/ir2018.pdf.

大林组致力于实现建筑现场的完全自主施工。机器人生产本部开发了一种拥有自动自主意识的机器人技术，并将把重点放在使之从"能使用的技术"进化到"现场真正需要的技术"。大林组将在所有业务中引入数字化转型（Digital Transformation，DX），并加快机器人技术在建筑、土木工程和新领域的引入。机器人生产本部通过利用 IoT — A — xR — Robot — 5G 实现环境友好的完全的自动化和自主施工。通过推进自动化、自主施工系统和特种机械系统等专业化技术的开发，提高生产率、安全性并节省劳动力，实现工程营收和利润的提升。另外，通过将此技术与其他行业的技术相结合，扩大跨界的销售市场，构建新的商业模式。

3. 将技术创新坚持到底

与欧洲建筑龙头公司相比，日本建筑承包商并没有广泛开拓海外市场，也没有进行大量的并购，它主要通过内部调整来提升公司盈利能力，实现生产效率的提升。大林组主要通过精细化管理，与物联网、人工智能、机器人技术等技术创新结合，开发如建筑信息模型（BIM）建模等技术提升盈利能力。大林组的盈利能力从 2016 年开始实现跃升，虽然新冠疫情导致盈利短暂受挫，但疫情后恢复较快。为了提高公司的盈利能力，大林组采取了以下措施：

（1）强化高景气细分市场和区域的竞争优势，为建筑提供高附加值服务，实现更高收益[①]。随着物联网、人工智能、机器人、大数据等新技术的进步，大林组捕捉到了技术进步趋势的变化，利用新技术的发展结合自身主业，使用新技术为客户提供高附加值的服务并实现稳定盈利。比如与顾客一起推进开发和建设智能工厂、下一代数据中心以及高功能物流设施等。同时，强化以首都圈为主要成长区域的再开发事业，加强开发和建设智能城市、紧凑城市等。

（2）利用物联网、人工智能和机器人技术构建新一代生产系统，基于 BIM 转换业务流程、开发高效的施工技术等来提高生产力，例如 ICT（信息与通信技术）。大林组持续推进 ICT 技术运用，目前 ICT 技术已涵盖调查诊断、3D 测量、设计规划、安全、管理、服务支持等业务领域，每个业务领域均具有多项功能模块，持续为公司业务进行技术赋能。

---

① 国盛证券. 建筑装饰海外建筑龙头研究专题：采他山之石以攻玉，纳百家之长以厚己.

ICT 技术在建筑领域的功能应用[①] 表 3

ICT 技术领域	功能模块	功能
调查诊断	驾驶潜水器	使用遥控无人潜水器进行水下检查
	无人水上飞机	码头底面调查/检查机器人
	多履带无人勘测机器人	通过远程控制快速调查灾难现场
	图像分析裂纹自动检测	使用 AI 准确快速地实施基础设施检查
3D 测量	Smartphone de Survey	通过 AR（增强现实）快速高效测量
	3D 测量系统	适用于钢架结构和预制结构的测量系统
	无人机摄影测量	通过分析无人机拍摄施工现场照片创建 3D 地形数据
	3D 激光扫描仪测量	快速获取建筑物和设施的表面形状作为高密度点云数据
	无 GCP 的无人机系统	无地面控制点，进行无人飞行高精度测量
设计规划	临时道路规划支持软件	轻松快速地创建临时道路规划
	Construction Information Modeling	通过可视化施工流程和整合信息，提高生产力并简化维护管理
安全	Quattro Eyes	可检测接近的工人并防止与重型建筑设备接触
	Envital	腕带实时测量心率和工作环境状况
管理	ICT 和 CIM 的混凝土施工管理系统	管理和施工状态可视化，提高混凝土结构的质量
	新一代自动质量检测系统	结合 BIM 和 MR（混合现实）技术提高排棒检测质量
	多 GNSS 地面位移测量系统	使用多个卫星定位系统快速、准确且经济高效地获取地面行为
服务支持	HoloLens 的 MR 施工管理	通过 MR（混合现实）支持施工管理
	通用遥控器	挖掘机等工程机械无人化作业
	反铲自动驾驶系统	将土砂装载工作自动化
	Pitakon	配备了 LiDAR 功能和 AR 技术的 iPad 或 iPhone 拍摄的图像，自动准确地计算待浇筑的混凝土剩余量

（3）坚持通过提高自身建筑业技术水平来提升房地产开发的价值。坚持在地产开发租赁事业中，结合物联网、人工智能等创新技术手段来拓展设备设施的运营空间，并在开发事业中融入"碳中和"。

在地产开发业务方面，通过利用大林组在建筑行业建立的"客户关系"和"判断建筑风险的专业知识"，使房地产开发业与建筑业产生协同效应。采用大林组先进的建筑施工技术从安全和质量方面来提高地产价值，从而实现更大的增长。通过提前锁定客户和持续调整投资组合来增强收入收益，通过出售开发的办公室和物流设施来获得资本收益。为了分散市场风险，大林组还将加强对海外房地产的开发，推进办公室租赁事业、租赁组合的多样化以及地产销售事业，强化稳定的收益基

---

① 国盛证券. 建筑装饰海外建筑龙头研究专题：采他山之石以攻玉，纳百家之长以厚己.

础。积极参与以东京市中心为主的国土再开发和环保型开发事业，拓展大阪城市的再开发事业。

三、坚守下的困惑

同自身发展历程相比，大林组近些年开始尝试多域创新战略，并取得了积极成效，但同全球大型建筑企业策略相比，大林组拓展的步伐仍然是保守且谨慎的。在宏观大环境和行业大趋势影响下，大林组不可避免地呈现出"坚守下的困惑"，这也给中国建筑企业未来发展以反思和借鉴。

1. 行业大势的制约

大林组长期深耕国内市场，因此受日本国内政治经济环境影响较大，大林组的百年成长伴随着日本近现代化的主要历程，特别是近30年来，大林组经营状况呈现与日本国内周期性波动高度相关的阶段性特征。

大林组百年发展史的四个阶段特征　　　　　表4

四个阶段	主要特征	标志性事件
1892~1945年	依赖公共和军方项目起步及快速崛起	1901年参与日本第五届国内劝业博览会工程；1904年大林组正式定名，1914年承建东京中央停车场项目；1918年改制为股份有限公司
1946~1990年	利用战后经济恢复契机扩大事业发展	1973年建成日本第一个高层建筑大阪大林大楼；1958年大林组股票在大阪证券交易所上市；1959年在东京证券交易所上市；1979年设立东京总部
1991~2016年	宏观需求低迷时期的成本管理和稳健经营	建设日本关西国际机场、六本木新城森塔、东京天空树等地标建筑物；完成中国台湾地区的新干线和阿联酋迪拜地铁等海外超大型工程；2010年大林组本店从日本大阪变更至东京，实现了总部整体向东京的迁移
2017年至今	开启新领域全球化战略的新时期	制定《中期管理计划2017》和《中期管理计划2022》；2019年在原有组织架构基础上，新设北美分行和亚洲分行

近30年，日本国内经济经历了从高峰落入低谷、之后回归平稳的过程，呈现若干经济循环。期间有一些影响建筑行业的重要事件和节点，如日本国内金融危机、世界金融危机、日本大地震、安倍经济学的推出等。受这些事件及宏观经济环境的影响，日本建筑业在这30年间起起伏伏。大林组营收、利润情况与这30年大周期下的建筑业行业兴衰基本贴合、高度相关。

图 17　大林组营业收入及利润增长

经过数轮景气循环,大林组股价、营收等有所回升,却难以回到当初的高点。也有相关研究提出,这是由于除经济环境作用外,建筑业受人口抚养比的影响也较大。人口抚养比也称人口负担系数,是指人口总体中非劳动年龄人口数与劳动年龄人口数之比。人口抚养比主要从两个方面对建筑业产生间接影响。一方面是人口抚养比上升后,国民总储蓄率下降,而储蓄率和固定资产投资增速高度相关,导致固定资产投资长期回落,大型建筑公司订单减少,营收与利润同步下滑。另一方面,人口抚养比上升影响到了劳动力储备,建筑业对体力和技能均有一定程度的要求,年轻人的减少使得建筑行业就业人数增速放缓,同时行业内高龄就业者比重也在不断上升,建筑行业人口红利逐渐消退,建筑企业面临招工难的问题,这在较大程度上影响了建筑行业生产效率的提高。

图 18 日本人口抚养比与 GDP 增速

与此同时，中国的人口抚养比也在逐年上升，2021 年末，我国人口总抚养比为 46.44%，其中，老年人口抚养比为 20.82%，伴随着人口老龄化和出生率的下降，人口红利将进一步衰减，预计 2055 年中国的总抚养比将超过 75%，远远高于世界平均水平。同时，由于人口抚养比开始上升，我国固定资产投资增速放缓，自 2012 年后就呈不断下降趋势。要高度关注伴随人口抚养比上升的储蓄率的下降和固定资产投资增速的降低，以及劳动力数量不足与成本上升的潜在问题，这意味着中国建筑业已经面临日本曾经的困境，需要进一步优化业务水平与业务结构以迎合未来人口结构的转变。特别是 2023 年以来，受国内房地产行业仍处于底部修复

图 19 中国老年人口抚养比（65 周岁以上老年人口）和固定资产投资增速

数据来源：统计年鉴、《国家老龄事业发展公报》

期、基建稳增长政策持续但地方政府资金紧等因素影响，建筑行业总产值增速持续下降，下游企业的流动性压力不断传导至建筑行业。为了预防可能到来的行业寒冬期，应尽早筹谋、积极应对。

2. 营收放慢的挑战

日本建筑业的传统五强——大林组、鹿岛、清水、大成及竹中工务店，都是具有百年历史的老牌建筑企业。其中竹中工务店的创办历史更是能追溯到1610年江户时代前期，但目前营收利润在日本建筑业占比较小。而创办于1955年的大和房建，目前居日本住宅、建设、不动产业界首位，2022年大和房建更是居全球财富500强第354位。本部分以大林组、鹿岛、清水、大成及大和房建五大公司进行比较分析。

2022年大林组与日本建筑四强主要数据（亿日元，%） 表5

	营业收入	营业利润	2016～2022年营收年均增速/%	2016～2022年营业利润年均增速/%	总资产	净资产
大成建设	16427	547	1.7	-14.6	20167	8339
清水建设	19338	546	3.6	-13.3	24480	9073
鹿岛	23916	1235	4.6	-3.8	27697	10611
大林组	19838	938	1.0	-5.7	26009	10359
大和房建	49082	4560	5.7	6.6	61421	23889

2016年至2022年，由于新冠疫情影响，日本建筑五强利润年均增速除大和房建达到6.6%外，包括大林组在内的其余四强都为负值。营收方面大林组年均增速1.0%，排名相对靠后。

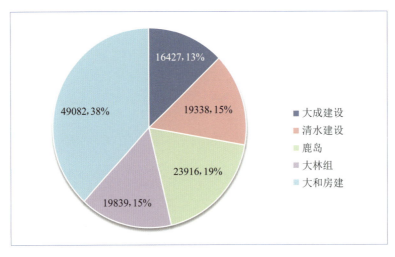

图20 2022年五大公司营收（亿日元）及营收占比（五公司合计100%）

图 21 2012~2022 年大林组营收占五强营收百分比与大和房建比较 / %

2022 年，在五大建筑类公司中，以五大公司营收合计为 100% 计算，大林组的营收 19338 亿日元，占比 15.4%。但从 2012 年到 2022 年的占比趋势看，大林组的营收占比逐年下降。2012 年大林组的营收占包括大成、鹿岛、清水、大和房建和大林组五强公司营收合计的 18.6%，10 年间营收占比下降了 3.2 个百分点。相比之下大和房建这个后起之秀的营收占比却逐年提升，2012 年到 2022 年的 10 年间，营收占比提高了 12.4 个百分点。

图 22 2012~2022 年大林组与大和房建销售额比较 / 亿日元

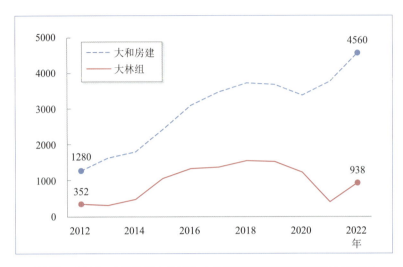

图 23　2012~2022 年大林组与大和房建销售利润额比较 / 亿日元

大和房建是一家创建于 1955 年的企业，现已成为一家以建筑为核心、全面展开人居全产链的企业集团，是日本最大的住宅建筑商。2022 年大和房建销售额是大林组的近 2.5 倍，而 10 年前，大和房建的销售额只比大林组高出 38.6%。目前大和房建雄心勃勃地希望在其创建 100 周年时，销售额达到 10 万亿日元。而大林组的目标则比较谨慎，中期经营计划 2022[①] 中提出的销售额目标仍然维持在 2 万亿日元，营业利润目标不低于 1000 亿日元，与当前销售额和营业利润相差无多。管理层对企业的中长期愿景以稳定发展为主。

3. 产业链跨界与技术跨界如何联动推进

持续技术创新是大林组的显著标签。从集团开创以来，大林组就致力于以技术创新优化流程和促进内部增效，比如持续推动 ICT 技术更新和应用，支撑调查诊断、3D 测量、设计规划、安全、管理、服务支持等业务领域，持续为公司业务进行技术赋能。再比如，开发使用"智能 BIM"平台，用于从规划到设计和维护的所有施工过程的统一管理和信息共享。梳理大林组的战略主旨和理念，发现出现频率最高的词就是"技术"，可见其对技术创新的坚守。

---

① 中期经营计划 2022. https://www.daiwahouse.co.jp/ir/challenge/?page=from_header.

大林组历年战略主旨和理念　　　　　　　　　　　　表6

年份	战略主旨和理念
2011 年	防灾减灾和可持续发展的技术创新
2012 年	海外战略部署和新领域事业拓展
2013 年	牢牢继承"技术"与"诚信",推动"精湛技术"的开发与传承
2014 年	创造安全舒适的工作环境
2015 年	战略性技术开发和开放创新
2016 年	建设具有最高技术水平和生产效率的领先公司,和创造多种收益源、与供应链伙伴共同进化的企业集团
2017 年	基于磁悬浮中央新干线工程投标反垄断法事件,巩固推进合法经营和恢复社会信誉
2018 年	活用 AI 技术,率先构建下一代生产系统
2019 年	人才培养战略
2020 年	疫情应对、新领域拓展
2021 年	基于可持续发展的低碳技术开发应用

近年来,大林组也在尝试拓展新的业务领域,但仔细分析可以发现,大林组的拓展更多是围绕建筑领域的"技术"拓展,而并非超出建筑领域的多元化"领域"拓展。比如,大林组近年来拓展的新能源领域,其实更多的是新能源基础设施的建设以及在建筑施工设计环节的技术创新,木制建筑的推广,也是基于建筑领域的环保节能技术创新,大林组卓有成效的数字化转型,也是稳稳地基于建筑施工管理环节的信息化设计和应用。

当然,大林组也在尝试一些新领域业务,如原子能事业、绿色能源、特许经营权等,但业务营收和利润占比较小。相对表现较好的是房地产租赁行业,在疫情时期提振了大林组整体利润。

与大林组相比,同时期的很多大型建筑企业均采取了更大胆的产业链拓展战略,比如大和房建创建时开发了预制钢管房屋,后来采取多元化发展战略,在发展建筑工程承包的同时,发展房地产及其他产业。大和房建的多元事业领域包括支撑"居住"的独幢楼房建筑、贷款住宅建筑、独幢楼房分块售卖、公寓分块售卖事业,以及支撑"商业"的商业设施、物流设施、医疗、看护设施等的商业建筑事业,还有支撑"生活"的游览地事业、建材超市事业、体育设施事业等多个领域,这是真正的基于建筑的产业链跨界拓展。2022 年,大和房建的住宅类主业销售额占比为 51.8%,而大林组建筑土木类主业销售额占比高达 93.13%。

有学者选取日本包括大和房建、鹿岛、清水、大成、大林组在内的 14 家日本大型建筑企业作为样本,进行多元化战略与企业绩效的相关性研究[①]。结果显示企

---

① 孟延春,徐银槚. 大型建筑企业多元化经营与盈利能力的关系——基于日本大型建筑企业的实证分析.

业多元化程度每提升一个单位,企业净资产收益率平均约提升 0.242 个单位,这说明日本企业的多元化水平对盈利能力的促进作用较强。这对于增强我国建筑企业的盈利能力具有重要借鉴意义,围绕"建筑"深耕技术和围绕"建筑"拓展上下游产业链同等重要。建筑企业可以依托产业链布局进行多元化探索,沿产业链进行横向或者纵向拓展,并围绕自身核心竞争力开展相关业务。

4. 埋头苦干同时如何看看世界

长期以来,谨慎保守的大林组并没有大规模广泛开拓海外市场,也没有进行频繁的并购,它主要通过内部调整来提升公司盈利能力,实现生产效率的提升,包括信息技术创新和精细化管理,比如严格管理质量和安全、构建新一代生产系统、开发省力的施工方法等。大林组本国市场长期占主导地位,虽然近几年已经开始探索国际市场,但海外业务仍占比较小。大林组长期埋头苦干、深耕内部以提质增效的精神,值得赞许。但同时也要看到,在国内建筑业市场趋于饱和、竞争高度严峻的景况下,一向求稳的大林组没有较早且更大步伐地去开拓外部市场,追求新的成长空间,确实也是近年来其在日本传统建筑龙头中占比下降以及全球排名下滑的一个重要原因。

全球建筑业的诸多龙头,其实都在走向外扩张的道路。比如德国豪赫蒂夫在 20 世纪 80~90 年代国内经济低迷情况下,通过国际收购进一步开拓市场,2000 年收购美国 Turner、2001 年收购澳大利亚 Leighton Holdings(2015 年后更名为 CIMIC),2007 年公司收购美国十大基础设施项目供应商之一的土木工程公司 Flatiron,等等,到 2022 年其国际业务占比已达 96.7%。西班牙 ACS 公司成立仅 20 多年,通过系列并购实现快速扩张,其中包括多家 ENR 排名前列的龙头承包商,同时通过系列债务化解措施持续改善公司财务状况。业务主要集中于法国本土的万喜集团,近年来也开始注重在亚太、拉美、非洲地区开拓业务,并尝试开展特许经营,2022 年西欧占比 29%、北美占比 8%、亚太 6%、南美 5%、非洲 3%,海外占比持续提升。

因此,大林组发展历程给我们的启示是,在埋头苦干的同时,不要忘记抬头看看世界,尤其是在建筑行业发展大趋势不断迎来原材料价格上涨、熟练劳动力严重短缺、施工现场安全要求提升、碳排放严格管控等环境要求和变革的新阶段,必须寻求新的发展空间、拓展适合自身的国际化路线,不断优化商业模式,才能实现业务能力和盈利能力的持续性提升。与此同时,国内部分制造业产业链海外落地进程加速,"借船出海"或成为国内建筑企业"走出去"的又一战略机遇。

四、走向未来

1. 回望 2017

在展望未来之前,有必要再次回顾一下大林组 2017 年以来走过的路——前一个中期管理计划实施的情况,以期与新的中期计划作一个较好的对比。在"中期经营计划 2017"的 5 年间,大林组的经营环境发生了很大变化。从财务指标看,前期由于国内建筑需求的增加以及东日本大地震后的重建需求,销售额和营业收入表现大致符合预期;然而 2020 年开始,由于国内大型建设工程开工不久,以及海外建筑因为新冠疫情导致工程中断的影响,销售额和销售利润转为下降。尽管 2021 年度销售额回升至 19228 亿日元,但销售利润仍大幅下降至 410 亿日元。资本积累进展顺利,自有资本达到 9000 亿日元,资本充足率也达到 40% 左右,基本达到 5 年发展目标。

2017 年中期管理计划期间损益表　　　　　　　　　　　　　表 7

	2017 年底	2018 年底	2019 年底	2020 年底	2021 年底	中期管理计划 2021 年度目标值
合并销售额 / 亿日元	19006	20396	20730	17668	19228	20000 左右
合并销售利润 / 亿日元	1378	1554	1528	1231	410	1500 左右
归属于母公司股东的净利润 / 亿日元	886	1081	1081	1002	301	1000 左右
每股净利润（EPS）/ 日元	129.09	157.65	157.59	137.64	54.55	150 左右
净资产收益率（ROE）/%	14.5	15.6	14.3	11.3	4.1	10 以上的水平

2017 年中期管理计划期间资产负债表　　　　　　　　　　　　表 8

	2017 年底	2018 年底	2019 年底	2020 年底	2021 年底	中期管理计划 2021 年度目标值
权益金额 / 亿日元	6848	7689	8178	9310	9556	9000
留存收益 / 亿日元	4048	4981	5870	6615	6775	7000
资本比率 /%	32.2	34.7	36.7	41.0	39.5	40
净有息债务 / 亿日元	866	1035	△664	74	153	0
有息债务 / 亿日元	2767	2722	2485	2659	2804	2500
现金存款 / 亿日元	1900	1686	3150	2585	2650	2500

从投资计划来看,5 年投资总额达到 4563 亿日元,超过 4000 亿日元的计划值。2012 年中期计划"布局未来"中提出的大型租赁物业投资、房地产租赁业务和可再生能源业务在这一阶段得到落实,尤其是房地产租赁业务的投资远远高于预期。

2017 年中期管理计划投资计划完成情况 / 亿日元　　　表 9

投资领域	2017 年中期管理计划		5 年累计实绩
	5 年总量	年度平均	
建筑技术研发	1000	200	1212
工程机械和商业设施	500	100	611
房地产租赁业务	1000	200	1816
除可再生能源业务外	1000	200	550
M&A 等（企业并购）	500	100	372
5 年总投资	4000	800	4561

2. 策略和目标

（1）基本策略

大林组在《中期管理计划 2022》中提出面向未来的三项基本策略：一是巩固和深化建设事业基础，通过国内建设事业的业务流程变革，扩充建设价值链，实现革新性的建设生产系统等策略提高生产率，强化营业能力和附加价值提供能力；二是技术和商业创新，以"碳中和"和"健康"为新的业务机会，创造新的客户价值；三是扩充业务组合以实现持续增长，以建设为核心，凭借在全球各种业务领域积累的技术和网络等优势，通过开放式创新和积极投资不断获得新的盈利机会。

大林组对于未来新 5 年基本策略的实现，提出"两步走"计划。第一阶段是到 2023 财年，总目标是努力加强基础建设，2022 年、2023 年两年，大林组将以合并营业利润 1000 亿日元为底线目标，致力于业绩的恢复和稳定。第二阶段是到 2026 财年，总目标是努力转型实践，2024 财年之后致力于后续增长，大林组将推进业务转型，确立中长期增长路径。

基本策略"两步走"计划的具体举措　　　表 10

基础设施建设（到 2023 财年）	转型实践（到 2026 财年）
基本战略 1：巩固和深化建设项目基础 ・构建订单组合 ・业务流程再造（BPR） ・提高竞争力和盈利能力 ・维护、巩固和扩大供应链 ・根据修正劳动基准法适用加班时间上限规定 基本战略 2：技术与商业创新 ・构建创新建设生产体系 基本战略 3：扩充业务组合以实现可持续增长 采用 ROIC 为指标，注重资本效率管理	基本战略 1：巩固和深化建设项目基础 ・强化建设价值链，拓展建设服务领域 ・创新建筑生产系统，实现生产力提升 基本战略 2：技术与商业创新 ・在新业务领域实现新的客户价值 ・创造商业模式和获得技术，解决碳中和、健康生活等社会问题 基本战略 3：扩充业务组合以实现可持续增长 ・通过向 5 个事业领域投入资源，确立增长基础，扩充事业资产组合

（2）管理目标

大林组《中期管理计划2022》在管理指标目标方面，确立了未来5年的财务指标、投资计划和非财务定性指标。

在财务指标方面，以1000亿日元的营业利润为底线，通过提高竞争力和拓展商机进一步提高收益。与前面多个中期计划实绩有所不同，2022年中期管理计划利润预期，在强化国内建设业务的同时，更加注重多元化拓展。绿色能源事业收入从无到有，海外建设收入预期明显提高，除国内建筑以外，其他业务的利润要占到全部利润的三分之一，这个比例在大林组长期专注于国内业务的经营理念和实绩中（2021年疫情特殊影响除外），是一个质的转折和跨越。

图24　大林组历年营业利润及预期

图片来源：中期管理计划2022

《中期管理计划2022》财务指标　　　　　　　　　　　　　　　表11

业绩指标		
合并销售额	2兆日元左右	从长期业绩变化来看，公司已经达到了更高的经营水平。公司正在进行业务基础转型，以1000亿日元的合并营业收入为底线稳定地创造利润
合并营业利润	1000亿日元以上	
每股净利润（EPS）	100日元以上	
健全性指标		
资本比率	40%左右	维持2017年中期经营计划达到的水平，保持稳健

续表

效率指标		
投资回报率（ROIC）	中期 5% 以上	确保中期 ROIC 在 5% 以上（ROE 为 8%），通过按业务划分的 ROIC 和逆向的 ROIC 树状图提高资本效率意识
净资产收益率（ROE）	中期超过 8%	
股东回报的标准		
权益股息率（DOE）	3% 左右	采用权益股息率（DOE）政策，以利润积累增加股东的中长期回报

ROIC = 合并经营利润 ×（1– 所得税率）÷［（前期末投入资本 + 当期末投入资本）÷2］
ROE = 归属于母公司的当期净利润 ÷［（前期末所有者权益 + 当期末所有者权益）÷2］
DOE = 年度总股息（中期和年终）÷［（前期末所有者权益 + 当期末所有者权益）÷2］
资料来源：《中期管理计划 2022》

在投资计划方面，制定了未来 5 年 6000 亿日元的投资目标，越来越重视人力资源、数字、技术等无形资产投资，无形资产投资占总投资目标的近 30%，开发事业投资目标由 2017 年计划的 1000 亿日元增长到 2022 年的 3000 亿日元，占总投资目标的比重也由四分之一提高至二分之一，并提出在开发事业中，进一步拓展物业设施、公寓租赁等业务领域。

《中期管理计划 2022》投资计划　　　　　　　　　　　　表 12

投资项目	中期管理计划 2022	
	2022～2026 年总量	年度平均
无形资产投资增强管理基础		
人力资源相关投资	250 亿日元	50 亿日元
数字投资	700 亿日元	140 亿日元
技术投资	800 亿日元	160 亿日元
有形资产投资加强和深化建筑业务基础		
工程机械和商业设施	500 亿日元	100 亿日元
增加投资以扩充业务组合		
开发事业	3000 亿日元	600 亿日元
绿色能源事业	500 亿日元	100 亿日元
M&A 等	250 亿日元	50 亿日元
5 年总投资	6000 亿日元	1200 亿日元

大林组也制定了非财务的定性指标，如减少温室气体排放，推进实施以氢为代表的绿色能源，加强环境领域投资等，体现碳中和目标的努力。也提出了针对企业治理、人才战略和回应社会健康生活需求的具体目标。

《中期管理计划2022》非财务的定性指标　　　　　　　　　　　　　　表13

环境	
减少温室气体排放	1. 到2030年，CO_2排放削减量（scope 1、2）相比2019年减少46.2%； 2. 承诺SBT，力争2050年前实现碳中和
实现碳中和的努力	1. 获取有助于实现社会碳中和的技术及推动增值提案； 2. 推进以氢为代表的绿色能源（从客户业务支持、EPC运营商、能源运营商等多种角度）
推动环境投资	推动投资减少温室气体排放并促进实现社会碳中和
社会	
安全和质量	杜绝死亡灾害、重大灾害、重大质量缺陷
健康生活	1. 提出并参与舒适、安心、抗灾的基础设施、智慧城市及建筑建设； 2. 协同供应链，创造安全安心的工作环境； 3. 提高员工的工作参与度和幸福度
多元化人才	建立并改善能够让多样化人才发挥作用的环境，推进健康经营
治理	
PDCA对企业持续发展的实践	通过新设的可持续发展委员会研究和监测可持续发展问题
确保法规遵从性	提高合规意识，防范违法违规行为

3. 管理和业务战略

（1）管理战略

基于基本策略、分两步走的实施计划以及具体投资和营业利润目标，大林组制定了未来集团七大管理战略，包括人力资源管理、数字化转型、供应链、可持续发展等。

关于人力资源管理战略，大林组提出从"工作方式改革"到"工作价值改革"的理念转型，计划新设人才管理政策，招聘多元化人才来传承企业长期积累的建筑技艺。

在组织战略上，大林组未来核心思想是推动业务组合、区域组织的纵横合作和自律性协作。在横向上，推动全店统一的经营规则制度以及安全风险管理。在纵向上，分支机构、子公司等根据业务和地区特点进行有效的业务推广。分支机构和子公司可以不通过总部，在一定纪律下自主开展业务活动和直接协作。

制定数字化转型（Digital Transformation，DX）战略。大林组在2022年2月设立DX总部，是为自上而下型的"跨公司型组织"，拥有DX战略从立案到推进和监管的全过程权限。大林组未来的数字化战略，主要基于应对解决碳中和、健康生活等社会挑战，通过建筑和数字技术的融合，提升空间设计和创造附加价值，同时也开发新的业务领域，确保收入增长。同时，也希望通过数字化改革精简内部系统,提高自动化水平和减少人力成本,提高应对工程量旺季的施工调配能力,增强内部数据利用和客户建议能力。未来大林组重点致力于智慧城市、智能楼宇管理、数字孪生城市、机器人/自动施工技术等创新施工系统、建筑生命周期管理系统等建筑和数字技术融合的新领域。

在技术战略方面,大林组提出构建技术组合和生态系统以获得竞争优势。一是着力推进构建价值链、提高生产率、提高安全和质量以及改善工作环境的技术创新,比如BIM/ICM、建筑DX(机器人和ICT)、节能、绿色能源、智慧城市、基础设施更新、环境、医药、木制、海上、智能道路等领域。二是着力推进解决社会问题和扩大业务领域的技术创新,如新能源、碳中和、健康生活、航天等领域。另外就是持续推进国家和行业标准化技术创新,以及构建包括自行开发、开放式创新合作、产学研合作,外部采购式开发、利用补贴等有机结合的创新生态系统。

大林组提出未来要构建可持续的供应链以增强竞争力,帮助合作公司提高生产力和数字化,利用教育培训学校和培训设施,加强技术能力和技能的传承,培养合作公司的接班人,加强和活跃大林组林友会,等等。

在财务和资本战略方面,提出推动企业价值和资本效率提升的思路。在投资方针上,必要时利用外部资金,在股东回报政策上,以保持长期稳定分红为第一要务。

在可持续发展管理体制上,提出增强董事会职能,谋求可持续发展并提升公司中长期价值,董事会下设可持续发展委员会,讨论可持续发展挑战,长期验证业务组合和业务能力,并将可持续发展的定位从社会贡献和环境概念转向利润增长驱动因素。

(2)业务战略

大林组提出未来两大业务拓展方向,一是围绕碳中和要求的未来发展机会和解决方案,二是围绕健康生活需求的未来发展机会和解决方案。围绕碳中和发展趋势,大林组认为其未来要构筑集团综合竞争力,包括继续践行"好、廉、快"的三字箴言,提供全建筑生命周期的管理服务,提供下一代能源利用(如氢能)基础设施,通过人与数字技术、人工智能的融合,构筑新的生产系统,等等。

关于国内建设事业的未来发展,大林组的总体思路是构筑价值最大化的供应链。具体来看,以生产工艺业务流程重组(BPR)为代表推动业务变革,持续扩充产能。完善采购基础,维护、巩固和扩大供应链。科学匹配订单和产能,确保稳定盈利。利用数字技术、新一代生产技术和系统,提高生产能力。利用网络加强建筑价值链,适时开展并购,扩大建筑服务领域。

国内建设事业分领域业务战略 表 14

领域	业务战略
建筑	通过营业、设计、采购、生产各部门一体化协作降低成本，通过风险管理确保收益； 加强数据中心、半导体工厂、医药品工厂、木造、木质、ZEB 等环保型建筑建设
土木	灵活应对 ECI、DB 等客户需求和社会环境变化，确保稳定的订单和利润； 依托基础设施更新领域先行者的专有技术优势，在高速公路大规模更新等领域，保持和加强优势地位； 增强绿色能源领域竞争力及体制的强化，推动环境再生、解决脱碳等社会课题研究和灵活应用

关于海外建设事业，总的思路是利用坚实的业务基础，在全球市场获得进一步增长机会。包括推动北美子公司持续增长，通过并购扩大施工能力，强化亚洲子公司的本地业务基础，建立以亚洲分公司为中心的跨境合作体系，锁定目标区域和国家，实行分区域进入策略，包括非建筑业务并购、北美和泰国的开发业务、绿色能源业务等。

关于开发事业，即不动产事业，总的思路是优化资产组合，提高投资效率和盈利能力。具体包括通过对零能耗建筑（ZEB）等环保型建筑和高附加值物流设施等增长领域的投资，确保资产类型的多样化和收入的稳定。利用私募基金获得灵活的资本收益，并建立大楼运营管理模式（资产经营管理 PM、建筑维护 BM 业务等），利用全球市场网络收购优质资产。

绿色能源事业方面，一方面满足客户脱碳需求，与建筑和开发业务协同（工程总承包模式 EPC、购电协议 PPA、咨询等），扩大发电能力和分散风险，如探讨亚洲的再生能源相关事业，致力于非固定价格收购制度（FIT）[①]的电力供应等。另一方面强化氢相关的技术创新和业务拓展，包括以氢的利用推动建筑业脱碳（氢混烧建筑机械等），实施国内外氢相关示范项目等。

新业务领域方面，一方面利用核心技术应对社会挑战，专注于具有增长潜力的市场领域，如碳中和、健康生活、数字化和创新技术带来的产业变革新领域、管制放松带来的新市场等。另一方面加强 PPP、订阅平台业务等新盈利模式探索，充分利用好管理资源，完善业务发展流程，具体包括加强分公司、业务部门和集团公司之间的合作，与研究机构和初创企业建立产学研的生态系统，拓展更多的新业务领域和业务赛道。

---

① 日本经济产业省在 2015 年 11 月 4 日公布了"电力零售方针（草案）"，作为"向需求方提供适当信息"的一环，规定公开电源构成是"必要行为"，并在此基础上规定，利用固定价格收购制度（FIT）发电的电力为"FIT 电力"。

五、大事记

本大事记根据大林组创立以来的若干重要事件撰写。

1. 企业并购与资本经营

1892年1月,大林芳五郎在大阪市创办个人企业大林店。大林店是大林组株式会社的起源,主要从事土木建筑承包业务。

1909年7月,大林店改为大林组合资会社。改为合资公司后,大林提高了竞争力,扩大了业务规模,并通过合作方的参与和共享资源获得更多的扩张机会和优势。

1918年12月,改为大林组株式会社。改为股份公司是为了吸引更多投资者的资金,为大林带来更多的发展机会。此外,股份公司能够专注于专业经营和管理,吸引专业人才,确保公司的竞争力和长期发展。

1931年10月,成立内外木材工艺株式会社(起源于大林于1905年成立的木材厂)。当时的大林组以木造建筑为主要业务,为了管理木材的质量和降低成本因而成立公司。但后来也开始生产木材推车和其他木材施工机械,并在细木工、设计和家具等精细木工领域享有盛誉。

1933年8月,成立东洋铺路株式会社。成立初期主要从事生产和销售沥青乳液,并作为大林公司的分包商从事许多路面工程,包括日本国家铁路和东京市的工程。由于当时日本汽车运输的增加,道路铺设取得了进展。后改为大林道路株式会社,已于1971年上市。

1936年12月,成立第二大林组株式会社。次年3月,该公司吸收合并原有的大林组株式会社,并将商号变更为大林组株式会社。

1955年1月,成立浪波置业株式会社。该公司主要从事东京周围的建筑物开发与建筑物租赁业务。后于1970年10月更名为大林不动产株式会社。

1963年10月,成立东洋建筑服务株式会社。成立该公司主要是为大林公司建造的建筑物提供售后服务,但后来业务不断扩大,现在涵盖一般建筑物。目前公司的主营业务是管理和维修建筑物和设施,并承接清洁和其他杂项工作。

1989年11月,成立OCY金融有限公司。该公司为大林集团的合并子公司,主要从事信用卡、消费金融以及信用担保和再保险业务,向企业提供货币贷款或调节向企业借贷的商业机构,现已上市。

2003年7月,收购东芝空调株式会社。该公司是东芝公司在整合日本各地的空调设备公司后成立的一家全国性设备制造公司，主要从事空调设备销售和安装。收购后公司更名为橡树设备工业株式会社，主营空调设备、给排水环卫设备及其他工业设备的安装与维护。

2005 年 7 月，东洋大厦服务株式会社与奥克维尔服务株式会社合并，更名为大林设施株式会社，为大林集团的合并子公司，主要从事设施管理、建筑的维护与清洁、安全管理等物业服务。

2011 年 6 月，收购新星和房地产株式会社。新星和成立于 1953 年，业务较为广泛，如公寓和独立式住宅的销售，办公和商业设施的租赁及翻新。收购后以房产租赁业务为中心。

2012 年 2 月，成立 JS Builders（美国）。子公司大林美国与当地资本共同成立 JS Builders 建筑公司，大林美国占有 50% 的股份。建立 JS Builders 是为了增加其在旧金山郊区的低层公寓楼和小型商业设施市场的工作成果。

2012 年 7 月，成立大林清洁能源株式会社。大林清洁主要是以光能、地热、风力及小型水电等清洁方式发电，符合可持续发展的理念。现为大林集团的合并子公司。

2014 年 10 月，大林房产与新星和房产合并为大林新星和房地产有限公司。合并前，大林房产主要从事租赁业务，新星和房产主要从事房屋销售业务，这两家公司在大林集团的房地产业务中发挥着核心作用，通过相互补充和合理化重叠的管理业务来提高房地产公司的综合能力。

2014 年 11 月，收购美国建筑公司 Kraemer。大林株式会社通过其美国子公司大林美国与美国威斯康星州的建筑公司 Kraemer 签订了收购协议，完成了对该公司 56% 股权的收购，进一步拓展了其在国际市场的业务。

2018 年 10 月，发行大林组绿色债券。绿色债券是企业和地方政府根据国际资本市场协会制定的《绿色债券原则》和环境部门制定的《绿色债券指南》发行的债券，用于筹集绿色项目所需的资金。通过该绿色债券筹集的资金将用于开发大林集团的可再生能源项目，如太阳能发电等环保开发项目。

2019 年 6 月，发行可持续发展债券。大林的 ESG 债券是在 2018 年 10 月大林株式会社绿色债券（大林株式会社的第 23 期无担保公司债券）之后发行的。这些债券是根据环境部门制定的社会债券原则、可持续发展债券指南和绿色债券指南发行的，资金将用于生物发电项目和陆上风力发电项目。

2022 年 9 月，成立提供机器人集成控制系统的新公司 PLiBOT 株式会社。这是一家以各种最先进的自主工作机器人（AMR）为中心的自主和省力解决方案的新公司，提供各种自主机器人以及一个同时操作现有设备的集成控制平台，为实现人与机器人合作的可持续发展社会而努力。

2023年2月，收购赛普拉斯苏纳达亚株式会社。它是日本最大的扁柏木和胶合木制造商，主营日本国内木材的加工与销售。

2. 公司治理

1958年12月，在大阪证券交易所（现东京证券交易所）上市。通过发行股票筹集资金，大林获得了大量资金用于业务扩张和投资项目，更容易进行并购和资本扩张，获得更多资源和灵活性，同时在并购谈判中也更具竞争力。

1977年6月，调整内部组织结构。为了应对石油危机，大林采取了减少管理成本的措施，如"强化成本意识"，为此进行了重大的机构改革，设立了综合规划室，成立了技术部门，以拓展技术销售等功能。

1991年10月，举办成立100周年纪念活动。值此期间，大林制定了面向21世纪的长期经营愿景"大林文艺复兴111"，并通过了新的公司标志和公司名称标识。同时，大林还出版了公司发展史《时间·人物·大林1892—1991》。

1999年1月，将东京总公司迁至品川城际。品川城际是东京最大的综合体之一，由3栋高层办公楼、商业设施、大厅等组成。

2010年4月，总公司更名为大阪总公司。东京总部重组为总公司和东京总公司，7月将注册总部地点从大阪市改为东京都港区。

2011年1月，制定大林基本理念，在基本理念中表达了对社会的愿景和使命。大林以技术创新为动力，追求卓越品质，倡导合作共赢，致力于构建环境友好型社会，以精准、廉价和高效为准则，以实现可持续发展。

2011年7月，制定大林社会贡献基本方针。大林将通过国内外业务活动，与当地社区、非营利组织、非政府组织和政府等各种社会活动实体合作，利用管理资源从全球角度作出社会贡献，重点关注环境、防灾及灾后重建等领域。

2018年3月，莲轮贤治就任第八任社长。任社长已12年的71岁白石达递交辞呈退休，1953年出生的专务执行董事莲轮贤治担任新任社长。

2019年4月，设立亚洲分公司和北美分公司。将原来的海外分公司（新加坡事务所与旧金山事务所）关闭，新设立亚洲分公司（新加坡）及北美分公司（旧金山）。这是为了提高海外业务的盈利能力，以在海外各地区扎根，推动综合业务（建筑业务、房地产开发和新业务）发展。

2019年6月，大林制定可持续发展愿景2050。将2011年提出的"大林绿色愿景 2050"修改为"大林可持续发展愿景 2050",以 ESG 作为经营基础,为实现可持续发展目标作贡献,同时追求"地球、社会和人类"以及自身的可持续发展。

2022 年 2 月,新设数字推进(DX)部。数字推进部由总裁直接控制,致力于高效、快速地推进数字化转型,向各部门、业务部门和集团公司部署基于大林集团数字战略,加强与各事业部之间的合作联系,进一步加强 BIM 生产基地,利用数字技术(BPR)改造业务流程,开发数字化人力资源,优化数字化和 ICT 投资。

2022 年 4 月,制定中期管理计划。时间为 2022～2026 年度,首先要巩固和深化建设事业基础,致力于业绩的恢复、稳定。其次要实现技术与商业创新,以"碳中和"和"健康"为经营基础,创造新的价值。此外还要实现扩充业务组合以实现持续增长,以建设为核心,在全球各种业务领域积累技术和网络等优势,以及通过开放式创新和积极投资不断获得新的盈利机会。

3. ESG 管理与技术创新

1991 年 12 月,成立环境保护促进委员会。设立环境保护促进委员会是大林积极承担社会责任,加强环保管理与合规的重要举措,对大林的可持续发展和社会形象都具有积极意义。

1992 年 7 月,制定大林环境保护行动计划。该计划在规划、设计、材料采购、施工方法、竣工建筑、技术开发等各方面均考虑到环境保护,并制定了节约能源、使用可回收材料的规定。还明确指出,委员会每年检查一次进展情况,并由关联公司和合作公司申请和支持。

1993 年 3 月,全自动建筑施工系统(ABCS)应用。全自动建筑施工系统的应用对大林具有十分重要的意义,使大林的施工效率及施工质量得以保障,同时还可以在节约资源、增加可持续性上作出巨大贡献。

2012 年 1 月,实现了日本首个全面的"排放 ZEB"。排放 ZEB(净零能耗建筑)是一座通过节能和其他手段积极实质性减排的建筑,它通过碳信用额和其他手段将额外排放的二氧化碳全面减少到零,大林通过为额外排放的二氧化碳购买碳信用额,实现了"排放 ZEB"。

2016 年 3 月,为提高妇女地位而首次制定行动计划。大林一直在推进各种举措,旨在创造一个可供女性员工充分展示能力、持续工作的环境。此次制定的行动计划确定了提高女性管理人员和女性技术人员比例的目标,并指出了实现这一目标的具体举措。

2017 年 6 月,大林在日向市最大的太阳能发电厂开始运营。位于宫崎县日向市的大林株式会社日向太阳能发电站是大林株式会社的一座商业太阳能发电站。这是日本第 40 座太阳能发电厂（分布在 28 个地点），也是大林最大的发电设施。

2017 年 10 月，研发使用水泥材料的 3D 打印机。新开发的 3D 打印机通过从机器人手臂注入水泥等材料来自动制造建筑物和土木工程结构的组件，无需使用模板即可精确自动制造各种形状的零件。

2021 年 4 月，新设绿色能源事业部。为了实现碳中和，大林集团巩固了其在日本和海外的能源供应能力、技术和专有技术，以为客户提供能源解决方案。除了利用可再生能源发电业务中的专业知识和多样化的能源供应能力来促进业务外，大林还从整个绿色能源价值链中寻找创造利润的机会，例如着眼于电力存储和氢气生产与存储等下一代技术的商业化新业务。

2021 年 4 月，新设多样性与包容性推进部。2019 年，大林集团确定了 ESG 经营基础，并将具体举措纳入了积极推进 ESG 管理的经营措施。在这种情况下，基于"大林可持续发展愿景 2050"的长期愿景，设立了多样性与包容性推进部门，通过缩短工作时间，支持女性的积极参与，创造充满活力和回报的工作环境，审查人事制度以实现新的工作与生活平衡。

2022 年 2 月，新设碳中和部。成立了碳中和解决方案部门，旨在为客户碳中和的多样化需求提供及时、全面、有效的解决方案。通过低碳混凝土、零耗能建筑及再生能源发电业务与蓄电，以及氢气生产和储存等下一代技术，大林致力于实现脱碳社会。

2022 年 4 月，新设环境管理办公室。以实现碳中和、应对气候变化、保护生物多样性以及促进资源循环利用为己任，设立了环境管理办公室，以进一步加强创造新经济价值和提高企业价值的努力。环境管理办公室将稳步采取措施实现减排目标，并通过全面整合集团，围绕解决全球环境问题去发现并创造商机。

4. 营业网络建设

1906 年，设立东京分公司（后于 1970 年 12 月改为东京总公司）。

1919 年，设立小仓分公司（1930 年 2 月迁至福冈市改名为福冈支店，1987 年 4 月，福冈分公司更名为九州分公司）。

1925 年 4 月，设立横滨分公司。

1925 年 7 月，设立名古屋分公司。

1942 年 9 月，广岛分公司成立。

1946 年 6 月，仙台分公司成立（1987 年 4 月更名为东北分公司）。

1946 年 11 月，设立札幌分公司。

1958 年 1 月，高松分公司成立（1979 年 1 月更名为四国分公司）。

1965 年 7 月，神户分公司成立。

1972 年 1 月，成立大林 Jaya。这是大林株式会社与印度尼西亚 Phumbangnan Jaya（简称 Jaya）的合资企业。随着此时印尼政治局势的稳定，日本公司建筑工程的商业咨询业务急剧增加，该公司应运而生。

1974 年 5 月，成立泰国大林。由大林公司和曼谷银行以及其他当地资本共同投资而成，现在已发展成为泰国领先的建筑公司之一。

1975 年 2 月，金泽分公司成立（1979 年 1 月更名为北陆分公司，1991 年 7 月迁至新潟市）。

1990 年 6 月，在中国台湾地区成立大林株式会社，并参与当地新干线 C12 和 210 建设区、桃园站大楼、某国际大厦、某巴士总站、交九客运站新建等大型土木工程的建设。

1990 年 11 月，成立大林新加坡（现为合并子公司）。

2002 年 7 月，成立美国大林（现为合并子公司）。

2006 年 6 月，成立大林越南（现为合并子公司）。

2008 年 4 月，成立海外分公司。

2011 年 3 月，成立大林加拿大。

2019 年 4 月，在新加坡设立亚洲分公司，在美国设立北美分公司。

2020 年 4 月，设立关东分公司。

2020 年 6 月，成立英国大林地产（现为合并子公司）。

第八篇　斯堪斯卡从规模向效益的跃升之路

费　潇

斯堪斯卡公司（瑞典语"Skanska Aktiebolag"，SK AB）源于1887年瑞典工程师、工业家、政治家鲁道夫·弗雷德里克·伯格建立的斯堪斯卡水泥制品公司，经过百余年的发展，现为全球最大的国际承包商之一。截至2023年上半年，斯堪斯卡拥有约2.8万名员工，经营业务主要分布在欧洲和美洲，包括瑞典、挪威、芬兰、丹麦等北欧国家，捷克、匈牙利、罗马尼亚、斯洛伐克、波兰等中欧国家，以及英国、美国等。

斯堪斯卡近年主要经营数据一览　　　　　　表1

	2016年	2019年	2022年	2016~2022年年均增长/%
营业收入/百万瑞典克朗	145365	172846	163174	1.9
营业利润/百万瑞典克朗	7220	7428	10021	5.6
本年利润/百万瑞典克朗	5735	6054	8284	6.3
年末总资产/百万瑞典克朗	106505	126018	151593	6.1
年末所有者权益/百万瑞典克朗	27506	33021	55255	12.3
年末市值/亿瑞典克朗	880	871	693	-3.9
年末股价/（瑞典克朗/股）	215.1	211.7	165.0	-4.3
员工数量/人	42903	34756	28380	-6.7

资料来源：斯堪斯卡年度报告。按照国际财务报告准则（IFRS）编制，员工数量为年度平均数

一、百余年可持续之路

1887年，斯堪斯卡水泥制品公司创立，股本为60万瑞典克朗，股东有考库姆、奥斯卡王储、阿维德·波塞（后为瑞典首相）、总督古斯塔夫·拉格比耶克，以及若干有钱的地主。从公司创立起，斯堪斯卡的国际化进程可分以下四个阶段：

1. 周边国际化（1887～1950 年）

这一时期，斯堪斯卡成为瑞典建筑企业领军者并逐步向周边扩展。从第一个项目修复约翰内斯（圣约翰）教堂起步，1897 年，公司拿到首份国际合同——为英国国家电话公司提供空心混凝土块业务。1902 年，公司在俄国圣彼得堡建立分公司，这是首家在国外成立的分公司。此后受"一战"和"二战"影响，公司业务未能充分国际化拓展。

2. 逐渐国际化（1951～1980 年）

这一时期，世界各国战后重建，公司也正式进入国际市场。1952 年，公司引入混凝土构件预制工艺，大大提高了施工效率。1956 年，公司进入中东市场。1964 年，公司营业收入首次突破 10 亿瑞典克朗，并于次年在斯德哥尔摩证券交易所上市。1965 年，公司参与埃及阿布辛贝神庙搬迁工程，逐渐扩大在中东和非洲的市场。20 世纪 70 年代初，公司进入东欧市场。70 年代中后期，公司在拉美、非洲和印度承接一批水利和基础设施项目。1971 年至 1978 年，公司进军美国的首个项目是纽约和华盛顿特区的地铁工程。此后，公司在国际市场的地位蒸蒸日上。

3. 快速国际化（1981～2000 年）

这一时期，公司业务增长主要是有机增长和并购增长。公司并购要求有两条：一是被收购公司在被收购后的第一个完整年度内，对斯堪斯卡的税后收入作出积极贡献；二是被收购公司的管理层对斯堪斯卡的收购感到满意。一系列并购极大提高了公司的行业地位，助力公司驶入国际化进程快车道。1985 年，公司在瑞典以外大约 30 个国家和地区开展业务，国外营收占比仅为 15.1%。1997 年，公司在瑞典以外大约 50 个国家和地区开展业务，国外营收占比超过 50%。

以美国市场为例。作为世界最大的建筑市场，美国竞争十分激烈，国外建筑公司在美国市场开辟蓝海，必须采取合适的扩张策略。斯堪斯卡在美国市场的步伐充满战略考量。1982 年，涉足美国市场十年的斯堪斯卡，在纽约和华盛顿特区地铁项目基础上，为继续扩展在美国东北部的业务，启动在美国的首次收购，即 Karl Koch。Karl Koch 成立于 20 世纪初，曾在佛罗里达州科勒尔盖布尔斯建造 Biltmore 酒店，在华盛顿建造商务和内政部大楼、最高法院和联邦储备银行，在纽约建造熨斗大厦以及世贸中心大厦。1989 年、1990 年，斯堪斯卡又分别收购 Slattery 和 Sordoni，进一步巩固在美国东北部的市场地位。

斯堪斯卡主要并购情况 表 2

年份	被收购公司	斯堪斯卡经营单位	所在地
1982	Karl Koch	斯堪斯卡美国民用	美国
1989	Slattery	斯堪斯卡美国民用	美国
1990	Sordoni	斯堪斯卡美国建筑	美国
1994	Beers	斯堪斯卡美国建筑/民用	美国
1994	Skanska Finland	斯堪斯卡芬兰公司	欧洲
1995	Barney	斯堪斯卡美国建筑	美国
1995	Beacon	斯堪斯卡美国建筑	美国
1996	Skåne-Gripen	斯堪斯卡工业公司	欧洲
1998	SADE	斯堪斯卡拉美公司	拉丁美洲
1998	Tidewater	斯堪斯卡美国民用	美国
2000	Kvaerner Construction	斯堪斯卡英国公司	欧洲
2000	Selmer	斯堪斯卡挪威公司	欧洲
2000	IPS	斯堪斯卡捷克共和国公司	欧洲
2000	Exbud	斯堪斯卡波兰公司	欧洲
2000	REM	斯堪斯卡服务公司	欧洲
2000	Barclay White	斯堪斯卡美国建筑	美国
2000	Baugh	斯堪斯卡美国建筑	美国
2002	Pharmacia Services	斯堪斯卡服务公司	欧洲
2002	Yeager	斯堪斯卡美国民用	美国
2003	Banske Stavby	斯堪斯卡捷克共和国公司	欧洲
2003	BFW	斯堪斯卡美国建筑	美国
2005	Klimavex	斯堪斯卡捷克共和国公司	欧洲
2006	McNicholas	斯堪斯卡英国公司	欧洲
2006	Stamart	斯堪斯卡捷克共和国公司	欧洲
2010	SkyBau	斯堪斯卡捷克共和国公司	欧洲
2010	TKI	斯堪斯卡瑞典公司	欧洲
2011	Industrial Contractors Inc.	斯堪斯卡美国民用	美国
2011	PUDiZ Group	斯堪斯卡波兰公司	欧洲
2011	Soraset Yhtiöt Oy	斯堪斯卡芬兰公司	欧洲
2011	Eshacold Danmark A/S	斯堪斯卡瑞典公司	欧洲
2011	Marthinsen & Duvholt AS	斯堪斯卡挪威公司	欧洲
2013	Atkins Highway Services	斯堪斯卡英国公司	欧洲
2013	Birka Markbyggnad AB	斯堪斯卡瑞典公司	欧洲

来源：斯堪斯卡官方网站。访问地址 https://group.skanska.com/investors/reports-publications/acquisitions--divestments/，2023 年 6 月 5 日

在美国东北部市场立足之后，斯堪斯卡开始放眼全美市场。1994 年，斯堪斯卡收购 Beers Construction，由此获得美国东南部 17 个州的建筑市场。1995 年，斯

堪斯卡收购波士顿地区的 Beacon。1998 年，斯堪斯卡收购 Nielsons、Bayshore、A.J. Etkin、Tidewater，业务扩展至五大湖地区的密歇根州以及科罗拉等中西部地区。1999 年，斯堪斯卡收购 Gottlieb，进入美国南部市场。2000 年，斯堪斯卡收购 Barclay White 和 Baugh Construction，美国东北部、中大西洋地区以及波特兰和西雅图等西部地区的业务得到加强。对斯堪斯卡 1989 年至 1996 年在美国的收购活动进行分析，这些公司在被收购后的头五年，年有机增长率达到 35%，说明斯堪斯卡的收购是成功的。

4. 深耕选定市场（2001 年至今）

斯堪斯卡把国外市场当成瑞典本土市场来发展，所以在国外取得成功的可能性更高。通过一系列收购，斯堪斯卡在波兰、挪威、捷克、英国等地确立了领先的市场地位，在中国香港和印度等亚洲市场亦有大量业务。根据美国 ENR 发布的全球最大建筑公司营业额 2001 年度排名，斯堪斯卡名列第 2 位，仅次于法国 Vinci。21 世纪以来，斯堪斯卡开始强调在选定市场中实现增长。这一阶段，其并购活动主要发生在欧美市场。2001 年，斯堪斯卡指出，公司战略是在高增长和良好盈利的选定市场和细分市场中实现增长。2002 年，斯堪斯卡经营目标之一是在选定市场和选定领域，如住宅、办公、Build-Operate-Transfer（BOT）项目等，成为领先的开发商。2003 年，斯堪斯卡意向出售其在南非、加拿大和澳大利亚的采矿业务的多数股权。2004 年，斯堪斯卡剥离在非洲、中国香港和印度的业务。2007 年，斯堪斯卡宣布永远撤出俄罗斯。2013 年，斯堪斯卡宣布于次年年底离开爱沙尼亚市场。2014 年，斯堪斯卡因被卷入巴西国家石油公司腐败丑闻决定退出南美市场。

斯堪斯卡主要撤资情况　　　　　　　　　　　　　表3

年份	公司	所在地	年份	公司	所在地
1999 年	Essman Ventilation	欧洲	2004 年	Skanska Services	欧洲
2000 年	Poggenpohl	欧洲	2005 年	Prefab Mark	欧洲
2000 年	Kährs flooring	欧洲	2005 年	Modul & Temporent	欧洲
2000 年	Elite Windows	欧洲	2015 年	Operations & Maintenance Operations Argentina	拉丁美洲
2004 年	Cementation South Africa	非洲			
2004 年	Cementation India	亚洲			
2004 年	Gammon Hongkong	亚洲	2016 年	Skanska Installation	欧洲
2004 年	Myresjöhus	欧洲	2016 年	Skanska Peru	拉丁美洲

资料来源：斯堪斯卡官方网站。访问地址 https://group.skanska.com/investors/reports–publications/acquisitions––divestments/，2023 年 6 月 5 日

2015年、2016年，斯堪斯卡分别出售在阿根廷、秘鲁的公司，其中，斯堪斯卡秘鲁公司是其在拉美最后剥离的项目。

二、坚持利润优先策略

1. 新一轮的盈利计划

1997～2000年，斯堪斯卡几乎剥离所有非核心业务和资产，涉及金额高达315亿瑞典克朗。2003年，斯堪斯卡确立四大业务板块，即建筑和服务、住宅项目开发、商业项目开发以及BOT业务。其中，建筑和服务指建设住宅、非住宅建筑与民用基础设施以及建筑设施管理等服务，是斯堪斯卡最主要的业务板块；住宅项目开发指开发可用于出售的住宅，住宅为客户量身定制，由斯堪斯卡负责施工；商业项目开发包括商业地产项目的建设、开发、租赁、出售等；BOT项目主要是私人投资的道路、医院、学校、发电厂等基础设施项目。

图1　2005年斯堪斯卡业务板块和组织架构

2005年，斯堪斯卡将四大业务改称为建筑施工、住宅开发、商业开发、基础设施开发。2010年，将商业开发改称为商业地产开发，开发重点包括写字楼、购物中心、物流仓储、绿色地产等。2011年，斯堪斯卡在四大领域已形成稳定的增长基础，决定在2011～2015年期间实施盈利增长计划，重点是保持强大的盈利能力和资本效率，同时促进建筑施工与项目开发的增长。斯堪斯卡将加快利用建筑施工业务获得的资金进行再投资，以促进项目开发业务的发展。

2016～2020年，斯堪斯卡实施有目标的盈利计划，为股东创造价值的同时为公司员工、客户和业务所在地创造可持续的未来。斯堪斯卡认为，名副其实的行业领军者在为股东创造价值的同时，也在为社会的全面进步作贡献。斯堪斯卡的宗旨是建设一个更美好的社会，这无关乎目标和利润的选择，而是同时去实现这两件事情——实现斯堪斯卡的宗旨需要利润，建设更美好的社会也有助于斯堪斯卡创造更大的利润。

该计划对 2020 年公司的发展作出展望：一是净资产收益率保持行业领先；二是实现建筑施工和项目开发价值创造的平衡；三是成为公认的提供最佳解决方案的首选合作伙伴；四是企业价值观得到有效践行，被公认为是价值驱动的公司；五是具有无害的、道德的工作环境；六是成为行业最具有吸引力的雇主；七是拥有一个高效的团队；八是运营效率提高。2021 年，斯堪斯卡明确下一阶段战略方向，即有选择地竞标、聚焦商业重点、有序扩大商业地产开发和提高建筑施工成本效率。斯堪斯卡重新修订未来一段时期的财务目标：一是建筑施工营业利润率不低于 3.5%；二是项目开发已动用资本回报率不低于 10%；三是投资性房地产已动用资本回报率不低于 6%；四是净资产收益率不低于 18%；五是调整后的债务净额不超过 100 亿瑞典克朗；六是股息支付率在 40%～70% 之间。

斯堪斯卡主要经营数据（2016～2022 年）　　表 4

	2016 年	2017 年	2018 年	2019 年	2020 年	2021 年	2022 年
总资产 / 百万瑞典克朗	106505	109437	116296	126018	125631	139039	151593
营业收入 / 百万瑞典克朗	145365	157877	171730	172846	160344	143865	163174
营业成本 / 百万瑞典克朗	131119	145103	157465	156540	143457	128156	146483
销售和管理费用 / 百万瑞典克朗	9152	9851	9473	9469	8269	7865	8998
投资性房地产价值变动 / 百万瑞典克朗	—	—	—	—	—	—	1692
合资企业和联营公司收入 / 百万瑞典克朗	2126	1655	855	591	4015	449	636
营业利润 / 百万瑞典克朗	7220	4578	5647	7428	12633	8293	10021
财务项目净额 / 百万瑞典克朗	−119	45	39	−88	−229	−168	290
所得税 / 百万瑞典克朗	1366	512	1092	1286	2507	1238	2027
本年利润 / 百万瑞典克朗	5735	4111	4594	6054	9897	6887	8284
员工数量 / 人	42903	40759	38650	34756	32463	30051	28380
年末股价 /（瑞典克朗 / 股）	215.1	170.0	141.0	211.7	209.7	234.2	165.0
年内最高股价 /（瑞典克朗 / 股）	218.7	226.6	179.7	216.0	238.9	258.8	245.0
年内最低股价 /（瑞典克朗 / 股）	149.2	170.0	134.9	140.9	146.0	203.3	134.4
每股收益 / 瑞典克朗	15.9	12.0	9.6	15.5	22.5	19.8	18.6
年末市值 / 亿瑞典克朗	880	695	578	871	865	983	693

资料来源：斯堪斯卡年度报告。按照国际财务报告准则（IFRS）编制，员工数量为年度平均数

2016~2022年，斯堪斯卡总资产、营业收入、营业利润年均增长率分别为6.1%、1.9%、5.6%。其中，营业收入年均增速分别低于总资产和营业利润年均增速4.2、3.7个百分点。主要原因一是建筑施工业务遭遇经营困局，二是采取利润优先于项目和收入的策略应对困局，三是新冠大流行。

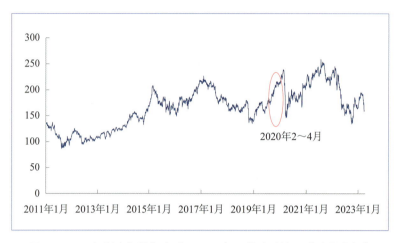

图2 2011年以来斯堪斯卡（SKA B）股价涨跌情况（瑞典克朗）

2018年，斯堪斯卡营业收入为1717.3亿瑞典克朗，同比增长8.8%，较上年提高0.2个百分点；营业利润为56.5亿瑞典克朗，同比增长23.4%。其中，北欧、美国和欧洲市场收入占比分别为40%、38%和22%。2019年，斯堪斯卡营业收入达到1728.5亿瑞典克朗，为2016年以来最高水平，但同比增速仅为0.6%。2020年，新冠疫情开始全球大流行，对世界经济、金融、社会产生重大影响，欧美建筑市场需求延迟释放，消费者住房消费信心下降，导致斯堪斯卡收入同比减少7.2%。2020年2~4月，斯堪斯卡月平均股价从231.7瑞典克朗跌至169.3瑞典克朗，跌幅达到26.9%。不过，商业地产开发却表现出别样的行情。2020年，斯堪斯卡出售价值138亿瑞典克朗的商业地产开发项目，带来48亿瑞典克朗的收益，助力其当年利润突破百亿瑞典克朗，同比增速达到70.1%。2021年，新冠大流行持续，受客户推迟开展新项目以及选择性竞标策略等影响，斯堪斯卡收入同比减少10.3%。2022年，斯堪斯卡收入为1632亿瑞典克朗，同比增长13.4%，低于新冠大流行前收入水平。

从集团财务目标看，2016~2022年，斯堪斯卡净资产收益率总体保持较高水平。其中，2018年净资产收益率为14.1%，低于目标值3.9个百分点，每股收益也创下2016年以来最低水平。2022年，斯堪斯卡调整后的净现金头寸为120亿瑞典克朗，远超过预期目标；股息支付率为40%，符合预期水平。

图3 2016~2022年斯堪斯卡净资产收益率

数据来源：斯堪斯卡年度报告

2. 丹尼尔森接棒上任

2017年9月，斯堪斯卡总裁兼首席执行官约翰·卡尔斯特伦宣布将于次年4月的股东大会卸任并辞去董事会有关职务，但在2019年1月之前仍担任斯堪斯卡高级顾问。卡尔斯特伦出生于1957年，1985年毕业于瑞典皇家理工学院，是道路和水利项目的土木工程师。1983年，卡尔斯特伦首次加入斯堪斯卡，先后担任现场经理、估算师、项目工程师、项目经理和区域经理等职务。2001年，他成为斯堪斯卡高级管理团队成员，负责北欧业务部门和美国建筑业务。2008年4月，他被任命为斯堪斯卡总裁兼首席执行官。

2017年12月，公司执行副总裁安德斯·丹尼尔森接替卡尔斯特伦成为新一任总裁兼首席执行官。丹尼尔森出生于1966年，拥有哈佛大学和瑞典皇家理工学院教育经历。1991年，丹尼尔森加入斯堪斯卡。2013年11月，他被任命为斯堪斯卡执行副总裁和高级管理团队成员，负责北欧建筑业务以及瑞典公司、挪威公司和芬兰公司。在任挪威公司总裁期间，他成功促使两个建筑项目和住宅开发业务扭亏为盈。在接任前夕，作为执行副总裁的丹尼尔森，主要负责公司在全球的基础设施开发和英国公司。2017年5月，丹尼尔森开始负责在美国的业务，英国公司的工作改由执行副总裁、首席财务官彼得·沃林负责。卡尔斯特伦表示，丹尼尔森一直在推动北欧市场的发展，对全球基础设施开发有深刻的理解，相信丹尼尔森会把他的全球视野、协作思维和运营敏锐度带到美国市场。丹尼尔森表示，斯堪斯卡拥有众多优秀人才和宏伟项目，非常期待担任领导斯堪斯卡的角色，为公司盈利和建设更美好的社会做出自己的贡献。丹尼尔森说:"我将重视建筑施工的盈利并继续促进项目开发业务发展。"丹尼尔森认为,公司需要选择赚取更多利润的合同。关于项目开发,丹尼尔森强调向现有市场的其他城市推广商业地产开发的潜力,如向西雅图以外的美国西海岸城市。另外,瑞典市场的住宅开发业务增长放缓,但丹尼尔森仍关注其未来潜力。

3. 建筑施工走出困局

斯堪斯卡建筑部门负责建造翻新建筑物、工业设施、基础设施、住宅以及建筑服务、设施运营维护等。长期以来,无论收入、利润还是员工人数,建筑施工都称得上是其最大的业务板块。2011~2015年,斯堪斯卡建筑施工业务营业利润率维持在3.5%~4%,在实施有目标的盈利计划期间,斯堪斯卡将建筑施工营业利润率目标设定为不低于3.5%。然而,2016~2020年,斯堪斯卡建筑施工业务陷入盈利困局,该业务营业利润率五年平均值仅为1.8%。

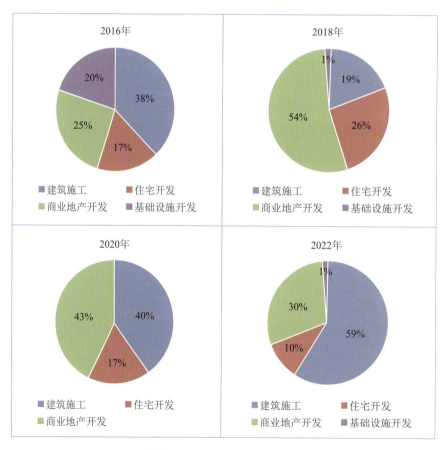

图4 斯堪斯卡各大业务板块营业利润占比

2016年、2017年，斯堪斯卡建筑施工营业利润率为2.6%、0.8%，分别低于目标值0.9、2.7个百分点。斯堪斯卡解释称，2016年主要是受波兰和美国民用两个经营单位影响，其中欧盟资金延误导致波兰市场部分项目业绩疲软；在美国，公司与客户就设计变更进行了长时间磋商，销售管理费用增加，导致营业利润率下降。2017年，斯堪斯卡重组波兰业务，重组带来10亿瑞典克朗的减值损失，由于成本上升和客户索赔，在波兰还有另外5亿瑞典克朗的减值。在英国和美国，因项目延误和未达预期生产率以及部分客户设计变更，斯堪斯卡分别有6.4亿瑞典克朗和3.6亿瑞典克朗的减值损失。不止建筑施工，集团利润也受到较大影响。2017年，斯堪斯卡利润为45.8亿瑞典克朗，同比减少36.6%。

图5　2016～2022年斯堪斯卡建筑施工业务营业利润率

斯堪斯卡建筑施工业务主要经营数据（2016～2022年）　　表5

	2016年	2017年	2018年	2019年	2020年	2021年	2022年
营业收入/百万瑞典克朗	138001	150050	157894	159579	140483	132587	156004
营业利润/百万瑞典克朗	3546	1205	1099	3772	3528	5013	5770
营业利润率/%	2.6	0.8	0.7	2.4	2.5	3.8	3.7
营运资本/亿瑞典克朗	225	218	256	264	257	291	289
经营性现金流/百万瑞典克朗	4562	2136	3275	4849	6451	7022	4871
订单预定/亿瑞典克朗	1702	1518	1517	1458	1498	1536	1627
订单积压/亿瑞典克朗	1963	1884	1920	1854	1789	2070	2298
员工数量/人	40991	39002	37006	33225	30944	28557	26892

2018年是丹尼尔森担任总裁和首席执行官的第一年，他把重振建筑施工盈利能力作为三大优先事项之首。斯堪斯卡明确，项目利润比项目数量更加重要，在

竞标时要更加慎重，更加关注项目类型和市场，如斯堪斯卡不再参与美国电力行业 EPC（Engineering Procurement Construction）和设计建造类 PPP（Public-Private-Partnership）项目的施工竞标，其订单预定和积压逐渐下降到更健康的水平。同时，斯堪斯卡增加对风险管控和市场营销的关注。在丹尼尔森带领下，2018 年，斯堪斯卡建筑施工收入为 1578.9 亿瑞典克朗，同比增长 5.2%；订单预定比 2017 年减少 1 亿瑞典克朗。不过，受制于波兰市场重组以及退出美国电力行业有关重组、减值影响，加之施工效率降低、延误等引起的成本超支，2018 年，斯堪斯卡建筑施工营业利润为 11 亿瑞典克朗，同比减少 8.8%；利润占比为 19%，仅为 2016 年的一半；营业利润率为 0.7%，低于目标值 2.8 个百分点。这导致该年净资产收益率（14.1%）未达 18% 的预期目标。

2019 年，得益于欧美建筑市场复苏和北欧市场活跃，斯堪斯卡建筑施工业绩显著恢复，营业利润率达到 2.4%，同比提高 1.7 个百分点。利润优先于收入的策略取得乐观成效。2019 年，斯堪斯卡建筑施工收入达到 1595.8 亿瑞典克朗，同比微增 1.1%；利润达到 37.7 亿瑞典克朗，同比增速高达 243.2%。斯堪斯卡认为，这归因于更积极的风险管理、更聚焦的商业重点和更高的成本效率。2020 年上半年，斯堪斯卡建筑施工受到疫情影响，但到下半年，施工效率已基本恢复，这一年，斯堪斯卡建筑施工营业利润率达到 2.5%，同比提高 0.1 个百分点。

2021 年，受疫情影响，斯堪斯卡建筑施工收入同比减少 5.6%，但是，因运营成本效率提高，利润率达到 3.8%，也是 2016 年以来首次超过 3.5%。2022 年，斯堪斯卡建筑施工收入达到 1560 亿瑞典克朗，同比增长 17.7%。其中，美国、北欧和欧洲市场收入占比分别为 45%、38%、17%。营业利润为 57.7 亿瑞典克朗，同比增长 15.1%，与收入增速基本匹配。利润率为 3.7%，超过目标值 0.2 个百分点。利润占比达到 59%，较 2018 年提高 40 个百分点。丹尼尔森重振了建筑施工的盈利能力，带领公司走出了盈利困局。关于建筑施工的未来，其想法是项目利润优先于项目数量、负责任地增长、抓住可持续建筑环境转型机会、运用创新方式和数字化技术提高行业地位、完善产品和解决方案以满足客户未来需求。

4. 项目开发业绩出彩

1999 年，斯堪斯卡表示，公司的战略出发点是通过建筑相关服务和项目开发实现盈利增长，并希望成为这些领域的客户首选和行业引领者。2011 年，斯堪斯卡提出，基于住宅、商业地产和基础设施三大开发业务的增长潜力，实现项目开发与建筑施工价值创造的平衡，公司将增加对这三大业务的投资，同时保持项目的高周转，力争开发资本回报率达到10%~15%。2016年，由于实施有目标的盈利计划，住宅、商业地产和基础设施三大开发业务为公司贡献62%的利润。之后，项目开发业务也圆满达成既定目标。这得益于斯堪斯卡开发的住宅区位优越、设计精湛、施工可靠、价格公道，开发的商业地产具有一流的办公环境和物业，可为承租方的健康及其创造活动提供充足保障。2016~2022年，斯堪斯卡项目开发已动用资本回报率平均为12.6%，高于目标值2.6个百分点。其中，2022年已动用资本回报率为8%，低于目标值2个百分点。主要原因是住房市场表现低迷，住宅销售受到影响。

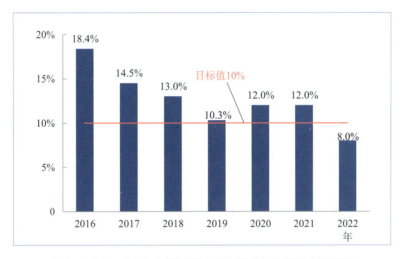

图6 2016—2022年斯堪斯卡项目开发已动用资本回报率

5. 进军投资性房地产

2022年，斯堪斯卡推出一项新业务，即投资性房地产。丹尼尔森表示，进军投资性房地产旨在获取商业地产开发所带来的价值和稳定的现金流。主要策略是在有吸引力的地段形成并管理高质量、可持续的办公房产投资组合，目标价值设为120亿~180亿瑞典克朗，要与商业地产开发业务形成协同效应，从多阶段项目获取价值，在新地段进行更多投资等。

2022年，斯堪斯卡从商业地产开发部门收购位于瑞典马尔默和斯德哥尔摩的三处办公房产。这三处房产均位于其开发过的房产群中且都拥有LEED可持续认证。收购价为36.68亿瑞典克朗，带来4000万瑞典克朗的租金和服务收入。根据国际财务报告准则，由于以公允价值计量的投资性房地产的价值发生变化，斯堪斯卡投资性房地产当年利润达到1.4亿瑞典克朗，已动用资本回报率达到14%，高于目标值（6%）8个百分点。斯堪斯卡表示，公司将寻求收购出租率在80%以上的多租户办公用房，条件是位置优越且具有最高水平的可持续认证；公司内部一些房产也将从商业地产开发部门剥离为投资性房地产。斯堪斯卡希望在斯德哥尔摩、哥德堡和马尔默的黄金地段拥有优质房产投资组合，并从租金中创造额外的稳定现金流来源，以此增强公司的竞争力。2023年一季度，斯堪斯卡投资性房地产已动用资本回报率为7.7%，高于预期目标1.7个百分点。

斯堪斯卡投资性房地产业务主要经营数据　　　　　表6

	2022年		2022年
营业收入/百万瑞典克朗	40	已动用资本/百万瑞典克朗	3773
经营性净收入/百万瑞典克朗	30	房产价值/百万瑞典克朗	3758
营业利润/百万瑞典克朗	140	已动用资本回报率	13.6%
投资/百万瑞典克朗	3668	盈余率	75.4%
撤资/百万瑞典克朗	0		

三、逆境中的应对之道

1. 盈利困局中的重组

2017年5月，在斯堪斯卡英国公司担任7年总裁的迈克·普特南（Mike Putnam）辞职，格雷戈尔·克莱格（Gregor Craig）接任。2017年7月，斯堪斯卡通过中报披露，上半年利润为33亿瑞典克朗，同比减少8.3%，其中，建筑施工利润为5亿瑞典克朗，同比大幅减少61.5%，主要原因是在美国和英国分别发生4.2亿、3.6亿瑞典克朗的减值损失。消息一出，斯堪斯卡股价应声大跌。之后一个月内，其股价跌幅一度超10%。英国公司有关负责人表示，减值的主要原因是施工效率不及预期导致成本超支。之后，斯堪斯卡启动战略审查。

2017年一年，斯堪斯卡市值蒸发超20%，利润减少36.6%，建筑施工业务利润更是减少66%。为应对这个无法令人满意的业绩，2018年1月，斯堪斯卡宣布进行裁员以及全面重组，其中裁员人数在3000人左右，预计每年可节省成本1亿瑞典克朗。随后，斯堪斯卡宣布成立集团领导团队，以取代原高级执行团队，各经营单位总裁也将成为扩展领导团队成员。

通过此次重组，斯堪斯卡将全面加强内部控制以及风险和成本管理。根据重组后的管理结构，董事会对斯堪斯卡内部控制和风险管理负有全面责任，董事会程序规则规定某一事项应由哪个层级决定，以此明确角色和界定责任。董事会任命总裁

第八篇　斯堪斯卡从规模向效益的跃升之路 / 297

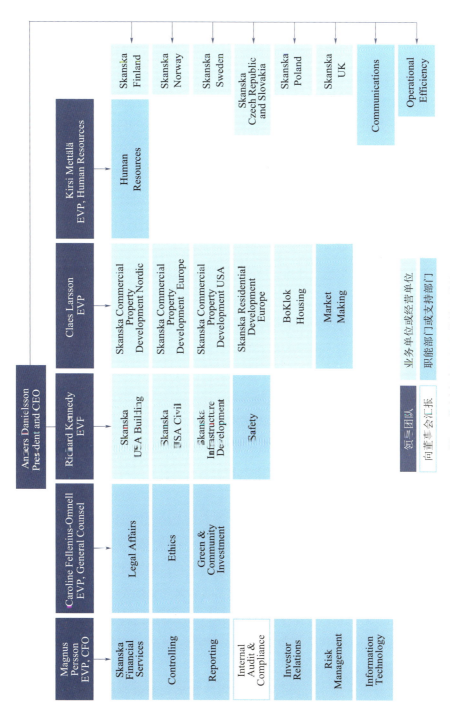

图7　斯堪斯卡重组后的管理结构

兼首席执行官，每年通过董事会会议对其工作进行评估。总裁兼首席执行官负责集团日常管理和运营，并直接领导芬兰公司、挪威公司、瑞典公司、捷克和斯洛伐克公司、波兰公司、英国公司等经营单位。总裁与执行副总裁组成集团领导团队。领导团队对集团重大运营风险的内部控制系统负责并定期向董事会报告，包括决策机构、集团政策、标准程序、指导方针等。集团领导团队制定并定期更新集团政策和指导方针，以反映运营变化或符合新修订的法律法规。职能部门向集团领导团队成员汇报。经营单位设有行政部门和其他必要资源，可组织开展日常管理、运营经营、战略发展、业务规划、投资撤资、组织管理等事务。经营单位需就风险管理、财务和信息政策以及行为准则等重要文件的合规情况向集团领导团队提供定期、系统的反馈。集团领导团队和职能部门对与战略、宏观经济、监管框架有关的一般风险负责，经营单位对运营和机会风险负责。这种分散式的管理结构能最大限度地将权限和责任下放至经营单位。

斯堪斯卡根据项目类型、地点、客户、实施阶段等建立集团通用程序来识别管理合同、项目、投资等风险。斯堪斯卡成立风险小组，负责分析一定规模的项目和投资并提出相关建议，集团领导委员会（由集团领导团队组成）负责作出竞标、投资、撤资的最终决定。如果出现关键人物流失缺失、违反道德、项目投资损失、财务不稳健、多人受影响的事故等情形，决定则由项目审查委员会作出。内部审计与合规小组负责评估审查风险管理和内部控制程序，其工作在审计委员会指导下进行并通过审计委员会向董事会报告。与内部审计有关的事项也会持续传递给外部审计师。2017年，内部审计与合规部门累计开展120次审计，专注于审查项目、关键业务流程和关键部门风险，并特别关注美国和中欧的业务经营风险。

2. 布局数字技术应用

由于工作方法传统、工作方式分散，建筑业一直是数字化水平最低的行业之一。斯堪斯卡是最早使用建筑信息模型的开发商之一，始终致力于为社会的可持续发展作出贡献，其目标是应用创新和新技术，成为数字化的行业领导者。其中，斯堪斯卡瑞典公司的数字化工作最具有代表性。

2014年，斯堪斯卡瑞典公司就创建了一个名为"Go Mobile"的项目组。该项目组由数字专家组成。他们来自公司各个部门，每个人都是某一领域的技术专家，都能在团队内部或施工现场宣讲新技术。2017年初，瑞典公司设立"数字教练"岗位，以作为项目团队、软件供应商和IT部门的"实践接口"，主要负责帮助斯堪斯卡员工在工作中使用更高效的数字技术。斯堪斯卡表示，数字模型不仅可以预览将要建设的内容，还可以使建筑工作更高效、安全与有趣。瑞典公司鼓励项目现场的每一个人熟悉并使用数字化工作方法。瑞典公司还与Autodesk、Bluebeam、微软、三星等技术供应商强化长期合作，以寻求最佳的数字化解决方案。

2018年，瑞典公司使用机器人流程自动化技术开发一款叫作HRobin的虚拟机器人，自动执行耗时的常规任务，提高工作效率。2019年1月，瑞典公司成立Digital Hub，继续开展Go Mobile的有关工作。Digital Hub不仅是数字创新发展平台，也是一项促进研究和创新的开发计划。斯堪斯卡的新产品和新服务正式投用之前，可在Digital Hub开展小规模测试。斯堪斯卡希望通过瑞典公司的试点，全面应用数字技术，到2023年，将施工成本降低20%、施工时间缩短25%，并在全球的斯堪斯卡公司形成多米诺骨牌效应。斯堪斯卡有关负责人表示，希望应用数字技术支持工作，实现施工图纸、交付和规划信息实时可用，使数字化成为每个员工日常生活的自然组成部分。为实现此目标，斯堪斯卡努力为每个经营单位下放技术权限。瑞典公司还建立一个数字建筑平台。该平台整合机器学习、物联网传感器、碳足迹跟踪和工地设备实时追踪等功能，可有效协调建筑项目所使用的大量数据，并通过新技术链接员工、合作伙伴、分包商和客户等。斯堪斯卡架构师兼数字主管帕特里克·约翰逊（Patrik Johansson）表示，数字建筑平台建立在Autodesk BIM 360、Autodesk Forge、微软、Bluebeam基础之上，能存储、解析、分析过去的项目数据，用户可便捷地在自己的设备上查看从前的2D图纸、3D模型和政策文件。集成点、数据源和应用编程接口（API）层都被用来为这个目标服务。公司会收集不同系统的数据从而提高人工智能和机器学习水平。

2019年，斯堪斯卡在瑞典隆德的ESS建造项目荣获国际创新竞赛大型建筑项目奖项，标志着斯堪斯卡使用数字工具和数字模型迈入一个新阶段。斯堪斯卡主要负责ESS建筑物和基础设施的施工。施工期间，斯堪斯卡收集几乎所有的数字信息，并实现模型、图纸、说明、规格等信息的可视化。工程师分布在斯德哥尔摩和隆德两地，距离超过600公里，通过数字应用，他们可以实时沟通、及时审查施工计划并进行必要变更。斯堪斯卡也采用数字技术对钢筋混凝土工程进行数字建模，形成覆盖设计、施工的完整信息链。斯堪斯卡还在项目中，特别是在与客户的会议上，使用VR技术，有效解决来自50个国家或地区的人员沟通问题。2022年，斯堪斯卡在美国测试一款叫做Spot的机器人，主要用于保持建筑工地的清洁，避免施工人员因施工场地不清洁而受伤。

斯堪斯卡认为，实现数字化是一个通往更加美好社会的手段。新技术可提高施工效率，降低施工成本。数字化和现代技术提供的解决方案可以提高建筑和房地产行业的绩效。新冠大流行之后，随着远程工作、远程学习和电子商务活动日益增加，数字化趋势将持续加快。数字技术使公司能够重新思考从运营、合规、安全、沟通到信息披露、财务等各方面的工作方式。斯堪斯卡相信，数字化的未来就是现在。

3. 防范新冠疫情

2020年一季度，斯堪斯卡一度有370多个项目因疫情影响中断，这一影响直至下半年才陆续结束。面对疫情，斯堪斯卡采取果断措施保护公司和员工，尽可能减少对业务的影响。

大流行早期，斯堪斯卡在集团层面制定疫情应对指令，以现有标准和程序为基础，包括确保员工正确穿戴防护设备，对带病工作零容忍，当有感染者在现场时及时关闭办公室或项目现场，禁止国际旅行，尽量远程工作等。斯堪斯卡在全球各地的经营单位结合当地实际情况，制定一系列应对措施。如斯堪斯卡瑞典公司将员工、客户、合作伙伴和社区的安全福祉作为首要任务，并密切关注世界卫生组织等机构提出的疫情应对建议。瑞典公司鼓励员工居家办公，严格保持项目现场和办公室的良好卫生环境，要求任何有轻微症状的员工居家隔离。瑞典公司支持接受过医护教育的员工申请不超过3个月的带薪休假，以参与瑞典国内医疗防护工作。斯堪斯卡美国公司在办公室和项目现场，严格遵循疾病预防控制中心关于使用个人防护设备的指导方针，鼓励安全卫生和保持社交距离。美国公司对带病工作执行零容忍政策，鼓励员工有效利用远程会议技术和通信工具，减少旅行和暴露。

数字技术对斯堪斯卡防范疫情起到了巨大作用。在纽约皇后区拉瓜迪亚机场工地，斯堪斯卡使用AI和机器学习技术监测安全风险。摄像机用于收集现场信息并传输到联网仪表盘，仪表盘用于记录摄像机发现的事件。该程序工具监测到个人社交距离太近或没有穿戴防护设备时，会标记不遵守规定的情形并自动进行视频拍摄记录，汇总并报告违规行为的数量。通过审查这些数据，斯堪斯卡能够及时确定风险情形并指导纠正不合规行为。自2020年3月使用这一程序工具后，通过与工会协商或采用非处罚的方式，该工地与疫情有关的不合规问题减少76%。到2020年5月，保持社交距离和穿戴防护设备的合规性提高90%。斯堪斯卡也成功将这一经验运用到其他项目。

4. 应对原料成本上升

我国国家发展和改革委员会价格成本调查中心披露的信息显示，2021年，在全球货币宽松政策、供需改善和消费增长预期向好的背景下，大宗原材料市场整体价格上涨明显，不同行业轮番上涨。如5月份钢材价格创下历史新高；9月份有色行业创新高，电解铝自年初以来持续上涨至近10年高点。美国总承包商协会分析指出，2021年1月~2022年1月，美国建筑材料价格总体上涨20%，其中，钢材价格上涨112.7%，塑料价格上涨35%，建筑涂料上涨24.3%，木材和胶合板上涨21.1%。

全球材料价格上涨对承包商的经营带来巨大影响。斯堪斯卡明确将成本膨胀列为一项财务风险。潜在影响包括生产率下降、新项目推迟或减少、成本增加和利润减少。斯堪斯卡表示，由新冠大流行、物流瓶颈以及能源价格上涨导致或加剧的供应链中断正在给建筑施工带来巨大压力，公司已做好充分准备，在整个项目周期持续加强成本管理，全力确保合同免受价格上涨影响。投标前，斯堪斯卡会核实确认供应商价格，确保中标后应急资金充足；项目实施期间，斯堪斯卡会持续关注供应商财务状况和业绩。

为保持供应链稳定，斯堪斯卡制定《供应商行为准则》。该准则是合作协议的一部分，阐述斯堪斯卡对合作伙伴的一种期望。与斯堪斯卡合作的所有分包商、供应商、顾问、中介机构、代理商等，都必须遵守该准则，而且，斯堪斯卡要求合作伙伴将相同的原则适用于自己的供应链。这使得斯堪斯卡能够在必要时对供应商开展审计。当供应商严重违反准则时，斯堪斯卡可以选择终止协议。斯堪斯卡也在努力寻求值得信赖的合作伙伴。斯堪斯卡会对供应商、中介机构、合资伙伴以及土地或房地产的卖方、买方进行强制的道德尽职调查。斯堪斯卡积极收集有关方面的道德文化信息和违法行为信息，并确保知各方的最终受益人。

数字化工具在斯堪斯卡对供应商开展评估时有广泛应用。在英国，供应商在获准与斯堪斯卡合作之前，都要经过Achilles的预评估，主要是评估其可持续发展政策和内部程序，确定有关政策在其供应链中的有效程度。在挪威，所有与斯堪斯卡合作的供应商都要通过Achilles提供的数字工具StartBANK进行资格预审。通过使用StartBANK，斯堪斯卡可以获得税款、支付以及员工是否具有社会保险等信息。斯堪斯卡瑞典公司也开发了一款数字化工具KULA，用于建筑工地供应商的数字预注册。

四、建设更美好的社会

百余年来，斯堪斯卡形成了内涵丰富、影响深远的企业价值观，并始终以一以贯之的社会责任感致力于公司和社会的可持续发展。

1. 创始人伯格的信仰

斯堪斯卡的创始人伯格是著名的实业家、慈善家、社会活动家。他笃信基督教。他说："我从父亲那里学会工作，从母亲那里学会祈祷。"他与传教士协会关系密切并以主日学教师和宗教演说家的身份活动。他认为，公司的生存和发展需要一种力量来平衡协调资本与劳工的利益，这股力量就是技术进步。伯格将自己视为这股力量的代表，因为他是工程师。他积极关注工人的物质生活和精神生活，为员工建立日托和儿童保健中心，以贷款担保的方式支持员工建设自有住房……所以他深受利姆港的工人和渔民们爱戴。他曾经反对工会组织，后来又改变立场。1906 年，他在祈祷中说道："这使我不得不牺牲许多偏见和旧的公理，用许多旧的思想换取新的思想，放弃作为一个仁慈元老的荣誉，以换取一个能够帮助自己人的快乐。我成功了，我现在非常喜欢这种快乐，而不是旧的荣誉。"在伯格的带领下，斯堪斯卡迅速成长壮大，为瑞典水泥工业的发展作出巨大贡献。同时，他也成功带动利姆港从小渔村发展为城镇。伯格为自己赢得"利姆港之王"的称号，被认为是对利姆港的现代发展最有意义的人。1907 年，伯格逝世，有 700 多人参加了他的葬礼。

2. 确立环境优先事项

1997 年 10 月，斯堪斯卡正在瑞典西南部的哈兰的山脊建造铁路隧道，不料，用于密封隧道内壁的有毒化学品泄漏到附近的地下水和溪流中。许多人和动物受到该泄漏的影响。发现泄漏后的第三天，有关部门对斯堪斯卡违反环保法律的行为提出指控。斯堪斯卡后来描述称，该事件是由密封物质泄漏造成的，公司施工依赖从制造商那里得到的信息，而这些信息被证实是错误的。这一事件发生之后，环境问题成为斯堪斯卡的优先事项。其新修订的环境政策强调，斯堪斯卡的每一个人都必须非常认真地对待环境问题，并在工作中树立环保意识。斯堪斯卡认为，公司对环保的要求高于对法律的简单遵守，提高公司环保素养也可以带来更多商业机会。斯堪斯卡要求对所有员工进行环境心理培训，所有经营单位都必须就集团环境政策制定实施计划，在 1999 年年底之前建立环境管理系统；所有业务都必须在 2000 年年底之前取得环境认证。斯堪斯卡必须与供应商明确适用于斯堪斯卡购买的商品和服务的环境标准。2000 年，斯堪斯卡成为全球首家通过 ISO 14000 认证的建筑企业。之后，斯堪斯卡越发重视对绿色建筑的研究开发。2007 年，斯堪斯卡在 ENR 首次公布的最佳绿色承包商排名中位列第一。2018 年，斯堪斯卡绿色建筑收入占比已达到 46%。2019 年，斯堪斯卡发起并与微软等公司联合开发了一款碳计算器——

EC3。EC3 可以根据供应商提供的环境产品声明计算比较材料的碳足迹，为建筑项目确定最可持续的解决方案。这是斯堪斯卡通过提高碳报告、碳排放透明度来推动建筑行业可持续发展的有效手段。2020 年，斯堪斯卡提出系统的绿色发展目标。该目标根据温室气体核算体系定义，主要有 3 个范畴：一是斯堪斯卡拥有或控制的直接碳排放，如锅炉、熔炉、车辆等；二是斯堪斯卡购买和消费的发电、供暖、制冷等引起的间接碳排放；三是非斯堪斯卡拥有或控制的间接温室气体排放。其目标是，到 2045 年实现净零碳排放。其中，2030 年中期目标是住宅开发、商业地产开发部门以及有外部客户的建设项目，碳排放比基期减少 50%。2021 年，斯堪斯卡强化 2030 年中期目标：开发项目碳排放（范畴 1 和范畴 2）比基期减少 70%，公司价值链引起的碳排放（范畴 3）减少 50%；与外部客户合作的建筑项目碳排放（范畴 1 和范畴 2）比基期减少 70%。2022 年，斯堪斯卡碳排放与基期相比分别减少 55%（范畴 1 和范畴 2）、13%（范畴 3）。

斯堪斯卡碳排放情况（2015~2022 年）　　单位：吨·二氧化碳当量　　表 7

		2015 年	2018 年	2019 年	2020 年	2021 年	2022 年
范畴 1		322000	275000	213000	193000	194000	164000
范畴 2	基于位置	43000	37000	43000	38000	35000	36000
	基于市场	80000	57000	78000	72000	22000	18000
范畴 1 和范畴 2 与基期值相比		基期值	−17%	−28%	−34%	−46%	−55%
每百万瑞典克朗收入碳强度		2.60	1.95	1.64	1.07	1.46	1.13
范畴 3		—	—	—	1945000	1706000	1688000
范畴 2 与基期值相比		—	—	—	基期值	−12%	−13%
其他碳排放		—	7000	20000	17000	22000	33000

3. 斯堪斯卡的价值观

2001 年，斯堪斯卡成为联合国全球契约的参与者。该契约是全球最大的企业可持续发展倡议，呼吁企业将战略和运营与人权、劳工、环境和反腐败的普遍原则保持一致并采取促进社会发展进步的措施。2002 年，斯堪斯卡制定《斯堪斯卡行为准则》。该准则就员工与同事、客户、业务所在地或其他利益相关者打交道等诸多事项提供了实践指导，并以实例告诉员工应如何以斯堪斯卡的价值观开展工作，尤其是以道德和公开透明的方式开展工作。该准则指出，斯堪斯卡不仅是项目开发建设的领先者，也是社会不可或缺的一部分。斯堪斯卡造福社会的主要方式是持续探索新的方法以减少施工的环境足迹，促进公平竞争，改善工作和生活的社区。2005 年，斯堪斯卡正式引入 4 个"零愿景"目标，即零工作场地事故、零违反道德行为、零环境事故、零亏损项目。行为准则和零愿景目标构成斯堪斯卡的核心价值理念。2011 年，斯堪斯卡提出要成为整个行业尤其是职业健康安全、环境、道德等领域可持续发展的引领者。2015 年，斯堪斯卡明确公司的宗旨是建设更加美好的社会，价值观是关爱生命、道德和公开透明、一同变得更好、对客户作出承诺。斯堪斯卡认为，价值观是公司的道德基础，对公司的持续成功至关重要。长期以来，斯堪斯卡聚焦安全、道德、绿色、企业社区投资、多样性与包容性等可持续发展重点领域，努力为员工、客户和业务所在地创造可持续的未来。

4. 斯堪斯卡的成功志

斯堪斯卡始于一家水泥制品生产企业，百余年来仍是生机勃勃。如今，斯堪斯卡作为全球最大的国际承包商之一，其发展历程和故事，有太多值得我们挖掘思考。此处仅选择以下三方面内容论述。这三方面内容在斯堪斯卡有目标的盈利计划里，被列为"focus areas"，由此可见其在斯堪斯卡经营发展中的重要性。斯堪斯卡表示，为股东创造价值并提供行业领先的总回报是公司继续为之努力的目标。为达成这一目标，公司将重点关注优秀的人才、卓越的运营和赢得市场。

（1）优秀的人才

斯堪斯卡认为，高水平的员工是企业成功的关键。因此，招聘顶尖人才并培养他们是这一工作的重中之重。斯堪斯卡通过提供具有正确价值观的工作场所、助力建设更美好社会的机会和个人发展的良好前景来成为行业中最有吸引力的雇主。

斯堪斯卡的领导者基于集团价值观建立强大的文化和高效的运营管理团队，确保公司能掌握正确的专业知识。通过日常工作训练和一流培训，斯堪斯卡的员工和领导者都有众多不同的发展路径。在集团层面，高管可参与公司与知名商学院联合开展的全球领导力发展计划。处于职业生涯早期阶段的员工，可参与公司全球发展和交流计划——Skanska Stretch。斯堪斯卡建立员工持股计划——Seop，旨在提升员工参与度，增进员工对为股东创造价值这一理念的理解，参与员工已超 1 万名。

斯堪斯卡是鼓励包容的组织，希望增加多样性，形成更包容的企业文化。实现这一愿景的具体手段是有针对性的目标、招聘、培训和开放的内部就业市场。斯堪斯卡重视道德和透明，招聘具有正确价值观并愿意认同和维持健康、道德的企业文化的员工。在集团内部提高员工流动性是斯堪斯卡一大特色做法。斯堪斯卡认为，执行大型的复杂项目，知识共享和协作至关重要。员工在不同的地方工作，有助于激发员工活力和潜能，为客户提供创新的解决方案，增强斯堪斯卡的竞争优势。在安全生产方面，为实现零工地事故发生这一目标，斯堪斯卡把改进工作流程、工作方法与专业知识和人文关怀有机结合,努力确保员工人身安全。

2019 年,斯堪斯卡开展的一项调查显示,77% 的员工认为斯堪斯卡提供了一个很好的学习和发展机会;认为斯堪斯卡是很好的工作单位的员工占比达到 80%,超过 70% 的行业平均水平。

(2)卓越的运营

斯堪斯卡认为,改进运营能确保正确的系统、高效的流程并落实到位。公司在数字技术、数据和可持续性领域开展的工作越来越多,可进一步提高运营效率,提供更好的客户解决方案。

关于建设项目,斯堪斯卡各经营单位主要在集团已证明具有优势以及拥有项目成功记录的行业和地区开展业务。在利润优先策略下,斯堪斯卡实施更严格的投标策略,进一步深化风险管理,如在项目实施过程中持续开展风险监测和成本控制,以及时发现、解决问题,降低项目成本。斯堪斯卡也在更广泛地关注设计过程、商业条款和项目范围变更管理,增加员工培训,确保斯堪斯卡拥有掌握项目规划、采购、设计和实施等专业知识的人才队伍。

关于运营创新,斯堪斯卡认为,数字协作对探索创新的解决方案越发重要,因此不断通过新技术实现更高效的施工运营。斯堪斯卡持续提高数字技术应用能力,加强团队协作和促进知识共享,培养掌握多元技能的优秀人才,充分利用集团专业知识、创新资源、研发设计和最佳实践,提高服务客户的能力和效率。斯堪斯卡表示,数字化的重点领域包括数据驱动的生产优化、主动的风险管理和改进的项目进度监测,同时生产数据民主化也可为决策提供更好的支撑。建筑信息模型是鼓励创新和提高生产力日益重要的工具,建筑机器人、无人机、3D 打印等自动化技术也将持续提高施工效率。数字化方法帮助斯堪斯卡在施工安全、碳减排等可持续发展领域取得深入进展。

(3)赢得市场

斯堪斯卡力求成为一个值得信赖的合作伙伴并为客户成功作出贡献。斯堪斯卡利用可持续发展的领导力、综合资源和专业知识主动为客户提供最佳解决方案。斯堪斯卡渴望在创建满足客户需求的解决方案方面被公认为首选合作伙伴。赢得市场的先决条件是积极主动了解客户,所以,斯堪斯卡与客户、供应商、分包商都保持着稳固和非结构化的长期合作。

在合作早期阶段,斯堪斯卡基于密切对话、共同愿景和信任合作深入地了解客户和市场需求、政府优先事项等挑战。斯堪斯卡通过持续的客户合作和参与更大的社会对话来实现这一目标。公共部门客户占斯堪斯卡建筑收入的 50% 以上,这些客户对可持续解决方案的需求持续增加，带来巨大的商机。

斯堪斯卡认为，客户和社会面临日益复杂的挑战，这些挑战推动公司在设计功能和成本节约方面更加专业，以满足客户不断变化的需求。加强客户协作和明确可持续发展责任对提供创新的解决方案至关重要，这需要斯堪斯卡不断超越自我、建设更美好的社会。对斯堪斯卡而言，帮助客户实现可持续发展目标是当务之急，也是为客户提供新的低碳解决方案的强大机会，这也是减少斯堪斯卡碳足迹的一个重要方面。

建筑业碳排放占全球能源相关碳排放的40%，因此，斯堪斯卡积极探索减少碳排放的解决方案。斯堪斯卡加强与政府以及价值链利益相关者的合作，寻求推进造福社会的解决方案。斯堪斯卡积极参与公共议题与合作对话，在参与中推动有关方面在可持续发展问题上采取更加有效的措施。在2019年纽约气候周期间，斯堪斯卡与世界绿色建筑委员会一起举办了一场关于限制碳排放必要性的对话。

五、大事记

1. 1887年至1950年

1887年，伯格在瑞典第三大城市马尔默成立斯堪斯卡水泥制品公司。

1897年，斯堪斯卡水泥制品公司签订第一份国际合同——为英国提供空心混凝土块。

1902年，斯堪斯卡水泥制品公司在俄国圣彼得堡建立分公司。这是其在国外成立的第一个分公司。

1907年12月8日，创始人伯格因急性糖尿病逝世，享年61岁。

1914年，斯堪斯卡水泥制品公司总部迁至斯德哥尔摩。

1917年，斯堪斯卡水泥制品公司成立在芬兰的第一家分公司。

1927年，斯堪斯卡水泥制品公司在瑞典中部的博朗格（Borlange）修建瑞典国内第一条沥青公路。

1943年，斯堪斯卡水泥制品公司在瑞典北部的奥格曼河（Ångerman）上建造完成珊多桥（Sandö）。该桥高出河面39米，跨度为260米，是当时世界上最长的混凝土拱桥。这一纪录直到20世纪60年代才被打破。

2. 1951年至1980年

1954年,斯堪斯卡水泥制品公司在马尔默的Spinneriet投资办公室、商店和酒店,这是其首个商业地产开发项目。

1956年,伊拉克的筒仓(Silos)项目是现代以来斯堪斯卡水泥制品公司在海外的第一个建筑项目。

1964年,斯堪斯卡水泥制品公司的营业收入突破10亿瑞典克朗。

1965年,斯堪斯卡水泥制品公司在瑞典斯德哥尔摩证券交易所上市。

1965年,瑞典政府推出"百万住宅计划"(Miljonprogrammet),即用十年(1965~1974年)的时间,新建造100万套市政住房。这一阶段,斯堪斯卡水泥制品公司每年要建造大约10000套房屋。

1971年,斯堪斯卡水泥制品公司开始在纽约和华盛顿特区修建地铁,这是其在美国的第一个项目。

3. 1981年至2000年

1982年,为了持续拓展在美国的业务,斯堪斯卡水泥制品公司先后收购Karl Koch Erecting(1982年收购)、Slattery Contracting Company(1989年收购)、Sordoni Construction Co.(1990年收购)、Beers Construction(1994年收购)、Beacon Construction Company(1997年收购)、Nielsons, Inc.(1998年收购)、Bayshore Concrete Products, Inc.(1998年收购)、A. J. Etkin Construction Company(1998年收购)、Tidewater Construction Corporation(1998年收购)、Barclay White(2000年收购)、Baugh Construction(2000年收购)、E. L. Yeager Construction Co., Inc.(2002年收购)、BFW Construction(2004年收购)等。

1984年,斯堪斯卡水泥制品公司更名为斯堪斯卡。

1993年,斯堪斯卡开始在波兰和捷克开展商业地产开发业务。

1996年,斯堪斯卡与宜家合作推出一个住宅概念BoKlok。在瑞典语中,"Bo"既可以是一个人的名字,也可以是英文"live"的意思;"Klok"即英文"smart"的意思。BoKlok,也即Live Smart,现已成为一个独立品牌。BoKlok的房屋是在安全和干燥的户外环境中,采用智能、工业化和高效的现代建筑工艺建造,使用的建筑材料主要是木材。目前,BoKlok已在瑞典、芬兰、挪威和英国开发大约14000个住宅。

1997年,斯堪斯卡在瑞典南部的哈兰建造隧道时遇到环境事故。此后,环境问题成为斯堪斯卡的优先事项。

2000年，斯堪斯卡成为全球首家通过ISO 14000认证的建筑企业。ISO 14000环境管理体系标准是由ISO/TC 207（国际环境管理技术委员会）制定的一个国际通行的环境管理体系标准，包括环境管理体系、环境审核、环境标志、生命周期分析等国际环境管理领域焦点问题，其目的是指导各类组织（企业、公司）采取正确的环境行为。

2000年，为了进一步提高盈利能力，斯堪斯卡开始进行重组，并逐渐剥离在非洲、亚洲和俄罗斯的业务，以专注于几个特定的市场。

4. 2001年至今

2001年，斯堪斯卡成为联合国全球契约（the UN Global Compact）的参与者。该契约是全球最大的企业可持续发展倡议，呼吁企业将战略和运营与人权、劳工、环境和反腐败的普遍原则保持一致并实施促进社会进步的措施。

2002年，《斯堪斯卡行为准则》开始实施。该准则就员工与同事、客户、业务所在地或其他利益相关者打交道等诸多事项提供实践指导，并以实例告诉员工应如何以斯堪斯卡的价值观开展工作，尤其是以道德和公开透明的方式开展工作。同时，《斯堪斯卡行为准则》规定了包括反腐败、惩处、内幕交易、个人资料等关键领域在内的详细政策和程序。2022年4月1日，《斯堪斯卡行为准则》已经更新至3.0版本。

2004年，斯堪斯卡推出一项安全倡议，即"斯堪斯卡全球安全周"（Skanska Safety Week）。此后，"斯堪斯卡全球安全周"每年都会安排一次，并成为世界上最大的工作场所倡议。

2005年，斯堪斯卡引入"4个零"愿景目标，即零工作场地事故、零违反道德行为、零环境事故、零亏损项目。

2007年，斯堪斯卡被选为"联合国基本建设总计划"（the UN's Capital Master Plan，CMP）的工程经理（Construction Manager），负责在美国纽约的联合国总部大楼的翻新升级。该项工程总价约为10亿美元，工期持续至2014年。

2007年，斯堪斯卡在ENR首次公布的最佳绿色承包商排名中名列第一。

2008年，斯堪斯卡开始在美国经营商业地产开发。

2009年，斯堪斯卡纽约总部成为帝国大厦（the Empire State Building）第一个获得LEED白金认证的办公室。LEED认证是由美国绿色建筑委员会（USGBC）于1998年建立的一个关于可持续发展、公平和环保的建筑评级体系，目标是鼓励和认可关于可持续建筑的实践。该体系自制定以来，已升级多个版本（目前最新是4.1版本），并被全世界所接受（"LEED"是"Leadership in Energy and Environmental Design"的缩写）。

2011年，在经历新世纪以来的收购、扩张与整合之后，斯堪斯卡聚焦于四大业务板块，即建筑施工（construction operations）、住宅开发（residential development）、商业地产开发（commercial property development）和基础设施开发（infrastructure development），并制定了新的经营计划——"盈利增长计划（2011~2015）"（Business Plan for Profitable Growth）。该计划继续关注盈利能力和资本效率，也关注拓展施工业务和大幅增加项目开发投资。

2012年，斯堪斯卡签订在美国的第一份PPP项目合同，即位于弗吉尼亚州的伊丽莎白河（Elizabeth）隧道工程。

2014年，斯堪斯卡新的总部办公室Entre Lindhagen在瑞典斯德哥尔摩正式投用。

2016年，斯堪斯卡制定了新的经营计划，即"New Profit with Purpose Business Plan（2016~2020）"，目标是为股东创造价值，同时为员工、客户和社会的可持续未来作出贡献。

2017年，斯堪斯卡承诺将遵守《巴黎协定》。

2019年，斯堪斯卡根据女性员工反馈，推出专为女性员工打造的个人防护设备，并在整个建筑行业内推广。

2019年，斯堪斯卡连续第五年入选《福布斯》（Forbes）多样性最佳雇主名单，连续第二年入选《福布斯》美国最佳雇主名单，连续第二年在ENR绿色建筑百强承包商中排名第六，入选《财富》（Fortune）杂志关于追求社会或环境可持续发展的"改变世界"（Change the World）名单。

2019年，斯堪斯卡宣布推出用于计算建筑材料碳体现的革命性工具——建筑中的碳体现计算器（EC3）。

2022年，斯堪斯卡出资36.60亿瑞典克朗在瑞典收购了3处办公用房，标志着斯堪斯卡正式开启新的业务板块——投资性房地产（Investment Properties）。

第九篇　私营建工巨子柏克德的辉煌与挑战

明文彪

美国柏克德工程公司（以下简称"柏克德"，英文名为"Bechtel"），成立于1898年，距今已有126年的历史，是一家全球领先的美国私人工程建设及项目管理公司。创办以来，柏克德以无数堪称建筑奇迹的工程项目，实实在在地"改变了世界的面貌"。2023年，根据美国ENR发布的"全球最大250家国际承包商"排名，柏克德位于第19名，排名相比上一版（2017年）下滑14个位次。柏克德没有上市，财务数据和公开资料非常有限，因此分析有一定的难度。

柏克德主要经营指标　　　　　　　　　　　　　　　　表1

	2016年	2019年	2022年	2016~2022年年均增长率/%
收入/亿美元	329	218	168	-10.6
新签订单/亿美元	153	96	301	11.9
未交付订单/亿美元	585	383	447	-4.4
ENR全球承包收入排名	12	23	32	—
ENR国际承包收入排名	5	16	19	—

数据来源：柏克德年报、ENR

一、神秘的私人企业

现代商业主流观点认为家族企业已经过时。不过，名列福布斯美国最大私人公司榜第20位的柏克德，却是这个看法的一大反证。柏克德私人所属的特点，令其始终不公开具体的财务数据，保留着上百年的神秘。

1. 五代家族百年创业史

柏克德的名字源于其创始人沃伦·柏克德（Warren A. Bechtel）。像许多伟大的家族企业一样，沃伦也是经历了很多磨难才通向成功之路。1898年，在美国旧金山，这名德国犹太移民以一名维修小工的身份进入建筑业，白手起家创办了柏克德公司。随着业务扩展，沃伦凭借其基因里自带的商业才能，推动公司逐渐进入公路、隧道、桥梁等建造领域。到1925年，柏克德已经成为美国西部规模最大的建筑公司。如果说沃伦是这个家族企业的奠基者，那么，他的儿子斯蒂芬就是让梦想照进现实的企业家。在斯蒂芬的领导下，公司提前两年完成了著名的胡佛大坝项目，让柏克德跃升为美国建筑业的新宠。同时，斯蒂芬还提出"冲出美国、走向世界"的全球化战略，在中东开辟出了一片新的疆域。

和大多数家族企业一样，一旦度过创业期，柏克德必然面临职业化和专业化的更高要求。当公司的第三代小斯蒂芬在1960年接班时，全球建筑业的竞争格局已经发生很大变化。小斯蒂芬改变了柏克德以往家庭式经营的特点，带入了新的创新式、专业化的管理模式，善于使用人才，尊重职业经理人。在他的任期内，公司的销售额增长了11倍。1990年，赖利·柏克德（Riley Bechtel）成为公司第四任总裁。赖利并不像其父辈一样是勇于开拓创新的开山鼻祖式人物，但其继承了父辈勤勉、开放、尊重人才的管理个性，依靠和美国政府的良好关系，柏克德迎来了新的发展机遇。海湾战争爆发后，公司承接了科威特一些油井灭火和石油清理的项目。2003年，柏克德获得了巨额的伊拉克战后基础设施重建的工程项目，这是公司发展的又一个里程碑。

2014年，布兰登·柏克德（Brendan Bechtel）接任总裁和COO。这位出生于1981年的第五代领导人，2016年正式成为公司CEO，2017年当选董事长。此后，他一直担任董事长和首席执行官。为提升公司影响力，布兰登频繁出现在公众面前，他的领英（LinkedIn）账号有近5万关注者，公司的领英账号则有97万的关注。在布兰登的领导下，公司开始尝试可持续发展道路，例如为太阳能、风能、液化天然气等项目提供综合解决方案。布兰登曾表示无意让公司上市，而是更愿意保留更多控制权并专注于盈利能力，因此无需承受"为了增长而增长"的压力。

2. 八方来客的政商关系

有人把柏克德形容成世界上最神秘的公司，并不仅仅因为它至今依然是家私人完全所有的公司，更是由于它与美国政治和军方扯不清的关系。2021年，非盈利新闻媒体ProPublica发布报道称，总共有82个家族减免了超过10亿美元的税款，受益者包括柏克德的首席执行官布兰登·柏克德。

白宫的座上宾。柏克德的合作对象除了供应商、分包商之外，最重要的是政府客户。大约一半的销售额来自政府资助的项目，批评家们将柏克德打上了一个典型的烙印：依靠政府合同赚钱，并与官员建立亲密关系，以获得不公平的优势。事实确实如此，柏克德为多届美国政府贡献了重要的内阁成员。柏克德的高管约翰·麦克康（John McCone）担任过肯尼迪政府的中央情报局（CIA）局长，卡斯帕·温伯格（Caspar Weinberger）和乔治·舒尔茨（George Shultz）甚至担任过里根时期的国防部长和国务卿，而布兰登·柏克德也曾在2020年被任命为特朗普总统的全球冠状病毒大流行经济复办顾问小组成员。

疫情建筑顾问小组名单　　　　　表2

名字	职位	公司
Linda Bauer Darr	总裁兼首席执行官	美国工程公司理事会
Jim Callahan	总主席	国际营运工程师工会
Sean McGarvey	主席	北美建筑业工会
Terry O'Sullivan	总主席	北美国际劳工联合会
James P. Hoffa	总主席	国际卡车司机工会
David Long	首席执行官	全国电气承包商协会
Brendan Bechtel（布兰登·柏克德）	董事长兼首席执行官	柏克德
Carlos Hernandez	首席执行官	福陆公司
Jerry Howard	首席执行官	全国住宅建筑商协会
Michael Bellaman	总裁兼首席执行官	建筑商与承包商协会
Stephen Sandherr	首席执行官	美国总承包商协会
Richard Trumka	主席	美国劳资关系协会
Geoffrey Palmer	所有者	GH Palmer & Associates

数据来源：Dodge建设网络①

战争的疗愈者。21世纪影响最广的事件，一是2003年的伊拉克战争，另一个是正在进行中的俄乌冲突，而柏克德都参与或正在参与战后重建工作。伊拉克战争结束以后，布什总统把6.8亿美元的战后重建合同交给了柏克德。柏克德与乌克兰合作也有着悠久的历史。从1998年到2019年，柏克德在切尔诺贝利避难所基金项目中发挥了重要作用，领导了新安全限制结构的设计，以封闭受损单元。2023年6月，乌克兰国家基础设施恢复和发展局与柏克德在伦敦签署了一份谅解备忘录，共同制定一项国家计划：重建被摧毁的关键基础设施走廊和项目。

全球防务巨头。提到美国军工企业，大家最先想到的是领导F-35战斗机项目的洛克希德·马丁公司。而在美国国防新闻网发布的"2022年度全球防务百强榜"中，除了大名鼎鼎的洛克希德·马丁、雷声技术和波音公司外，柏克德也名列其

---

① President picks construction revival team | Dodge Construction Network.

中。"二战"前后，柏克德就陆续赢得造船、造坦克、改装飞机和核领域方面的订单。因其在化学武器和核安全方面的卓越成就，美国海军和国防部2011年与柏克德签订了一份长期合同，为美国的潜艇和航空母舰开发核推进系统，并为其提供退役化学武器拆卸服务。近年完成的项目包括阿拉斯加格里利堡导弹发射场的设计和施工，加利福尼亚范登堡空军基地的作战发射井和测试发射井的设计和施工，太平洋夸贾林环礁的里根弹道导弹防御试验场的管理和运营，等等。2021年柏克德国防军工收入高达30亿美元（居美国第18名、全球第44名），占总营收的17%。

3. 石油和工业工程领域的垄断者

根据2023年ENR报告，柏克德集团的工程承包收入主要由石油/工业项目（47%）、交通（12%）、能源（25%）三类项目所贡献，这三类项目占到了柏克德工程承包收入的84%。在过去的十余年间，石油/工业项目对公司的工程承包收入贡献在50%左右，而交通和能源项目由原来收入占比的一半下降到1/3左右。以中国交建、法国万喜、布依格为首的建筑企业在交通领域激烈厮杀，竞争惨烈，而在一般建筑①领域，西班牙ACS、中国建筑、斯堪斯卡则形成正面竞争格局。而柏克德回避了这些"红海"，重点聚焦石油和工业工程领域，几乎形成了垄断态势。

图1 柏克德工程承包收入中主要项目类型占比变化

数据来源：ENR

---

① 一般建筑（General Building）包括商业建筑、办公室、商店、教育设施、政府大楼、医院、医疗设施、酒店、公寓、住宅等。

2022 年国际工程承包前 10 强业务收入结构 / % 表 3

排名	名称	交通	能源	石油/工业	一般建筑	其他
1	万喜	41	22	4	5	28
2	ACS	32	2	3	40	23
3	中国交建	76	0	0	11	13
4	布依格	57	7	2	24	10
5	斯特拉巴格	56	1	5	30	8
6	中国建筑	18	2	2	66	12
7	斯堪斯卡	34	2	3	48	13
8	中国电建	27	58	0	6	9
9	中国铁建	69	4	1	17	9
10	法罗里奥	66	4	0	16	14
11	柏克德	28	0	69	0	3

数据来源：ENR

注：本表仅统计国际承包工程，未包括本土项目。若包括本土市场，主要业务排序基本不变

但由于国际政治经济环境的变化，近年石油板块国际工程承包市场大幅萎缩（2016 年 1045 亿美元，2022 年 569 亿美元），倒逼柏克德不得不寻找新的业务方向。

——可再生能源。俄乌冲突为全球能源转型以及核能、风能、太阳能、生物能等新能源的大范围应用铺平了道路。2022 年，柏克德在年报中正式将石油、天然气和化工板块归为能源板块，这一变化标志着从基建事业起家的柏克德，对可再生能源解决方案的日益重视。柏克德在新能源方面积累了丰富经验，拥有将天然气转化为电力驱动的新技术，可以为现有的化石燃料工厂增加碳捕集系统、延长核电站的寿命。柏克德曾于 2014 年在南加州建造了世界上最大的太阳能热能设施 Ivanpah，使美国商业太阳能热发电量几乎增加了一倍，目前在美国各地从事的太阳能和风能基建项目超过 2000 兆瓦。2021 年柏克德与瑞典风电场开发商 Hexicon 公司合作，计划在英国海岸线交付大型海上浮动风电项目，有利于进一步巩固英国在海上风力发电领域的世界领先地位。

能源板块主要领域及竞争优势 表 4

主要领域	竞争优势
先进燃料 （Advanced Fuels）	历史悠久：积累了 70 多年炼油客户，累计完成了超过 275 家炼油厂的扩建和现代化改造，并交付了世界上第一个使用天然气原料的商业规模合成燃料工厂 技术先进：SWSPlus^{SM} 技术

续表

主要领域	竞争优势
能源技术与解决方案 (Bechtel Energy Technologies & Solutions)	全流程咨询服务：从概念解读、可行性分析、采购到施工、调试和运营 技术许可：SWSPlus、H2S P.U、BSAT、BPSC 等
碳捕集 (Carbon Capture)	经验丰富：为欧美客户开发碳捕集解决方案20多年，累计为液化天然气厂、天然气加工厂和炼油厂建造了40多个基于胺的二氧化碳/硫化物去除系统 校企合作：与英国谢菲尔德大学合作，目标是将碳捕集率提高到95%以上
组合/简单循环 (Combined / Simple Cycle)	两大专利：联合循环电厂的美国专利，操作灵活，启动迅速，排放低。优先碳捕集专利，高效且经济地从燃气轮机联合循环发电厂中去除碳
排放改造 (Emissions Retrofits)	资源整合：综合技术专长、全球采购和项目经验，柏克德可以组合现有资源，形成最优配置，提高项目的可施工性，降低成本，提高能源效率
氢能 (Hydrogen)	专业评估：拥有支持蓝色和绿色氢能项目的开发和评估能力 经验丰富：15年完成28个氢气生产和压缩工厂，与许多供应商建立合作伙伴关系
液化天然气 (Liquefied Natural Gas)	实力强大：过去20年设计和建造了全球约30%的液化天然气产能。六年中成功交付16条液化天然气生产线，EPC模式成熟 专业服务：技术顾问服务、LNG脱碳服务、工厂支持服务
核电 (Nuclear Power)	专业人才：2200多名核电专业人员，其中包括约150名国际公认的技术专家 市场占比高：为美国80%以上的核电站和全球150个核电站提供服务 安全保障：成立核安全卓越中心，为客户提供行业领先的核安全专业知识
可再生能源 (Renewables)	太阳能：探索项目包括 Cutlass、Goldfinch Solar 和 Ivanpah 陆上风电：公司在西弗吉尼亚州建造 115 兆瓦的 Black Rock 陆上风电场 海上风电：巩固在英国海上风电领域的领先地位
传输和存储 (Transmission and Storage)	经验丰富：设计和调试100多个输电变电站，交付超过930英里的输电线路 质量保证：直接雇佣手工艺人，建立单一责任制，配备专业团队，始终关注安全和交付质量

数据来源：柏克德官网

——制造和技术（M&T）业务。随着对供应链安全的日益担忧，许多美国高科技企业开始回流或转移生产基地，掀起了新工厂建造的高潮，这为柏克德工业领域的工程承包再崛起创造了新机遇。2022年4月，柏克德成立制造和技术业务部门（Manufacturing and Technology business，M&T），主要向半导体、电动汽车、合成材料和数据中心四个行业，提供建筑承包的整体解决方案。这些工程项目不仅需要超强的建造技术，还要对所在行业有着深刻认知，满足数字链接、安全保密、零碳排放、工艺气体分配和回收、大规模散装固体处理等方面的标准要求。2022年11月，柏克德被英特尔选中在俄亥俄州建设新的半导体制造工厂，正式启动了柏克德 M&T 业务的探索。

——太空探索。柏克德对太空工业的支持可以追溯到20世纪中期的双子座计划和阿波罗计划，并一直延续到今天。2019年，美国航空航天局（NASA）给了柏克德公司一份价值3.83亿美元的合同，负责设计、建造、测试和调试移动发射器，这是阿耳忒弥斯计划第四次飞行所需的。这座118米高塔将为太空发射火箭提供燃料和升空支持，将宇航员送上月球并探索更远的地方。但是这个项目似乎并不顺利：由于工程的复杂性及疫情等因素影响，不仅进度落后，而且成本还远远超出预算。但无论如何，作为新世纪美国太空计划的重要参与者，柏克德将在美国航天历史上留下浓墨重彩的一笔。

4. 美国制造业回流的受益者

柏克德所承建过的很多工程都改变了人类历史，已在国际工程设计和工程承包领域占据不可撼动的领先地位，包括被赞誉为"沙漠之钻"的胡佛水坝、号称"欧盟之窗"的英法海底隧道、代表"沙漠崛起"的沙特朱拜勒工业城。这里详细介绍柏克德近年来，最具有时代意义的一个重大项目——英特尔先进半导体项目。

美国自2016年开始，在奥巴马执政时期就积极号召美国制造业回流。之后的两任总统特朗普和拜登，不仅提出要让制造业回流美国的口号，而且政府部门还出台了促使制造业回流的政策，并采取了相关的支持和鼓励企业回流的一系列具体税收及补贴措施。制造业回流是一个相对漫长的过程，目前在总量层面表现并不显著，但是回流的趋势正在加速，且芯片、电池等关键产业链回流趋势愈发明显。2022年年初以来，美国制造业的建筑投资加速增长。2002～2021年的年均增速才6.9%，2022年同比增加39.6%。根据美国联邦储备经济数据（FRED）的最新数据，2023年1～7月制造业建筑投资已达到1.3万亿美元，已经接近了上年全年。据科尔尼《美国制造业回流指数》最新报告，到2025年预计有84%的美国企业回流其制造业业务。

硅中心地带（Silicon Heartland）。2022年1月，英特尔公司（简称英特尔）宣布在美国俄亥俄州投资200亿美元新建大型晶圆厂，整个投资计划高达1000亿美元，这个项目是英特尔迄今为止最大的建设项目，也是美国半导体业回流的一次赌注。新工厂预计2025年量产，届时将生产英特尔最新工艺的芯片。该工厂占地近1000英亩，柏克德将设计和建造一期工程，设施总面积达250万平方英尺，其中

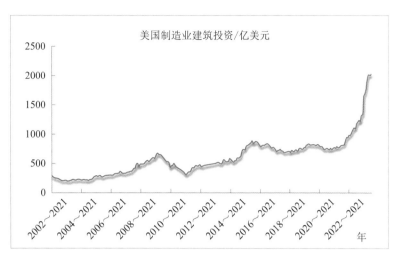

图 2　美国建筑业总支出走势图

数据来源：FRED[①]

包括 60 万平方英尺的洁净室。施工所需的钢材和混凝土数量相当于 8 座埃菲尔铁塔。2022 年 9 月 9 日，英特尔在俄亥俄州举行项目奠基仪式，美国总统拜登参加，并就通过《芯片和科学法案》以及《两党基础设施法案》发表了讲话，成为美国制造业回归的里程碑事件。对柏克德来说，此项目是公司迄今为止最大的单体建筑项目，极大提振了士气，也为其世界级的专业经验、优秀的团队、关键的技术支持和强大的分析平台提供了展现的舞台。

新厂建设的难点。柏克德是英特尔计划中的重要一环，为了顺利建成这座地球上最大的芯片制造基地，柏克德需要克服两大难点：一是资金，二是管理。对于前者，即使得到了芯片法案的支持，柏克德也需要勒紧裤腰带，预防生产材料供应不足而导致成本上升。对于后者，主要来自于美国"用工荒"的困境。最典型的例子就是台积电加码 400 亿美元赴美建厂，却卡在了用人这一环节上。中鼎集团是台积电的工程和建筑承包商，其董事长杨宗兴表示，亚利桑那工厂的建设成本"远远超出"集团客户的预期。据报道，英特尔的建筑承包商在苦苦找寻合适的工人，他们跑到其他州去挖人，甚至鼓励没读大学的高中生当学徒，进入建筑行业。美国制造业回流的计划确实为地区创造了许多就业机会，带动了经济增长，但是企业是否能建好厂房、招够工人，并且逐步实现盈利，不被政策反噬，还有待进一步观察。

---

① Total Construction Spending: Total Construction in the United States (TTLCONS) | FRED | St. Louis Fed (stlouisfed.org).

2020年以来美国半导体投资项目　　　　　表5

序号	公司	城市	分类	投资/亿美元	预计提供岗位/个
1	台积电	亚利桑那州凤凰城	半导体	400	4500
2	德州仪器	得克萨斯州谢尔曼	半导体	300	3000
3	英特尔	亚利桑那州钱德尔	半导体	200	3000
4	美光科技	纽约克莱	半导体	200	9000
5	三星	得克萨斯州泰勒	半导体	173	2000
6	美光科技	印第安纳州博伊西	半导体	150	2000

数据来源：SIA[①]

二、柏克德的家族经营之道

对于柏克德近几年所面临的挑战，第五代掌门人布兰登·柏克德在2021年的年报致辞中坦言："在柏克德的历史上，很少有像过去两年这样在如此短的时间内重塑我们周围的世界。"

优势	弱点
1. 就收入而言，美国最大的承包商 2. 协助福岛第一核电站的清理工作 3. 大幅减少碳足迹和水消耗 4. 已完成的一长串引人注目的公共和私人项目	1. 新工作预订大幅下降 2. 价值数十亿美元的项目付款悬而未决
机会	威胁
1. CityFibre项目旨在改善英国各社区的互联网接入 2. 通过悉尼新地铁彻底改变公共交通 3. 扩大可再生能源组合 4. 探索全球新建碳捕获与储存生物能源（BECCS）的机会	1. 新冠疫情导致能源需求低迷 2. 金属价格波动 3. 业务受到季节性或政治干扰的严重影响

图3　柏克德SWOT分析

数据来源：课题组整理

1. 向组织方式要效率

公众对私营企业最常见的刻板印象，是想当然地认为企业的决策只系于高层少数几人甚至一人。由此目前商界主流的观念是，企业上市成为公众公司才是经营成

---

① U.S. Semiconductor Ecosystem Map - Semiconductor Industry Association (semiconductors.org).

熟的标志。

然而，若按照科斯（Ronald H. Coase）的经典论文《企业的本质》的定义，企业是以有组织的方式向市场提供更低的交易成本，至于这种组织的形式是家族私营还是股份合作或者其他，却并无限制。也就是说，私营企业只要组织制度足够先进合理，完全可以高效经营。

柏克德正是这样一个拥有着高效率组织制度的私营企业。基于矩阵管理方法，柏克德的组织架构在纵向上与常规公司并无二致。CEO之下是COO（首席运营官），COO之下是四个全球业务板块（GBU）的总裁和其他几个组织领导人，包括负责管理公司工程、采购和施工职能的EPC职能部门的公司经理。EPC职能部门之下是公司采购、合同、工程、建筑以及其他公司职能部门。

在矩阵的横向上，包括GBU的各层面都设有职能经理，负责工作流程制定、

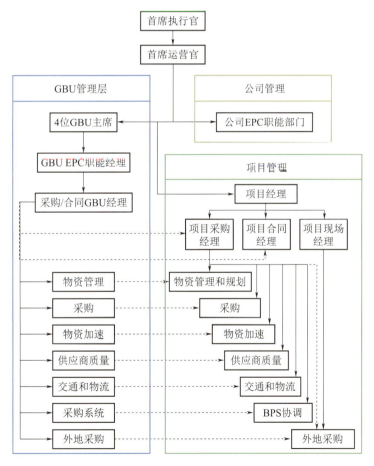

图4　矩阵组织架构图

数据来源：柏克德供应商指南

项目中熟练人员的分配以及总结分享项目经验等任务。即便在纵向上最基层的员工群体中，也存在横向的高级职能经理，负责主要合同、分包合同、采购、加急、供应商质量、物流、进出口、现场采购和材料管理等各项关涉公司核心竞争力的事项。

四个相对独立的GBU内部的矩阵组织架构设置与公司整体类似，但GBU有责任调整公司需求以适配独特的GBU需求。

矩阵组织架构的微观最小单位是一个个的项目团队。因为柏克德的大部分业务都是项目制，因此公司通常会临时新建立一个项目团队，由项目经理领导，并为其分配职能经理。项目采购经理（PPM）和项目合同经理（PCM）是每个项目供应链的主要联络点。在每个项目中，PPM和PCM也都有一个根据矩阵分配的职能人员。项目供应链的职能人员负责采用标准的工作流程定制方案以期自动化地执行项目工作。

微观层面项目执行的细节之所以值得一提，是因为它同时为柏克德独树一帜的供应商关系管理模式创造了条件。柏克德始终面向全球公开征集新的、小的、好的供应商，这在一方面能令公司的运营成本常年保持低位，另一方面则让柏克德赢得众多小微企业的尊敬和支持，可谓名利双收。而这种模式之所以能被推行，离不开柏克德在整体组织架构上"让听得见炮声的士兵做决策"的成功设计。

2. 企业的员工

基于公众对私营企业常见的刻板印象，不少人会想当然地认为企业中只有创始家族成员才拥有股权，才能走上高层管理岗位，而普通的雇员只能以自身劳动换取薪酬。然而，在柏克德，员工的待遇并非如此。

建筑行业因为是关涉人身安全的高风险行业，世界上的多数建筑公司都对其从业人员的投保设定更高的保险费率。柏克德深知这一点，一方面尤为注重业务安全问题，每年的总裁致辞都会明确提及年度因工伤亡人数；另一方面则是主动为每一位员工购买额外商业人寿保险，尽其所能地为员工提供最坚实的生存保障。

当然，生存只是最基本的需求，工作所能带来的自身能力的提升才是多数员工更为关注的。对此，柏克德提供了数千门在线课程，不仅包括企业内所有职能领域的业务知识，还包括领导力发展、专业发展、技术技能、可持续发展、学习新语言、安全与道德等有助于提高综合能力的课程。员工完成课程还能获得外部承认的继续教育学分认证。

柏克德还提供了具有足够竞争力的薪酬方案和内部晋升机会。公司为中层员工提供极其丰厚的奖金，最高可达工资的50%。且奖金中以利润为基础的部分，与高管所在部门的业绩无关,而与整个公司的业绩有关。如果在柏克德完成完整职业生涯,可以获得丰厚的回报。而如果最终被任命为高级副总经理,还会获得购买柏克德股份的权利,成为公司合伙人,但需在 65 岁退休时卖回给公司。此外,柏克德还专门设立了内部基金会,致力于在公司内部孵化和资助创新项目,为员工的更多事业选择力所能及地铺垫道路。

创新最常见于多元文化的环境之中,而多元文化正是柏克德这家拥有全球业务板块的百年美国企业身上最深的烙印。柏克德始终努力创造多元化和包容性的工作文化,让全球 55000 名员工都能感受到尊重和公平对待。为实现这个愿景,柏克德内部设有多个组织,包括 B-BOLD、B-Familia、B-PROUD、BSERV 以及 WOMEN@BECHTEL,等等。其中:B-BOLD 旨在通过职业指导,为公司的黑人或非洲裔员工提供晋升机会,并消除任何形式的种族主义、歧视和偏见;B-Familia 是一个融合西班牙裔和拉丁裔员工并为柏克德公司、员工和社区创造价值的组织;BSERV 致力于让退伍军人和预备役军人融入柏克德文化,将公司打造为退伍军人友好型公司;Women@Bechtel 旨在促进公司女性员工的发展和进步,推进工作场所性别平等。近年来,公司性别薪酬差距逐渐缩小,担任高级、高薪职位的女性人数大幅增加。

柏克德薪酬差距情况　　　　　　　　　　　　　表6

工资和奖金的差异 /%												
	均值						中位数					
年份	2017	2018	2019	2020	2021	2022	2017	2018	2019	2020	2021	2022
工资差距	28	27	31	32	27	23	31	31	28	33	31	23
奖金差距	49	50	52	53	46	45	63	70	71	73	68	60

获得奖金的男女比例 /%												
	男性						女性					
年份	2017	2018	2019	2020	2021	2022	2017	2018	2019	2020	2021	2022
获得奖金	91	91	89	90	81	82	91	92	91	86	88	80
未获得奖金	9	9	11	10	19	18	9	8	9	14	12	20

不同阶段工资中的男女比例 /%												
	男性						女性					
年份	2017	2018	2019	2020	2021	2022	2017	2018	2019	2020	2021	2022
低工资	58	52	51	52	50	54	42	48	49	48	50	46
中低工资	69	69	71	72	77	65	31	31	29	28	23	35
中高工资	85	82	79	82	81	80	15	18	21	18	19	20
高工资	88	85	86	87	85	80	12	15	14	13	15	20

数据来源:柏克德薪酬差距报告

"我们公司所有成就的关键永远是我们的员工,这是为什么投资于他们始终是我们最优先的事项之一。"正是将"投资于我们的员工"(Investing in Our People)作为人才战略的核心,柏克德才得以连续多年入选福布斯"全球最佳雇主"。

专栏　柏克德的创新与未来基金[①]

2016年,柏克德设立创新与未来基金(Bechtel Innovate and the Future Fund),这是一项总额6000万美元、为期三年的投资,致力于在公司内部孵化和资助创新项目。自该基金成立以来,已有6000多名柏克德员工提交了3000多个创意,超过250个解决方案在全球项目中进行了测试和部署,包括无人机的使用、增强现实和虚拟现实的应用、新的移动应用程序以及新的物理管道组件的开发,等等。总体而言,创新与未来基金激励了员工的创新积极性,让使用这些创新方案的项目成本平均降低20%,项目进度平均提高30%。这项内部创业计划因被视为成果显著而在2018年到期后得以延续。

创新与未来基金资助内部创新项目的典型案例是这样的:

1. 问题产生:柏克德公司使用拖船和驳船将大型、复杂的模块运输到建筑工地,发现较大的模块经常挡住船长的前方视野。在这些情况下,安全航行需要第二艘船介入或在甲板上驻扎一名人员与船长沟通。

2. 解决方案:柏克德与一家技术集成商以及两家拖船和驳船运营商合作,开发了实时流媒体车载监视器Live-StrOM。Live-StrOM系统结合了热像仪、录音技术以及空间智能和检测技术,为拖船船长提供驳船前方完整、无障碍的视野。

3. 实用价值:先进的摄像系统自适应地安装在驳船的甲板上,当货物高度遮挡船长的前方视野时,无需使用昂贵的辅助拖船。Live-StrOM 传感器还可以穿透黑暗和浓雾,为拖船船长提供比以前更好的水道视野。除了显著节省成本之外,使用 Live-StrOM 系统还可以提供精确导航所需的数据,从而提高安全性。

---

3. 投资未来

全球建筑业近年的转型焦点都包括了数字化和碳中和,柏克德也与时俱进地作了相应安排。

数字化方面,基于人工智能技术的飞速发展,柏克德在首席创新官大卫·J.威尔逊(David J. Wilson)的带领下,于2017年创建了大数据与分析卓越中心

[①] https://builtworlds.com/news/global-innovators-david-wilson-cio-leaders-bechtels-digital-transformation/

（BDAC），正式实施"数字企业计划"（Digital Enterprise）。

大数据与分析卓越中心使用机器学习（ML）和人工智能（AI）技术，可以处理高达5PB的数据池。其中最主要的是照片识别技术，能够为客户标记工作现场照片，还可依靠自然语言处理（NLP）技术来读取和解析合同、索赔文件、招标书以及其他文档，从而将评估时间从几周缩短到几个小时。

不过，作为柏克德AI团队的负责人，威尔逊对人工智能在建筑行业的应用速度持谨慎态度。他认为，要让人工智能发挥作用，需要开发以数据为中心的模型，这还需要数年时间。"虽然AI可以实现复杂项目中重复任务的自动化，但我不认为机器人会很快取代人类。"由于建筑行业高度依赖现场团队，威尔逊建议把重心放在建筑商、在现场工作的同事以及最终消费者身上，并研究AI如何影响他们的体验和工作，"目标是确保我们利用技术创新在正确的时间、正确的地点为正确的人提供正确的资源。"

碳中和方面，根据联合国政府间气候变化专门委员会的报告，建筑行业产生的碳排放占全球总排放量的37%，是推进减排的关键行业，但大多数房地产开发商和建筑企业既没有设定碳排放目标，也没有制定气候转型计划。柏克德是建筑行业净零排放的先行者，主要通过三种方式实现目标。

——绿色科技创新。面对客户们努力减少碳排放，实现未来净零排放的需求，柏克德制定了碳捕集、氢气和循环经济解决方案，帮助客户以更清洁和更可持续的方式设计产品。同时，开发了一种名为Crescendo的新型冷却技术，用喷射器提供无电压缩，从而改善冷却循环性能，减少温室气体排放。

——试点混合动力设备。柏克德除了帮助客户创建世界上第一家采用碳捕获、封存和100%可再生能源的汽油制造厂外，自身也于2022年开始试验混合动力设备，其中D6XE混合动力推土机使用的燃料最多减少29%，可以让柏克德二氧化碳排放量大大降低。

——交付革命性的可再生能源项目。其中就包括100%使用可再生水力发电的Nautilus数据中心。与传统机房空调冷却相比，Nautilus使用自然冷水来保持服务器机架凉爽，能耗减少70%，二氧化碳和空气污染净减少30%以上，成为世界上最环保的数据中心设施。此外，柏克德的行政部门和员工也积极推行净零排放战略。与2016年相比，该公司办公室2021年的二氧化碳排放量下降了50.3%，用水量下降了85.8%，成为可持续发展的楷模。

图5 柏克德净零排放情况

数据来源：柏克德年报

三、历史上最严峻的挑战

走过百年历史，柏克德迎来了"历史上最严峻的挑战"。直接的冲击来自新冠的大流行，但国际国内市场的同步萎缩却是业界所始料未及的，也为第二版的研究提供了一个活生生的负面案例。

1. 持续十年的业绩下滑

柏克德每年年报上公布的财务指标只有三个，分别是销售额（Revenue）、新签订单（New Work Booked）以及未交付订单（Backlog Revenue）。这三个指标都呈连年下滑走势。

首先是销售额在逐年下降,且这一趋势仍未有止跌的迹象。与 2013 年的 394 亿美元营收相比,2022 年营收仅为 168 亿美元,缩减了一半以上,即使与 2016 年相比,也减少了 48.9%。销售额的下降说明柏克德的绝对体量正在减小。

其次是新签订单和未交付订单也呈现持续递减态势。2021 年柏克德的新签订单为 85 亿美元,相比于 2013 年减少了 75%;未交付订单也已经减少到 278 亿美元,相比于 2013 年减少 68.5%。新签订单和未交付订单的连续下降往往意味着企业增长潜力的不复存在。不过,根据 2022 年最新公布的数据,公司新签订单和未交付订单数量显著提升,主要是业务结构发生了变化,面向美国政府的国防和太空事务增多。

从财务角度把这些数据汇集在一起看,柏克德这个庞然大物在前几年竟似停止

图 6　柏克德 2013~2022 年销售情况

数据来源:柏克德年报

了发展一般，新冠大流行的冲击则是雪上加霜。在新签订单和未交付订单即将见底之际，国防和太空订单如"及时雨"救了公司一把，尽管公司非常有信心，预测未来的新签订单将更高，但是持续下滑的销售额还是难以令人信服，柏克德经营形势依旧不容乐观。

2. 意外在沙特折戟

如果追溯柏克德的衰退起源，会发现早在2013年，那时柏克德的业绩可谓如日中天，而把它拖下水的也正是之前把它托上天的沙特阿拉伯。

当初沙特刚独立时就发现油田，自己没能力建设而选择了柏克德，然后顺势由柏克德承包建设了几乎整个国家，包括铁路、港口、电厂、管道等。柏克德也以此为基点切入中东市场，成为国际化建筑商，此后业绩连年增长，直到2015年国际业务营收占比达到72%的最高点。

但也是沙特把柏克德拖下了水。在柏克德发展势头正猛的2013年，沙特在首都利雅得开始启动快速交通系统项目。这是一个非常宏大的基建项目，其中包括约175公里的地铁，由6条地铁线路组成，设有85个车站，合同总价高达225亿美元，是当时世界上最大的公共交通系统建造项目。

因为工程量巨大，沙特将此工程分包给了多个建筑商，分别由柏克德、德国西门子公司和美国艾奕康公司联合承包94.5亿美元的两条线路建设合同，由西班牙营建集团、法国阿尔斯通交通公司，以及韩国三星物产株式会社联合承包78.2亿美元的三条铁路线合同，由意大利安萨尔多公司、加拿大庞巴迪公司，以及印度L&T承包52.1亿美元的合同。毫无疑问，作为承包商牵头人的柏克德是其中的佼佼者。根据《财富》杂志的报道，柏克德的利雅得项目是全球交给单个团队执行的最大的一次性土木工程合同。如果项目顺利推进，或可预期柏克德将再次创造奇迹。

可惜奇迹没有发生。项目的建设工程计划于2014年第一季度开始，并预计于2019年完工。但由于项目开工后全球油价暴跌，及至2020年疫情的影响，沙特当局扣留数百亿美元工程款项，以帮助控制不断膨胀的预算赤字，其中就包括柏克德的10亿美元账单。沙特政府的行为削弱了严重依赖政府合同的建筑承包商的信心，引发了双方旷日持久的争端，也影响了项目进度。截至目前，利雅得地铁仍未完工，预计将于2024年向乘客开放。从金额上看，利雅得地铁项目上的失利对柏克德业绩的打击并不致命，但对于私营企业主和沙特国家皇室间的关系而言，必然从此生隙。此后至今，柏克德一直在收缩沙特乃至整个中东的业务布局。

3. 国际业务占比减少

柏克德的国际化之路经历了三个阶段。

第一阶段是 2005 年之前，虽然在海外有项目拓展，但美国市场始终是柏克德的业务核心，海外营收占总营收的比重保持在 50% 以下。

第二阶段是 2006~2013 年，受卡塔尔多哈国际机场、沙特朱拜勒工业城等几个大单的提振，柏克德业务快速向海外发展和深化，这个阶段也是柏克德发展最快的时期，国际营收年均增长在 11% 左右，快于总体营收 7% 的增速水平。到 2013 年，柏克德海外营收占总营收的比重达到 77% 的最高峰，总金额 236 亿美元，在 ENR 国际工程承包商中的排名仅次于西班牙的 ACS 和德国的豪赫蒂夫，高居第三。

第三阶段是 2014 年以来，受国际竞争加剧、地缘位置和政治因素的影响，柏克德的国际项目出现收缩态势。2019~2021 年，柏克德国际市场营收占比只有 30% 左右。

2023 年，根据美国 ENR 发布的"全球最大 250 家国际承包商"排名，柏克德仅位于第 19 名。具体来看，柏克德在拉美市场排名第三，较为靠前，其次是大洋洲，排名第七，但在欧洲、亚洲、非洲甚至传统的中东地区、加拿大市场都跌出十强以外。

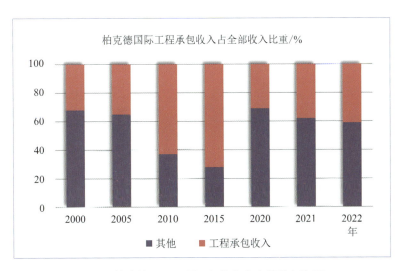

图 7　柏克德国际工程承包收入占全部收入比重

数据来源：ENR

主要市场国际工程承包企业前10强（2022年）　　　　　表7

亚洲	欧洲	中东	拉美	非洲
中国建筑	法国万喜	中国电建	法国万喜	中国交建
中国交建	奥地利斯特拉巴格	印度拉尔森和图布罗	西班牙塞西尔	中国铁建
德国Exyte	法国布依格	韩国现代建设	美国柏克德	中国电建
中国电建	法国埃法日	韩国三星工程	中国交建	埃及欧瑞斯克姆建筑
韩国现代建设	西班牙法罗里奥	霍夫曼建筑	葡萄牙莫塔-恩吉尔	中国中铁
中国中铁	瑞典斯堪斯卡	中国能源	韩国三星工程	中国建筑
韩国现代工程	奥地利PORR	日本日挥株式会社	西班牙阿驰奥纳	法国万喜
中国铁建	中国化学工程集团	韩国三星物产	中国铁建	法国布依格
中国能源	土耳其复兴建筑	中国机械工业集团	中国电建	葡萄牙莫塔-恩吉尔
中国中冶集团	西班牙营建集团	印度萨波罗吉帕隆吉	美国福陆	中国中材国际

数据来源：ENR

4. 逐渐被超越的美国一哥

除了国际市场收缩外，柏克德在美国本土市场也出现颓势。过去20年，柏克德一直是美国本土承包商的一哥。但2020年首次被位于纽约的特纳建筑击败，两者相差22亿美元，2022年特纳建筑对柏克德的领先优势进一步扩大到43亿美元。特纳建筑是德国豪赫蒂夫的子公司，在美国绿色建筑领域占据市场领导地位。

图8　柏克德和特纳建筑工程承包收入对比

数据来源：ENR

对于特纳建筑，需要多说一句，乔治·弗洛伊德2020年5月被美国警方滥用职权被捕并死亡期间，该公司关闭了至少三个主要工地，以进行强制性反偏见培训，为美国如何抵制工地上的种族歧视态度和行为树立了榜样。该公司也因此获得了《建筑潜水》（Construction Dive）杂志颁发的"年度最佳公司"。

除了特纳建筑外，从ENR公布的2023年美国400强承包商清单（ENR's Top 400 Contractors）排名来看，至少有3家美国承包商与柏克德的差距已经缩小到10亿美元左右。这家有着百年辉煌历史的家族企业，似乎将第五代掌门人推到了新的历史拐点上。

2013~2022年柏克德各项ENR排名　　　　　　　　　　　表8

年份	总营收/亿美元	ENR全球排名	ENR国际排名	ENR美国排名
2013年	307.06	9	3	1
2014年	283.02	11	3	1
2015年	233.72	12	5	1
2016年	242.51	12	5	1
2017年	182.67	13	12	1
2018年	168.37	17	13	1
2019年	158.91	23	16	1
2020年	122.39	32	24	2
2021年	129.53	30	19	2
2022年	119.86	32	19	2

数据来源：ENR

具体分析美国400强各板块情况，我们可以发现柏克德在2019年以前，在美国的石油、交通、能源、工业、危险废物领域都是名列前茅，但是近年来在石油和交通领域的竞争力明显衰弱。首先在石油板块，柏克德2022年石油工程营收22.7亿美元，占该板块总营收的9.4%，相比于2021年市场份额下降了1.9个百分点。此外公司排名也下降了一名，目前在石油板块第五，与该板块第一名基威特建筑相差11.6亿美元，这个差距也较2021年增长了2.3亿美元。其次，柏克德在交通板块呈现出更为显著的下滑，从2017年排名第一到2023年险些掉出前十。造成这一尴尬局面的最强竞争者是基威特建筑。

交通领域美国前10大建筑承包商　　　　　　　　　　　表9

排名	2016年	2019年	2022年
1	柏克德	基威特建筑	基威特建筑
2	基威特建筑	都德佩里尼	沃尔什集团

续表

排名	2016年	2019年	2022年
3	沃尔什集团	柏克德	德拉加多斯
4	都德佩里尼	斯堪斯卡美国	都德佩里尼
5	斯堪斯卡美国	沃尔什集团	花岗岩建筑
6	德拉加多斯	德拉加多斯	斯堪斯卡美国
7	花岗岩建筑	科拉斯Colas	汉塞尔·菲尔普斯建筑
8	莱恩工业	汉塞尔·菲尔普斯建筑	费罗维亚美国
9	科拉斯Colas	Flatiron建筑	Flatiron建筑
10	Flatiron建筑	克拉克集团	柏克德

数据来源：ENR

四、近年来的反思

近年来，各种挑战接踵而至，给柏克德造成了不小的冲击，表面体现为逐年下降的业绩，实际是家族管理和现代企业之间矛盾演化的结果。

1. 私人企业内控之殇

正如本书第一版所言，私人企业的优点让柏克德保持坚定的战略方向和内部团结，同时美国强大的金融体系使柏克德不用上市就能轻松融资。然而事有一利，必有一弊，像柏克德这样庞大的私人公司，在发展的过程中也存在诸多内控问题。

在美国，所有投资人，甚至是未来可能的潜在投资人，都有权知道上市公司的详细财务情况，因此上市公司必须披露定期报告。但是私人企业没有义务对外发布公司的财务数据以及定期报告，是否公布财报就完全掌握在私人企业老板手中。对此，柏克德公布企业年报完全是"率性而为"。或许碍于难堪的业绩下滑，公司2022年年报一直拖到2023年10月底才公布，对此公司未给出合理解释。柏克德年报里与经营情况相关的只有销售额、新增订单和未交付订单这三个指标，然而仅凭这三个指标很难了解公司的资产结构和盈利能力。此外，由于缺乏第三方机构审计调研，企业发布的数据是否真实可信也难以判断。

布兰登对上市的兴趣为零，当被问IPO是否有可能时，他毫不犹豫地说了"不"。因此，柏克德作为一家典型的私人公司，经营得好不好只有企业内部知道。一旦暴露问题，将对公司的声誉产生极大影响。而麻烦果然出现了。2022年6月，美国航空航天局在其审计报告中严厉批评了柏克德公司，称由于柏克德项目管理混乱，造成了大量的返工和成本浪费，导致 ML-2 项目总设计建造费用将高达 15 亿美元，远超于预期的 3.9 倍！同时，完工交付日期也由 2023 年 3 月推迟到了 2027 年 12 月。虽然柏克德持强烈反对态度，但无疑加深了这家"白宫的座上宾"和美国政府之间的间隙。

2. 过度投身于政治活动

政治行动委员会。美国联邦法律不允许公司向联邦候选人进行捐款，但允许成立政治行动委员会进行捐款。因此，企业会建立专门的部门或团队来制定政治战略，以公司的名义向候选人、政党和政治行动委员会（PAC）提供政治捐款。柏克德为了在财务上支持政治候选人而成立了柏克德政治行动委员会（Bechtel PAC），这是一只独立基金。PAC 从符合资格的员工那里接收和筹集资金，然后为竞选活动捐款，从而为员工提供参与竞选活动的间接方式。根据美国联邦选举委员会发布的数据，柏克德在 2004 年后大幅增加公司 PAC 对联邦候选人的捐款总额，2010 年最高峰达到 66.6 万美元。并且柏克德在 2010~2014 年间，捐赠金额超过 PAC 筹资总额，这无疑会对公司产生经济负担。再看 2022 年，公司仅筹集到 3.1 万美元，却捐赠了 28.3 万美元，这说明柏克德在政治战略上出现了严重失误，难以筹集到资金，可能与民主党派执政有关，而柏克德素来与共和党关系密切。

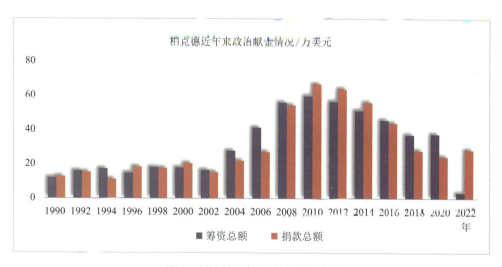

图 9　柏克德近年来政治献金情况

数据来源：美国联邦选举委员会①

---

①　PAC Profile: Bechtel Group • Open Secrets

税法改革。站在企业的角度，政治活动可以帮助他们获取有利的法规和税收政策，提高企业的生产效率和盈利能力。2017年，代表共和党的特朗普上任，实施了美国政府自1986年以来最为重要的一次税收改革。特朗普税改是一项典型的保守派减税政策，基本内容是对富人和企业的大规模减税，充分体现了共和党的小政府理念和涓滴经济学理论。前面也有提到，包括布兰登·柏克德在内的企业家可以通过减少20%的利润来免除百万美元的税款，这也许是柏克德营收连续下降的原因之一。站在中低收入者的角度，他们的税负反而加重，同时税改带来的贫富分化和债务增长等副作用，引来许多美国民众的不满，这对柏克德的公司形象也产生了一定的负面影响。

总部迁移。2016年，莎莉·丹顿在《工程建筑巨头柏克德家族的百年传奇》[①]一书中坦言，柏克德与政府之间存在腐败，从胡佛到奥巴马，柏克德一直活跃在华盛顿，在公司董事会和美国政府最高层之间开设"旋转门"。政商"旋转门"是指个人在政府部门和私人部门之间转换角色为相关利益集团谋利的现象，既包括曾在私人部门工作的人员进入政府工作，也包括公职人员离职后进入私人部门任职。如前面所提及的约翰·麦克康、卡斯帕·温伯格和乔治·舒尔茨，都是公司高管担任政府部门重要职位。2018年，公司总部从美国西部旧金山迁至东部华盛顿特区的弗吉尼亚州雷斯顿，以便公司领导层更快速地对接工作，使得这道"旋转门"转得更快。

3. 创始人进取基因的弱化

与日韩财团的家族传承不同，柏克德没有韩国现代建设"九子夺嫡"般的权力争斗，公司基本由每一代家族长子继承。继承人在享受祖辈光辉荣誉和宝贵财富的同时，或许也在消磨着人的斗志，失去拼搏进取的动力。根据公司年报和ENR发布的数据，柏克德自2013年以来业绩下滑，各项经营指标都在走下坡路，一定程度上与新一代继承人缺乏远见和管理能力不足有关。

2014年，赖利由于罹患帕金森综合征，辞去CEO，但是这一宝座并没有马上传承给他的大儿子布兰登，而是由61岁的比尔·杜德利（Bill Dudley）担任。杜德利拥有普渡大学土木工程学士学位和休斯顿大学工商管理硕士学位，自2008年起担任公司总裁兼COO。在柏克德工作33年的杜德利被称为"一段时间以来首席执行官的最佳人选"，同时他也是首位来自家族之外的CEO。2016年，布兰登接

---

① DOI:https://doi.org/10.1017/S0007680517000502

任 CEO。期间这两年，布兰登由部门总经理上升为总裁和公司 COO，需要向杜德利汇报工作，相当于过渡期。

为什么 14 岁就进入柏克德总部工作的布兰登，在他 30 多岁的年纪里继任却还需要"新手保护"？客观上是因为赖利的提前退位和公司对职业经理人的第一次尝试，主观上是布兰登对建筑业并没有原始的热爱。他在硅谷长大，当时正值互联网兴起，出于对计算机的兴趣，他最初在公司的 IT 部门工作，做数据编程。然而赖利却不认可儿子的工作，他将柏克德从 IT 高端领域重新分配到了最基层的设备安装，让他接受苦难教育。这些现象凸显了许多家族企业在代际传承中面临的经典难题，一是继承人"另创领地"试图进入其他行业或领域，二是继承人权威合法性不足导致"少主难以服众"，三是职业经理人的引入与选择问题。前期没有妥善处理好这些问题，给柏克德未来十几年的发展埋下隐患。

时至今日，布兰登已经带领公司 7 年，然而未来形势仍然令人担忧。其中反映出，代际传承的机制设置是具有阶段适应性的，这也是企业管理的一个永恒课题。

4. 核心竞争力的坍塌

回顾柏克德的业务结构，公司收入主要来源于工程承包建设，重点是石油/工业项目，如化工厂、半导体工厂、核电站等。其次是能源建筑，包括液化天然气厂、陆上风电场、变电站等。虽然柏克德在技术、管理、政企关系等方面下足了功夫，但很遗憾的是公司并没有做深做全产业链，导致公司在主营业务上丢掉了市场份额。

以建材产业为例，早在 1962 年，韩国现代建设就开始兴建水泥厂，大规模进入建材制造业；瑞典斯堪斯卡最初的业务是为教堂等公共建筑提供装饰性水泥材料，后来拓展到建筑服务领域；西班牙营建集团于 2000 年开始扩充自己的业务领域，对美国一家大型水泥集团进行收购，同时开展城市家具业务。这看似非常原始和低端的产业，却给无数建筑企业带来新的发展机遇。Precedence Research[①] 数据显示，2022 年全球建筑材料市场规模达到 1.3 万亿美元，预计到 2032 年将达到约 3.52 万亿美元，2023~2032 年的复合年增长率将达到 10.97%。而在建筑施工领域辛苦耕耘 100 多年的柏克德，虽然在石化、工业、国防取得了辉煌的业绩，但每个板块都没有做深。

此外，企业可以通过并购的方式快速占领市场和增加市场份额。根据柏克德官

---

① Construction Materials Market Size To Hit USD 3.52 Trn By 2032 (precedenceresearch.com)

网公布的信息，公司自 2013 年收购雪佛龙公司的废水处理（WWT）工艺以后，就再无任何并购活动。反观其他建筑巨头，2016～2022 年期间并购不断。由于并购数量较多，如瑞典斯堪斯卡六年间就发生了九次并购活动，所以本书仅展示标的规模较大（1 亿美元以上）的案例，结果如下表所示。据报道，2017 年，意大利基础设施建设承包商 Atlantia 和西班牙建筑工程承包商 ACS，以总金额 165 亿欧元共同收购西班牙 Abertis。收购后的 Abertis 表现优异，毛利率维持在 90% 左右，不仅为 ACS 带来丰厚的利润，还增强了 ACS 较弱的基础设施板块。相比之下，柏克德已然淡忘了基建老本行，甚至成为拖后腿的短板。而积极并购以做全产业链的建筑公司不断扩大的市场份额，挤压着柏克德的生存空间，使柏克德陷于不利境地。

2016～2022 年国际建筑承包商大规模并购活动　　　　　　　　表 10

企业	并购事件	标的规模/亿美元	宣布时间
法国万喜	收购西班牙 ACS 工业服务板块中能源业务	64.7	2020.10
西班牙 ACS	收购 Blueridge Transportation Group 12.11% 股权	2.5	2022.10
	向 Atlantia 收购豪赫蒂夫 14.46% 股权	5.6	2022.9
	直接收购西班牙 Abertis 30% 股权，通过豪赫蒂夫间接收购 19% 股权	367.8	2017.10
印度 L&T	收购 Mindtree 公司 68.73% 股权	4.8	2019.3

数据来源：Capital IQ

五、大事记

1. 1898 年至 1949 年：建立基础

1898 年，沃伦·柏克德创办了柏克德公司。

1931 年，柏克德与另外五家建筑公司一起承建了胡佛大坝。胡佛大坝是当时世界上最高的拱形坝，至今仍然是美国最大的水坝，并被赞誉为沙漠之钻。

1933 年，沃伦·柏克德在修建胡佛大坝的过程中去世，斯蒂芬·柏克德接任总裁。

1940 年，柏克德第一次走出美国，承包建造了委内瑞拉 Mene Grande 石油管道。

1947 年，柏克德开始建设跨阿拉伯管道。输油管道全长 1648 公里，一举连通沙特阿拉伯东部油田和地中海港口，退役后成为沙特阿拉伯首个工业遗产。

1949 年，柏克德在爱达荷州承建了实验性增殖反应堆 1 号（EBR-Ⅰ）。这是世界上第一个用原子能发电的核反应堆，在 1964 年退役之后被宣布成为国家历史地标。

2. 1950 年至 1979 年：建筑工业

1957 年，柏克德设计和建造了伊利诺伊州当时最大的核电站，该工厂于 1959 年完工。

1960 年，小斯蒂芬·柏克德接任总裁。

1961 年，柏克德承建有史以来最大的石油化工厂——得克萨斯州 Chocolate Bayou，也是美国最大的裂解装置之一。

1964 年，柏克德承建了当时第一个大型运输项目——旧金山湾区快速交通系统（BART）。该系统是世界上最大和最先进的快速交通系统之一，被美国机械工程师协会评为国家历史性机械工程地标。

1969 年，在巴布亚新几内亚，柏克德设计和建造世界著名的铜矿——布干维尔铜矿厂，其中包括穿越山区丛林的管道和道路，以及迄今为止最复杂的电信网络之一。

1975 年，世界最大工业城——朱拜勒工业城开始建设。柏克德拿到了沙特甚至全球史上最大的工程项目，当时项目总额 200 亿美元，主要工作包括提供住宿和教育设施。

1977 年，柏克德成立子公司 Bechtel National Inc.（BNI），着眼于进入美国政府市场。

1979 年，三哩岛发生核泄漏事故，柏克德负责清理反应堆内和周围的大量辐射污染。同年，柏克德进入中国市场，为中国提供工程设计、采购、施工及项目管理服务。

3. 1980 年至 1999 年：未来工程

1981 年，柏克德子公司 BNI 赢得了第一份美国能源部（DOE）的清理美国政府放射性研究场所的合同，为期 30 年，价值 25 亿美元。

1982 年，在新西兰，柏克德开始建造世界上第一个将天然气转化为汽油的商业设施。

1986 年，柏克德与 Enka 合作，开始修建土耳其的安卡拉－格雷梅高速公路，这是历史上最大的公路项目之一，对土耳其经济至关重要。

1987年,柏克德承建了著名的英法海底隧道项目,该项目是20世纪最大的工程和建设项目之一,也是世界上最大的私人融资基础设施项目,被美国土木协会选为世界七大工程奇迹之一,于1994年开通。

1989年,柏克德与柏诚集团(Parsons Brinckerhoff)合作,开始了波士顿中央动脉/隧道项目的建设,这是美国最大的基础设施工程,包括波士顿地下的高速公路和波士顿港下的隧道。

1989年,赖利·柏克德成为公司总裁和COO。1990年,赖利接任CEO。1996年接任董事。

1990年,柏克德承建世界最繁忙的航空港之一——中国香港国际机场,于1998年按时交付,该项目包含了机场、道路、铁路、隧道和桥梁等建设。

1991年,柏克德承接了雅典地铁扩建和现代化改造项目,并于2004年夏季奥运会之前成功交付。

1993年,柏克德承建PGT-PG&E管道扩建项目,管道总重量为40万吨,总价达到13亿美元,是自20世纪80年代初苏联天然气管道建设以来,世界上最大的订单之一。

1994年,柏克德中国公司获得了中国的建筑许可证,这使它成为第一家获得这种许可证的美国公司。

1998年,柏克德在核电站事故地切尔诺贝利石棺的基础上,设计了切尔诺贝利新安全监禁(NSC)。新石棺的高度比美国自由女神像还高出60米,是史上最大的可移动构筑物。

4. 2000年至今:可持续发展

2000年,成为第一家采用六西格玛技术管理技术(一种用于提高质量的数据驱动方法)的工程建筑公司。

2003年,柏克德承建其迄今为止最大的中外合资企业项目——中海壳牌南海石油化工综合体(CSPC Nanhai Petrochemicals Complex)。

2007年,柏克德与Kiewit Pacific合作,完成了四十年来美国最长的悬索桥——新塔科马海峡大桥。

2010年,柏克德开始在澳大利亚昆士兰州柯蒂斯岛建造三座世界级液化天然气工厂,该项目于2016年按时完成,被普氏全球能源奖评为2016年"年度最佳建设项目"。

2011年,柏克德承建了第一个公用事业规模的光伏项目——加州谷地太阳能牧场,是世界上最大的且在运营中的太阳能光伏发电厂之一。

2014年,布兰登·柏克德接任总裁和COO。2016年,布兰登接任CEO。2017年接任董事长。

2017年,柏克德与西门子能源公司联合建造了最先进的石墙发电设施,这是一个为熊猫电力基金建造的发电厂,是全美国最清洁的电厂之一。

2018年,柏克德参建耗资53亿美元的世界级航空城——澳大利亚西悉尼机场,这座新机场预计在2026年底开放,将成为澳大利亚客流量最大的国际门户机场。

2019年,美国国家航空航天局选中柏克德子公司BNI参与建造移动发射器2(ML2),该设施将用于组装和发射下一版的太空发射系统火箭。

2021年3月,小斯蒂芬在家中去世,享年95岁。

2022年,柏克德宣布,将为英特尔公司在美国俄亥俄州新建全球最大的芯片基地。这个项目是英特尔迄今为止最大的建设项目,也将是俄亥俄州有记录以来最大的投资。

2023年,柏克德带领团队,分别销毁了肯塔基州的蓝草军营的化学武器库存和科罗拉多州的美国陆军普韦布洛化学仓库中的化学武器库存,至此,美国销毁了最后一批化学武器,履行完毕《禁止化学武器公约》的相关义务,结束了军事史上的重要一章。

第十篇　建设世界一流企业的中国交建

吕　淼

中国交通建设集团有限公司（简称"中国交建"）是首次被选入10强名单的建筑企业。这家企业的历史可以追溯至清道光二十八年，2006年由中国交通建设集团有限公司（以下简称"中交集团"）独立设置而起步，目前已在沪港上市，公司总资产超万亿，被称作"特大型中央企业"。

根据美国ENR，中国交建从2007起连续16年荣膺ENR全球最大国际承包商中国企业第1名，从2016年起稳居全球工程承包商的前4名。根据2023年最新报告，中国交建列全球第3名，仅次于法国万喜集团（简称万喜）和西班牙ACS集团（简称ACS）。

中国交建2016~2022年主要数据　　表1

	2016年	2019年	2022年	2016~2022年均增长率/%
营业收入/亿元（人民币）	4317.4	5547.9	7202.8	8.9
营业利润/亿元（人民币）	212.3	265.9	309.5	6.5
归属母公司的净利润/亿元（人民币）	167.4	201.1	191.0	2.2
总资产/亿元（人民币）	8014.6	11204.0	15113.5	11.2
净资产/亿元（人民币）	1869.7	2963.8	4261.8	14.7
员工/人	118765	124457	136506	2.4
全资、控股子公司/家	37	36	32	-2.4
ENR排名	3	4	3	—

数据来源：中国交建官网、ENR国际排名

注：摘录ENR排名非当年排名，而是基期排名

一、有着百年发展历史的年轻建筑企业

中国交建是一家有着悠久历史的年轻企业。所谓历史悠久，即以中国交建旗

下疏浚集团的前身——天津海河工程局计算，至今已有125年的发展历史；称其年轻，即以2006年经中交集团独家发起设立开始计算，中国交建成立不过17周年。

1. 125年的传承

（1）百年老店。中交集团前身可追溯至1897年成立的海河工程局。清光绪二十三年（1897年）初由直隶总督兼北洋大臣王文韶提出动议，经清政府批准成立海河工程局。这是全国首家专业疏浚机构，也是由它开启中国疏浚产业的发展历程。

海河工程局存续的51年间，对海河航道疏浚、大沽沙航道治理、海河破冰、吹填造陆、发展现代疏浚技术等方面贡献突出，为天津成为当时中国第二大工商业城市发挥了不可替代的作用。

其中，最瞩目的是海河河道裁弯取直工程。1901～1923年，海河工程局先后对海河进行了六次裁弯取直，累计缩短河道26.6公里，海河的通航能力有了明显的提高。像1903年开始的第三次裁弯取直工程，直接消除了低坟头河湾、美点湾及白塘口湾等三个妨碍航行最严重的河湾，"广济"号轮船从大沽口到天津港航程缩短了1小时；1911年开始的第四次裁弯取直工程则首次使用了现代化挖泥机械——从荷兰引进的"北河号"链斗挖泥船和天津机器局自行设计制造的抓斗式挖泥船。这次裁弯工程后，吃水4.58米的"昌升"号货轮可顺利通过海河，这也是有记载以来通过海河航道吃水最深的船只。

几经变革，海河工程局最终"浓缩"进中交集团旗下全资子公司中交疏浚（集团）股份有限公司。

（2）强强联合。2005年12月，中国港湾建设（集团）总公司（CHEC）（以下简称"中港集团"）与中国路桥（集团）总公司（CRBC）（以下简称"路桥集团"）以新设合并方式重新组建中交集团。

合并前，中港集团和路桥集团分别为国内水运和路桥主力军。中港集团前身为1980年成立的中国港湾工程公司，是国内航道建设、航道疏浚的主要力量。1997年，中港集团正式挂牌运营，承建大中型港口、航道工程、沿海吹填造地工程和船坞、船台等市政建设工程。合并前，曾承担建设毛里塔尼亚友谊港、马耳他30万吨干船坞等知名工程项目，在当时的14家中央建筑施工企业中排名第五。路桥集团前身最早可追溯至1958年中国交通援外办公室的成立，彼时承担政府对外援助项目的建设。1979年，正式成立中国路桥工程公司，进入国际工程承包市场。路桥集团承建了众多技术含量高、附加值大、极具影响力的公路与桥梁工程，包括伊拉克摩苏尔四桥、香港西九龙高速公路北段、肯尼亚 A109 国道、印尼马都拉大桥等。在当时的 14 家中央建筑施工企业中，路桥集团排名第七。

2005 年，为解决同业竞争、重复建设等现象，响应国资委重组改革号召，两家公司强强联合重组为中交集团，合力赶超国内外的第一梯队。2005 年 5 月，中港集团和路桥集团共同向国资委提交合并重组的请示；7 月，国资委正式批准设立中交集团；9 月 21 日，国资委宣布中交集团领导班子，重组工作全面启动。

在新老公司的资产划转和在建合同的变更工作中，中交集团对主营业务进行了全面梳理，对重叠和交叉的业务板块进行重新设计，形成了基建、设计、疏浚、装备制造、海外和投资等六大板块。同时，为了保住原中港集团和路桥集团在国际市场上的品牌影响力和企业信誉，中国交建将两集团的海外业务剥离，成立全新的中国港湾工程有限公司（以下简称"中国港湾"）和中国路桥工程有限公司（以下简称"中国路桥"），分别承继 CHEC、CRBC 两个国际知名品牌，作为新集团的子公司和海外竞争平台。

（3）两地上市。完成战略重组后，如何实现中交集团做强做大，从而产生强联强变更强的聚合效应，是摆在决策层面前的重要课题。在全面分析内外部环境和重组企业发展优劣势的基础上，中交集团最终确定了"独家发起，整体上市"的改革思路。

中交集团在成立不到 9 个月的时间里，按照国际标准完成了重组改制、土地评估、物业评估、资产评估、H 股上市国内审批、招股说明书、H 股上市境外审批和股票销售等大量工作。2006 年 10 月，中交集团以全部主营业务及 99.47% 的总资产作为投入，独家发起创立了中国交建。12 月 15 日，以中交股份的名称在中国香港成功上市，以每股 4.6 港元发行 40.25 亿 H 股，募集资金约 180 亿元人民币。首次港股上市无疑是非常成功的，创造了多项纪录：2006 年全球十大 IPO 之一、全球基建公司有史以来最大的 IPO，等等。

2010 年底，基于扩充产能、布局海外的实体战略需求及偿还银行 20 亿元人民币贷款的现实需要，中国交建启动回归 A 股。但遗憾的是，中国交建此次回归 A 股整体上市遭遇滑铁卢，原本 2011 年 9 月过会时，中国交建计划发行不超过 35 亿股 A 股，募资金额为 200 亿元人民币；但因 A 股市场的持续低迷等原因，中国交建无奈选择缩股上市，实际上首次在上交所仅发行 16 亿股，融资规模缩减 3/4，募集资金约 50 亿元人民币。

当前，中国交建的实控人仍是国资委，由母公司中交集团直接持有公司 57.99% 的股权，公司下设 32 家主要全资 / 控股子公司，涉及基建建设、基建设计、疏浚业务等6个领域。

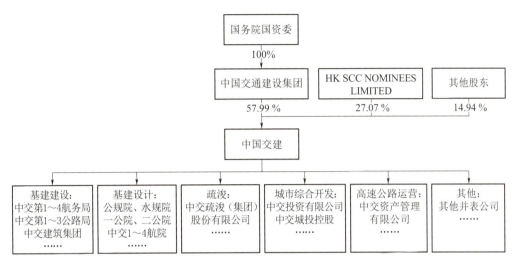

图1 中国交建股权架构

资料来源：中国交建公告、爱企查、同花顺iFinD、课题组整理

注：中交第1~4航务局指中交第一、二、三、四航务工程局有限公司，中交第1~3公路局指中交第一、二、三公路工程局有限公司，公规院、水规院、一公院、二公院指中交公路规划设计院、水运规划设计院、第一公路勘察设计研究院、第二公路勘察设计研究院有限公司。中交第1~4航院指中交第一、二、三、四航务工程勘察设计院有限公司

（4）从工到商。基于国内基建市场趋于饱和的背景，中交集团于2013年全面推进"五商中交"战略部署，即，从一头独大的"承建商"，向总揽全局的"承包商""投资商""发展商""集成商"转型。

根据五商中交的业务布局，将原先"以子公司为单一市场开发主体"经营模式转变为"职能部门+事业部+区域总部+子公司"模式，构建由事业部、区域总部与子公司"三驾马车"共同开发的业务发展责任体系。像子公司中国交建设有综合管理、监督保障等职能部门；在事业部下面又设有投资事业部、装备制造海洋重工事业部、路桥轨道交通事业部等；在华南区域、京津冀、西北区域等片区均设有区域总部。

五商战略的引领下，中国交建逐步向投建营一体化综合服务商的角色转变。至2022年底，公司来自基础设施等投资类项目确认的合同额为2116.3亿元人民币，预计可以承接的建安合同金额为1835.8亿元人民币，撬动建安比例为86.7%。如中交海建泰州内河港兴化港区城南作业区码头一期工程PPP项目，就是典型的投建营一体化项目。前期由中交海建持股80%，政府方代表江苏四通现代物流有限公司持股20%；2018年由中交海建兴化项目部负责建设项目7个1000吨级泊位和堆场、道路、仓库等生产及辅助生产建筑物等内容，2020年这个项目正式进入了运营期，兴化地区也实现从有河无港到江海河联运的跨越。

2. 三大主业

中国交建的三大核心主营业务分别是基建建设、疏浚业务、设计业务。2022年的财报数据显示，基础设施建设业务营收占比最高，为6327.1亿元人民币，占主营业务收入的比重为87.8%；疏浚业务其次，营收509.4亿元人民币，占比7.1%；设计业务最末，营收482.1亿元人民币，占比6.7%。

中国交建历年营业收入结构　　　　　　表2

年份		2016年	2017年	2018年	2019年	2020年	2021年	2022年
公司营业总收入/亿元（人民币）		4317.4	4828.0	4908.7	5547.9	6275.9	6856.4	7202.8
基建建设	营业收入/亿元（人民币）	3563.8	4086.7	4304.9	4908.1	5598.8	6074.1	6327.1
	营收占比/%	82.5	84.6	87.7	88.5	89.2	88.6	87.8
设计业务	营业收入/亿元（人民币）	263.3	269.7	315.6	379.5	400.0	475.9	482.1
	营收占比/%	6.1	5.6	6.4	6.8	6.4	6.9	6.7
疏浚业务	营业收入/亿元（人民币）	302.7	340.9	327.7	344.5	382.4	428.5	509.4
	营收占比/%	7.0	7.1	6.7	6.2	6.1	6.3	7.1
装备制造	营业收入/亿元（人民币）	259.2	238.8	将振华重工转让给中交集团，不再拥有控制权				
	营收占比/%	6.0	5.0					
其他收入	营业收入/亿元（人民币）	59.0	74.8	124.3	86.0	116.4	145.1	181.5
	营收占比/%	1.4	1.6	2.5	1.6	1.9	2.1	2.5
其他业务	营业收入/亿元（人民币）	26.5	35.2	35.0	40.0	40.6	41.8	44.4
	营收占比/%	0.6	0.7	0.7	0.7	0.7	0.6	0.6

资料来源：同花顺iFinD，课题组整理

注：内部抵销和装备制造业务未计入统计

（1）基建建设。主要包括港口建设、道路与桥梁、铁路建设、城市建设、海外工程等。中国交建创造了诸多世界级水工、桥梁建设史上的"第一""之最"，比如参与建设的苏通长江大桥（全世界首座跨度超千米的斜拉桥）、上海洋山深水港（全世界第一大集装箱港）、港珠澳隧道工程（全世界首条深埋沉管隧道）、京沪高速铁路（全世界一次性建成线路里程最长、标准最高的高速铁路）等均达到了世界领先水平。

（2）疏浚业务。主要包括基建疏浚、维护疏浚、环保疏浚、吹填工程、流域治理以及与疏浚和吹填造地相关的支持性项目等。中国交建是中国乃至世界最大的疏浚企业，拥有世界领先、亚洲最大的耙吸式挖泥船"浚洋1"，已经完成广州港出海航道疏浚、长江黄金水道建设、马来西亚关丹新深水港疏浚及吹填工程等项目。

（3）设计业务。主要包括咨询及规划服务、可行性研究、勘察设计、工程顾问、工程测量及技术性研究、项目管理、项目监理、工程总承包以及行业标准规范编制等。近年公司较为重视前期策划咨询在基建市场开拓的牵引作用，比如围绕新能源港口建设，签约广西、广东、安徽等一批 LNG 码头升级改造项目；又如瞄准下沉市场，签约温州市、济南市、厦门市等地的乡村道路设计和建设项目。

3. 典型央企治理模式

（1）标准化的央企管理团队。中国交建设有"党委－董事会－经营班子"管理主体，围绕着党的领导，董事会负责公司决策和战略方向，经营层负责具体执行，这在央企里比较常见。

其中，董事会成员共 9 人，4 人为外部董事，占比超 1/3。下设战略与投资委员会、提名委员会、薪酬与考核委员会、审计与内控委员会四个专门委员会。

现任党委书记、董事长王彤宙，出生于 1965 年，是 2020 年被任命的。对他的舆情词条多为"拥有丰富的经营管理经验"。翻阅资料发现，在他之前的 32 年职业生涯里，至少化解过两次国企经营危机。第一次是 1991 年底，他接手债务债权紊乱的中建海南开发公司，用了 1 年多的时间，盘活了"东方洋"在内的一批债权项目，将公司的经营方向从房地产转到承包工程；第二次是 2018 年 7 月，他被紧急调任中国有色矿业集团，当时的中国有色涉及 10.86 亿元人民币的国有资产流失风险。或许正是因为这些过往经验，他被调任中国交建显得"水到渠成"。

（2）首次推出面向高管及核心骨干的股权激励机制。2022 年 12 月 15 日，中国交建首次发布《2022 年限制性股票激励计划（草案）》。草案拟向特定激励对象授予不超过 1.17 亿股限制性股票，其中，首次授予 9940 万股，预留授予 1760 万股，授予价格为 5.33 元 / 股。2023 年 5 月 5 日发布公告，公司限制性股票正式授予激励对象。首次授予对象包括副总裁、财务总监、董秘以及 665 名中层管理人员和核心骨干员工，获限制性股票数量分别为 35 万股、35 万股、30 万股及 9840 万股。同时，股权解锁条件也较清晰，除完成国资委 EVA 考核目标外，2023～2025 年净利润较 2021 年年复合增速需不低于 8%、8.5%、9%，加权 ROE 不低于 7.7%、7.9%、8.2%，有助于员工与公司之间形成"命运共同体"。

中国交建 2022 年限制性股票激励计划　　　　　表 3

姓名	职务	获授限制性股票数量 / 万股	占授予限制性股票总数比例 / %	占公司 A 股普通股总额比例 / %
朱宏标	财务总监	35	0.299	0.003
杨志超	副总裁	35	0.299	0.003
周长江	董事会秘书	30	0.256	0.003
中层管理人员和核心骨干员工（不超过 665 人）		9840	84.103	0.838
首次授予合计（不超过 668 人）		9940	84.957	0.846
预留		1760	15.043	0.150
合计		11700	100.000	0.996

资料来源：中国交建公告，课题组整理

二、在下行周期中逆势前行

从 ENR 榜单看，2016 年 250 家上榜企业总的营业收入达 1.4 万亿美元，2022 年则为 2.2 万亿美元，年均增速为 7.5%，若分别剔除中资建筑企业，年均增速则降至 −0.2%。而中国交建 2022 年承包总营收是 2016 年的 1.8 倍，年均增速高达 10.8%；虽然排位仍处第 3 位，但占榜单总营业收入的比重却从 2016 年的 5.1% 提升至 2022 年的 6.1%，尤其是在国际营收上与西班牙巨头 ACS 的差距从 114.0 亿美元缩小至 106.0 亿美元，可见这些年中国交建还是保持较快增长的。

ENR TOP 250 全球前五位建筑商近年变化情况　　　　　表 4

2016 年前五位建筑商			2022 年前五位建筑商		
排名	名称	国际营业总额 / 百万美元	排名	名称	国际营业总额 / 百万美元
1	西班牙 ACS	32598.2	1	法国万喜	35658.0
2	德国豪赫蒂夫	22927.0	2	西班牙 ACS	34137.5
3	中国交建	21201.0	3	中国交建	23526.5
4	法国万喜	17367.3	4	法国布依格	20806.0
5	美国柏克德	16406.0	5	奥地利斯特拉巴格	15786.0

数据来源：ENR 国际排名，课题组整理

从历年财报公布的营收情况看，2016~2022 年，中国交建整体营业收入从 4317.4 亿元人民币增至 7202.8 亿元人民币，年均增长 8.9%，增长情况好于国内 58.7%

的建筑上市企业。哪怕是疫情三年，公司营收也只放缓 1.6 个百分点，2020~2022 年营收年均增速为 7.1%，好于国内 57.7% 的建筑上市企业。

2016~2022 年中国交建及国内建筑上市企业营收情况　　　　表 5

年份	2016 年	2017 年	2018 年	2019 年	2020 年	2021 年	2022 年
中国交建营收/亿元（人民币）	4317.4	4828.0	4908.7	5547.9	6275.9	6856.4	7202.8
国内建筑上市公司营收均值/亿元（人民币）	433.5	468.9	507.6	584.6	665.7	769.4	828.4
营收倍比关系	996.0	1029.6	967.1	949.0	942.8	891.1	869.5

数据来源：中国交建年报、同花顺 iFinD，课题组整理

1. 基建建设主业优势突出

三个主营业务板块中，基建建设是中国交建最为牢靠的业务支撑。2022 年，这一板块的营收 6327.1 亿元人民币，是设计业务板块的 13.1 倍、疏浚业务板块的 12.4 倍；与 2016 年相比，基建建设全年营收增长 77.5%，占公司营收的比重从 82.5% 升至 87.8%，增加 5.3 个百分点，新签合同额从 2016 年的 6124.2 亿元人民币提升至 2022 年的 13670.7 亿元人民币，占全公司的合同总额比重从 83.8% 提升至 88.6%，增加了 4.8 个百分点。七年里，中国交建参与建设港珠澳大桥、川藏铁路（雅安—林芝段）、宁波舟山港主通道、京雄城际铁路等国家级重点项目，核心主业优势非常突出。

中国交建各业务板块营收及订单情况　　　　表 6

类别	2016 年		2022 年	
	营收/亿元人民币	新签订单/亿元人民币	营收/亿元人民币	新签订单/亿元人民币
基建建设	3563.8	6124.2	6327.1	13670.7
设计业务	263.3	385.7	482.1	549.0
疏浚业务	302.7	395.4	509.4	1066.5
其他业务	85.5	402.8	225.8	136.3
合计	4317.4	7308.0	7202.8	15422.6

数据来源：中国交建年报、同花顺 iFinD，课题组整理

但值得注意的是，疫情三年里，公司基建业务的营收增速确实放缓了，年均增速从 2016~2019 年的 11.3% 下降至 2020~2022 年的 6.3%，下滑 5 个百分点。相比于国内，海外地区的基建业务在疫情期间影响更为严重，2020~2022 年的年均增速仅有 1.7%，低于国内 22.6 个百分点。部分在建项目几乎停摆，塞尔维亚的

E763 高速公路在 2020 年初因为施工和管理人员无法到岗,停工 3 个月有余;在菲律宾的大马尼拉地区,因实施强化社区隔离措施,B-I 桥项目被迫停止施工。但"抗疫"也恰恰给了这家央企新的市场机会,像火眼实验室、火神山医院、上海毛麻方舱医院等"抗疫"基础设施项目中国交建均有参与。

2020~2022 年中国交建部分抗疫类基建项目表　　　　　　表 7

序号	项目名称	建设年份	地区
1	新型冠状病毒应急检测实验室("火眼"实验室)	2020 年	武汉
2	火神山医院	2020 年	武汉
3	雷神山医院	2020 年	武汉
4	武汉日海厂区方舱医院	2020 年	武汉
5	上海毛麻方舱医院	2022 年	上海

数据来源:中国交建官网,课题组整理

至 2022 年底,中国交建基建建设业务在手订单合同额为 3.0 万亿元人民币,新签订单保障倍数为 2.2 倍,为未来业绩提供稳定支撑。像港口建设、路桥建设、铁路建设等新签合同额均保持连续 3 年及以上的增长,与行业对应的基建投资增速相比更优。此外,海外订单也开始回暖,2023 年一季度新签合同额为 834.2 亿元人民币,同比增长 35.3%,已达到 2019 年 1/2 的水平。

专栏　中国交建近期海外订单

1. 2023 年 4 月,中国路桥与乌干达铁路公司签署协议,修复从托罗罗到古卢的 375 公里的铁路线,为期 24 个月,协议金额为 4842 万欧元。这条铁路线将连接乌干达东部的托罗罗和北部的古卢市,对乌干达的经济发展和区域互联互通至关重要。

2. 2023 年 6 月,由中国交建子公司 John Holland 领导的联合体获得澳大利亚墨尔本郊区梅德斯通建造有轨电车车辆段合同,目前合同已完成签署。该项目是澳大利亚维多利亚州历史投资额最高的 900 亿澳元交通基础设施项目的一部分,将在施工、持续维护以及材料和服务供应方面创造约 280 个当地就业机会,计划将于 2026 年投入运营。

3. 2023 年 7 月,中国路桥签署肯尼亚瑞茹塔至恩贡通勤米轨铁路项目合同。瑞茹塔至恩贡通勤米轨铁路项目连接内罗毕城区西部的瑞茹塔(Riruta)社区和内罗毕西南部卫星城镇恩贡(Ngong),全长 12 公里,设 4 座客运车站。该项目由公司以 EPC 总承包模式承建,是公司在肯尼亚承建的首条城市通勤铁路项目。

4. 2023年6月，中国交建中标坦桑尼亚达累斯萨拉姆快速公交系统BRT项目和姆尼瓦他-马萨斯公路项目。姆尼瓦他-马萨斯公路项目是坦桑尼亚2020~2025国家道路网发展规划的重要组成部分。项目完工后将极大提高坦桑尼亚南部地区矿产以及经济作物的出运能力。

5. 2023年1月，中国港湾与华电海外投资有限公司、老挝彭莎塔维集团有限公司完成了老挝博拉帕600MW及勘格700MW风电项目合作开发谅解备忘录的签署，标志着项目取得了阶段性进展。该项目2个风场分别位于老挝中南部甘蒙省博拉帕县及中部波里坎塞省勘格县，靠近越老边境，2个风场的总装机容量为1300MW，总投资约20亿美元。

2. 城市建设渐成新增长点

城市建设是近年公司的新增长点。从历年新签合同额看，城市建设类的合同额增加最多，从2016年的1145.3亿元人民币增至2022年的6789.81亿元人民币，增长了近5倍；2022年城市建设新签合同额在基建建设业务中占比首次超过50%，较原先合同金额最高的道路与桥梁建设高出23个百分点。

图2 基建建设业务新签订单结构

数据来源：中国交建年报，课题组整理

城市建设板块的"高歌猛进"跟近年国家推行新型城镇化建设这一战略有关。国内建筑业市场已经逐步从增量市场转向存量市场，掘金城市更新整个市场，明显会有利于中国交建等一批央企开拓第二个增长空间。不同于民营建筑公司，中国交建参与的城市建设项目主要服务于公共配套设施的改善，如政策性安居房建设、老旧小区改建、地下空间综合开发、产业园区建设运营等等。

按照中国交建在城市建设领域的订单类型划分，房屋建筑新签合同金额最高，合同金额从 2021 年的 1330 亿元人民币提升至 2022 年为 2241 亿元人民币，占比高达 33%；市政工程、城市综合开发其次，2022 年合同额分别为 1358 亿元人民币、1222 亿元人民币，占比分别为 20%、18%。

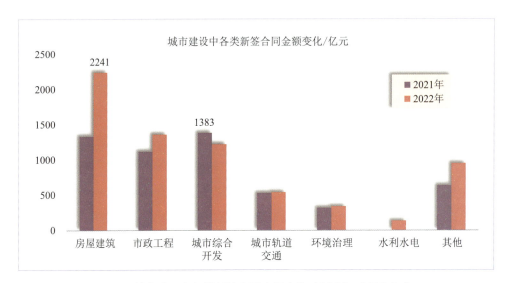

图 3　城市建设中各类新签合同金额变化（2021~2022 年）

数据来源：中国交建年报

房屋建筑方面，主要是参与政府民生房建领域的建设。2020~2022 年，签约杭州市富阳区银湖（2020 年）、海口（2021 年）、上饶（2021 年）、洛阳（2021 年）、雄安（2022 年）、成都（2022 年）等多地安置房。

市政建设方面，主要是完善城市公共配套设施建设，包括地下空间综合开发、管网改造、医教设施建设等。2020~2022 年，落地大连长兴岛精细化工园区（2021 年）、宁德锂电车里湾园区（2021 年）、武汉市两湖隧道工程（2022 年）、宁波市鄞州区交通道路改造（2022 年）等一系列市政基础设施项目。

城市综合开发方面，主要由中交投资、中交城投两个子公司以"投资+EPC"模式实施，盈利方式为投资城市综合开发、房地产开发、基础设施建设等，于项目中主要获取投资与运营收益。目前在手的订单有珠海市横琴新区综合开发、金华中央创新区、温州浙南科技城、彭州濛阳新城等一批百亿级大型项目。

部分城市建设项目表　　　　　　　　　　　　表 8

序号	类别	项目名称	金额/亿元（人民币）
1	房屋建筑	山东省聊城高新区职教中心建设项目	125.0
2	市政工程	张家港市高铁新城基础设施及公共建设配套投资建设 EPC 项目	208.5
3	城市综合开发	浙江省温州浙南科技城北片区综合开发项目	203.0
4	城市轨道交通	深圳市沿江高速前海段与南坪快速衔接工程 EPC 项目	159.0

数据来源：中国交建年报，课题组整理

3. 研发费用持续增加

建筑行业本身是个"高周转低利润"的行业。为挤出利润空间，中国交建一直在降低公司整体的经营费用。2022 年费用率为 2.8%，较 2016 年降低约 5.5 个百分点，其中下降幅度最大的为管理费用率，从 2016 年的 6.4% 降至 2022 年的 2.7%，财务费用率也较最高峰的 2017 年下降 1.7 个百分点。

图 4　中国交建 2016～2022 期间费用情况

数据来源：中国交建年报，同花顺 iFinD，课题组整理

但公司的研发投入一直保持稳定增长。主要数据显示，2022 年研发费用达 234.0 亿元人民币，是 2018 年的 2.3 倍，是宁德时代的 1.5 倍，是海康威视的 2.4 倍，研发费用率自 2020 年以后一直保持在 3% 左右的水平。研发投入强度也从 2018 年的 2.1% 提升至 3.3%，专门成立了科技创新暨关键核心技术攻关领导小组，着力解决国内"卡脖子"技术问题。

如，港珠澳大桥，中国交建通过深海高精度碎石整平、深基槽高精度清淤、深海隧道沉管定位安装等技术装备，完成 6.7 公里长的海底隧道建设。同时，凭借复杂环境下快速成岛技术及装备，完成两个 10 万平方米的人工岛建设，奠定了其在世界海洋岛礁建设中不可替代的地位。2018 年这座世界最长跨海大桥终于竣工，被英国大公报称为"现代史上的第七大奇迹"。

再如，成功研制"天鲲号"，实现了重型自航绞吸船关键技术的突破，掌握了泥泵封水泵、智能海水冷却系统、气动减震系统、海水淡化装置及折臂吊机等核心技术，填补了我国自主设计建造重型自航绞吸船的空白。过去 7 年里，公司还接到菲律宾马尼拉湾帕赛吹填项目、阿联酋阿布扎比疏浚吹填工程等订单，验证了"天鲲号"全球适配的疏浚能力。

此外，中国交建还在高原冻土、离岸深水港、深埋沉管隧道、长大桥建设、水下隧道、公铁两用桥施工、深水沉管隧道、风电基础安装施工等领域取得了一系列重大科技成果。目前，公司的长大桥工程研究中心和疏浚技术装备研究中心已入选国家科技创新基地，是唯一一家拥有 2 个国家工程研究中心的建筑业央企。

4. 资产负债结构改善

受长期垫资建设等因素影响，中国交建负债压力一直较大。但近年公司资产负债水平逐年向好，资产负债率从 2016 年的 76.7% 起连续下降至 2022 年的 71.8%，下降 4.9 个百分点；随着负债率下降，财务费用也在减少，2022 年财务费用率首次转负。

图 5　中国交建资本开支与资产负债情况

数据来源：同花顺 iFinD，课题组整理

主要是得益于现汇项目规模的提升。近年，公司加大"现汇"项目的规模，导入 G1816 乌海至玛泌合作至赛尔龙端高速、重庆垫丰武高速、福州机场第二高速等数十个现汇公路项目，至 2022 年公司经营性流出现金流，为 7099 亿元人民币，较 2016 年增加 3276 亿元人民币；应收账款周转天数为 50.32 天，较 2016 年减少 11.08 天，可见现汇项目规模的提升有效优化了公司的资产质量。

中国交建还通过发行优先股以及债转股等多种方式融资，盘活历年积攒的特许经营类存量项目。像 2021 年，公司通过上交所公布 PPP 项目 1~20 期资产支持专项计划，债券类别为 ABS，募得资金 200 亿元人民币；2022 年，公司首次发行华夏中国交建 REIT，标的为武汉至深圳高速公路嘉鱼至通城段的特许经营权，成功募到资金 93.99 亿元，等等。此外，近年来对回款周期长的 BOT 类项目投资力度明显放缓，BOT 类的特许经营项目的资本性支出已经由高峰期 2017 年的 341.7 亿元人民币缩减至 2022 年的 248.8 亿元人民币。截至 2022 年底，公司特许经营权存量资产降至 2234 亿元人民币，较 2021 年下降 80 亿元人民币。

三、千方百计寻找下一个盈利点

国内市场基建行业内卷严重，即便是央企老大哥也开始寻找新的盈利点，可以简单概括成一句话："向外找增量市场、在内求存量变现"。

1. 扩张"一带一路"沿线基建业务

若追溯历史，从 1958 年援外工程建设算起，中国交建有 65 年的海外基建史。2013 年，"一带一路"倡议提出，公司便紧跟国家"走出去"步伐，构建"一体两翼"国际化经营体系，以海外事业部为统领、子公司中国港湾和中国路桥为平台，积极拓展"一带一路"沿线国家（地区）的基建市场。

尽管近年受美国商务部制裁、新冠疫情等事件影响，公司海外承接业务和工程履约都面临较大的困难，但"一带一路"沿线国家（地区）新签订单数仍保持增长。截至 2022 年年底，中国交建在"一带一路"沿线国家新签合同额为 166.46 亿美元，占全年海外新签合同额近 60%。目前，已实施肯尼亚蒙内铁路、马尔代夫中马友谊大桥、巴基斯坦瓜达尔港、孟加拉"国父隧道"等百余个基建项目。

中国交建曾用"连心桥、致富路、发展港、幸福城"来总结概括这些年"一带一路"的建设心得，这也恰好是它的四种海外基建项目主要类型。

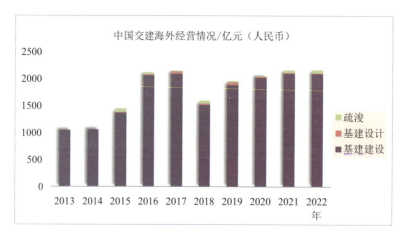

图 6　中国交建海外经营情况

数据来源：中国交建年报，课题组整理，2013、2014 财年没有披露基建建设和疏浚业务新签合同额

（1）连心桥，通过桥梁建设跨越隔阂和天堑。

如巴拿马运河四桥项目。巴拿马运河第四大桥为公铁两用斜拉桥，大桥主桥为双塔钢斜拉桥，桥长 840 米，主塔高 160 米，其中主跨 510 米，两侧边跨各 150 米，桥下净空高 75 米，总桥面宽度为 51 米，全长 6 公里。桥面北侧设置双向六车道公路，每条车道宽 3.65 米；南侧 16 米设置巴拿马地铁 3 号线的轨道及设施。桥塔呈倒"Y"型设计，斜拉索为半竖琴式布局。

马尔代夫中马友谊大桥项目。连接马尔代夫马累岛、机场岛及胡鲁马累岛，线路全长 2 千米，桥梁长度 1.39 千米，车道设置双向四车道，设计速度 60 千米/小时。马尔代夫地质条件复杂，部分区域存在珊瑚礁溶洞，因此开展的"珊瑚礁地质条件下大直径桩基承载性能研究及应用"科研成果被应用至中马友谊大桥项目建设中；"远洋深海珊瑚礁地层特大型桥梁建设关键技术"技术指标经评估已达到同类技术领域的国际领先水平。

（2）致富路，通过投资建设公路铁路帮助当地人民致富。

如柬埔寨金港高速公路。这是柬埔寨第一条高速公路，连接柬埔寨首都金边和最大深水海港西哈努克港（西港），采用中国设计及质量标准，全长 187.05 公里。金港高速公路通车后，金边到西哈努克港的车程从原来的 5 个多小时缩至 2 个小时以内。

蒙内铁路。这是肯尼亚共和国境内一条连接蒙巴萨与内罗毕的铁路，由中国按照国铁Ⅰ级标准帮助肯尼亚建设，是东非铁路网的组成部分，也是肯尼亚独立以来的最大基础设施建设项目。蒙内铁路全长约 480 千米，东起肯尼亚东部港口城市蒙巴萨，途经滨海省、东部省、内罗毕特区三省区，西至首都内罗毕。据初步估算，蒙内铁路对肯尼亚的GDP贡献率超过2%，创造了近5万个就业岗位，工作本地化率超过80%。

（3）发展港，通过港口投资建设打开所在国的门户。

如克里比深水港。这是喀麦隆第一大集装箱码头，是中部非洲地区的大型集装箱中转港及综合枢纽港。一期已于2014年建设结束，2018年开始运行，2022年总吞吐量达到27.78万标准箱。该港口给喀麦隆带去4600亿中非法郎（约7.6亿美元）的海关收入，并创造了3000个直接就业岗位。二期正在建设中。

瓜达尔港。这是巴基斯坦第三大港口，是东亚国家转口贸易及中亚内陆国家出海口。它距离全球石油供应的主要通道——霍尔木兹海峡仅400公里，中国有望开辟一条往新疆等西部地区输送能源的通道，降低我国的能源安全风险。

（4）幸福城，投资建设一批新城新区产业园工业区。

如科伦坡港口城。项目由中国交建与斯里兰卡国家港务局共同开发。规划建筑规模超过530万平方米，建设内容包括在首都科伦坡港口附近填海造地，建造一个包括高尔夫球场、酒店、购物中心、水上运动区、公寓和游艇码头在内的港口城。2014年9月项目开工，2019年1月已完成269公顷土地吹填。

"一带一路"沿线国家部分项目表　　　　表9

项目名称	金额/亿元（人民币）
美洲	
巴拿马跨运河第四大桥项目	102.6
墨西哥玛雅铁路项目一标段	56.2
秘鲁钱凯综合港口新一期项目	48.8
欧洲	
塞尔维亚污水处理项目	225.6
非洲	
埃及阿布基尔集装箱码头项目	25.6
几内亚科纳克里－马木－达博拉旧路改造项目	26.7
喀麦隆克里比－罗姆贝高速公路项目	47.0
马达加斯加纳林达深水港项目一期起步项目	89.4
马达加斯加塔塔收费高速公路EPC项目	211.3
尼日利亚巴卡西港项目一期工程	64.4
尼日利亚巴卡西港项目一期工程	64.4
尼日利亚拉各斯自贸区莱基深水港一期项目	71.0
尼日利亚马库尔迪至埃努古公路改扩建项目	67.2
塞内加尔姆布尔－考拉克（MBOUR-KAOLACK）EPC项目	74.3

续表

项目名称	金额/亿元（人民币）
乌干达东线及北线标准轨距铁路网项目	97.6
乌干达东线及北线标准轨距铁路网项目	59.0
亚洲	
菲律宾苏比克湾城市综合体 EPC 项目	68.5
菲律宾马尼拉滨海新城项目（一期 A 岛）	53.0
柬埔寨金港高速公路 BOT 项目	136.4
马来西亚东海岸铁路 EPC 项目（一期）	729.3
马来西亚南部铁路项目（金马士 – 新山）	44.0
泰国马达普工业港三期基础设施 EPC 项目	19.1
新加坡大士综合垃圾处理厂 EPC 项目一标段一期项目	75.1
新加坡污水处理厂基础设施项目 2A 标段	32.6

数据来源：中国交建年报

2. 以境外并购抢占市场和技术

作为具有中国政府背景的建筑企业，中国交建进入海外市场，尤其是欧美市场非常不容易。中国交建自 2010 年开始实施境外投资并购，2015 年后境外并购速度加快，一方面，通过收购海外资产，实现相应市场的属地化经营；另一方面，通过并购高能级企业，获取相关领域的专业技术及管理经验，延伸公司的业务环节和产业链条。经测算，至 2022 年境外并购项目累计金额约 75 亿元人民币。在基建建设、基建设计等领域并购次数较多，部分项目如下：

（1）收购 Friede Goldman。2010 年，中国交建以 1.25 亿美元（人民币 8.4 亿元）收购了美国 F&G 100% 股权。F&G 是世界最著名的海上钻井平台设计服务和装备供应商，拥有超过 65 年的海洋平台设计经验。完成收购后，中国交建拥有了国内唯一的海上钻井平台基本设计能力，并将自升式钻井平台、3000 米深半潜式钻井平台以及浮式采油系统等核心产品及专利技术收入囊中，自此在海工装备领域跻身世界前列。

（2）收购 John Holland。2015 年，中国交建以对价 9.5 亿澳元（人民币 45.3 亿元）的价格收购 John Holland 100% 股权。而此前，John Holland 的实际控制方为西班牙 ACS 集团，是澳大利亚唯一一家同时持有铁路运营和铁路基建管理执照的公司。完成对 John Holland 的收购后，中国交建实现了对澳洲高端市场的实质性进入，连续中标澳大利亚维多利亚州西门隧道工程、悉尼北部麦格里公园大型商业区项目、澳大利亚黄金海岸轻轨建设项目等，从单纯的海外基建承包商向投资、开发、建造一体化经营模式转型。

（3）收购 Concremat。2017 年，中国交建以 9300 万美元（人民币 7.2 亿元）完成对巴西本地最大工程咨询设计公司 Concremat 80% 股权的收购。Concremat 是一个延续 64 年的家族企业，合并后依然保持部分家族管理层持股，并更名为 CCCC-Concremat。作为中国交建在南美的属地化公司，CCCC-Concremat 从 2018 年起陆续中标多米尼加共和国蒙特格兰德大坝施工监理、多米尼加共和国圣地亚哥单轨电车监理、萨尔瓦多大桥设计和建设等项目，打开了寡头垄断、坚守难破的南美市场。

（4）收购 Mota-Engil。2020 年，中国交建以 1.7 亿欧元（人民币 13.3 亿元）交易对价收购 Mota-Engil 23% 股权。Mota-Engil 是一家总部在葡萄牙，业务覆盖欧洲、非洲及拉丁美洲 40 余个国家的工程建筑上市公司。参股投资后，双方着力推进第三方市场的合作竞标，比如联合中国中车（CRRC）组成的联合体在拉美区域市场上揽获墨西哥蒙特雷地铁 4、5、6 号线项目、哥伦比亚麦德林轻轨项目、墨西哥瓜达拉哈拉轻轨 4 号线项目等轨道交通项目订单。

中国交建近年境外并购情况　　　　表 10

时间	被并购企业	股权比重 / %	购买价格 / 亿元（人民币）	行业	所在国
2010 年	F&G	100.0	8.4	工程设计	美国
2015 年	John Holland	100.0	45.3	工程承包	澳大利亚
2016 年	SIS	65.0	0.8	工业材料	吉布提
2017 年	Concremat	80.0	7.2	设计咨询	巴西
2020 年	Mota-Engil, SGPS, S.A.	23.0	13.3	工程建造	葡萄牙

数据来源：中国交建年报、ifind，课题组整理

3. 加快推进清洁能源产业布局

近年，在碳达峰、碳中和的目标下，国资委要求各家央企大力发展大功率海上风电、高效光伏发电等清洁能源装备和新能源汽车等应用终端体系。

中国交建本来就在绿色能源领域有一定的发展基础。早在 2005 年，旗下子公司中交三航局就对海上风电市场进行了前瞻性研究。2008 年中标亚洲首个海上风电场——上海东海大桥 100MW 海上风电示范项目的建设，为绿色环保的上海世博会提供来自海上的绿电。此后，三航局参与了国内海风领域多个"首次"项目，占据我国海风施工约 60% 的市场份额。此外，公司近年在高速公路、港口设备领域均有应用绿色能源的探索和实践。

2022年，中国交建通过整合组建新的子公司，主要从海上风电、建筑光伏、水利电力三个方向发力，研究布局绿色能源相关的业务。

（1）海上风电。2022年5月，中交海峰风电发展股份有限公司成立，为中国交建控股子公司，由中交集团联合三峡集团、大唐集团、国家能源集团、远景能源等共同持股。子公司主要业务涵盖海上风电装备研发投资、运营维护、"海上风电+"等领域。2022年12月，海峰风电首台海上风电设备2500吨自航自升式安装船竣工，这是国内迄今起重能力最大的自升自航式风电安装平台。该安装船适用于砂性土、黏性土或类似地质作业，主要用于15MW及以上机组设备安装，可同时运载2套15兆瓦风机机组设备，最大作业水深70米，可进行无限航区航行，满足B级冰区航行。

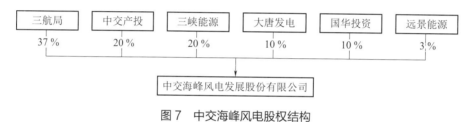

图7　中交海峰风电股权结构

数据来源：中国交建公告、同花顺iFinD，课题组整理

（2）建筑光伏。2022年6月，中国交建母公司中交集团，以投资平台中交产投与振华重工按7∶3的比例，共同出资约人民币2亿元人民币，设立中交建筑光伏科技有限公司，主要从事新能源电站投运和光伏设备销售等业务。

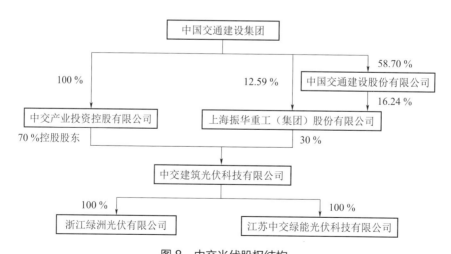

图8　中交光伏股权结构

数据来源：中国交建公告，课题组整理

（3）水利电力。2023年1月，三峡集团所属中国水利电力对外有限公司整体划转至中交集团。中水电为我国首批对外工程承包经营8家公司之一，主要从事全球水利水电、新能源基建。据不完全统计，中水电在海外运营9座水电站，包括柬埔寨基里隆Ⅰ、Ⅲ水电站，几内亚苏阿皮蒂水电站，老挝南立1-2水电站，尼泊尔上马蒂水电站等，合计装机容量1.25吉瓦。

4. 借力REITs盘活存量公路资源

高速公路资产，一般是由项目公司和政府通过签订《特许经营协议》确定特许经营权的收费期和权属，不存在关联交易和资产分割的问题，资产权属清晰。发行REITs（不动产投资信托基金，Real Estate Investment Trust）能为高速公路行业有效缩短投资回报周期、改善现金流、降低资产负债率等提供新的渠道。

目前，公司在手的特许经营权资产占比较高。从2007年开始承接基础设施等投资类项目开始计算，截至2022年末，公司无形资产规模达到2275亿元人民币，在总资产中占比15.1%。若进一步拆分，有特许经营权的资产在无形资产中的占比达到93.3%，在总资产中的占比达到14.0%。此外，2022年末公司进入运营期的特许经营权项目有33个，其中18个为各类公路项目，运营收入为70.5亿元人民币，净亏损19.5亿元人民币，亟待实现盘活。

特许经营权进入运营期项目（至2022年12月）　　　　　表11

序号	项目名称	累计投资金额/亿元（人民币）	本期运营收入/亿元（人民币）	收费期限/年	已收费期限/年
1	云南省新嵩昆、宣曲、蒙文砚高速公路	273.4	10.8	30	5.0
2	贵州省道瓮高速公路	265.9	6.6	30	7.0
3	贵州省江瓮高速公路	142.6	7.8	30	7.0
4	柬埔寨金边－西哈努克港高速公路项目	116.5	0.3	50	0.2
5	贵州省贵黔高速公路	91.9	3.8	30	6.0
6	贵州省沿德高速公路	75.3	1.1	30	7.0
7	贵州省贵都高速公路	74.5	4.5	30	11.8
8	陕西省榆佳高速公路	61.3	2.7	30	9.0
9	重庆永江高速公路	60.2	0.7	30	8.0
10	重庆丰涪高速公路	59.7	2.6	30	9.0
11	重庆丰石高速公路	55.9	1.4	30	9.0
12	首都地区环线高速公路通州至大兴段项目	54.9	3.0	25	4.5

续表

序号	项目名称	累计投资金额/亿元（人民币）	本期运营收入/亿元（人民币）	收费期限/年	已收费期限/年
13	广东省佛山广明高速公路	51.3	5.4	25	13.5
14	牙买加南北高速公路	50.5	3.0	50	7.0
15	福建省泉厦漳城市联盟路泉州段项目	50.1	0.7	24	2.0
16	湖北省武汉沌口长江大桥项目	48.6	2.2	30	5.0
17	肯尼亚内罗毕快速路BOT项目	39.9	0.9	27	1.0
18	湖北省咸通高速公路	31.3	1.0	30	9.0
19	其他	254.1	12.0	—	—
	合计	1857.9	70.5		

数据来源：中国交建年报

8家建筑央企里应该不乏这种待盘活的特许经营权资产，近年国内监管层正探索推进基础设施类项目以基金等方式募资。如2020年4月，证监会等发布的《关于推进基础设施领域不动产投资信托基金（REITs）试点相关工作的通知》明确，境内基础设施公募REITs试点正式起步，基础设施领域是重点，暂不涉及房地产。2021年12月，国家发改委发布了《关于加快推进基础设施领域不动产投资信托基金（REITs）有关工作的通知》，全国基础设施REITs试点项目库要做到项目"愿入尽入、应入尽入"；2022年5月，证监会指导证券交易所制定发布《新购入基础设施项目（试行）》，支持上市REITs通过扩募等方式收购资产，进一步促进基础设施融资打开通道，等等。

2022年4月，公司以湖北中交嘉通高速持有武汉至深圳高速公路嘉鱼至通城段特许经营权为基础资产，联合华夏基金管理有限公司发行上市首单REITs——华夏中交REIT，发行价格9.399元/份，募集基金份额10亿份，募集资金总额为93.99亿元人民币。该REITs出表后，中国交建偿还部分剩余银行贷款和长期借款，2022年二季度筹资活动现金流同比减少54亿元人民币，资产负债率环比下降3.4%，有效改善了资产状况。

华夏中国交建REIT关键要素说明表 表12

项目	说明
基金管理人	华夏基金管理有限公司
原始权益人	中交投资、中交二航局、中交二公院
底层资产	嘉通高速公路的收费公路权益
运营管理机构	中交投资及其子公司

续表

项目		说明
项目情况	项目名称	武汉至深圳高速公路嘉鱼至通城段项目
	所在位置	湖北咸宁
	资产类型	高速公路（特许经营权）
	资产区位	起于湖北省咸宁市嘉鱼县，止于咸宁市通城县，途经赤壁市、崇阳县等地
	建设规格	北段双向六车道，南段双向四车道
	剩余经营年限	南段（赤壁南互通至通城西互通）：24.12年，至2046年2月5日；北段（嘉鱼至赤壁南互通）：24.67年，至2046年8月27日
	公路全长	90.975公里
	资产估值	约98.32亿元人民币
基金类型		契约型、封闭式证券投资基金
募集规划		10亿份，其中战略投资者占75%
发售价格		9.399元
基金期限		基金期限封闭期40年
外部借款		13亿元人民币

资料来源：基金募集说明书，课题组整理

四、特大型建筑央企的若干发展经验

按照人类计算年岁的标准，中国交建还不能算家成年企业。但就是在短短的17年间，它能从激烈的市场竞争中脱颖而出，跻身国际建筑企业第一梯队，"聚焦主业、开放发展、创新首位"，或许是它独家的增长秘籍。

1. 适时断舍离，剔除与主业关联不强的部门

好的公司，一定是最专的，而非最全的。当企业组织规模不断扩张，业务种类也随之增多，但跨界脚步迈得太大，难免会增加内耗，此时企业必须要做减法。为强化基建这一主业，中国交建近年出售了一批优质资产给中交集团或其他兄弟单位，又将公司内部有冲突的部门重新整合，通过及时且适时的断舍离以优化公司业务结构。

（1）聚焦核心主业。根据前面分析，中国交建共有三个主营业务，其中基建建设业务是最核心的，营收占比超80%，其余两个分别是设计和疏浚业务。然而在2017年之前，公司还有第四个业务，以上海振华重工（集团）股份有限公司（以下简称"振华重工"）为代表的装备制造业务，范围主要包括集装箱起重机、散货装卸机械、海洋工程装备、重型钢结构及筑路机械设备等产品的研发和制造，

2017年该业务的营收占比5.0%。

此外，振华重工还是国内重型装备制造行业的代表企业，也是世界最大的港口机械和大型钢结构制造商。转让它的主要原因是，振华重工主要从事集装箱起重机、散货装卸机械等业务，与公司的基建业务协同性有限。2017年12月，中国交建将旗下振华重工的29.99%股份对价57.16亿元人民币转让中交集团，至此不再拥有控制权。基于年报披露的内容可以得知（扣除高速公路转让），2017年因转让资产造成的亏损最大，被售资产截止售前累计产生净利润2.6亿元人民币，累计产生的资产处置损益约32.6亿元人民币。

（2）整合重复性业务。目前，中国交建拟将旗下设计板块分拆上市，通过借壳中国建材旗下祁连山以实现业务重组，减少基建领域的同业竞争关系。2022年5月，公司发布重组预案，公司旗下公规院、一公院、二公院等3家设计院和中国城乡下属西南院、东北院、能源院等3家设计企业将各100%股权与祁连山100%股权进行置换。本次交易拟置出资产作价104.3亿元人民币，拟置入资产作价235.0亿元人民币，差额部分130.7亿元人民币由祁连山以发行股份的方式向中国交建和中国城乡购买。本次重组完成后，祁连山将持有6家设计院全部股权，并退出水泥行业，主要聚焦基建领域的勘测设计、工程试验检测、监理等业务。同时，完成分拆上市后，中国交建旗下的3家设计院将不再新增单独施工合同，有助于解决当前基建领域同业竞争问题。2023年3月，该方案已经获得国务院国资委批复。

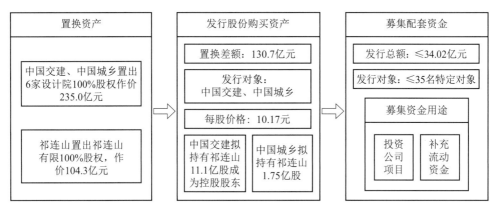

图9 中国交建、中国城乡与祁连山重组方案

资料来源：中国交建公告、同花顺 iFinD，课题组整理

此外，中国交建转出北京联合置业有限公司100%股权给子公司中交地产股份有限公司；完成内部天津航道局、上海航道局、广州航道局的整合，成立中交疏浚作为疏浚业务主体；转出中交机场勘察设计院有限公司100%股权转至中国民航机

场建设集团有限公司等，一系列断舍离的操作，旨在减少公司内部的同业竞争和资源内耗。

2. 国际化筹谋，建构海外属地化管理模式

大而强的跨国企业，通常是从业务国际化向公司国际化升维发展的，就像美国柏克德从委内瑞拉的石油管道业务走向世界，韩国现代建设从泰国的高速公路迈向全球。中国交建拥有65年的海外发展成熟历史，业务版图已扩至139个国家和地区，连续16年位列ENR全球最大国际承包商中资企业首位，是中资企业海外发展的典型样本。

（1）坚实强大的平台支撑。如此庞大的业务覆盖范围，其背后需要有强大的支撑，这是任何一个企业管理者必须要思考的问题，中国交建也不例外。中国交建以"一体两翼"为平台支撑，按照中国交建总部、平台公司、专业公司、驻外机构"四位一体"的海外运行机制组织实施国际化经营战略，形成了利益一体化的生态系统网络。

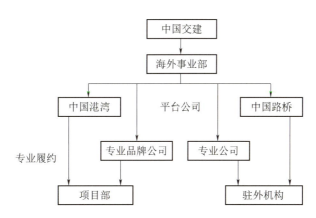

图10 中国交建"一体两翼"海外组织架构

数据来源：《大型建筑企业海外业务组织特点》

其中，"一体"指的是中国交建于2011年设立的海外事业部，主要负责海外业务的统领统筹，其管理范围是中国交建在境外开展的各项业务，管理事项包括境外投资、合法合规经营、项目管理、驻外机构设立、授权管理、外事外派管理；"两翼"指前面提及的中国港湾（CHEC）、中国路桥（CRBC）两家子公司，是海外业务具体接洽和实施的平台型企业。

这种统分结合的国际化经营运管模式，能够最大程度促进集团系统内30多家海外业务主体的产业链和业务资源形成协同，以平台为支撑、跨部门共同参与全球

业务的竞争，可实现公司整体利益最大化。

（2）强化属地经营管理。前面提及的境外并购，是中国交建切入海外市场的重要手段。通常，中国交建会利用收/并购的海外子公司建立属地经营网络——建立符合当地的公司管理制度，并且巧妙地调动周边资源。比如公司在巴西的CCCC公司，考虑到南美团队的控制性以及巴西当地的税负成本，将总部设在巴西，主要负责统筹运营和协调资源，不负责具体业务建设；区域总部则设在巴西周边的阿根廷、乌拉圭等国家，从事具体的基建业务建设。但具体的运营过程中，巴西总部可以为区域总部提供项目相关的工可研、投可研、概念设计等前期开发的专业技术职称，以及国别市场获得特许经营项目后的细化设计、施工监理、EPCM工程管理等专业服务。

同时，考虑到海外的人文环境和高效管理，公司也采取人才属地化对策——增加当地用工比重，就业本地化，进而积累大量的国际化人才资源。截至2020年底，中国交建常驻境外员工约9.6万人，其中外籍员工占比约70%，涉及区域高管、设计工程师、财务主管、客服翻译和操作工等岗位。

（3）充足的外汇资金保障。基建项目本身就是需要长期垫资的，而海外业务受制于国内外汇管制等因素影响，存在一定的断资风险。为了保证项目资金需求，2009年，中国交建成立了香港境外资金结算中心，开展经常项目外汇资金集中运用试点；2015年，公司又在维京群岛设立资本管理公司，于同年成功发行11亿美元高级永续债；2020年再次成功发行20亿美元双年期结构次级永续债。两次发债补充了公司境外经营所需的流动资金，降低了国际化业务断供的金融风险。

3. 创新排第一，原始创新与创新共享并行

面对日新月异的发展变化、日趋激烈的竞争态势，建筑承包商们如何安身立命、实现可持续的发展，唯一的"不变之道"就是以变应变、以新应新。作为国内建筑企业的龙头老大，中国交建必然得有买不来、仿不来的独门绝技，同时又能带动行业内的大中小企业共享共用它的创新成果。

（1）搭建创新平台体系。中国交建已建成涵盖企业科技创新全生态的"三级四类"平台体系，"三级"是指国家级、省部级、集团级等三个等级，"四类"包括研究中心、重点实验室、企业技术中心、野外观测研究站（基地）等四类151个创新平台。

如，以一公院为依托的"高寒高海拔地区道路工程安全与健康国家重点实验室"是中交集团首个获批的国家级重点实验室，也是我国目前唯一一家以企业为依

托研究高原冻土的国家级重点实验室。它的前身为"青藏公路科研组",长期在青藏高原服务,开创了我国冻土工程研究方法与测试技术,奠定了我国冻土工程的研究基础;创建了公路冻土工程理论和沥青路面及路基稳定性关键技术、多年冻土地区公路设计与施工关键技术等技术体系,填补了世界在多年冻土地区修筑沥青公路的技术空白。

又如,由一公院联合青海省交通科学研究院建设的青海花石峡冻土公路工程安全国家野外科学观测研究站,积累了长达47年的冻土环境与工程病害连续观测和试验数据,形成了"一站两廊三场"的冻土工程综合科学观测试验体系,是国际冻土工程界不可替代的野外观测数据源。

再如,被纳入国家科技创新基地新管理序列的疏浚技术装备国家工程研究中心,长期聚焦疏浚技术装备关键核心技术研发及成果转化,在海洋权益维护等方面发挥了重要的作用。近年来,疏浚中心牵头编制了我国在疏浚领域所有的国际标准,攻克了世界级疏浚领域系列"卡脖子"难题。

据2022年年报显示,中国交建已累计获得国家科技进步奖40项,国家技术发明奖5项,鲁班奖126项,国家优质工程奖362项(含金奖43项),詹天佑奖105项,中国专利金奖2项,中国专利优秀奖33项,无愧是国内建筑行业的创新龙头。

(2)推进行业内的创新共享。如比亚迪在第500万辆新能源汽车下线的发布会上所说,"在一起,才是中国汽车!"中国建筑何尝不是如此,作为行业内的创新龙头,中国交建也带领国内大中小企业共同创新。至2022年12月底,中国交建累计有37项发明专利是与国内企业、高校院所共同申请的,其中有22项专利是与下属子公司共同申请的,如"用于激发悬浮隧道模型整体振动的试验装置及试验方法",是和中交公规院共同创建的,港珠澳大桥建设中便使用了此项专利;有19项专利是与国内高校院所共同申请的,如"一种物理模型试验过程智能化控制方法及系统",是和大连理工大学共同创建的,工程师可通过相应的远程可视化终端对现场进行实时监控,并根据相应的统计分析结果对现场进行反馈控制;有26项是与国内建筑类企业共同申请的,如"一种大断面隧道一次起爆方法",是和中铁二局集团成都新技术爆破工程有限公司等公司共同创建的,具有施工效率高、起爆次数少等优点。

中国交建专利授权应用情况　　表 13

序号	专利名称	申请人	申请时间
1	一种大断面隧道一次起爆方法	山东科技大学；青岛市西海岸轨道交通有限公司；青岛市政空间开发集团有限责任公司；中国交通建设股份有限公司；中铁二局集团成都新技术爆破工程有限公司	2021
2	一种控制隧道爆破飞石的限飞洞钻爆方法	山东科技大学；中国交通建设股份有限公司；中铁二局集团成都新技术爆破工程有限公司；陕西陕煤韩城矿业有限公司桑树坪煤矿；青岛市政空间开发责任有限公司	2021
3	一种物理模型试验过程智能化控制方法及系统	中国交通建设股份有限公司；大连理工大学	2019
4	一种中空孔直眼掏槽三次爆破方法	山东科技大学；中铁二局集团成都新技术爆破工程有限公司；青岛市政空间开发责任有限公司；中国交通建设股份有限公司；河北飞瀑环保科技有限公司	2021
5	悬浮管体激励试验的试验装置及试验方法	中国交通建设股份有限公司；大连理工大学	2019
6	用于激发悬浮隧道模型整体振动的试验装置及试验方法	中国交通建设股份有限公司；中交公路规划设计院有限公司	2019
7	一种人工岛接力延伸的斜拉锚碇式悬浮隧道结构	中交第三航务工程局有限公司；中国交通建设股份有限公司	2020
8	一种水下斜拉式悬浮隧道的顶推工艺	中交第三航务工程局有限公司；中国交通建设股份有限公司	2020
9	一种基于系缆力计算浮式结构物运动量的方法	大连理工大学；中国交通建设股份有限公司	2019
10	一种水下斜拉式悬浮隧道结构	中交第三航务工程局有限公司；中国交通建设股份有限公司	2020
11	一种水下斜拉式悬浮隧道的接岸结构	中交第三航务工程局有限公司；中国交通建设股份有限公司	2020
12	一种水中悬浮管体水下撞击试验装置及试验方法	中国交通建设股份有限公司；大连理工大学	2019
13	一种利用亭式支架处理隧道塌方的方法	山东科技大学；中国交通建设股份有限公司；青岛市西海岸轨道交通有限公司；青岛第一市政工程有限公司；河北飞瀑环保科技有限公司	2020
14	一种利用接顶式盾板支架处理隧道塌方的方法	山东科技大学；中国交通建设股份有限公司；青岛市西海岸轨道交通有限公司；青岛第一市政工程有限公司；河北飞瀑环保科技有限公司	2020
15	一种承载结构件、支座、接头组件以及管节组件	中国交通建设股份有限公司；中交公路规划设计院有限公司；中交武汉港湾工程设计研究院有限公司；上海振华重工（集团）股份有限公司	2017
16	一种用于外海沉管保障的海洋预报系统	国家海洋环境预报中心；中国交通建设股份有限公司	2017
17	四翻翻车机	中国交通建设股份有限公司	2018

续表

序号	专利名称	申请人	申请时间
18	一种用于沉管隧道的管节接头防火构造及施工方法	中国交通建设股份有限公司；中交公路规划设计院有限公司	2017
19	沉管隧道最终接头及预制方法、安装方法	中国交通建设股份有限公司；中交公路规划设计院有限公司	2017
20	基于BIM的公路参数化自动建模方法和系统	中交宇科（北京）空间信息技术有限公司；中国交通建设股份有限公司西北分公司	2015
21	一种波形钢腹板组合箱梁及其施工工艺	西安公路研究院；湖南大学；中国交通建设股份有限公司西北分公司	2014
22	一种波形钢腹板组合肋梁及其施工工艺	湖南大学；西安公路研究院；中国交通建设股份有限公司西北分公司	2014
23	沉管隧道用半刚性管节	中国交通建设股份有限公司；中交公路规划设计院有限公司	2013
24	一种沥青混合料试验夹具及其使用方法	北京建筑大学；中国交通建设股份有限公司西北分公司	2011
25	箱梁/T梁的无粘结预应力与钢砼组合加固构造及施工方法	西安公路研究院；中国交通建设股份有限公司西北分公司	2013
26	一种耙吸挖泥船扇形艏喷定位控制方法	中交天津航道局有限公司；中国交通建设股份有限公司；江苏科技大学；镇江市亿华系统集成有限公司	2013
27	一种动力定位半实物仿真方法	中交天津航道局有限公司；中国交通建设股份有限公司；江苏科技大学；镇江市亿华系统集成有限公司	2013
28	一种动力定位船推力辨识方法	中交天津航道局有限公司；中国交通建设股份有限公司；江苏科技大学；镇江市亿华系统集成有限公司	2013
29	一种船舶动力定位控制方法	中国交通建设股份有限公司；中交天津航道局有限公司；江苏科技大学；镇江市亿华系统集成有限公司	2013
30	一种耙吸挖泥船耙管拖拽力检测方法	中交天津航道局有限公司；中国交通建设股份有限公司	2013
31	耙吸挖泥船功率控制系统及功率调节方法	中交天津航道局有限公司；中国交通建设股份有限公司	2011
32	电化学沉积的二氧化锰参比电极及其制备方法	中交四航工程研究院有限公司；中国交通建设股份有限公司；哈尔滨工业大学；中交第四航务工程局有限公司	2009
33	利用胶囊台车顶升出运沉箱的方法	中交一航局第二工程有限公司；中国交通建设股份有限公司	2009
34	桥梁钢混结合段施工方法	中交路桥华北工程有限公司；路桥集团国际建设股份有限公司；中国交通建设股份有限公司	2009
35	竖向分条双壁钢围堰止水施工工法	中交一航局第二工程有限公司；中国交通建设股份有限公司	2009
36	钢箱梁全支架顶推合拢施工方法	中交路桥华北工程有限公司；路桥集团国际建设股份有限公司；中国交通建设股份有限公司	2009
37	宽幅钢箱梁悬臂吊装施工方法	中交路桥华北工程有限公司；路桥集团国际建设股份有限公司；中国交通建设股份有限公司	2009

数据来源：incopat、企查查，课题组整理

五、追赶全球顶尖承包商尚需积极努力

与全球顶尖建筑商[①]相比，中国交建虽然在短期内成长迅速，跻身全球第一梯队，但大而不强、全而不优的局面仍然存在，利润增长、资产优化及现金流安全问题需要引起高度重视。

1. 利润增长空间被传统业务压缩

总体上，中国交建的毛利率、净利率和净资产收益率在9家全球顶尖建筑商排名中等偏后，盈利能力较弱。

2022年全球顶尖承包商盈利能力比较　　　　表14

企业	毛利率/%	净利率/%	净资产收益率/%
中国交建	11.8（6）	2.7（7）	6.1（8）
奥地利斯特拉巴格	35.5（2）	2.8（6）	11.9（6）
法国万喜	14.8（5）	6.8（1）	16.3（2）
韩国现代建设	7.1（9）	1.9（9）	4.9（9）
日本大和房建	19.5（4）	6.3（2）	14.0（3）
日本大林组	10.9（7）	3.9（5）	7.9（7）
瑞典斯堪斯卡	10.2（8）	5.1（4）	16.4（1）
西班牙ACS	30.5（3）	2.0（8）	12.0（5）
印度L&T	39.1（1）	5.6（3）	12.5（4）

数据来源：Capital IQ
注：括号内为排名（下同）

（1）盈利能力被传统经营领域束缚。2016年，中国交建的毛利率为15.4%，在9家企业中排名第5位，然而一路下行至2022年的11.8%，排名下调至第6位。从三大板块的毛利率看，基建板块始终垫底，2022年毛利润率更是从2016年的13.3%下降至10.6%。根据年报数据，近年基建板块毛利下滑主要受原材料、分包成本、人工费用等成本上升影响，如农民工工资总额从2016年的95亿元人民币上升至2022年的381亿元人民币，增幅高达300%。基建板块的总成本居高不下，且占公司毛利润份额90%左右，极大拉低了毛利率的整体水平。反观近年毛利率抬升的企业，多数是由创新业务所拉动的。如印度L&T，2016～2022年IT服务业务明显增加，营业利润从182.6亿卢比增长到717.2亿卢比，年均增速达到25.6%，

[①] 奥地利斯特拉巴格、法国万喜、韩国现代建设、日本大和房建、日本大林组、瑞典斯堪斯卡、西班牙ACS、印度L&T。

对公司营业利润的贡献从 19.2% 提高到 37.5%，而它的传统板块基础设施类项目的营业利润却增速缓慢，仅 1.4%。

（2）设计板块净利润率下滑加快。2016~2022 年，中国交建净利润从 172.2 亿元人民币提高到 247.5 亿元人民币，但是净利率却从 4.0% 下降到 3.4%，其中设计板块的净利率降幅最大。根据中国交建 2022 年年报，公司旗下共有 10 家设计院，其中 6 家净利润同比负增长，比 2021 年新增 3 家。出现这一现象主要是因为国内港口设计行业竞争激烈，中低端市场领域正在涌入更多参与者，挤占中国交建原有的盈利空间。此外，公司的基建和疏浚业务的净利率也在不同程度下降，分别下滑 2.3 个百分点和 4.1 个百分点，导致整体盈利能力难以提升。

图 11　中国交建 2016~2022 年分板块净利率情况

数据来源：中国交建年报，课题组整理

（3）资产重组效益不如预期。2017 年，中国交建的净资产收益率为 10.9%，在 9 家企业中排名第 7 位，然而 2022 年中国交建的净资产收益率跌至 6.1%，排名下调至第 8 位。值得注意的是，中国交建已经将一些传统板块做了调整，但企业利用资产的效率并不如人意。如 2017 年中国交建业务重组，2018 年开始振华重工不再纳入公司合并报表，归属于上市公司股东的净利润直接减少 8.3 亿元人民币，归属于上市公司股东的净资产同比增速下降 4.8 个百分点。又如，2022 年又启动设计板块分拆上市，六家设计院资产合计为 263.3 亿元人民币，但一季度实现归母净利润合计为 4.4 亿元人民币，仅占当年净利润的 1.6%，可以说对公司盈利能力的提升效果微乎其微。

2. 资产结构及使用效率亟待改善

总体上，总资产周转率、应收账款周转率和存货周转率在9家全球顶尖建筑商中均排名靠后，企业营运能力亟待提升。

2022年全球顶尖承包商营运能力比较　　表15

企业	总资产周转率	应收账款周转率	存货周转率
中国交建	0.5（9）	2.9（7）	8.4（7）
奥地利斯特拉巴格	1.4（1）	5.7（4）	10.8（6）
法国万喜	0.6（7）	7.5（2）	31.6（1）
韩国现代建设	1.0（3）	4.1（6）	25.1（3）
日本大和房建	0.8（5）	9.1（1）	2.2（9）
日本大林组	0.8（5）	2.2（8）	16.7（5）
瑞典斯堪斯卡	1.1（2）	7.5（2）	2.6（8）
西班牙ACS	0.9（4）	4.8（5）	29.7（2）
印度L&T	0.6（7）	1.7（9）	16.8（4）

数据来源：Capital IQ

（1）无形资产拉低总资产周转率。中国交建总资产周转率从2017年的0.6开始逐年下滑至2022年的0.5，可见管理层对资金的使用效率在下降。考虑到流动资产在中国交建的总资产占比仅40%左右，可以推断出拉低总资产周转率的是非流动资产，而在非流动资产中占比最大的是无形资产，2022年末公司特许经营权资产的账面价值为2221亿元人民币，总资产占比高达14.7%。目前公司2022年年报披露的有14个项目收费期限达到5年以上，且位于长江经济带、黄河流域、京津冀、粤港澳大湾区等国家明确的REITs重点支持区位。2022年，以云南省新嵩昆、宣曲、蒙文砚高速公路为例，五年里运营收入约47亿元人民币，仍有226亿元人民币的资金有待收回。

（2）海外业务存在坏账风险。2017年以前，中国交建的应收账款周转率仅次于大和房建和万喜，然而2022年公司的应收账款周转率降至2.9次，在全球顶尖承包商中排名第7位。应收账款的增高主要受疫情前海外市场的影响，2017~2019年外币货币性项目应收账款从122.3亿元人民币提升至181.5亿元人民币，增长了48.4%。疫情期间伴随海外业务收缩，应收账款有所减少，但至2022年仍有126.5亿元人民币。值得注意的是，海外应收账款存在一定的坏账风险，如2014年中国交建为修建蒙内铁路垫资38亿美元，但是2020年肯尼亚当局还声称陷入中国的"债务陷阱"，要求延期50年偿还。迫于政治原因，中国交建对其赖账行为也无可奈何。

（3）存货类资产仍有较大下降空间。2022年，中国交建存货合计782.6亿元人民币，为应收账款的75.3%，远高于全球顶尖承包商的平均水平。随着国内建筑施工需求逐步由高投入、长周期的大基建转向城市更新建设，短周期的城市综合开发项目以及非经营性的政府付费项目占比显著提升，存货类资产会有下降空间。如存货周转率较高的万喜，2020年意识到机场运营的资产风险远低于高额投入的高速公路等基建项目，将主营业务的重心向万喜机场运管业务转移，至2022年万喜机场板块的总营收占公司比重从2020年的2.9%提升至2022年的4.5%，带动存货周转率从27.4次上升至37.6次。目前，万喜在全球运营着65座机场，是世界上排名第一的机场私营运营商。

图12　全球顶尖承包商2016～2022年存货周转率比较

数据来源：Capital IQ

3. 现金流安全问题仍需引起关注

和全球顶尖承包商相比，中国交建的流动比率、速动比率、现金比率均水平较低，短期偿债能力偏弱。

2022年全球顶尖承包商偿债能力比较　　　　　表16

企业	流动比率	速动比率	现金比率
中国交建	0.9（8）	0.7（6）	0.17（8）
奥地利斯特拉巴格	1.1（7）	0.9（5）	0.42（3）
法国万喜	0.9（8）	0.7（6）	0.28（6）
韩国现代建设	1.8（2）	1.3（1）	0.54（1）
日本大和房建	2.1（1）	0.6（8）	0.24（7）

续表

企业	流动比率	速动比率	现金比率
日本大林组	1.2（6）	1.1（2）	0.35（4）
瑞典斯堪斯卡	1.5（3）	0.5（9）	0.12（9）
西班牙 ACS	1.3（5）	1.0（3）	0.53（2）
印度 L&T	1.4（4）	1.0（3）	0.34（5）

数据来源：Capital IQ

（1）有息负债规模快速扩大。垫付资金搞项目建设是国内建筑行业通行的做法，大资金量则是基建行业的一个门槛。随着中国交建在基建建设主业的营收增加，必然少不了有息负债的支撑。中国交建流动比率从 2016 年的 1.0 下降至 2022 年的 0.9，负债规模快速增长是导致流动比率降低的原因之一。尤其是 2020～2022 年带息负债增速持续高于总负债增速，2022 年末，公司带息负债规模为 4699.4 亿元人民币，占总负债的 43.3%，较 2019 年末提升 1.4 个百分点。

（2）现金流缺口已经出现。中国交建速动比率从 2017 年的 0.6 微升至 2022 年的 0.7，但现金比率却从 2017 年的 0.33 一路下降至 0.17，可见它存在很典型的"家里有钱，手上没钱"现象。受近年应收账款增多、存货积压、原材料价格上涨等原因影响，公司经营活动产生现金流量净额已较高峰期 2017 年的 427.4 亿元人民币下降了 423 亿元人民币。更要引起注意的是，短期偿债能力趋弱态势已经出现。2022 年末公司经营活动净现金流和货币资金总和为 1351.2 亿元人民币，而短期债务和财务费用却达 1443.6 亿元人民币，存在 92.4 亿元人民币的资金缺口，需格外留意现金流危机。

（3）部分投资决策失误也导致可变现资产减少。为了改善现金流动性，中国交建尝试过 REITs 基金发行、现汇规模提升等多种方式，但部分决策失误却耽误了公司资金回笼。如，2022 年当期持有非上市金融企业（江泰保险、黄河财险、广发银行）股权亏损 1.2 亿元人民币，衍生品投资中的北京中交路桥壹号股权投资基金合伙企业（有限合伙）亏损 0.9 亿元人民币，直接造成可变现资产减少。再如，中国交建及控股子公司 2014 年参股的三亚凤凰岛国际邮轮港项目，2022 年被债权人重整，而公司股权投资的 10 亿元人民币则被权益法核算至 0 元。

六、大事记

1. 传承、初创及上市

1979 年，成立中国路桥工程公司。前身是中国交通部援外办公室，1979 年经国务院批准成立为中国公路桥梁工程公司，是中国最早进入国际工程承包市场的四家大型国有企业之一。

1980年，成立中国港湾工程公司。由交通部牵头组建，主要是为了加强交通建设领域的对外交流与合作，曾负责实施中国援建马耳他30万吨级干船坞项目。

2002年，开工建设上海洋山港。由中港集团负责建设，项目总投资超700亿元人民币，是当时全球单体规模最大的全自动化集装箱码头。

2003年，开工建设苏通大桥。由路桥集团负责建设，苏通大桥是当时世界上跨径最长的斜拉大桥，先后创造了最大规模群桩基础、300.4米最高桥塔、577米最长拉索、1088米最大跨径等4项世界纪录。

2005年，成立中交集团。中港集团与路桥集团合并成立了中交集团。合并有利于解决基建领域同质化竞争加剧问题，重组后的中国港湾和中国路桥主要负责集团境外工程的承接与运作。

2006年10月，设立中国交建。中交集团以全部主营业务及99.47%的总资产作为投入，独家发起创立了中国交建。

2006年12月，在中国香港上市。中国交建在中国香港上市，股票代码为01800，是中国第一家成功实现境外整体上市的特大型国有基建企业。

2009年，开工建设港珠澳大桥。这是"一国两制"下粤港澳三地首次合作共建的超大型跨海交通工程。2018年，港珠澳大桥正式开通，全长55千米，是世界上最长的跨海大桥，被誉为交通工程的"珠穆朗玛峰"。

2010年，收购F&G公司。受2008年金融危机影响，全世界领先的海上钻井平台设计服务和设备供应商美国F&G出售股权。中国交建以1.25亿美元全资收购F&G公司，此次收购将中国交建子公司上海振华强大的制造能力和F&G优秀的设计能力结合起来，实现协同发展。

2011年，海外优先。中国交建以"中国港湾（CHEC）""中国路桥（CBRC）"两个品牌开拓海外市场，首次进入委内瑞拉、圭亚那、巴哈马、摩洛哥等国家。

2012年，A股上市。中国交建在上交所上市，股票代码为601800，是A股龙年首只大型蓝筹股，标志着公司跨上新的发展平台。

2. 多元综合服务商

2013年，五商中交。中国交建提出了打造"五商中交"的战略定位和目标，从以往的"承建商"向"承包商""投资商""发展商""集成商"多元化业务转型。

2014 年，收购三亚凤凰岛国际邮轮港。中国交建出资 49.6 亿元人民币收购了三亚凤凰岛国际邮轮港 45% 的股权。中国交建曾表示预计后期将陆续投资 200 亿元人民币，但后续项目受一系列因素影响遇阻。

2015 年，收购 John Holland。中国交建以 9.5 亿澳元全资收购澳大利亚建筑最大建筑商之一 John Holland。John Holland 拥有澳大利亚最强大的铁路建设及营运管理能力，是澳大利亚唯一同时持有铁路运营和铁路基建管理执照的公司。

2016 年，成为国有资本投资公司试点企业。中国交建被国资委确定为国有资本投资公司试点企业，并确立了"一台六柱"改革总体框架，通过结构调整打造企业核心竞争力。

2017 年 4 月，收购 Concremat。中国交建出资 9500 万美元收购了巴西 Concremat 公司 80% 的股权。Concremat 设计咨询公司成立于 1952 年，2016 年在巴西工程设计咨询企业位居榜首，占有巴西设计咨询领域约 13.8% 的市场份额。

2017 年 12 月，转让振华重工。中国交建向中交集团转出振华重工 30% 股权。振华重工是世界上最大的港口机械重型装备制造商之一，此次转让符合"一台六柱"的改革思路，将加速其"产业集团化"发展。

2018 年，转让中交地产。中国交建向中交地产转出北京联合置业 100% 股权。联合置业成立于 2002 年，2014 年正式成为中国交建全资子公司。此次内部并购属于"中交系"的大整合，历时不足一个月，最大受益方或是中交地产。

2019 年，转让一航局、中交机院。中国交建向民航集团转出中交一航局四公司 67% 股权、中交机院 100% 股权。

2020 年，王彤宙担任中国交建以及中交集团党委书记、董事长。除了曾经任职中建等建筑公司，王彤宙还是正高级工程师、英国皇家特许建造师。

2021 年，收购 Mota-Engil。中国交建以 1.7 亿欧元收购葡萄牙最大建筑企业之一莫塔（Mota-Engil）公司 23% 股份，成为其第二大股东，仅次于莫塔家族。根据中国交建与莫塔公司于 2020 年 8 月达成的协议，下一步中国交建将增资购买莫塔公司增发的新股，最终持有莫塔 30% 以上的股份。

2022 年 4 月，发行首单 REITs。中国交建以湖北中交嘉通高速持有武汉至深圳高速公路嘉鱼至通城段特许经营权为基础资产，联合华夏基金管理有限公司发行上市首单 REITs——华夏中交 REIT，总计募集 94 亿元人民币。

2023 年，伶仃洋大桥全桥合龙。伶仃洋大桥是深中通道关键控制性工程之一，创下世界最大跨径全离岸海中悬索桥、世界最高桥面海中大桥、世界最大海中锚碇三项"世界之最"。

3. 2022 年重要项目

港口建设。喀麦隆克里比深水港码头主体进入实质性施工阶段，二期项目合同金额 7.9 亿美元，包括建设两个分别为 7 万吨级和 10 万吨级的集装箱码头，预计 2024 年竣工。

道路与桥梁建设。建设世界最大跨度悬索桥——江苏张靖皋长江大桥。其中南航道桥为主跨 2300 米悬索桥，是国内首次跨径突破 2000 米的桥梁，建成后是世界最大跨径的悬索桥。该项目于 2022 年 6 月开始施工，计划于 2028 年建成通车。

铁路建设。马来西亚东海岸铁路项目 11 号隧道顺利贯通，马东铁项目是中马两国最大的经贸合作项目，也是中国企业海外在建的最大单体交通基础设施项目，全长约 640 公里。

城市建设。建设温州浙南科技城北片区综合开发项目，内容包括市政道路、公建配套设施、园林景观绿化、水体营造及整治、土地污染治理、智慧城市、地下空间等。项目总投资 213.6 亿元人民币，合作范围 7.2 平方公里，合作期 10 年。

境外工程。塞尔维亚 E763 高速公路波热加－杜加波亚那段项目开工。E763 高速最早签订于 2016 年，是中国企业在欧洲承建的第一条高速公路、中东欧国家合作框架下首个落地的基础设施项目，也是中资企业在塞尔维亚实施的首个现汇模式大型基础设施项目。

疏浚业务。全国最大新能源基地、最大液化天然气储备基地——中国海油盐城"绿能港"疏浚工程主体完工，建成后液化天然气年处理能力达 600 万吨，可为长三角乃至整个华东地区持续稳定供应天然气。

基建设计。中标广东外语外贸大学黄埔研究院建设项目 EPC 勘察设计施工总承包项目，金额为 22.6 亿元人民币，总工期 541 日历天，主要建设内容涵盖教室、图书馆、宿舍楼等。

绿色能源。海峰风电首台海上风电设备——2500 吨自航自升式安装船已竣工，是国内迄今起重能力最大的自升自航式风电安装平台。